UTB 8350

Eine Arbeitsgemeinschaft der Verlage

Beltz Verlag Weinheim · Basel
Böhlau Verlag Köln · Weimar · Wien
Verlag Barbara Budrich Opladen · Farmington Hills
facultas.wuv Wien
Wilhelm Fink München
A. Francke Verlag Tübingen und Basel
Haupt Verlag Bern · Stuttgart · Wien
Julius Klinkhardt Verlagsbuchhandlung Bad Heilbrunn
Lucius & Lucius Verlagsgesellschaft Stuttgart
Mohr Siebeck Tübingen
C. F. Müller Verlag Heidelberg
Orell Füssli Verlag Zürich
Verlag Recht und Wirtschaft Frankfurt am Main
Ernst Reinhardt Verlag München · Basel
Ferdinand Schöningh Paderborn · München · Wien · Zürich
Eugen Ulmer Verlag Stuttgart
UVK Verlagsgesellschaft Konstanz
Vandenhoeck & Ruprecht Göttingen
vdf Hochschulverlag AG an der ETH Zürich

Egon Görgens
Karlheinz Ruckriegel

Makroökonomik

10., neu bearbeitete Auflage

mit 83 Abbildungen und zahlr. Schemata

Lucius & Lucius · Stuttgart

WISU-TEXTE sind die Lehrbuchreihe
der Zeitschrift WISU – DAS WIRTSCHAFTSSTUDIUM
(www.wisu.de)

Anschrift der Autoren

Prof. Dr. E. Görgens
Lehrstuhl für Volkswirtschaftslehre II (Wirtschaftspolitik)
Universität Bayreuth, 95440 Bayreuth
E-Mail: egon.goergens@uni-bayreuth.de

Prof. Dr. K. Ruckriegel
Fachbereich Betriebswirtschaft
Georg-Simon-Ohm-Fachhochschule Nürnberg
Bahnhofstr. 87, 90402 Nürnberg
E-Mail: karlheinz.ruckriegel@fh-nuernberg.de
Homepage: http://www.ruckriegel.org

Die Abbildungen, Übersichten und VGR-Konten können unter http://www.utb.de (Dozentenservice) heruntergeladen werden.

Bibliografische Information der Deutschen Nationalbibliothek

Die Deutsche Nationalbibliothek verzeichnet diese Publikation in der Deutschen Nationalbibliografie; detaillierte bibliografische Daten sind im Internet über http://dnb.d-nb.de abrufbar

Die vorangegangenen Auflagen dieses Buches erschienen im P.C.O.-Verlag, Bayreuth

ISBN 978-3-8282-0375-4 (Lucius & Lucius)

© Lucius & Lucius Verlagsgesellschaft mbH · Stuttgart · 2007
Gerokstraße 51 · D-70184 Stuttgart · www.luciusverlag.com

Eine Lange Publikation

Satz: Sibylle Egger, Stuttgart

Druck und Einband: Th. Müntzer, Bad Langensalza

Printed in Germany

UTB-Bestellnummer: ISBN 978-3-8252-8350-6

Vorwort zur zehnten Auflage

Trotz wesentlicher Änderungen und Ergänzungen des gesamten Lehrbuchs wurde auch bei der zehnten Auflage an der Grundkonzeption eines komprimierten Textes festgehalten. Dies kommt vor allem den Bedürfnissen von Studierenden der Wirtschaftswissenschaften in Bachelor-Studiengängen entgegen, die Lehrveranstaltungen zur Makroökonomik besuchen.

Den Heterogenitäten und Unvollkommenheiten auf den Arbeitsmärkten wurde in einem neuen Kapitel mit der Präsentation des AS-AD-Modells stärker Rechnung getragen. Die AS-Funktion fußt auf einer alternativen Darstellung des Arbeitsmarktes, die nicht mehr auf das Marginalkalkül und vollständige Konkurrenz abstellt, sondern mit der auf den Güter- und Arbeitsmärkten in der Realität beobachtbaren Lohn- und Preissetzungsmacht arbeitet. Wir haben daran die Bedeutung der Preis- und Lohnsetzungsmacht der Marktakteure für Beschäftigung und Inflation verdeutlicht. Die Totalanalyse haben wir daraufhin neu strukturiert. Die Endogenität der Geldmenge haben wir gegenüber der verbreiteten Vorstellung einer exogenen Geldmengensteuerung nachhaltiger hervortreten lassen und ergänzend eine Alternative zur gebräuchlichen LM-Kurve eingearbeitet. Die Ausführungen zur Geldpolitik wurden stark ausgeweitet bis hin zur Beschäftigung mit der Steuerung des Tagesgeldsatzes am Interbankenmarkt. Dies schien uns wegen mangelnder „Praxistauglichkeit" geldpolitischer Ausführungen in gängigen Lehrbuchtexten vonnöten. Grundlegend überarbeitet wurde schließlich das Abschlusskapitel über Konjunktur und Wachstum. Gerade die jüngere Wachstumsforschung verursacht eine lebhafte Diskussion von Grundsatzfragen, die durch die Glücksforschung einerseits und die Renaissance institutionen- und ordnungsökonomischer Analysen befruchtet wird.

Wenn dieses Lehrbuch auch in Grundzügen die makroökonomische Theorie vermittelt, so verfolgt es doch zugleich ein wirtschaftspolitisches Anliegen, nämlich Theorie-Bausteine für die Wirtschaftspolitik zu liefern. Um den Studierenden die Erschließung gesamtwirtschaftlicher Zusammenhänge und wirtschaftspolitischer Beeinflussungsmöglichkeiten zu erleichtern, haben wir die Zahl der Übungsaufgaben wesentlich erweitert. Dem Teil „Übungsaufgaben" liegt die Überlegung zugrunde, dem Nutzer zu (fast) jedem Kapitel eine exemplarische Übungsaufgabe an die Hand geben, um das Verständnis der jeweiligen Problem- bzw. Fragestellung zu fördern. Insoweit ist das Buch Lehr- und Übungsbuch in einem.

Vielen, die uns mit Anregungen und kritischen Hinweisen geholfen haben, sagen wir herzlichen Dank. Insbesondere aber möchten wir uns bei Erich Oltmanns (Statistisches Bundesamt, Wiesbaden), Franz Seitz (Hochschule für angewandte Wissenschaften Amberg-Weiden) und Elmar Stöß (Deutsche Bundesbank, Frankfurt/Main) für wertvolle Anregungen und Hinweise bedanken. Großen Dank für die Umsicht und Sorgfalt beim Schreiben und Umformatieren schulden wir Frau Marita Dick und insbesondere Frau Heidi Frohnhöfer, die die Hauptlast dafür getragen hat, dass der Text in die vorliegende Form gegossen wurde. Schließlich gebührt Herrn Diplom-Volkswirt Damir Krizanac unser besonderer Dank für seinen großen Einsatz, mit dem er die endgültige Fassung besorgt hat. Mit der zehnten Auflage sind nicht nur umfangreiche inhaltliche Änderungen verknüpft, sondern auch das Erscheinungsbild hat sich grundlegend gewandelt. Dies ist die Folge des Verlagswechsels zu Lucius & Lucius. Wir freuen uns sehr über die Bereitschaft von Herrn Lange und Herrn von Lucius, unser Buch in die WISU-Lehrbuchreihe (UTB) aufzunehmen.

Bayreuth, Nürnberg   Egon Görgens
im Frühjahr 2007   Karlheinz Ruckriegel

Vorwort zur ersten Auflage

Das vorliegende Lehrbuch basiert auf Lehrveranstaltungen des volkswirtschaftlichen Grundstudiums an der Universität Bayreuth. Es ist jedoch nicht nur gedacht für das Studium an Universitäten, sondern kann ebenfalls von Studierenden an Fachhochschulen, Verwaltungsakademien und verwandten Bildungseinrichtungen genutzt werden.

Dieses Buch verfolgt vorrangig das Anliegen, das Denken in gesamtwirtschaftlichen Zusammenhängen zu fördern. In einem ersten Schritt dient diesem Ziel die Darstellung des volkswirtschaftlichen Rechnungswesens. Diese Darstellung geht mit Bedacht über den in makroökonomischen Einführungstexten üblichen Umfang hinaus, um die Verbindung zwischen der mikroökonomischen Basis und den makroökonomischen Aggregaten deutlich hervortreten zu lassen (ein Ersatz für die Spezialliteratur kann und soll dieses Kapitel gleichwohl nicht sein).

Kernstück des Lehrbuches ist selbstverständlich die makroökonomische Theorie. Wir haben darauf verzichtet, die heute in der makroökonomischen Theorie vorherrschenden klassisch/neoklassischen und keynesianischen Denkrichtungen in gesonderten Blöcken darzustellen. Stattdessen werden die unterschiedlichen Sichtweisen an konkreten Fragestellungen und Problemlösungsversuchen verdeutlicht. In einem einführenden Lehrbuch ist es nicht möglich, aktuelle Entwicklungen und Verzweigungen der makroökonomischen Theorie auszubreiten, die sich im Monetarismus und der Neuen klassischen Makroökonomie einerseits und in der Ungleichgewichtstheorie und im Postkeynesianismus andererseits finden. Gleichwohl werden exemplarisch Brücken zwischen den ursprünglichen klassisch/neoklassischen sowie keynesianischen Ansätzen und ihren heutigen Nachfahren geschlagen, um den Studierenden den Zugang zur aktuellen theoretischen und wirtschaftspolitischen Diskussion zu erleichtern.

Ein besonderer Dank gilt Frau Andrea Zettner, die die verschiedenen Versionen des Manuskripts mit Sorgfalt geschrieben und in eine druckfähige Form gebracht hat.

Bayreuth,

im Frühjahr 1989

Egon Görgens

Karlheinz Ruckriegel

Karl-Wilhelm Giersberg

Kapitelübersicht

Inhaltsverzeichnis

rm - hrs4 you.hr@siemens.com

Kapitel I
Problemstellung der Makroökonomik

Makroökonomik versus Mikroökonomik

Eine geläufige Unterteilung der Volkswirtschaftslehre in wirtschaftswissenschaftliche Problemfelder ist die in *Mikroökonomik* und Makroökonomik. Die Mikroökonomik beschäftigt sich mit einzelwirtschaftlichen Sachverhalten. Sie untersucht die Verhaltensweisen in Haushalten (z. B. Konsumentscheidungen) und Unternehmen (z. B. Güterangebot), das Zusammentreffen von Angebot und Nachfrage auf einzelnen Märkten, die dort stattfindende Preisbildung und über die Preisrelationen die Verknüpfungen zwischen den einzelnen Märkten. Ihr zentrales Problem ist die Frage, wie die knappen Mittel auf alternative Einsatz- und Verwendungsmöglichkeiten aufgeteilt werden; dies wiederum hängt eng zusammen mit dem Problem der Bestimmung von Preisen und Mengen auf den vielen einzelnen Märkten einer Volkswirtschaft.

Die *Makroökonomik* beschäftigt sich hingegen mit gesamtwirtschaftlichen Sachverhalten; sie geht von Aggregaten aus, d. h. einzelwirtschaftliche Kategorien werden zu globalen Größen zusammengefasst. Die Nachfrage eines Haushalts nach einem einzelnen Gut in der Mikroökonomik wird in der Makroökonomik zur Nachfrage aller Haushalte nach allen Konsumgütern. Analog wird die Produktion eines Gutes durch ein Unternehmen zur Gesamtproduktion des Unternehmenssektors.

Mikroökonomik und Makroökonomik unterscheiden sich also hinsichtlich des Gegenstandes ihrer Analyse; es handelt sich nicht um verschiedene oder gar konfligierende ökonomische Theorien. Wenn die Mikroökonomik das Geschehen auf einem einzelnen Markt untersucht, kann sie dabei vereinfachend einzelne Aggregate wie etwa das Nationaleinkommen oder das Beschäftigungsniveau als gegebene Größen unterstellen. Auf der anderen Seite kann (und muss) die Makroökonomik beispielsweise bei der Analyse von Veränderungen des Nationaleinkommens auf die Berücksichtigung unterschiedlicher Verhaltensweisen der Vielzahl von Einzelwirtschaften verzichten und stattdessen von einem „Durchschnittsverhalten" ausgehen.

Will man einen Überblick über die wirtschaftliche Lage eines Landes gewinnen, so ist dies unmöglich durch Sammeln und Aneinanderreihen von einzelwirtschaftlichen Fakten zu erreichen. Um überschaubar zu werden, müssen Zusammenfassungen vorgenommen werden. Bei der Aggregation verschwinden jedoch die Ursprungsgrößen – und damit Informationen. So befasst sich die Makroökonomik beispielsweise mit dem Gütermarkt, der als Zusammenfassung aller angebotenen und nachgefragten Güter und Dienstleistungen zu verstehen ist. Weder die Heterogenität der Produkte noch spezifische wettbewerbliche oder mono-polistische Produktionsbedingungen in Teilbereichen werden in der gesamtwirt-schaftlichen Analyse gesondert berücksichtigt. Die Berücksichtigung solcher Detailinformationen wäre auch unmöglich. Wenn die einzelwirtschaftlichen Be-sonderheiten im Untersuchungszeitraum jedoch hinreichend stabil sind, stören sie die gesamtwirtschaftliche Analyse nicht.

Auch bei dem monetären Teilmarkt, dem sogenannten Geldmarkt, handelt es sich um eine Aggregation. Dem gesamtwirtschaftlichen Geldangebot, das aus dem Zu-sammenwirken von Notenbank, Geschäftsbanken und Nichtbanken erwächst, wird die gesamtwirtschaftliche Geldnachfrage privater Wirtschaftssubjekte ge-genübergestellt. Besonderheiten einzelner monetärer Märkte gehen ebenso im Aggregat unter wie individuell unterschiedliches Geldnachfrageverhalten. – Nicht zu verwechseln ist allerdings dieser makroökonomische Geldmarkt, auf dem das Angebot von und die Nachfrage nach Geld in Form von Bargeld und Bankgut-haben abgebildet wird, mit dem Interbankengeldmarkt, auf dem die Geschäfts-banken untereinander Guthaben bei der Zentralbank handeln und der als An-satzpunkt für die geldpolitischen Maßnahmen der Zentralbank dient.

Analoges gilt auch für den makroökonomischen Arbeitsmarkt. Er ist ein gedach-ter Markt für die Summe der angebotenen und nachgefragten Arbeitsleistungen. Selbstverständlich haben wir es in der Realität mit einer Vielzahl einzelner Ar-beitsmärkte etwa in beruflicher, qualifikatorischer oder regionaler Hinsicht zu tun. Soweit in einzelnen Arbeitsmarktsegmenten sehr unterschiedliche Beschäf-tigungsprobleme existieren – wie seit geraumer Zeit in Deutschland –, ist eine spezielle Analyse unumgehbar. Der Verzicht auf Detailanalysen heterogener Teil-arbeitsmärkte ist zur Klärung der Frage nach dem Beschäftigungsniveau jedoch hinnehmbar, wenn davon ausgegangen werden kann, dass die Strukturen und Reaktionsweisen sich im Untersuchungszeitraum nicht deutlich ändern. Die Vorgehensweise in der Makroökonomik ist der von Lebensversicherungen ver-gleichbar. Sie kennen die Lebenserwartung eines einzelnen dreißigjährigen Ver-sicherungsnehmers nicht; es genügt ihnen völlig, die durchschnittliche Leben-serwartung dieser Altersgruppe zu kennen.

Makroökonomische Theorie und Theorie der Wirtschaftspolitik

Die Beschäftigung der Makroökonomik mit dem Verhalten hoch aggregierter Größen macht sie zur wichtigsten theoretischen Grundlage der Wirtschaftspoli-tik. Deckt die makroökonomische Theorie Ursache-Wirkungszusammenhänge auf (wie etwa die Geldmenge auf das Preisniveau wirkt), nutzt die (Theorie der) Wirtschaftspolitik diese Erkenntnisse zur Lösung von Ziel-Mittel-Beziehungen (wie etwa Preisniveaustabilität durch die Geldpolitik gewährleistet werden könnte). Die wirtschaftspolitischen Ziele, wie sie beispielsweise in der Bundesre-publik Deutschland im Stabilitäts- und Wachstumsgesetz von 1967 angeführt werden (Stabilität des Preisniveaus, hoher Beschäftigungsgrad, außenwirtschaftliches Gleichgewicht, stetiges und angemessenes Wirtschaftswachstum), sind ausschließlich makroökonomische Kategorien.

Für diese Vorgabe gesamtwirtschaftlicher Größen ist die ordnungspolitische Grundentscheidung zugunsten der Marktwirtschaft maßgebend. Wenn anstatt einer staatlichen Planungsbehörde Märkte die Koordinations- und Steuerungsaufgaben übernehmen sollen, können nicht bestimmte Güterpreise Ziel der Wirtschaftspolitik sein. Die freie Beweglichkeit der Einzelpreise ist unabdingbare Voraussetzung für die Funktionsfähigkeit einer Marktwirtschaft. Ziel kann deshalb nur der (gewogene arithmetische) Durchschnitt der Einzelpreise sein, und diese Größe kann nicht durch Eingriffe in die Einzelpreisbildung zu erreichen versucht werden, sondern ebenfalls nur durch globale Instrumente wie etwa die Geld- oder Fiskalpolitik.

Nicht anders verhält es sich bei den übrigen wirtschaftspolitischen Zielen und den zuzuordnenden Instrumenten. Freie Produktions- und Beschäftigungsentscheidungen der Unternehmen einerseits und freie Arbeitsplatzwahl der Arbeitnehmer andererseits sind unvereinbar mit Festlegungen detaillierter Beschäftigungsziele und entsprechender Eingriffe in Teilarbeitsmärkte. Ordnungspolitisch möglich ist wiederum nur die Beeinflussung der allgemeinen (Beschäftigungs-) Bedingungen. Ebensowenig ist es mit einer Marktwirtschaft vereinbar, das außenwirtschaftliche Ziel durch einzelne Export- und Importkategorien oder das Wachstumsziel durch bestimmte Gütergruppen zu konkretisieren. Aufgabe der Wirtschaftspolitik kann es nur sein, die Voraussetzungen für die Zielrealisierung zu schaffen, nicht aber eine einzelwirtschaftliche Fixierung.

Keynesianismus versus Neoklassik[1]

Inwieweit es der Wirtschaftspolitik gelingt, diese Aufgaben zu lösen, ist vor allem eine Frage der Leistungsfähigkeit der makroökonomischen Theorie. Sie hat beispielsweise zu klären, wovon Niveau und Änderung der Produktion, der Beschäftigung oder des Preisniveaus abhängen und welche Interdependenzen möglicherweise zwischen den makroökonomischen Größen bestehen. In der um Klärung dieser Fragen bemühten wissenschaftlichen Diskussion lassen sich zwei Konzeptionen (Paradigmen) unterscheiden:

- die Klassisch-Neoklassische und

- die Keynesianische.

---

[1] Einen guten Überblick über die Entwicklung der makroökonomischen Theorie und ihre wirtschaftspolitische Bedeutung geben die Beiträge (beide im Journal of Economic Perspectives, Vol. 20, No. 4 (2006), S. 29-46 und S. 3-28) von Mankiw, N.G., The Macroeconomist as Scientist and Engineer sowie Chari, V.V./Kehoe, P.J., Modern Macroeconomics in Practice: How Theory is shaping Policy.

Mit klassischer Theorie (*Klassik*) sind die vorherrschenden Auffassungen der Ökonomen des 18. und 19. Jahrhunderts gemeint; als *Neoklassik* wird die Weiterentwicklung dieser Sichtweise seit Ende des 19. Jahrhunderts bezeichnet. Die klassisch–neoklassischen Vorstellungen wurden seit den 30er Jahren des 20. Jahrhunderts durch den Keynesianismus, der die Wirtschaftspolitik vieler Länder in der Zeit nach dem zweiten Weltkrieg prägte, zurückgedrängt. Der Einfluss des sogenannten „Monetarismus" wie auch die ungelösten wirtschaftspolitischen Probleme führten seit den 70er Jahren des letzten Jahrhunderts zu einer Wiederbelebung der klassisch–neoklassischen Theorie.*

Eine Kernaussage dieser Theorie ist die *inhärente Stabilität* marktwirtschaftlicher Systeme. Wenn sich auf irgendeinem Markt etwa die Nachfrage erhöht, werden sich die Nachfrager überbieten. Der Preis steigt. Dies regt einerseits die Anbieter zur Mehrproduktion an, einige Nachfrager andererseits werden wegen des gestiegenen Preises ihre ursprüngliche Kaufabsicht fallenlassen. Über die Preisänderung kommt es zum Ausgleich von Angebot und Nachfrage. Dieser Ausgleichsmechanismus gilt nach Ansicht der Klassiker/Neoklassiker generell, gleichgültig, ob es sich um Güter- oder Arbeitsmärkte handelt.

Temporäre Störungen des Gleichgewichts sind durchaus möglich, denn selbstverständlich benötigen Märkte Zeit, um Änderungen auf der Angebots- oder Nachfrageseite aufzufangen. Kurzfristige Schwankungen können jedoch hingenommen werden, da die Marktkräfte bewirken, dass sich auf längere Sicht stets wieder ein gesamtwirtschaftliches Gleichgewicht einpendelt.

In wirtschaftspolitischer Hinsicht folgt aus diesen Überlegungen die Forderung nach Sicherung einer wettbewerblichen Marktwirtschaft. Eingriffe in den Wirtschaftsprozess sind nicht nur nicht erforderlich, sondern eher schädlich, weil sie für die Volkswirtschaft Anpassungsprobleme hervorrufen.

Eine andere Sichtweise vertritt der *Keynesianismus*. Danach benötigen Marktwirtschaften wegen ihrer *inhärenten Instabilität* eine wirtschaftspolitische Beeinflussung des Wirtschaftablaufs. Zwar werden die Gleichgewichtstendenzen in Marktwirtschaften nicht geleugnet; sie kommen jedoch – zumindest auf kurze und mittlere Sicht – nicht durch flexible Preise und Löhne, sondern durch Mengenanpassungen zustande. Nachfragerückgänge werden danach nicht durch Preissenkungen aufgefangen, sondern führen zu Produktions- und Beschäftigungsrückgängen. Die Folge ist ein Gleichgewicht bei Unterbeschäftigung. Instabilitäten werden nach keynesianischer Ansicht zudem dadurch in das System getragen, dass die private Investitionstätigkeit wegen der zwangsläufig unsicheren Zukunftsaussichten unstetig verläuft. Die Wirtschaftpolitik muss deshalb, je nach Ausgangssituation, die gesamtwirtschaftliche Nachfrage beeinflussen, wobei die Veränderung der staatlichen Ausgaben und Einnahmen als besonders geeignet angesehen wird.

Der langfristigen Orientierung der Klassisch–Neoklassischen Theorie steht die kurzfristige Ausrichtung des Keynesianismus gegenüber, der den Marktkräften misstraut. Selbst für den Fall, dass die Marktkräfte ein Gleichgewicht mit Vollbeschäftigung herbeiführen könnten, müsste mit derartig langen Anpassungsfristen gerechnet werden, dass die zwischenzeitlichen politischen und sozialen Belastungen nicht tragbar wären.

Homo oeconomicus versus Behavioral Economics

Für die Herausbildung von ökonomischen Theorien und darauf fußenden wirtschaftspolitischen Empfehlungen spielen Annahmen über das menschliche Verhalten eine wichtige Rolle. In der Neoklassik verkörpert der *Homo oeconomicus* das typische Menschenbild. Er verfügt über ein widerspruchfreies Zielsystems und entscheidet immer rational zu seinem Vorteil („*methodologischer Individualismus*").

An diesem Menschenbild ist seit langem Kritik geübt worden. Bereits Gustav von Schmoller, der Hauptvertreter der „Historischen Schule" in der Nationalökonomie hat in der zweiten Hälfte des 19. Jahrhunderts darauf hingewiesen, dass eine realistische Erforschung des Wirtschaftslebens nicht darauf verzichten kann, auch die Zusammenhänge wirtschaftlicher Entscheidungen mit der menschlichen Psyche näher zu untersuchen. Aber erst mit der Vergabe des Nobelpreises für Ökonomie an Daniel Kahneman und Vernon Smith im Jahre 2002 für Forschungen auf dem Gebiet der verhaltenstheoretischen Ökonomie bzw. der experimentellen Wirtschaftsforschung hat sich die Akzeptanz psychologisch fundierter ökonomischer Forschung merklich erhöht.[2]

In den *Behavioral Economics* wird auf ökonomische und psychologische Theorien und Methoden zurückgegriffen, um auf diesem Wege zu einem realistischeren Menschenbild zu gelangen. Wesentlich ist hierbei, dass die Menschen unter vielerlei Restriktionen Entscheidungen treffen (müssen).

(1) – Begrenzte Rationalität –

Das „behavioristische Individuum" hat nur begrenzte kognitive Kapazitäten und kann daher anders als der Homo oeconomicus seine Entscheidungsprobleme nicht immer optimal lösen. Der reale Mensch verwendet deshalb oft (einfache) Daumen- bzw. Faustregeln an, um zumindest zu ungefähren Lösungen zu kommen. Außerdem beeinflussen verschiedene Effekte seine Entscheidungen (z. B. Aversion gegen Verluste). Auch das Herdenverhalten, also die kritiklose Übernahme der Entscheidungen oder Urteile anderer, fällt hierunter.

(2) – Begrenzte Willenskraft –

Während der Homo oeconomicus eindeutige Präferenzen hat, die über die Zeit unverändert bleiben, so dass er zeitkonsistent handelt, gilt dies für das „behavio-

---

[2] Vgl. im Einzelnen hierzu: Ebering, A., Behavioral Economics - Konzepte und Anwendungen, Köln 2005 sowie Ruckriegel, K., Quo vadis, Homo Oeconomicus?, WISU, 35. Jg. (2007), Heft 2, S. 198–201.

ristische Individuum" nicht. Seine Präferenzen sind eher selten stabil, sein Verhalten ist damit aber zeitinkonsistent. Was heute für optimal angesehen wird, muss es morgen nicht mehr sein.

③ – Eingeschränkter Egoismus –

Das „behavioristische Individuum" ist im Gegensatz zum Homo oeconomicus nur eingeschränkt egoistisch, es handelt also nicht ausschließlich im Eigeninteresse, sondern berücksichtigt bei seinem Tun auch die Interessen anderer. Fairness und Reziprozität spielen eine wichtige Rolle. Noch weitgehender sind hier neue Erkenntnisse aus der Neurobiologie, wonach der Mensch darauf gepolt ist, vertrauensvoll zu agieren und gute Beziehungen zu anderen zu gestalten, so dass Menschen kooperatives Verhalten einzelkämpferischen Strategien vorziehen.

Die Bedeutung eines realistischeren Menschenbildes erschließt sich erst bei der Erörterung konkreter Problemsituationen. Bevor der Relevanz bestimmter Verhaltensannahmen und den Möglichkeiten theoretischer und wirtschaftspolitischer Problemlösungen nachgegangen wird, sind zunächst jedoch einige informationelle Voraussetzungen zu schaffen. Ehe Maßnahmen zur Beeinflussung der gesamtwirtschaftlichen Produktion und Beschäftigung ergriffen werden, muss die Ausgangssituation bekannt sein. Wir müssen wissen, welche Produktion von Gütern und Dienstleistungen mit den Ressourcen der Volkswirtschaft geschaffen wurde, welche Wirtschaftssubjekte daran beteiligt waren und wozu diese Produktion verwendet wurde. Es ist also zunächst ein Rechenwerk erforderlich, das die gesamtwirtschaftlichen Zusammenhänge abbildet und uns über die bisherige Leistung der Volkswirtschaft informiert. Dieses Rechenwerk ist die Volkswirtschaftliche Gesamtrechnung (VGR).

Kapitel II
Rechnerische Erfassung makroökonomischer Zusammenhänge in der Volkswirtschaftlichen Gesamtrechnung (VGR)

Die VGR schafft ein begriffliches System zum Verständnis der makroökonomischen Zusammenhänge und stellt eine wesentliche Informationsgrundlage für wirtschaftspolitische Entscheidungen dar. Sie erfasst das Wirtschaftsgeschehen einer Volkswirtschaft für eine abgelaufene Periode. Diese Informationen sind sowohl für die wirtschaftspolitischen Entscheidungsträger als auch für die Weiterentwicklung des gesamtwirtschaftlichen (makroökonomischen) Theoriegebäudes unverzichtbar. Jede Wirtschaftspolitik bedarf nämlich einer Datenbasis, die zum einen aufzeigt, wo die Wirtschaft gegenwärtig steht, inwieweit also die wirtschaftspolitischen Ziele (Preisniveaustabilität, Wachstum etc.) erreicht sind und ob ggf. wirtschaftspolitischer Handlungsbedarf besteht. Zum anderen soll sie den wirtschaftspolitischen Entscheidungsträgern, wie z. B. Regierung und Zentralbank, Ansatzpunkte für wirtschaftspolitische Maßnahmen aufzeigen und zugleich auch erkennen lassen, ob in der Vergangenheit ergriffene wirtschaftspolitische Maßnahmen zum Erfolg führten. Die VGR muss also so aufgebaut sein, dass sie die Träger der Wirtschaftspolitik über den Stand und die Veränderung der für die Wirtschaftspolitik entscheidenden gesamtwirtschaftlichen Schlüsselgrößen wie etwa Investitionstätigkeit, Konsum, Export möglichst zeitnahe informiert. Schließlich bilden diese Informationen auch wichtige Orientierungsgrundlagen beispielsweise für die Lohnpolitik der Tarifparteien wie auch für Investitions-, Produktions- und Beschäftigungsentscheidungen von Unternehmen. Die aus der VGR gewonnenen Daten dienen aber auch unmittelbar als politische Entscheidungsgrundlage. Als konkretes Beispiel sei eine wichtige Kennziffer im EU-Vertrag erwähnt. Danach spielt der Finanzierungssaldo des Staatshaushalts im Verhältnis zum nominalen Bruttoinlandsprodukt eine maßgebliche Rolle, und zwar sowohl als sog. Konvergenzkriterium für den Beitritt zur Europäischen Währungsunion als auch für die Lage der öffentlichen Finanzen in den Mitgliedsstaaten der EU.

Eine nicht minder wichtige Funktion kommt der VGR aber auch bei der Weiterentwicklung der makroökonomischen Theorie zu. Die VGR liefert nämlich auch die Datenbasis, um Hypothesen über gesamtwirtschaftliche Ursachen-Wirkungszusammenhänge zu prüfen. Nur auf diese Weise gelangt die Wirtschaftspolitik erst zu einer brauchbaren, d. h. wirklichkeitsnahen, theoretischen Grundlage. Nur eine Theorie, die sich bei der empirischen Kontrolle bewährt hat, kann den

Entscheidungsträgern Handlungsgrundlage zur Bewältigung konkreter wirtschaftspolitischer Probleme (beispielsweise Inflation, Arbeitslosigkeit) liefern.

Den theoretischen Hintergrund der Volkwirtschaftlichen Gesamtrechnung bildet
die *Kreislaufanalyse*, die die Güter- und Geldbewegungen (= reale und monetäre
Ströme) zwischen den Wirtschaftseinheiten einer Volkswirtschaft abbildet. Die
empirisch-statistische Auffüllung dieser Beziehungen zwischen den inländischen
Wirtschaftssubjekten (private Haushalte, öffentliche Haushalte, Unternehmen)
und zwischen diesen und dem Ausland erfolgt dann in der Volkswirtschaftlichen
Gesamtrechnung, die schließlich das Ergebnis dieser Wirtschaftsprozesse festhält.

1. Grundzüge der Kreislaufanalyse

Als Begründer der Kreislaufanalyse gilt Francois Quesnay (1694–1774), der Leib-
arzt von König Ludwig XV. Er übertrug das Vorstellungsbild des Blutkreislaufs auf
ökonomische Zusammenhänge und konnte so die Verflechtung wirtschaftlicher
Aktivitäten systematisieren. In heutiger Terminologie lässt sich dies folgendermaßen illustrieren:

In einer dezentralisierten und arbeitsteiligen Wirtschaft wird im Laufe einer Periode eine Vielzahl von Tauschvorgängen getätigt. Diese lassen sich als Kreislauf
von gegenläufigen *Stromgrößen* interpretieren. In einer sehr einfachen Form ist
ein solches Kreislaufmodell im nachfolgenden Schaubild dargestellt.

Die privaten Haushalte beziehen als Gegenleistung für die Zurverfügungstellung
von Produktionsfaktoren (Arbeit, Kapital, Boden) Faktoreinkommen von den Unternehmen. Letztere verwenden sie wiederum, um Konsumgüter bei den Unternehmen nachzufragen. In diesem einfachen Kreislaufmodell wird deutlich, dass

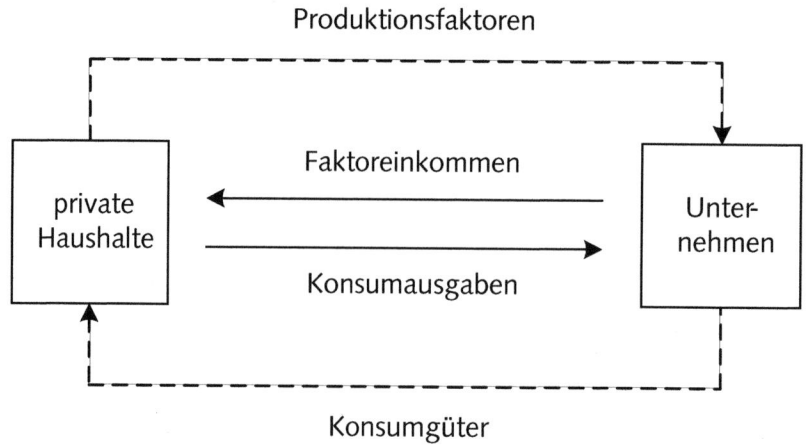

Abbildung II.1

die Haushalte und Unternehmen über Ströme miteinander in Verbindung stehen. Die gestrichelten Linien kennzeichnen *reale Ströme*, die durchgezogenen Linien monetäre Ströme. In der VGR werden die *monetären Ströme* erfasst, d. h. es wird nicht beschrieben, was im einzelnen an Gütern, z. B. 1.000 Kühlschränke der Marke X, von den Haushalten gekauft wurde, sondern nur deren Gegenwert in Geldeinheiten, z. B. 500.000 €.

Ströme sind Bewegungen innerhalb eines Zeitraums. Ströme bewirken zwar eine Bestandsveränderung, die Höhe des Bestandes zu einem bestimmten Zeitpunkt ist aus der VGR aber nicht unmittelbar ersichtlich.[3] So zeigt die VGR zwar, wie hoch das Sparaufkommen während einer Periode war, nicht jedoch den absoluten Bestand an Ersparnissen zum Ende dieser Periode. Eine Bestands- oder Vermögensrechnung ist somit ergänzend notwendig.

Aktiva	Vermögensbilanz	Passiva
Finanzvermögen (Forderungen) ⎤ = Bruttovermögen Sachvermögen ⎦	Verbindlichkeiten Reinvermögen (Nettovermögen)	

Auf der Aktivseite stehen das Sachvermögen und das Finanzvermögen (= Forderungen), z. B. Bargeld, Guthaben bei Banken, Wertpapiere etc. Die Addition ergibt das Bruttovermögen. Auf der Passivseite werden die Verbindlichkeiten ausgewiesen. Übersteigt das Bruttovermögen die Verbindlichkeiten, bleibt als Saldo das Reinvermögen. Im anderen Fall ist das Wirtschaftssubjekt überschuldet.

Bevor der Aufbau der VGR näher erläutert werden kann, sind einige Begriffsabgrenzungen vorzunehmen. In der VGR werden die ökonomischen Aktivitäten von Wirtschaftssubjekten erfasst. Unter ökonomischer Aktivität versteht man dabei Tätigkeiten, die direkt oder indirekt auf eine Bedürfnisbefriedigung mit Hilfe von Gütern und Dienstleistungen abzielen.

Als Träger ökonomischer Aktivitäten können drei Arten von Wirtschaftssubjekten[4] unterschieden werden:

---

[3]   Das Statistische Bundesamt verwendet den Begriff „VGR" in der Mehrzahl und schließt darin Bestandsrechnungen ein. Hier wird der Begriff „VGR" in der Einzahl benutzt und bezieht sich nur auf Stromrechnungen. Ströme können zum einen Transaktionen, zum anderen sonstige Veränderungen (z. B. bewertungsbedingte Veränderungen) abbilden. Zur Vereinfachung wird im Folgenden nur auf transaktionsbedingte Ströme abgestellt.

[4]   „Private Organisationen ohne Erwerbszweck" (z. B. Kirchen und Gewerkschaften), die an sich einen eigenen Sektor in der Statistik bilden, sind dem Sektor private Haushalte zugeordnet.

- Unternehmen
- öffentliche Haushalte[5]
- private Haushalte

Die einzelnen Wirtschaftssubjekte stehen durch *Transaktionen* miteinander in Verbindung. Unter Transaktionen versteht man die Übertragung eines Objektes (Gegenstand der Transaktion) von einem Wirtschaftssubjekt auf ein anderes. Gegenstand von Transaktionen können Güter und Dienstleistungen, Faktorleistungen und Forderungen sein. Unter Faktorleistungen werden die Leistungen der Produktionsfaktoren verstanden, also die der menschlichen Arbeit, des Bodens und des Kapitals.

1.1 Arten von Transaktionen

Die Vielzahl von Transaktionen kann nach unterschiedlichen Gesichtspunkten systematisiert werden.

a) Markttransaktionen und fiktive Transaktionen

Um die Wirtschaftsleistung einer Volkswirtschaft korrekt berechnen zu können, müssten alle Transaktionen erfasst, datiert und bewertet werden. Beobachtbar sind allerdings nur *Markttransaktionen*, d. h. Transaktionen, die über Märkte abgewickelt werden. Hier stellt die Erfassung prinzipiell kein Problem dar, da der Marktpreis bekannt ist und als Grundlage der Bewertung genommen werden kann.

Eine Anzahl wirtschaftlicher Vorgänge findet jedoch keinen Niederschlag in Markttransaktionen. Um diese Vorgänge dennoch erfassen zu können, werden Transaktionen unterstellt (*fiktive Transaktionen*). Die Notwendigkeit für ein solches Vorgehen leuchtet unmittelbar ein, wenn man sich klarmacht, dass ein Unternehmen etwa eine Maschine kaufen (Markttransaktion) oder selber erstellen kann (keine Markttransaktion). Will man die Wirtschaftsleistung während eines Zeitraums erfassen, so müssen beide Alternativen berücksichtigt werden.

b) Einseitige und zweiseitige Transaktionen

Hier wird danach unterschieden, ob mit der Transaktion eine Gegenleistung verbunden ist. *Zweiseitige Transaktionen* sind meistens Markttransaktionen, und die Gegenleistung besteht in der Bezahlung. *Einseitige Transaktionen* sind demgemäß Übertragungen von Gütern, Faktorleistungen oder Forderungen ohne Gegenleistung, z. B. Schenkungen und Transferzahlungen.

c) Leistungs- und Finanztransaktionen

Der Unterschied zwischen Leistungs- und Finanztransaktionen besteht darin, dass *Leistungstransaktionen* eine Veränderung der Nettoposition eines Wirt-

---

[5]   Alle öffentlichen Haushalte (Gebietskörperschaften und Sozialversicherungen) zusammen genommen bezeichnet man als „Staat".

schaftssubjektes bewirken, bei Finanztransaktionen hingegen ändert sich allenfalls die Struktur der Nettoposition, nicht jedoch deren Höhe. Unter *Nettoposition* versteht man die Differenz zwischen Forderungen und Verbindlichkeiten. Übersteigen die Forderungen die Verbindlichkeiten, ist die Nettoposition positiv; im anderen Fall ist sie negativ. Kauft z. B. ein Unternehmen eine Maschine auf Ziel, so steigt beim Käufer das Sachvermögen. Gleichzeitig nehmen seine Lieferantenverbindlichkeiten zu, wodurch die Nettoposition sinkt. Beim Verkäufer dagegen steigen die Kundenforderungen, d. h. seine Nettoposition steigt. Es handelt sich somit um eine Leistungstransaktion.

Bei *Finanztransaktionen* verändert sich – wie erwähnt – die Höhe der Nettoposition nicht. Wird die Maschine im obigen Beispiel bezahlt, so sinken beim Käufer sowohl die Lieferantenverbindlichkeiten als auch die Bankguthaben (= Forderungen). Es ändert sich folglich nur die Struktur, nicht jedoch die Höhe der Nettoposition. Beim Verkäufer hingegen vermindern sich die Kundenforderungen, während die Bankguthaben zunehmen. Die Unterscheidung zwischen Leistungs- und Finanztransaktionen ist deshalb wichtig, weil nur Leistungstransaktionen die Wertschöpfung eines Landes beeinflussen, reine Finanztransaktionen hingegen nur die Struktur von Forderungen und Verbindlichkeiten berühren. Selbstverständlich können Finanztransaktionen ohne jegliche Leistungstransaktionen vorkommen: Kauft etwa ein inländisches Unternehmen festverzinsliche Staatspapiere aus einer Neuemission, so steigen einerseits die Forderungen dieses Unternehmens; dieser Forderungszunahme steht aber eine betragsgleiche Abnahme von Bankguthaben (Forderungsabnahme) gegenüber, da das Unternehmen den Gegenwert der Wertpapiere mittels Banküberweisung begleicht.

1.2 Kontenmäßige Erfassung

Alle Transaktionen, die während einer Periode getätigt werden, lassen sich mit Hilfe von vier Aktivitätskonten, und zwar dem Produktions-, dem Einkommens-, dem Vermögensänderungs- und dem Finanzierungskonto abbilden. Alle Transaktionen werden dabei nach dem System der „doppelten Buchführung" jeweils mit Buchung und Gegenbuchung erfasst.

Auf dem *Produktionskonto* wird die Produktion von Gütern und Dienstleistungen festgehalten.

S	Produktionskonto	H
Kosten (Input)	Erlöse	
Saldo: Gewinn		

Auf der Sollseite werden die Kosten (Input) des Produktionsprozesses, auf der Habenseite die Erlöse (Output) ausgewiesen. Übersteigen die Erlöse die Kosten, so ergibt sich als Saldo der *Gewinn*.

Das *Einkommenskonto* bildet die Einkommensbezüge und deren Verwendung ab.

S	Einkommenskonto	H
Einkommensverwendung Saldo: Sparen	Einkommensbezüge	

Im Haben stehen alle Einkommensbezüge der Periode, im Soll die Einkommensverwendung. Als Saldo ergibt sich das *Sparen*.

Das *Vermögensänderungskonto* enthält den Sachvermögenserwerb und dessen Finanzierung. Reichen eigene Mittel zur Finanzierung des Sachvermögenserwerbs nicht aus, so ergibt sich ein Finanzierungsdefizit, anderenfalls ein Finanzierungsüberschuss (*Finanzierungssaldo*).

S	Vermögensänderungskonto a)	H

Erwerb von Sachvermögen
 	
Saldo: Finanzierungs
    -defizit   (–)
    -überschuss   (+)
	Finanzierung von Sachvermögen aus eigenen Mitteln	

a) Von Vermögensübertragungen wird im Folgenden aus Gründen der Vereinfachung abgesehen

Auf dem *Finanzierungskonto* werden die Zu- und Abnahmen in den Beständen an Forderungen und Verbindlichkeiten erfasst.[6]

---

[6]   Das Finanzierungskonto (die Finanzierungsrechnung) wird in Deutschland von der Deutschen Bundesbank erstellt. Siehe hierzu 4.2.

S	Finanzierungskonto		H
Veränderung der Forderungen	Veränderung der Verbindlichkeiten		
	Saldo: Finanzierungs		
	-defizit	(–)	
	-überschuss	(+)	

Als Saldo ergibt sich wieder ein Finanzierungsdefizit bzw. -überschuss, der betragsmäßig mit dem des Vermögensänderungskontos übereinstimmen muss.

Damit sich das Verständnis der VGR besser erschließt, soll in drei Stufen vorgegangen werden: Zunächst findet eine idealtypische Zuordnung der bereits angesprochenen Aktivitätskonten auf die einzelnen Wirtschaftssubjekte statt (einzelwirtschaftliche Ebene). Die einzelwirtschaftliche Ebene wird allerdings aus rein didaktischen Gründen eingeführt. Die amtliche VGR setzt erst auf der sektoralen Ebene an. Um die sektorale Ebene zu erreichen, werden die Aktivitätskonten der einzelnen Wirtschaftssubjekte zu Sektoren zusammengefasst. Der Unternehmenssektor umfasst Kapitalgesellschaften (einschließlich Quasikapitalgesellschaften wie z. B. KG und OHG), während die übrigen Unternehmen ohne eigene Rechtspersönlichkeit (u. a. Freiberufler und Einzelkaufleute) internationalen Gepflogenheiten folgend mit ihren unternehmerischen Aktivitäten dem (erweiterten) Sektor Private Haushalte zugeordnet werden. Die VGR nimmt also keine fiktive Trennung zwischen dem Einzelunternehmen und seinem Haushalt vor und betrachtet den Unternehmerhaushalt als organisatorische Einheit.

Auf sektoraler Ebene wird schließlich das Auslandskonto, das die Gegenbuchungen der Transaktionen mit dem Ausland (Rest der Welt) abbildet, eingeführt. In der dritten Stufe werden sodann die sektoralen Aktivitätskonten zu gesamtwirtschaftlichen Aktivitätskonten aggregiert (gesamtwirtschaftliche Ebene).

Das vom Statistischen Bundesamt verwendete Kontensystem geht über das hier vorgestellte Grundschema hinaus. Eine Erweiterung erfolgt sowohl im Hinblick auf eine stärkere Differenzierung der inländischen Sektoren als auch im Hinblick auf die Untergliederung der Konten, da im Bereich der Einkommensentstehung und –verteilung ein größerer Informationsbedarf besteht. So gibt es etwa nicht den Unternehmenssektor als solchen, sondern er ist aufgeteilt in Finanzielle Kapitalgesellschaften (im Wesentlichen Kreditinstitute, Versicherungsunternehmen sowie Investmentfonds) und in Nichtfinanzielle Kapitalgesellschaften.[7]

---

[7] Im Einzelnen hierzu siehe etwa Frenkel, M./John, K.D., Volkswirtschaftliche Gesamtrechnung, 6. Auflage, München 2006.

2. Aktivitäten von Unternehmen, privaten und öffentlichen Haushalten

2.1 Einzelwirtschaftliche Ebene

2.1.1 Aktivitätskonten eines Unternehmens

Im Rahmen der VGR rechnen zu Unternehmen alle Institutionen, die vorwiegend Waren und Dienstleistungen produzieren bzw. erbringen und diese gegen Entgelt verkaufen, wobei in der Regel zumindest eine Gewinnerzielungsabsicht besteht.

Das oben nur in seiner Grobstruktur vorgestellte Produktionskonto hat in detaillierter Form folgendes Aussehen:

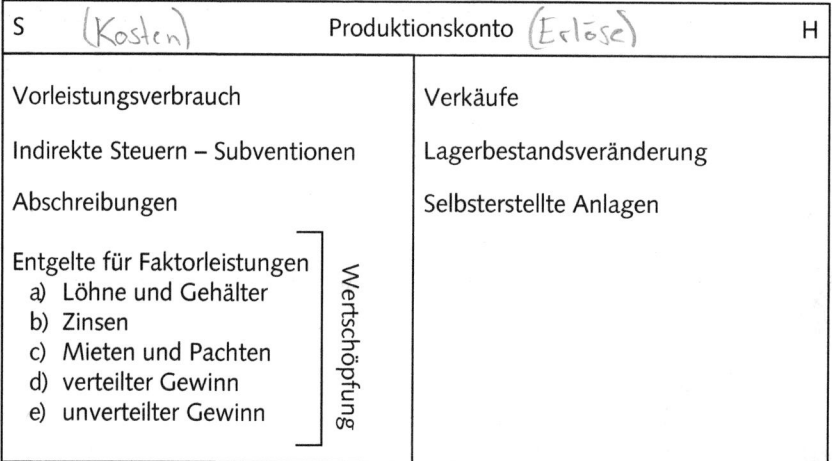

Neben dem Verbrauch von *Vorleistungen,* also dem Einsatz von Roh-, Hilfs-, Betriebsstoffen und Zwischenprodukten, die von anderen Unternehmen bezogen werden, fallen als Kosten des Produktionsprozesses *Abschreibungen* als Gegenleistung für den Werteverzehr an dauerhaften Produktionsmitteln sowie Entgelte für die Inanspruchnahme von *Faktorleistungen (Faktoreinkommen* bzw. *Primäreinkommen)* an. Dies sind Löhne und Gehälter, Zinsen, Mieten und Pachten sowie, wenn die Erlöse die Kosten übersteigen, der Gewinn. Dieser wiederum wird aufgeteilt in verteilten (z. B. Dividende) und unverteilten bzw. einbehaltenen Gewinn.

Bei den Erlösen dominieren in der Regel die Verkäufe; ihnen liegen Markttransaktionen zugrunde. Verkäufe können an private Haushalte, an öffentliche Haushalte, an andere Unternehmen oder ans Ausland (Exporte) erfolgen. Bei Lagerbestandsveränderungen aus eigener Produktion sowie den selbsterstellten Anlagen werden Transaktionen fingiert; die Bewertung erfolgt zu Herstellungskosten. Zieht man vom Gesamtwert der Verkäufe, Lagerbestandsveränderungen und Selbsterstellten Anlagen den Saldo aus Indirekten Steuern und Subventionen ab, erhält man den *Produktionswert.*

Erläuterungsbedürftig ist noch die Position „Indirekte Steuern minus Subventionen". *Indirekte Steuern (= Produktions- und Importabgaben)* sind für die Unternehmen zwar nur durchlaufende Posten; da sie aber in den Verkaufserlösen enthalten sind, müssen sie auf der Sollseite angesetzt werden. *Subventionen* stellen Kostenentlastungen dar, die in der Form von Preisermäßigungen in die Verkaufserlöse eingegangen sind; sie werden mit den Indirekten Steuern saldiert.[8] Die *Wertschöpfung* wiederum ist identisch mit dem Entgelt für Faktorleistungen und stellt den Wert dar, den das Unternehmen tatsächlich „neu" in einer Periode geschaffen hat. Sie wird deshalb auch *Nettowertschöpfung* genannt. Nimmt man die Abschreibungen hinzu, erhält man die *Bruttowertschöpfung.*

Eine einfache Gestalt hat das Einkommenskonto. Auf der Habenseite steht als einzige Einkommensquelle nur der Posten unverteilter Gewinn. Nach Abzug der Direkten Steuern (*Einkommens-* und *Vermögenssteuern*) bleibt als Saldo das Sparen.

S *Einkommensverwendung* Einkommenskonto *Einkommensbezüge*	H
Direkte Steuern Sparen (= *verfügbares Einkommen*)	unverteilter Gewinn

Beim Vermögensänderungskonto steht auf der Sollseite der Erwerb von Sachvermögen, auf der Habenseite die Finanzierung des Sachvermögenserwerbes aus eigenen Mitteln.

S *Erwerb von Sachvermög.* Vermögensänderungskonto *Finanzierung von SV aus eigenen Mitteln*	H

Bruttoanlageinvestitionen
  a) Käufe von Sachanlagen und
    immateriellen Anlagegütern
  b) Selbsterstellte Sachanlagen und
    immaterielle Anlagegüter
 	
Lagerbestandsveränderungen
  a) bei Erzeugnissen aus eigener
    Produktion
  b) bei fremdbezogenen Erzeugnissen
 	
Finanzierungs
    -defizit   (−)
    -überschuss (+)
	Abschreibungen
	
	Sparen

---

8   Zur Vereinfachung sei – sofern nicht ausdrücklich davon abgewichen wird – im Folgenden unterstellt, dass Indirekte Steuern von den Unternehmen nur an den Staat fließen und die Unternehmen Subventionen nur vom Staat erhalten.

Prinzipiell können die Unternehmen den Sachvermögenserwerb durch Sparen, Abschreibungen oder durch Kreditaufnahme finanzieren. Abschreibungen können insofern als Finanzierungsquelle angesehen werden, als sie in den Verkaufspreisen einkalkuliert sind und so den Unternehmen wieder zufließen. Eine echte Finanzierung ist aber nur dann möglich, wenn die Abschreibungen auch wirklich verdient worden sind.

Der Sachvermögenserwerb teilt sich in *Bruttoanlageinvestitionen* und Lagerbestandsveränderungen (*Vorratsänderungen*) auf. Nach dem ESVG 1995 (Europäisches System Volkswirtschaftlicher Gesamtrechnungen) umfasst der Begriff der Anlageinvestitionen neben Sachanlagen (Bauten, Ausrüstungen, Nutztiere und Nutzpflanzen) nun auch Ausgaben für (produzierte) immaterielle Anlagegüter, wie z. B. Urheberrechte oder erworbene oder selbsterstellte Computersoftware. Bei den *Lagerbestandsveränderungen* wird nach Veränderungen aus eigener und fremder Produktion unterschieden. Die Summe aus Bruttoanlageinvestitionen und Lagerbestandsveränderungen ergibt die *Bruttoinvestitionen*. Zieht man davon die Abschreibungen ab, so verbleiben die *Nettoinvestitionen*. Reichen Ersparnis und Abschreibungen zur Finanzierung nicht aus, kommt es zu einem Finanzierungsdefizit (= Kreditaufnahme), das sich spiegelbildlich auf dem Finanzierungskonto niederschlägt.

S	Finanzierungskonto		H
Veränderungen in den Forderungen	Veränderungen in den Verbindlichkeiten		
	Saldo: Finanzierungs		
	-defizit	(–)	
	-überschuss	(+)	

2.1.2 Aktivitätskonten eines privaten Haushaltes

Idealtypisch treten Private Haushalte am Markt als Anbieter von Faktorleistungen (Arbeit, Boden, Kapital) sowie als Nachfrager nach Konsumgütern auf. Die Aktivitätskonten eines privaten Haushaltes unterscheiden sich von denen der anderen Wirtschaftssubjekte dadurch, dass – sieht man aus Gründen der Vereinfachung von wohnungswirtschaftlichen Aktivitäten ab – kein Produktionskonto existiert. Zwar ist offensichtlich, dass Hausarbeit eine Produktion von Dienstleistungen darstellt; wegen der Probleme der statistischen Erfassbarkeit (keine Markttransaktionen!) werden sie jedoch vernachlässigt.[9]

---

[9]   Lediglich die Tätigkeit einer Hausgehilfin oder eines Butlers (Markttransaktion!) wird erfasst. Davon wird hier zur Vereinfachung abgesehen.

S *Einkommens verwendung*	Einkommenskonto *Einkommens bezüge*	H
Direkte Steuern	Faktoreinkommen	
Sozialbeiträge (Sozialabgaben)	Transfereinkommen	
Konsumausgaben ⎤ verfügbares Sparen ⎦ Einkommen		

Aus folgenden Quellen können Haushalte Einkommen beziehen:

- aus unselbständiger Tätigkeit
- aus selbständiger Tätigkeit (verteilter Gewinn, Mieteinnahmen)
- aus Vermögen (Zinsen, Dividenden)
- aus Transfers (z. B. Rente, Sozialhilfe)

Zieht man von dem gesamten Einkommen die Direkten Steuern (*Einkommens- und Vermögenssteuern*) und die *Sozialabgaben*[10] ab, so ergibt sich das verfügbare Einkommen. Dieses können die Haushalte entweder konsumieren oder sparen. Alles, was nicht konsumiert wird, stellt also Sparen dar.

S	Vermögensänderungskonto	H

Saldo: Finanzierungs
    -defizit   (–)
    -überschuss   (+)
	Sparen	

Da ein privater Haushalt gemäß Konvention nicht produziert, kann er auch nicht investieren. Deshalb stellt auch der Erwerb von *dauerhaften Konsumgütern*, wie z. B. Kühlschränke oder Kraftfahrzeuge immer Konsum der laufenden Periode dar, obwohl die Güter längerfristig nutzbar sind, also Investitionscharakter haben.

Fließt einem Haushalt mehr Einkommen zu, als er für Konsumzwecke verausgabt hat, entsteht ein Finanzierungsüberschuss gegenüber anderen Wirtschaftssubjekten, was per Saldo eine Zunahme der Forderungen auf dem Finanzierungskonto zur Folge hat.

---

[10] Beiträge zur Arbeitslosen-, Kranken-, Pflege-, Renten- und Unfallversicherung einschließlich Arbeitgeberanteile.

2.1.3   Aktivitätskonten eines öffentlichen Haushaltes

Ein öffentlicher Haushalt zeichnet sich primär dadurch aus, dass er Dienstleistungen für die Allgemeinheit erbringt, die er in der Regel unentgeltlich zur Verfügung stellt. Die Finanzierung erfolgt weitgehend über Zwangsabgaben. Zum anderen vollzieht sich über die öffentlichen Haushalte der überwiegende Teil der Einkommensumverteilung in der Volkswirtschaft. Zu den öffentlichen Haushalten zählen die Gebietskörperschaften und die Sozialversicherungen. Alle öffentlichen Haushalte bilden den Sektor *Staat*.

S Kosten	Produktionskonto Erlöse H

Vorleistungen
 	
Abschreibungen
 	
Entgelte für Faktorleistungen
  a) Löhne und Gehälter
  b) Zinsen
  c) Mieten und Pachten
	Unentgeltliche Bereitstellung öffentlicher Güter
	(= Konsumausgaben des Staates)
	
	Verkäufe

Die Habenseite des Produktionskontos eines öffentlichen Haushalts ist dadurch gekennzeichnet, dass der Staat zum einen Verkäufe vornimmt (z. B. Erbringung staatlicher Leistungen gegen Gebühren) und zum anderen seine Produktion unentgeltlich bereitstellt. Bei Letzterem spricht man von *Konsumausgaben des Staates*. Damit soll der Schwierigkeit Rechnung getragen werden, dass öffentliche Güter nicht gegen Entgelt transferiert werden. Zum einen sind die Empfänger der Leistung häufig nicht bekannt. Öffentliche Güter wie z. B. Landesverteidigung, Polizeidienste und Bildung werden der Allgemeinheit ohne direktes Entgelt zur Verfügung gestellt. Einzelne sollen oder können von der Nutzung solcher Güter nicht ausgeschlossen werden. Zum anderen kommt die Schwierigkeit der Bewertung der staatlichen Leistungen hinzu. Da keine Marktpreise existieren, wird die Bewertung zu Herstellungskosten vorgenommen.

Aus dieser Vorgehensweise ergeben sich für das Produktionskonto eines öffentlichen Haushalts zwei Besonderheiten:

- Es können keine Lagerbestandsveränderungen entstehen, da die vom Staat produzierten Dienstleistungen – wie Dienstleistungen schlechthin – nicht lagerfähig sind, sondern vielmehr bei ihrer Entstehung verbraucht werden.

- Durch die Ermittlung der Konsumausgaben des Staates als Restgröße (Kosten – Verkäufe = Konsumausgaben des Staates) kann das Produktionskonto keinen Gewinn ausweisen.

Ein weiterer Unterschied zum Produktionskonto eines Unternehmens besteht darin, dass ein öffentlicher Haushalt für seine „Verkäufe" keine Steuern in Rechnung stellt und im Regelfall auch keine Subventionen enthält.

Einkommen beziehen öffentliche Haushalte durch *Direkte* und *Indirekte Steuern*, *Sozialbeiträge* sowie durch Faktoreinkommen, z. B. Erträge aus Unternehmensbeteiligungen.[11] Das Einkommen verwendet er für *Transferzahlungen* an die privaten Haushalte (*Sozialleistungen*), an Unternehmen (*Subventionen*) und an das Ausland (z. B. Entwicklungshilfe). Nach Abzug dieser Position ergibt sich das verfügbare Einkommen des öffentlichen Haushalts, das er ähnlich dem privaten Haushalt nur für den Konsum[12] verwenden oder sparen kann.

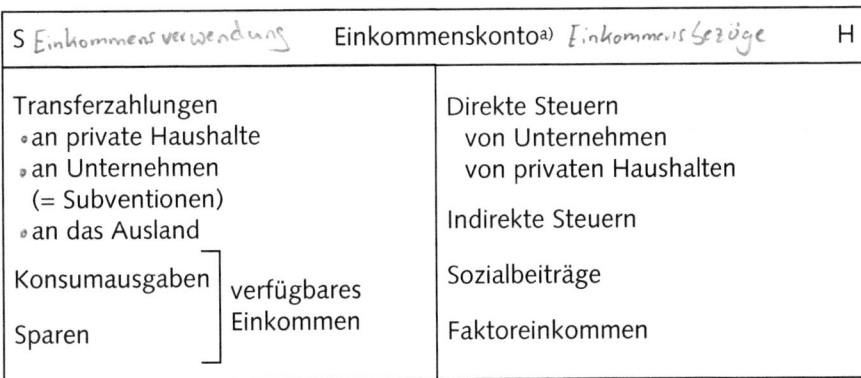

S Einkommens verwendung   Einkommenskonto[a] Einkommens bezüge   H

Transferzahlungen	Direkte Steuern
• an private Haushalte	von Unternehmen
• an Unternehmen	von privaten Haushalten
(= Subventionen)	
• an das Ausland	Indirekte Steuern
Konsumausgaben ⎤ verfügbares	Sozialbeiträge
⎟ Einkommen	
Sparen ⎦	Faktoreinkommen

[a] Dieses Einkommenskonto bezieht sich eher auf den Sektor Staat als auf einen einzelnen öffentlichen Haushalt. Auf eine spätere Darstellung sektoraler Konten wird jedoch verzichtet.

Der Aufbau des Vermögensänderungskontos ist identisch mit dem eines Unternehmens, mit der Ausnahme, dass aus den erwähnten Gründen keine Lagerinvestitionen getätigt werden können. Auch fällt auf, dass der öffentliche Haushalt selbst keine Anlagen erstellen kann, d. h. seine Bruttoanlageinvestitionen sind allesamt fremdbezogen, weil Staatsunternehmen wie z. B. Post, Bahn etc. bei den Unternehmen und nicht bei den öffentlichen Haushalten erfasst werden. Die Fi-

---

[11] Von Einkommen, die im Rahmen des Finanzausgleichs innerhalb des staatlichen Sektors anfallen, sei zur Vereinfachung abgesehen.

[12] Wir folgen hier dem sog. *Ausgabenkonzept*, wonach die sozialen Sachtransfers (unentgeltlich zur Verfügung gestellte Waren und Dienstleistungen vor allem des Gesundheits- und Erziehungswesens) bei dem Sektor nachgewiesen werden, der für sie gezahlt hat. Sie sind damit Teil der Konsumausgaben des Staates. Das ESVG 1995 sieht aber auch parallel dazu einen Ausweis nach dem Verbrauchskonzept vor, demzufolge die sozialen Sachtransfers bei den tatsächlichen Letztverbrauchern, also bei den privaten Haushalten, ausgewiesen werden. Bei der Darstellung der Einkommensverwendung nach dem Verbrauchskonzept werden die Bezeichnungen Individualkonsum und Kollektivkonsum verwendet. Der Kollektivkonsum entspricht dem Konsum des Staates ohne soziale Sachtransfers; der Individualkonsum den Konsumausgaben der privaten Haushalte zuzüglich der sozialen Sachtransfers.

nanzierung des Sachvermögenserwerbes bringt keine Neuerungen, weswegen – wie auch beim Finanzierungskonto – auf eine eingehendere Darstellung verzichtet werden kann.

S	Vermögensänderungskonto	H

Bruttoanlageinvestitionen
⤷ *Kauf von Sachanlagen + Imm. VG*
 	
Finanzierungs
    -defizit   (–)
    -überschuss   (+)
	Abschreibungen
	
	Sparen	

2.2 Sektorale Aggregation

In der zweiten Stufe werden die Aktivitätskonten der einzelnen Wirtschaftssubjekte zu Sektoren aggregiert. Es entsteht somit je ein Produktions-, ein Einkommens-, ein Vermögensänderungs- und ein Finanzierungskonto für den Unternehmenssektor, den Sektor „Öffentliche Haushalte" (Staat), sowie für den Sektor „Private Haushalte" (Haushaltssektor), wobei diesem Sektor ein großer Teil der Unternehmen (z. B. Freiberufler und Einzelkaufleute) sowie die wohnungswirtschaftlichen Aktivitäten der privaten Haushalte zugeordnet werden. Der Haushalts**sektor** weist somit auch ein ganz „normales" Produktionskonto auf. Im Haushaltssektor entstehen etwa Faktoreinkommen, es fallen Abschreibungen an und es kommt zu Investitionen. Durch die Aggregation gehen wegen der Aufrechnung gleichartiger Transaktionen zwischen den Wirtschaftssubjekten eines Sektors (*Konsolidierung*) jedoch Informationen verloren. So ist danach beispielsweise nicht mehr bekannt, welche Transaktionen im Einzelnen zwischen den Unternehmen stattgefunden haben, anders wäre aber die Informationsflut nicht mehr verarbeitbar. Neu eingeführt werden muss an dieser Stelle allerdings das Auslandskonto.

Auf dem Auslandskonto werden sämtliche Transaktionen mit Ausländern als Gegenbuchung zu den entsprechenden Inlandskonten erfasst, wobei auf der Sollseite die Einnahmen der Inländer (= Ausgaben der Ausländer) und auf der Habenseite die Ausgaben der Inländer (= Einnahmen der Ausländer) verbucht werden. Hierbei zählen Gebietsansässige als Inländer, Gebietsfremde als Ausländer.

Auf der Sollseite stehen die Exporte von Waren und Dienstleistungen. Die Gegenbuchung erfolgt als Verkäufe an das Ausland und wird auf der Habenseite der Produktionskonten erfasst. Daneben werden hier Faktoreinkommen (*Primäreinkommen*), die vom Ausland ans Inland fließen (Erwerbs- und Vermögenseinkommen), berücksichtigt. Beispielsweise fallen hierunter die Zinserträge, die Gebietsansässigen aus dem Ausland zufließen. Die Gegenbuchung erfolgt auf den Einkommenskonten der inländischen Sektoren.

Auf der Habenseite stehen zunächst die Importe von Waren und Dienstleistungen und die Faktoreinkommen, die das Ausland vom Inland bezieht. Die Gegenbuchung erfolgt jeweils auf der Sollseite der Produktionskonten. (Der Saldo aus Exporten und Importen wird als *Außenbeitrag* bezeichnet). Unter Transfers ans Ausland sind beispielsweise die staatliche Entwicklungshilfe oder Heimatüberweisungen ausländischer Arbeitnehmer zu verstehen; die Gegenbuchung erfolgt hier auf dem Einkommenskonto des Staates bzw. der privaten Haushalte. In dem Falle, dass im Auslandskonto die Soll- und Habenseite betragsmäßig nicht identisch sind, ergibt sich eine Veränderung der *Nettoposition*. Dies ist unmittelbar einleuchtend, wenn man beispielsweise annimmt, dass sowohl die ans Ausland gezahlten Faktoreinkommen als auch die ans Ausland gezahlten Transfers die entsprechenden Zahlungen des Auslands an das Inland übersteigen. Der Teil der Exporte, der nicht durch Importe und Faktorleistungen des Auslands „bezahlt" bzw. der dem Ausland nicht geschenkt wurde (Transfers), kann dann nur noch zu einem Zuwachs an Forderungen gegenüber dem Ausland geführt haben, d. h., die Nettoposition (also der Saldo aus Forderungen und Verbindlichkeiten) hat sich entsprechend erhöht.

2.3 Gesamtwirtschaftliche Aggregation

Für viele wirtschaftspolitische Fragestellungen genügt nicht die sektorale Aggregation; man benötigt vielmehr Aussagen auf gesamtwirtschaftlicher Ebene. Hierfür werden die sektoralen Produktionskonten zu einem gesamtwirtschaftlichen Produktionskonto, die sektoralen Einkommenskonten zu einem gesamtwirtschaftlichen Einkommenskonto usw. zusammengefasst.

Aus Gründen der besseren Übersicht werden für die einzelnen Sektoren bzw. für die einzelnen Ströme im Folgenden nachstehende Abkürzungen benutzt:

Sektoren:

Hh = Haushaltssektor
U = Unternehmenssektor
St = Staatssektor
A = Ausland (übrige Welt)

Ströme:*

C_{Hh}, C_{St}	=	Konsumausgaben Hh, St
S_{Hh}, S_U, S_{St}	=	Sparen Hh, U, St
$FE_U{}^{Hh}$	=	Faktoreinkommen Hh vom U
$FE^{Hh}{}_{Hh}$	=	Faktoreinkommen Hh vom Hh
$FE^{Hh}{}_{St}$	=	Faktoreinkommen Hh vom St
$FE^{Hh}{}_A$	=	Faktoreinkommen Hh vom A
$FE^A{}_U$	=	Faktoreinkommen des A vom U
$FE^U{}_U$	=	unverteilter Gewinn
$FE^I{}_I$	=	Faktoreinkommen des Inlands vom Inland
$FE^I{}_A$	=	Faktoreinkommen des Inlands vom Ausland
$FE^A{}_I$	=	Faktoreinkommen des Auslands vom Inland
D_{Hh}, D_U, D_{St}	=	Abschreibungen Hh, U, St
Sozb.	=	Sozialbeiträge der Hh an den St
$Tr^{Hh}{}_{St}$	=	Transferzahlungen St an Hh
$Tr^A{}_I$	=	Transferzahlungen des Inlandes an das Ausland
$Tr^I{}_A$	=	Transferzahlungen vom Ausland an das Inland (z. B. an Hh)
$Tr^A{}_{St}$	=	Transferzahlungen des Staates ans Ausland
$T^d{}_{Hh,U}$	=	Direkte Steuern Hh, U
T^i	=	Indirekte Steuern
Ex	=	Exporte
Im	=	Importe
$I^b{}_{Hh,U,St}$	=	Bruttoinvestitionen Hh, U, St
Z	=	Subventionen
VL	=	Vorleistungen (zwischen Inländern)
ΔN	=	Änderung der Nettoposition
F	=	Finanzierungssaldo
BIP_M	=	Bruttoinlandsprodukt zu Marktpreisen
NIP_M	=	Nettoinlandsprodukt zu Marktpreisen
NIP_F	=	Nettoinlandsprodukt zu Faktorkosten
BNE	=	Bruttonationaleinkommen
NNE	=	Nettonationaleinkommen (Primäreinkommen)

*$FE^{Hh}{}_U$ bedeutet beispielsweise: Faktoreinkommen, die im Unternehmenssektor erwirtschaftet wurden und an die privaten Haushalte geflossen sind.

2.3.1 Produktionskonto

Das aggregierte gesamtwirtschaftliche Produktionskonto hat folgende Gestalt:

S	Gesamtwirtschaftliches Produktionskonto vor Konsolidierung	H
VL	VL	
Im	$C_{Hh, St} = C$	
$D_{Hh, U, St} = D$	Ex	
$T^i - Z$	$I^b_{Hh, U, St} = I^b$	
$FE_{Hh, U, St}^{Hh, U, St, A}$		

Gesamtwirtschaftlich gehen als „Input" in den Produktionsprozess die Vorleistungen aus dem Inland, die Importe (Güter – Waren und Dienstleistungen – aus dem Ausland), der Werteverzehr an dauerhaften Produktionsmitteln (Abschreibungen) sowie die Entgelte für die Inanspruchnahme von Faktorleistungen (Faktoreinkommen) ein. Die Position T^i – Z (Indirekte Steuern – Subventionen) stellt einen durchlaufenden Posten dar. Als Output stehen dem die im Inland produzierten Vorleistungen, die Güter, die vom Staat und den privaten Haushalten konsumiert wurden, die Exporte und die Investitionen (Bruttoanlageinvestitionen und Lagerbestandsveränderungen) gegenüber. Offensichtlich ist, dass sich die von Inländern an Inländer verkauften Vorleistungen (VL) aufheben, da sie auf der einen Seite „Kosten", auf der anderen Seite „Erlöse" des gesamtwirtschaftlichen Produktionsprozesses darstellen.

In einem nächsten Schritt werden – der gebräuchlichen Vorgehensweise folgend – die Importe auf der Habenseite erfasst und von den Exporten subtrahiert. Dies hat den Vorteil, dass dann aus dem gesamtwirtschaftlichen Produktionskonto unmittelbar das Bruttoinlandsprodukt zu Marktpreisen (BIP_M) entnommen werden kann. Das gesamtwirtschaftliche Produktionskonto hat somit (nach Konsolidierung) folgendes Aussehen:

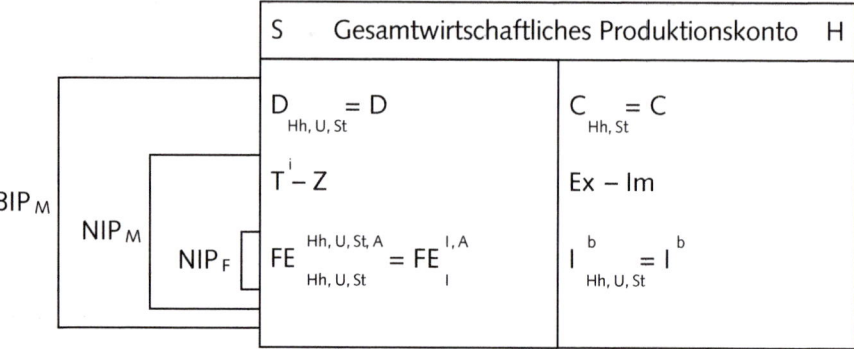

Auf dem gesamtwirtschaftlichen Produktionskonto wird erfasst, was im Inland produziert und wie die inländische Produktion verwendet wurde.

2.3.2 Einkommenskonto

Fasst man die sektoralen Einkommenskonten zusammen, erhält man das gesamtwirtschaftliche Einkommenskonto.

S　　Gesamtwirtschaftliches Einkommenskonto vor Konsolidierung　　H	
T^{D}	T^{D}
Tr^{Hh}_{St}	Tr^{Hh}_{St}
Sozb.	Sozb.
Tr^{A}_{I}	Tr^{I}_{A}
$C_{Hh, St} = C$	$T^{i} - Z$
$S_{Hh, U, St} = S$	$FE^{Hh, U, St}_{Hh, U, St, A}$

Die Direkten Steuern, die Sozialbeiträge der Haushalte an den Staat (die Arbeitgeberbeiträge sind darin eingeschlossen) sowie die Transferzahlungen des Staates an inländische Haushalte fallen durch die Konsolidierung weg, da sie gesamtwirtschaftlich sowohl Einkommensbezug als auch Einkommensverwendung darstellen. Damit wird auch deutlich, dass diese Ströme lediglich eine Einkommensumverteilung bewirken. Saldiert man noch die Transferzahlungen zwischen In- und Ausland, so hat das gesamtwirtschaftliche Einkommenskonto (nach Konsolidierung) folgendes Aussehen:

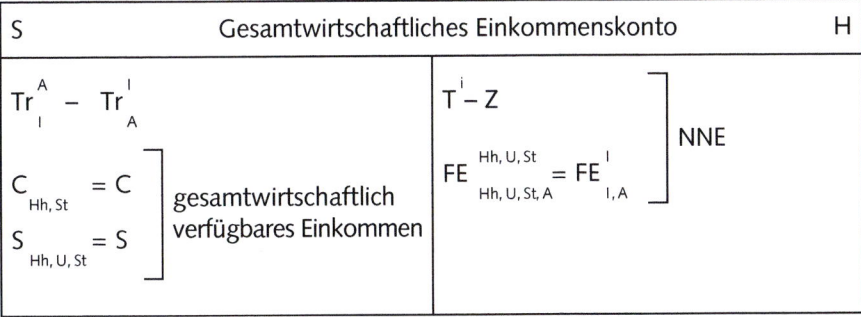

Auf dem gesamtwirtschaftlichen Einkommenskonto wird erfasst, was von den Inländern an Einkommen bezogen und wie dieses verwendet wurde. Das gesamtwirtschaftlich verfügbare Einkommen ergibt sich aus der Summe von Konsum und Sparen. Die Summe der zugeflossenen Faktoreinkommen, korrigiert um den Saldo aus indirekten Steuern und Subventionen, entspricht dem Nettonationaleinkommen (NNE).[13]

2.3.3 Vermögensänderungskonto

Durch Aggregation der sektoralen Vermögensänderungskonten ergibt sich das gesamtwirtschaftliche Vermögensänderungskonto.

S	Gesamtwirtschaftliches Vermögensänderungskonto	H
$I^b_{Hh,U,St} = I^b$	$D_{Hh,U,St} = D$	
$F_{Hh,U,St} = F$	$S_{Hh,U,St} = S$	

Im Soll stehen die gesamtwirtschaftlichen *Bruttoinvestitionen*, die sich in Anlage- und Lagerinvestitionen aufteilen lassen. Im Haben wird die Finanzierung dieser Investitionen (aus eigenen Mitteln) aufgezeigt. Zieht man von den Bruttoinvestitionen die Abschreibungen ab, ergeben sich die *Nettoinvestitionen*. Übersteigt das inländische Sparen die Nettoinvestitionen, dann resultiert daraus ein Finanzierungsüberschuss gegenüber dem Ausland; übersteigen die Nettoinvestitionen das inländische Sparen, so ergibt sich ein Finanzierungsdefizit gegenüber dem Ausland. Die Nettoinvestitionen geben an, um wie viel sich der *Kapitalstock* in einer Volkswirtschaft in der betrachteten Zeitperiode verändert hat. Nur Nettoinvestitionen führen zu einer Erhöhung des Kapitalbestandes, da Investitionen in Höhe der Abschreibungen lediglich die in der Periode verbrauchten Anlagegüter ersetzen.

---

[13] Hierbei wird unterstellt, dass der Saldo der von der EU empfangenen Subventionen und der an die EU geleisteten Produktions- und Importabgaben Null beträgt.

2.3.4 Finanzierungskonto

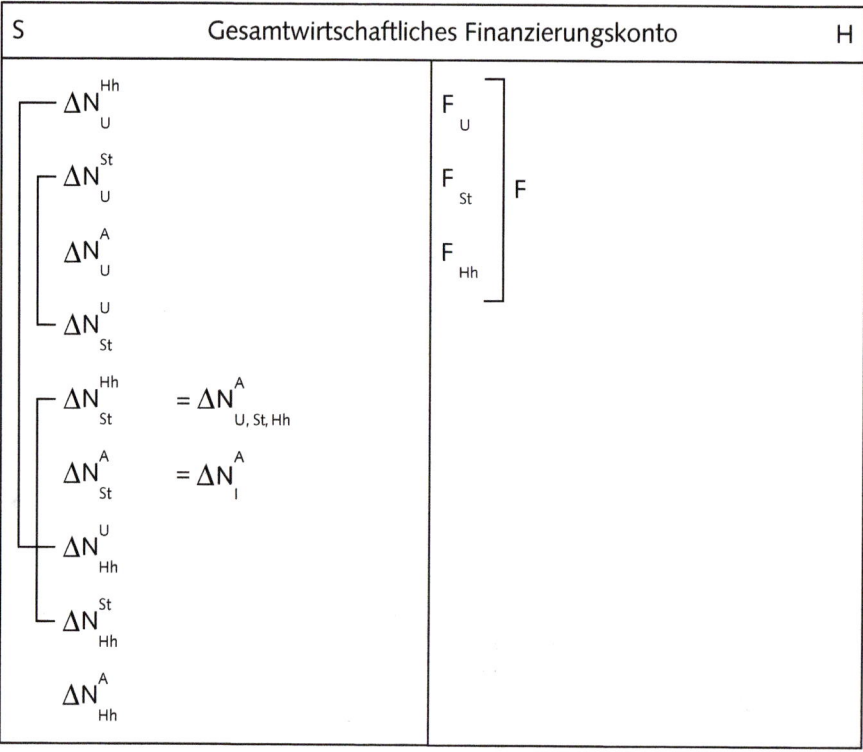

Da $\Delta N_U^{Hh} = -\Delta N_{Hh}^U, \Delta N_{St}^{Hh} = -\Delta N_{Hh}^{St}$ und $\Delta N_U^{St} = -\Delta N_{St}^U$ gilt, heben sich diese Größen durch Konsolidierung auf. Dies ist einleuchtend, da der Gesamtwert der Forderungen von Inländern gegenüber Inländern dem Gesamtwert der Verbindlichkeiten von Inländern gegenüber Inländern entsprechen muss. Auf dem gesamtwirtschaftlichen Finanzierungskonto bleibt als Finanzierungssaldo nur noch die Veränderung der Nettoposition gegenüber dem Ausland übrig:

$$\Delta N_I^A \quad = \quad F$$

Der *Finanzierungssaldo* entspricht der Veränderung der *Nettoposition*. Weist das Inland einen Finanzierungsüberschuss auf, so erhöht sich die Nettoposition, weil per Saldo die Forderungen an das Ausland gestiegen sind.

Am Auslandskonto, welches bereits auf der sektoralen Ebene eingeführt wurde, ändert sich auf der gesamtwirtschaftlichen Ebene nichts.

Abschließend seien die wichtigsten Grundstrukturen nochmals im Kontenzusammenhang festgehalten: Da die VGR auf dem System der doppelten Buchführung basiert, findet sich jede einzelne Position auch auf den gesamtwirtschaftlichen Aktivitätskonten beidseitig wieder.

S	Produktionskonto	H
1. D		5. C
2. $T^i - Z$		6. Ex – Im
3. FE_I^I		7. I^b
4. FE_I^A		

S	Einkommenskonto	H
5. C		2. $T^i - Z$
8. Tr_I^A (saldiert, $Tr_I^A > Tr_A^I$)		3. FE_I^I
10. S = gesamtwirtschaftliches Sparen		9. FE_A^I

S	Vermögensänderungskonto	H
7. I^b		1. D
F = Finanzierungssaldo (=ΔN)		10. S

S	Auslandskonto	H
6. Ex – Im		4. FE_I^A
9. FE_A^I		8. Tr_I^A (saldiert, $Tr_I^A > Tr_A^I$)
		ΔN = Änderung der Nettoposition (= F)

Die Veränderung der Nettoposition (ΔN) entspricht, wie bereits erwähnt, dem gesamtwirtschaftlichen Finanzierungssaldo (F).

2.4. Inlandsprodukt versus Nationaleinkommen

Bei der Berechnung der gesamtwirtschaftlichen Aktivität lassen sich zwei Ansätze unterscheiden. Zum einen das *Inlandskonzept*, welches der Frage nachgeht, was in den räumlichen Grenzen eines Staates von In- und Ausländern erwirtschaftet wurde; zum anderen das *Inländerkonzept*, mit dessen Hilfe erfasst werden soll, was von den Inländern im In- und Ausland erwirtschaftet wurde. Ob jemand als Inländer zählt, ist dabei nicht von dessen Staatsangehörigkeit, sondern von dessen ständigem Wohnsitz abhängig. Dem Inlandskonzept folgen die verschiedenen Kategorien des Inlandsprodukts, dem Inländerkonzept hingegen die des Nationaleinkommens. Bei internationalen Vergleichen hat sich mittlerweile das Inlandskonzept durchgesetzt.[14]

2.4.1. Inlandsprodukt

Das *Bruttoinlandsprodukt zu Marktpreisen* (BIP_M) umfasst die im Inland erbrachte Wirtschaftsleistung; es ist dem gesamtwirtschaftlichen Produktionskonto zu entnehmen. Knüpft man an der Sollseite an, ergibt sich das Bruttoinlandsprodukt aus folgenden Positionen:

$$BIP_M = D + T^I - Z + FE_I^I + FE_I^A$$

Der Zusatz „zu Marktpreisen" erinnert daran, dass die Wertansätze (im Wesentlichen) Marktpreise sind. Die Indirekten Steuern und die Subventionen sind nach oben und unten korrigierend in die Marktpreisbildung eingegangen.

Nach Abzug der Abschreibungen erhält man das Nettoinlandsprodukt zu Marktpreisen (NIP_M), welches der Bruttowertschöpfung entspricht.

$$NIP_M = BIP_M - D$$

Durch Abzug des Saldos aus Indirekten Steuern und Subventionen gelangt man zu dem *Nettoinlandsprodukt zu Faktorkosten* (NIP_F), also zur *Nettowertschöpfung*.

$$NIP_F = NIP_M - (T^i - Z)$$

Das NIP_F ist gleichbedeutend mit der inländischen Wertschöpfung und stellt den Wert der im Inland durch die Produktion von Gütern und Dienstleistungen entstandenen Faktoreinkommen dar.

---

[14] Im Zuge der Umsetzung des ESVG 1995 wurde die Terminologie an den angelsächsischen Sprachgebrauch angepasst, so dass der Begriff Sozialprodukt durch den Begriff Nationaleinkommen (national income) ersetzt wurde. *Bruttosozialprodukt* heißt jetzt Bruttonationaleinkommen.

2.4.2. Nationaleinkommen

Grundlage des Nationaleinkommens ist das Inländerkonzept. So stellt das *Bruttonationaleinkommen* (*BNE*) auf das Einkommen aller Inländer ab. Um das Bruttonationaleinkommen zu ermitteln, muss das Bruttoinlandsprodukt um den Saldo der Primäreinkommen zwischen Inländer und der übrigen Welt bereinigt, d. h., um die vom Ausland erhaltenen Faktoreinkommen (FE_A^I) und die von der Europäischen Union empfangenen Subventionen (Z_{EU}^I) erhöht und um die ans Ausland geleisteten Faktoreinkommen (FE_I^A) und die an die Europäische Union geleisteten Produktions- und Importabgaben (T_I^{iEU}) – also um die Zolleinnahmen aus dem Handel mit Drittländern, die Einnahmen im Rahmen der gemeinsamen Agrarpolitik und die Mehrwertsteuereigenmittel – vermindert werden.[15] Anknüpfungspunkt ist das gesamtwirtschaftliche Einkommenskonto. Während nämlich das gesamtwirtschaftliche Produktionskonto die Produktion im Inland abbildet, erfasst das gesamtwirtschaftliche Einkommenskonto das Einkommen, das den Inländern zugeflossen ist.

$$BNE = BIP_M + FE_A^I + Z_{EU}^I - FE_I^A - T_I^{iEU}$$

Durch Subtraktion der Abschreibungen ergibt sich das *Nettonationaleinkommen* (NNE).

$$NNE = BNE - D$$

In der deutschen VGR wird weiterhin auch noch das *Volkseinkommen* ausgewiesen, das im ESVG 1995 nicht beschrieben ist.[16] Zum Volkseinkommen gelangt man, wenn vom Nettonationaleinkommen der Saldo aus Indirekten Steuern und Subventionen abgezogen wird (genauer: Saldo aus Produktions- und Importabgaben minus Subventionen vom Staat). Das Volkseinkommen teilt sich auf in Arbeitnehmerentgelte und Unternehmens- und Vermögenseinkommen.

Das Nationaleinkommen bzw. das Inlandsprodukt sind von Haus aus nominale Größen, d. h. sie ergeben sich, indem die in einer Periode produzierten Güter und Dienstleistungen mit den jeweiligen, aktuellen Preisen bewertet werden. Preisveränderungen, die auf allgemeinen Preiserhöhungen (Inflation) beruhen, gehen also in die Berechnung ein. Stellt man aber auf die Veränderung der Wirtschaftskraft eines Landes im Laufe der Zeit ab, müssen inflationäre Aufblähungen durch einen Preisindex herausgerechnet werden. Allein durch Preiserhöhungen wird der produzierte und verteilbare „Güterberg" nicht größer. Das Statistische

---

[15] Vgl. hierzu R. Bleses, Revision der Volkswirtschaftlichen Gesamtrechnungen 1999 – Anlass, Konzeptänderungen und neue Begriffe, in: Wirtschaft und Statistik, Nr. 4 (1999), S. 264. In der VGR werden die von der Europäischen Union empfangenen Subventionen (Z_{EU}^I) als vom Ausland empfangene Faktoreinkommen, die an die Europäische Union geleisteten Produktions- und Importabgaben (T_I^{iEU}) als ans Ausland geleistete Faktoreinkommen interpretiert.

[16] Vgl. hierzu H. Essig/N. Hartmann, Revision der Volkswirtschaftlichen Gesamtrechnungen 1991 bis 1998. Ergebnisse und Berechnungsmethoden, in: Wirtschaft und Statistik, Nr. 6 (1999), S. 472.

I. Entstehungsrechnung	II. Verwendungsrechnung	
17,8 Land-u. Forstwirt., Fischerei	Private Konsumausgaben	1332,2
524,2 Produz. Gewerbe	+ Konsumausgaben des Staates	417,2
78,1 Baugewerbe	+ Ausrüstungsinvestitionen	153,9
1409,3 Dienstleistungen	+ Bauinvestitionen	205,5
2029,4 *Bruttowertschöpfung*	+ Sonstige Anlagen	25,2
+ 218,0 + Gütersteuern − Gütersubventionen	+ Vorratsveränderungen und Nettozugang an Wertsachen	1,3
	+ Exporte von Waren und Dienstleistungen	901,7
	− Importe von Waren und Dienstleistungen	789,6

2247,4	=	**Bruttoinlandsprodukt**
+ 3,8	=	Saldo der *Primäreinkommen* mit der übrigen Welt
2251,2	=	**Bruttonationaleinkommen**
−327,7		Abschreibungen

III . Verteilungsrechnung

1923,5	=	**Nettonationaleinkommen**
−237,7		− Produktions- und Importabgaben an den Staat + Subventionen vom Staat

1685,8	=	**Volkseinkommen**
− 1130,1	=	Arbeitnehmerentgelt
909,8	=	− Bruttolöhne und Gehälter
220,3		− Arbeitgeberbeiträge
555,7	=	Unternehmens- und Vermögenseinkommen

Drei Berechnungsarten in der Volkswirtschaftlichen Gesamtrechnung
(2005, in Mrd. EUR, lfd. Preise)

Bundesamt ermittelt daher die einzelnen Inlandsprodukts- bzw. Nationaleinkommenskategorien sowohl zu laufenden Preisen des Berichtsjahres (nominale Größen) als auch zu den Preisen des Vorjahres. Bei den realen Größen handelt es sich also um die Güterproduktion im Berichtsjahr zu den Preisen des Vorjahres (z. B. die Güterproduktion im Jahre 2005 zu den Preisen des Jahres 2004). Teilt man das nominale durch das reale BIP, erhält man den *BIP-Deflator*, – eine wichtige Größe zur Inflationsmessung.

Die aus der kontenmäßigen Erfassung gewonnenen Informationen über das Wirtschaftsgeschehen werden vom Statistischen Bundesamt unter drei Gesichtspunkten aufbereitet. Zunächst werden in der *Entstehungsrechnung* die Anteile der einzelnen Wirtschaftsbereiche an der Erstellung des *Bruttoinlandsprodukts* dargestellt. Die *Verwendungsrechnung* hingegen zeigt eine Aufteilung des *Bruttoinlandsprodukts* auf die Endnachfragekategorien. Die Verteilungsrechnung schließlich geht der Frage nach, wie sich das Nationaleinkommen bzw. Primäreinkommen auf die einzelnen Sektoren verteilt.

2.5. Ex–post–Identitäten

2.5.1 Geschlossene Volkswirtschaft

Von einer *geschlossenen Volkswirtschaft* wird dann gesprochen, wenn keine wirtschaftlichen Beziehungen zum Ausland existieren. Daraus folgt, dass das Nationaleinkommen gleich dem Inlandsprodukt ist, weil grenzüberschreitende Faktoreinkommensströme entfallen. Daraus folgt auch, dass in einer geschlossenen Volkswirtschaft ex–post immer die *Identität* von Nettoinvestitionen und Sparen gegeben sein muss. Dieser Sachverhalt kann leicht verdeutlicht werden, wenn man sich deren Ermittlung vor Augen führt.

Das gesamtwirtschaftliche Produktionskonto weist auf der Sollseite nach Abzug der Abschreibungen das Nettoinlandsprodukt zu Marktpreisen aus. Auf der Habenseite des Produktionskontos wird die Verwendung der inländischen Produktion angegeben. In einer geschlossenen Volkswirtschaft kann diese sich nur auf Konsum und nach Abzug der Abschreibungen – auf Nettoinvestitionen verteilen, d. h.

$$NIP_M \;=\; C + I^n$$

Das *gesamtwirtschaftliche Sparen* errechnet sich aus dem Einkommenskonto. Hier wird auf der Habenseite das Nettonationaleinkommen ($NNE = FE_I^i + T^i - Z$) ausgewiesen. Das Einkommen kann entweder gespart oder konsumiert werden; es gilt somit

$$NNE \;=\; C + S$$

Da in einer geschlossenen Volkswirtschaft NNE und NIP_M identisch sind, folgt daraus

$$\begin{aligned} C + S &= C + I^n \\ S &= I^n \end{aligned} \qquad \text{bzw. (nach Kürzung um C)}$$

Dieses Ergebnis folgt zwingend aus den vorher genannten Definitionen:

Jene Teile des Einkommens, die nicht konsumiert wurden, stellen Ersparnis dar. Jene Teile der Produktion, die nicht verbraucht wurden, stellen (Lager-)Investitionen dar.

Mit dieser Ex-post-Identität ist aber noch keine Aussage darüber getroffen worden, ob die Spar- und Investitionspläne der Wirtschaftssubjekte übereinstimmten und sie diese Pläne realisieren konnten. Es könnte beispielsweise sein, dass die privaten Haushalte mehr sparten als die Unternehmen zu investieren beabsichtigten. Die Unternehmen können dann die Produktion nicht restlos absetzen; sie erhöhen ihre Lagerbestände, tätigen also Investitionen. Die Identität von I^n und S in der VGR ist gewahrt. Die Pläne bleiben jedoch unterschiedlich, so dass Anpassungsprozesse ausgelöst werden.

2.5.2 Offene Volkswirtschaft

Berücksichtigt man zusätzlich die Beziehungen zum Ausland, geht man also von einer *offenen Volkswirtschaft* aus, so sind einige Erweiterungen erforderlich. Wie bereits bekannt, kann auf dem gesamtwirtschaftlichen Vermögensänderungskonto nur ein Finanzierungssaldo gegenüber dem Ausland auftreten, da sich die Finanzierungssalden zwischen den inländischen Wirtschaftssubjekten im Zuge der Konsolidierung aufheben.

Aus dem gesamtwirtschaftlichen Vermögensänderungskonto folgt:

(1) $\qquad I^b + F = D + S \qquad$ oder auf Nettogrößen abgestellt

(2) $\qquad I^n + F = S \qquad\qquad$ bzw.

(3) $\qquad F = S - I^n$

Sieht man beim Auslandskonto zunächst von grenzüberschreitenden Transferzahlungen ab, so besteht zwischen den Soll- und Habenposten folgende Beziehung:

(4) $\qquad \underbrace{Ex + FE_A^I}_{X} = \underbrace{Im + FE_I^A}_{M} + F \qquad$ oder

(5) $\qquad X = M + F \qquad\qquad$ bzw.

(6) $\qquad X - M = F \qquad$ Setzt man (3) in)(6), so gilt

(7) $\qquad X - M = S - I^n$

Fasst man X – M zum Leistungsbilanzsaldo zusammen, so wird deutlich, dass das inländische Sparen sowohl für Nettoinvestitionen als auch zur Erzielung eines Leistungsbilanzüberschusses verwendet werden kann.

(8) $\qquad S = I^n + (X - M)$

Bei Berücksichtigung grenzüberschreitender Transferzahlungen ergibt sich:

(5a) $\qquad X + Tr_A^I = M + Tr_I^A + F \qquad$ oder

(6a) $(X - M) + (Tr_A^I - Tr_I^A) = F \qquad$ Setzt man (3) in (6a), so gilt

(7a) $(X - M) + (Tr_A^I - Tr_I^A) = S - I^n \qquad$ oder

(8a) $\qquad S = I^n + \underbrace{(X - M) + (Tr_A^I - Tr_I^A)}_{\text{Leistungsbilanzsaldo}}$

(8b) $\qquad I^n = S + (M - X + Tr_I^A - Tr_A^I)$

Nettotransferzahlungen vom Ausland ans Inland ($Tr_A^I > Tr_I^A$) erweitern also ceteris paribus die finanzielle Basis für inländische Investitionen. Weiterhin wird deutlich, dass ein Importüberschuss (M > X) kein Leistungsbilanzdefizit verursacht, wenn in Höhe des Importüberschusses Nettotransferzahlungen vom Ausland erfolgen. Dieser Fall dürfte von nicht unerheblichem Gewicht für die EU–Beitrittsländer sein, wenn durch EU–Nettotransferzahlungen Spielräume für Importüberschüsse eröffnet werden.

Ausgehend von (8a) lässt sich aber noch eine weitere Erkenntnis gewinnen. Teilt man das inländische Sparen in Sparen des privaten Sektors (S_{privat}) und in Sparen des Staates (S_{Staat}) auf, so folgt

(8a) $\qquad S_{privat} + S_{Staat} \qquad = I^n + LB - Saldo$

Eine negative Ersparnis des Staates vermindert also die Gesamtersparnis, somit die Möglichkeiten der Zukunftsvorsorge.

3. Kritik an der Volkswirtschaftlichen Gesamtrechnung

Aufgabe der VGR ist die Ermittlung der Wertschöpfung in einer Volkswirtschaft sowie deren Verwendung und Verteilung. Seit einiger Zeit wächst aber die Kritik, dass die VGR dieser Aufgabe nur bedingt gerecht wird. Dabei richtet sich die Kritik auf zwei unterschiedliche Schwerpunkte: Zum einen werden inhaltliche Mängel bei der Erfassung betont; zum anderen wird kritisiert, dass die VGR nur ein „Zahlenberg" sei und die eigentlich wichtigen sozialen Indikatoren zur Bewertung der Lage einer Gesellschaft völlig außer Acht blieben.

Die Kritik, die sich auf Mängel bei der Erfassung bezieht, weist als erstes darauf hin, dass die traditionelle VGR bestimmte wohlstandsrelevante Vorgänge überhaupt nicht berücksichtigen würde. Im Wesentlichen zielt diese Kritik auf die statistische Behandlung schattenwirtschaftlicher Aktivitäten ab. Die Schattenwirtschaft umfasst alle außerhalb der offiziellen Wirtschaft getätigten Wertschöpfungsprozesse. Zwei Bereiche lassen sich unterscheiden: die Untergrund-wirtschaft und die Selbstversorgungswirtschaft. Während internationalen Konventionen folgend von der VGR die Selbstversorgungswirtschaft wegen fehlender Markttransaktionen nicht erfasst werden soll, sehen diese Konventionen sehr wohl eine Einbeziehung der Untergrundwirtschaft in das Rechenwerk vor, da die dahinter stehenden Aktivitäten (Schwarzarbeit, kriminelle Handlungen) auf Einkommenserzielung ausgerichtet sind. Da hier naturgemäß aber keine offiziellen Zahlen vorliegen, kann nur versucht werden, den Umfang dieser Aktivitäten zu schätzen, wodurch natürlich dem Tatbestand der *Untergrundwirtschaft* statistisch nur bedingt Rechnung getragen werden kann. Da das Statistische Bundesamt Schätzungen des Wertes der Untergrundtätigkeiten vornimmt und diese bei der Berechnung des BIP berücksichtigt, kann nicht behauptet werden, diese würden überhaupt nicht erfasst. Für das Jahr 2004 wird in der Literatur das Volumen Schwarzarbeit auf etwa 18 % des BIP, die Zahl der Vollzeit-Inlands-Schwarzarbeiter auf 9,2 Mio., die der illegal ausländischen Beschäftigten auf 1,2 Mio. geschätzt.[17]

Quantitativ noch bedeutsamer als die Untergrundwirtschaft ist die *Selbstversorgungswirtschaft* der privaten Haushalte. Das Statistische Bundesamt ist in jüngster Zeit bemüht, zumindest einen Teil dieser sehr wohl wohlstandsrelevanten Tätigkeiten in einem Satellitensystem neben der traditionellen VGR zu erfassen. Dieses *Haushaltssatellitensystem* erfasst denjenigen Teil der Haushaltsproduktion, der mit Preisen bewertet werden kann. Entscheidend für die Zuordnung ist das Dritt-Personen-Kriterium. Danach werden zur Haushaltsproduktion diejenigen Aktivitäten gerechnet, die auch von Dritten gegen Bezahlung übernommen werden können. Hierzu zählen im Wesentlichen hauswirtschaftliche und handwerkliche Tätigkeiten. Zum Bereich der Haushaltsproduktion rechnet das Statistische Bundesamt (1) die Haushaltsproduktion für den eigenen Haushalt, (2) die Netzwerkhilfe (Haushaltsproduktion für dritte Haushalte) und (3) ehrenamtliche Tätigkeiten in sozialen Organisationen.

Je nachdem, ob der geschätzte Arbeitseinsatz mit Lohnsätzen für Generalisten (qualifizierte Hauswirtschafter/in), Spezialisten (z. B. Erzieher/in, Handwerker/in, Koch/Köchin) oder mit den Opportunitätskosten (Durchschnittslohn aller Beschäftigten) und je nachdem, ob man den Nettolohn oder die Lohnkosten unterstellt, ergeben sich ganz unterschiedliche Werte. Die Zunahme der Bruttowertschöpfung bewegt sich daher zwischen 30 und 100 % (bezogen auf das Jahr 1992).

Erfassungsprobleme bei der Haushaltsproduktion schlagen aber auch auf die internationale Vergleichbarkeit von Ergebnissen der VGR durch. So wird der Vergleich zwischen Industrie- und Entwicklungsländern erschwert, weil gerade in Entwicklungsländern die Selbstversorgung (*Subsistenzwirtschaft*) eine bedeu-

---

[17] Vgl. Schneider, F., Arbeit im Schatten, Wiesbaden 2004.

tende Rolle spielt, hierfür aber allenfalls grobe Schätzungen vorgenommen werden. Wirtschaftliche Aktivitäten werden in Industrieländern hingegen weitgehend über Märkte abgewickelt und schlagen sich dementsprechend in der VGR nieder. Es kommt jedoch auch innerhalb der Industrieländer zu Verzerrungen, wenn man die unterschiedlichen Jahresarbeitszeiten nicht berücksichtigt. Je höher die Jahresarbeitszeit ist, um so weniger Zeit bleibt den Haushalten für die „eigene Haushaltsproduktion", d. h. um so mehr Bedürfnisse müssen über den Markt, d. h. über Markttransaktionen gedeckt werden. Dieser Fall ist relevant, wenn man das BIP der meisten europäischen Länder etwa mit dem der USA vergleicht.

Kritik setzt auch daran an, dass die VGR bestimmte wohlstandsrelevante Tatbestände unzureichend oder falsch erfasst. Im Kern geht es hier einerseits um Bewertungsfragen insbesondere bei staatlichen Leistungen, und um die Behandlung des Produktionsfaktors Umwelt andererseits. Per Konvention werden in der VGR die staatlich erbrachten Leistungen mit ihren Herstellungskosten bewertet. Diese Inputbewertung wird jedoch als unbefriedigend empfunden. So müssen etwa hohe Ausgaben für das Bildungswesen nicht notwendigerweise für „gute" Bildungsmöglichkeiten stehen, was angesichts mangelndem Wettbewerbs im staatlichen Bereich auch unmittelbar einleuchtet. Die Kritik an der unbefriedigenden Bewertung staatlicher Leistungen betrifft damit aber nur ein Symptom.

Von weitaus größerer Bedeutung ist allerdings die Kritik, die an der statistischen Behandlung des Produktionsfaktors Umwelt ansetzt. Die traditionelle VGR misst dem Produktionsfaktor Umwelt kaum Bedeutung bei. So kommt es auch, dass etwa Maßnahmen, die dem Schutz der Umwelt dienen, statistisch grundsätzlich zu einer Erhöhung der Wertschöpfung führen. Da ein Großteil dieser Ausgaben aber aufgewendet wird, um bereits entstandene Schäden zu beseitigen, somit lediglich dem Substanzerhalt dienen, handelt es sich hierbei nicht um Wertschöpfung, sondern um Werterhaltung.

Mit Hilfe von Ergänzungsrechnungen oder konzeptionellen Neuerungen wie dem „*Ökoinlandsprodukt*" wollte man diesen Problemen beikommen. Ziel ist es, die Wertminderung, die das nicht–produzierte Naturvermögen als Folge der wirtschaftlichen Aktivität in einer Periode erfährt, mit in die VGR einzubeziehen. Gedanklich steht dahinter die Vorstellung, das Einkommen als den Betrag zu definieren, der bei der Erhaltung des Kapitalbestandes verbraucht werden kann. Der Vermögensbegriff wird im Rahmen der Ermittlung des Ökoinlandsprodukts weit interpretiert: Er schließt auch das *nichtproduzierte Naturvermögen* ein.

Schematisch lässt sich die Beziehung zwischen BIP_M und Ökoinlandsprodukt folgendermaßen skizzieren:

Bruttoinlandsprodukt (BIP_M)
– Abschreibungen auf produzierte Güter
= Nettoinlandsprodukt (NIP_M)
– Nutzungskosten des nicht-produzierten Naturvermögens
= Ökoinlandsprodukt

Die Nutzungskosten des nicht-produzierten Naturvermögens beziehen sich dabei auf drei Formen der ökonomischen Umweltnutzung:

- Abbau von erneuerbaren oder nicht erneuerbaren Rohstoffen (Pflanzen, Tiere, Bodenschätze, Wasser);
- Nutzung von Landflächen als Standort für ökonomische Aktivitäten und Lebensraum;
- Belastung der natürlichen Umwelt mit Rest- und Schadstoffen.

Die Nutzungskosten korrespondieren mit einem realen Rückgang beim Naturvermögen. Dieses Konzept entspricht der Vorgehensweise bei Abschreibungen auf produzierte Anlagegüter.

Eine Berechnung des Ökoinlandsproduktes, also die Bündelung in einer Zahl, scheiterte jedoch letztlich an den damit verbundenen Schwierigkeiten der Erfassung und vor allem der Bewertung.

Das vom Statistischen Bundesamt verfolgte Konzept der sog. „Umweltökonomischen Gesamtrechnung" gliedert sich in drei Berichtsmodule: (1) Belastung der Umwelt (Emissionen, Flächennutzung, Rohstoffverbrauch), (2) Umweltzustand und (3) Maßnahmen zum Umweltschutz. Aufgrund von bestehenden Bewertungsproblemen erfolgt die Darstellung z.T. in physischen Größen.

Während die bisherigen Kritikpunkte an Erfassungsmängeln der traditionellen VGR ansetzen, aber gleichsam im System der VGR bleiben und Verbesserungen anregen, die in den letzten Jahren auch vielfach in der praktischen Wirtschaftsstatistik zu neuen Überlegungen führten, zielt eine zweite Gruppe von Kritikpunkten faktisch auf eine Abschaffung der VGR nach bisherigem Verständnis ab.

Hier wird argumentiert, dass das Inlandsprodukt/Nationaleinkommen - meist als Pro-Kopf-Größe definiert - weithin als Indikator für den Reichtum einer Nation angesehen werde, dieses jedoch nur quantitative Aussagen über den materiellen Wohlstand mache. So wichtige Bestandteile des sozialen Wohlstands wie z. B. Gesundheits- und Bildungsstandard der Bevölkerung blieben weithin unberücksichtigt.

Diese Grundsatzkritik ist keineswegs unberechtigt, wenn auch die Intensität, mit der sie gelegentlich vorgetragen wird, überzogen erscheint. So darf zunächst nicht vergessen werden, dass das Inlandsprodukt/Nationaleinkommen nicht einfach eine quantitative Größe ist, sondern über Marktbewertungen die qualitativen (Wert-)Vorstellungen der Wirtschaftssubjekte mit in die Berechnung eingehen.

Zutreffend ist auch die Kritik, dass das Inlandsprodukt/Nationaleinkommen nicht explizit informiert über *soziale Indikatoren* wie beispielsweise Ärztedichte eines Landes, Ausstattung mit Bildungseinrichtungen oder Verkehrsinfrastruktur. Es ist jedoch zu berücksichtigen, dass das Inlandsprodukt/Nationaleinkommen in großem Umfang mit solchen sozialen Indikatoren positiv korreliert und insoweit als eine gebündelte Maßgröße für diese herangezogen werden kann. Neuere Ansätze auf dem Feld der *„Glücksforschung"* weisen ebenfalls weit über das rein Materielle hinaus. Dem Einkommen kommt zwar auch hier eine wichtige Rolle zu. Allerdings trägt ab einer bestimmten Höhe – international vergleichende Studien kommen hier auf ein Pro-Kopf-Einkommen von etwa 20.000 US-$ (1999) – zusätzliches Einkommen immer weniger zum Glück bei. Andere Faktoren wie Familie, Arbeit, soziale Umwelt, Gesundheit, Freiheit werden dann immer bestimmender.[18]

4. Ergänzungen und Erweiterungen zur VGR

Obwohl die VGR ein sehr komplexes Rechenwerk darstellt, bleiben dennoch insbesondere für die Wirtschaftspolitik bedeutsame Informationsdefizite bestehen, die durch Ergänzungen und Erweiterungen der VGR zu verringern versucht werden. So sind zur Erhöhung des wirtschaftspolitischen Informationswertes detailliertere Kenntnisse der Verflechtung der einzelnen Produktionsbereiche in einer Volkswirtschaft wichtig. Dieser Aufgabe dienen die Input–Output–Tabellen. Weiterhin werden, wie bereits ausgeführt, im Rahmen der VGR nur Bewegungen während eines Zeitraumes erfasst. Wirtschaftspolitisch sind jedoch nicht nur solche Bewegungen während eines Zeitraumes interessant, sondern auch die von ihnen beeinflussten Bestände zu einem bestimmten Zeitpunkt, beispielsweise zum Jahresende. Die Aufzeichnung der Bestände erfolgt in der Vermögensrechnung. Im Rahmen der VGR werden ferner die wirtschaftlichen Beziehungen zum Ausland nur unvollständig abgebildet. Insbesondere der wichtige Teilaspekt des Kapitalverkehrs wird im Auslandskonto der VGR vollends ausgespart. Eine voll-

---

[18] Vgl. Layard, R., Die glückliche Gesellschaft, Frankfurt 2005, S. 46 f. und S. 79. Siehe auch Deutsche Bank Research, BIP allein macht nicht glücklich – Wohlergehen messen ist sinnvoll, aber schwierig, 4. Oktober 2006.

Input von \ Output an	Produktionsbereiche 1	2	3	4	5	Nachfrage nach Vorleistungen (1-5) 6	C_{Hh} 7	C_{St} 8	I^b 9	Ex 10	Endnachfrage (7-10) 11	Gesamte Verwendung (6+11) 12
Produktionsbereiche 1												
2												
3												
4												
5												
Inländische Vorleistungen 6							ΣC_{Hh}	ΣC_{St}	ΣI^b	ΣEx	Endnachfrage insgesamt	Gesamte Verwendung
primäre Inputs — Importe 7	ΣIm											
Abschreibungen 8	ΣD											
Indirekte Steuern - Subventionen 9	$\Sigma(T^{ind}-Z)$											
Brutto Eink. aus unselbst. Arbeit 10	ΣL											
Brutto Eink. aus U-Tät. und Verm. 11	ΣG											
Beiträge zum BIP (8-11) 12	BIP											
Gesamtes Aufkommen 6 + 7 +12, 13	BPW											

Schema einer Input–Output–Tabelle für n = 5 Produktionsbereiche

ständige Übersicht der Transaktionen mit dem Ausland kann der Zahlungsbilanz entnommen werden.

4.1 Input–Output–Rechnung

Bei der Aggregation der Unternehmen zum Unternehmenssektor werden die intrasektoralen Ströme konsolidiert, so dass Liefer- und Empfängerverflechtungen z. B. zwischen Stahlindustrie und Schiffbau nicht erkennbar sind. Um die Abhängigkeiten zwischen Produktionsbereichen (Wirtschaftszweigen) sichtbar zu machen, werden *Input-Output-Tabellen* erstellt. Kernstück solcher Tabellen ist die Vorleistungsmatrix, in der in horizontaler Richtung die Lieferungen, in vertikaler Richtung die Bezüge angeführt werden. Ergänzt wird die *Verflechtungsmatrix* durch zwei Randmatrizen, und zwar in horizontaler Richtung zusätzlich zu den Vorleistungslieferungen die Lieferungen an die Endnachfragekomponenten; in vertikaler Richtung kommen zu den Vorleistungsinputs noch die sog. primären Inputs hinzu.

Die Endnachfragekomponenten sind von der Verwendungsrechnung, die primären Inputs von der Verteilungsrechnung her bekannt. Eine Besonderheit besteht lediglich darin, dass Exporte und Importe nicht als Saldo, sondern – durchaus folgerichtig – getrennt als Endnachfrage- bzw. Inputkomponente ausgewiesen werden. Indem die Input-Output-Tabelle neben der Einkommensverteilung und -verwendung auch die produktionsbedingten Verflechtungen aufzeigt, ist ihr Informationswert größer als der der VGR.

Bezieht man einzelne Inputfaktoren auf das gesamte Aufkommen (*Input-Koeffizienten*), lassen sich Anhaltspunkte für die erforderlichen Vorleistungen oder primären Inputs je Produktionseinheit gewinnen. Analog können Outputanteile an der gesamten Verwendung (*Output-Koeffizienten*) berechnet werden. Der Zweck solcher Koeffizientenbildung besteht darin, dass man mit ihrer Hilfe beispielsweise abschätzen kann, welche Rückwirkungen die Änderungen einzelner Nachfragekomponenten auf die Produktion vorgelagerter Wirtschaftszweige auslösen.

Gleichwohl stößt der analytische und wirtschaftspolitische Informationswert an wichtige Grenzen. Die Erstellung von Input-Output-Tabellen ist sehr zeitaufwendig, so dass sie nicht dem aktuellen Stand entsprechen können. Dies wäre nicht gravierend, wenn die Input- und Output-Koeffizienten im Zeitablauf annähernd stabil wären. Wegen technischer Fortschritte (z. B. geringerer Kohlebedarf bei der Stahlproduktion) und Nachfrageverlagerungen aufgrund von Veränderungen der Preisrelationen unterliegen die Koeffizienten jedoch schwer prognostizierbaren Schwankungen.

4.2 Vermögens- und Finanzierungsrechnung

Im Rahmen der *Vermögensrechnung* werden Bestände zu einem bestimmten Zeitpunkt, beispielsweise zum Jahresende, erfasst. Beim Vermögen lässt sich einerseits nach dem immateriellen Vermögen (insbesondere Arbeitsvermögen und Forderungen) und nach dem materiellen Vermögen (materielle und immaterielle Anlagegüter) differenzieren. Letzteres kann man grob wieder in ein reproduzierbares und in ein nicht reproduzierbares materielles Vermögen unterteilen. Das reproduzierbare materielle Vermögen umfasst dabei einerseits das Produktivvermögen der Unternehmen und des Staates (Vorräte, Anlagen), andererseits das Gebrauchsvermögen der privaten Haushalte. Zum nicht reproduzierbaren materiellen Vermögen zählen natürliche Ressourcen (z. B. Erdölvorkommen) und Wertgegenstände (z. B. Kunstwerke). Aus Gründen der statistischen Erfassbarkeit werden beim immateriellen Vermögen lediglich Forderungen (= Geldvermögen) dokumentiert. Beim reproduzierbaren materiellen Vermögen hingegen wird neben dem Produktivvermögen mittlerweile auch versucht, das Gebrauchsvermögen statistisch zu erfassen. Beim nicht reproduzierbaren materiellen Vermögen ist die Erfassung auf Grund und Boden begrenzt.

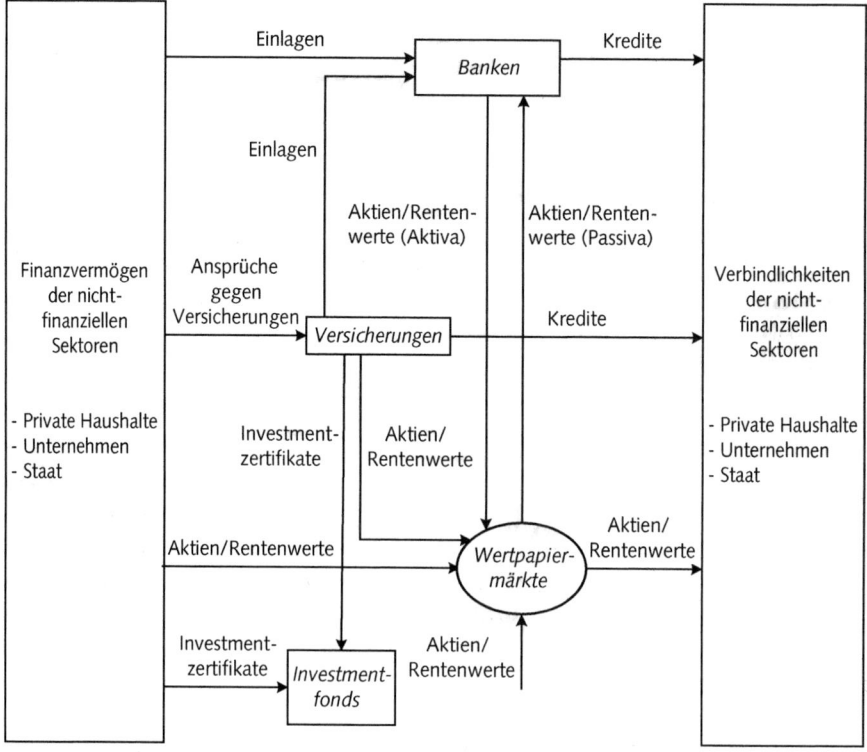

Struktur des deutschen Finanzsystems
Quelle: Deutsche Bundesbank.

Im Gegensatz zum materiellen Vermögen ist die Analyse des Geldvermögens primär unter dem Aspekt sektoraler Gläubiger- und Schuldnerpositionen aufschlussreich. Gesamtwirtschaftlich verbleibt nach Konsolidierung lediglich die Nettoposition zum Ausland. Letztere und der materielle Vermögensbestand stellen dann auch das Volksvermögen dar.

In Deutschland erfolgt die Geldvermögensrechung im Rahmen der gesamtwirtschaftlichen Finanzierungsrechnung, die von der Deutschen Bundesbank erstellt wird. Neben dieser Bestandsrechnung, die die Bestände an finanziellen Aktiva (Forderungen) und finanziellen Passiva (Verpflichtungen) nach Sektoren am Anfang und am Ende einer Periode zeigt, umfasst die Finanzierungsrechnung auch eine Stromrechnung, die laufende Finanzierungsvorgänge zwischen den einzelnen Sektoren während einer Periode dokumentiert. Sie gibt einen umfassenden Überblick darüber, wer in welchem Umfang und in welcher Form finanzielle Mittel bereitstellt, wer sie beansprucht hat und welche Finanzintermediäre sie vermittelt haben.

4.3 Zahlungsbilanz

Die Zahlungsbilanz für Deutschland wird von der Deutschen Bundesbank erstellt. Seit Anfang 1999 wird von der Europäischen Zentralbank (zusätzlich) eine gemeinsame Zahlungsbilanz für den Euro–Währungsraum veröffentlicht. Die hierzu notwendigen Daten werden von den Institutionen geliefert, die für die nationalen Zahlungsbilanzstatistiken zuständig sind.[19]

In der *Zahlungsbilanz* werden die Transaktionen, die während eines bestimmten Zeitraumes (monatlich, vierteljährlich, jährlich) zwischen Gebietsansässige und Gebietsfremden stattfinden, abgebildet. Hierbei werden Gebietsansässige oftmals auch als Inländer bezeichnet, Gebietsfremde als Ausländer. Die Zahl der Gebietsansässigen ändert sich naturgemäß mit der Abgrenzung des Berichtsgebietes (z. B. Deutschland vs. Euro–Währungsraum).

Entgegen dem traditionell mit dem Begriff „Bilanz" verbundenen Verständnis handelt sich bei der Zahlungsbilanz nicht um eine *Bestandsrechnung* (Erfassung von Beständen zu einem bestimmten Zeitpunkt), sondern um eine *Stromrechnung* (Bewegungen während eines Zeitraumes). Die Erfassung erfolgt nach dem Prinzip der doppelten Buchführung zu Transaktionswerten. Zweiseitige Transaktionen, die den überwiegenden Teil ausmachen, werden mit Leistung und Gegenleistung erfasst. Bei einseitigen Transaktionen erfolgt die Gegenbuchung bei „Laufenden Übertragungen" bzw. unter der Rubrik „Vermögensübertragungen".

---

[19] Da für Zwecke der Finanz-, Wirtschafts- und Strukturpolitik, die in der Verantwortung der einzelnen Mitgliedsstaaten verbleiben, weiterhin auf nationaler Ebene Informationen über die außenwirtschaftlichen Transaktionen mit Ländern der EWWU erforderlich sind, werden nationale Zahlungsbilanzen weiterhin benötigt.

Statistisch muss die Zahlungsbilanz als Ganzes folglich immer ausgeglichen sein, d. h. die Salden der einzelnen Teilbilanzen müssen sich zu Null addieren.

Grundlage für die Erstellung der Zahlungsbilanz sind die vom Internationalen Währungsfonds formulierten Prinzipien zur Zahlungsbilanzerstellung aus dem Jahre 1993.[20] Um veränderten wirtschaftlichen Bedingungen und erhöhten analytischen Anforderungen Rechnung zu tragen, fand dabei eine Reihe von Neuerungen Eingang in die Zahlungsbilanzstatistik.

Struktur der Zahlungsbilanz						
LB	Warenausfuhr (Exporte)	Wareneinfuhr (Importe)	Außenbeitrag	Leistungsbilanzsaldo	Finanzierungssaldo	
	Dienstleistungen (Einnahmen)	Dienstleistungen (Ausgaben)				
	Erwerbs-und Vermögenseinkommen (empfangene Faktoreinkommen)	Erwerbs- und Vermögenseinkommen (geleistete Faktoreinkommen)				
	Laufende Übertragungen (empfangen)	Laufende Übertragungen (geleistet)				
VÜB	Vermögensübertragungen (empfangen)	Vermögensübertragungen (geleistet)				
KB	Kapitalimporte (Zunahme der Verbindlichkeiten gegen über dem Ausland bzw. Abnahme von Forderungen an das Ausland)	Kapitalexporte (Zunahme von Forderungen an das Ausland bzw. Abnahme von Verbindlichkeiten gegenüber dem Ausland)			Kapitalbilanzsaldo Nettokapitalimporte/ Nettokapitalexporte	

In der vorstehenden Darstellung besteht die Zahlungsbilanz aus drei Teilbilanzen: der *Leistungsbilanz* (LB), dem Saldo der *Vermögensübertragungen* (VÜB) und der *Kapitalbilanz* (KB). Seit der Erstellung der Zahlungsbilanz für das Jahr 2005 beinhaltet die Kapitalbilanz auch die transaktionsbedingten Änderungen der Währungsreserven der Deutschen Bundesbank, die vorher in einer separaten Teilbilanz, oftmals auch *Devisenbilanz* genannt, ausgewiesen wurden. Damit hat sich die Deutsche Bundesbank den internationalen Empfehlungen zur Zahlungsbilanzstatistik angepasst. Die korrespondierenden Salden aus der VGR

---

[20] Vgl. hierzu Internationaler Währungsfonds: Balance of Payments Manual, 5. Auflage, Washington D.C 1993 sowie Deutsche Bundesbank, Änderungen in der Systematik der Zahlungsbilanz, Monatsbericht März 1995, S. 33-43.

– Außenbeitrag und Finanzierungssaldo – sind auf der rechten Seite in das vorstehende Zahlungsbilanzschema eingefügt.

Leistungsbilanz

Die *Leistungsbilanz* wird normalerweise in die vier wiedergegebenen Unterbilanzen unterteilt. Alternativ gebräuchlich ist es mittlerweile aber auch, die Leistungsbilanz in die Positionen *Warenhandel* (Warenaus- bzw. -einfuhr) und *Saldo der „unsichtbaren" Leistungstransaktionen* aufzuteilen. In letztere (Sammel-) Position gehen die Dienstleistungen, die Erwerbs- und Vermögenseinkommen sowie die Laufenden Übertragungen ein.

Eine erste Änderung in der Aufteilung der Leistungsbilanz gegenüber dem früheren Vorgehen liegt dabei in der Herauslösung der grenzüberschreitenden *Faktoreinkommen* (Kapitalerträge und Einkommen aus unselbständiger Arbeit) aus den Dienstleistungen. Grenzüberschreitende Faktoreinkommen werden nun als *Erwerbs- und Vermögenseinkommen* separat erfasst.

Eine zweite Änderung wurde bei den Übertragungen vorgenommen. Während früher die Leistungsbilanz alle unentgeltlichen Übertragungen enthielt, wird nunmehr zwischen *Laufenden Übertragungen* (z. B. Zahlungen an den Haushalt der Europäischen Union, Heimatüberweisungen der in Deutschland lebenden ausländischen Arbeitnehmer, Entwicklungshilfe) und Vermögensübertragungen (z. B. Erbschaften, Schuldenerlasse) unterschieden. Nur noch die erste Kategorie wird jetzt der Leistungsbilanz zugeordnet.

Hinter dieser differenzierten Betrachtung der Übertragungen steht der Gedanke, dass nur noch solche Übertragungen im Rahmen der Leistungsbilanz betrachtet werden sollen, die über eine unmittelbare Veränderung des „verfügbaren Einkommens" Einfluss auf Einkommen und Verbrauch haben. Bei *Vermögensübertragungen*, die sich durch einen „einmaligen" Charakter auszeichnen, ist dies nicht direkt der Fall, da diese zunächst nur das Vermögen der beteiligten Länder verändern, nicht jedoch unmittelbar das „verfügbare Einkommen". In einem zweiten Schritt können allerdings „*Vermögenseffekte*" wirksam werden, d. h. eine Änderung der Vermögensposition kann ökonomisch betrachtet auch hier auf das Nachfrageverhalten der Wirtschaftssubjekte und somit auf Einkommen und Verbrauch zurückwirken. Ökonomisch ist die Unterscheidung in Laufende Übertragungen und Vermögensübertragungen also eher zweifelhaft.

Die Notwendigkeit einer Rubrik für Übertragungen ist unmittelbar einsichtig, da bei Transfers sonst keine Möglichkeit zur Gegenbuchung bestünde. Dies soll anhand eines einfachen Beispiels erläutert werden. Angenommen, im Zuge der Entwicklungshilfe erfolgt eine unentgeltliche Lieferung von Transportfahrzeugen. Im Rahmen der Zahlungsbilanz wird dies zunächst als Ausfuhr von Waren erfasst. Wäre diese Ausfuhr gegen Entgelt durchgeführt worden, so hätte die Gegenbuchung in der Kapitalbilanz erfolgen müssen, und zwar als Kapitalexport (Zunahme der Forderungen gegenüber dem Ausland). Im Falle der unentgeltlichen Lieferung steht der Ausfuhr jedoch kein entsprechender Zuwachs an Forderungen gegenüber. Um diese Gegenbuchung vornehmen zu können, ist vielmehr außerhalb der Kapitalbilanz eine eigene Rubrik notwendig. Der Zunahme der Ausfuhren steht also eine Zunahme der geleisteten Laufenden Übertragungen gegenüber. Anders liegt der Fall, wenn die Bundesregierung Zahlungen an den EU-Haushalt leistet. Diese Transaktion stellt eine geleistete Laufende Übertragung dar, deren Gegenbuchung als Kapitalimport erfolgt.

Der *Leistungsbilanzsaldo* entspricht unter Einbeziehung des Saldos der Vermögensübertragungen dem *Finanzierungssaldo*. Ist der Saldo aus Leistungsbilanz und Vermögensübertragungen positiv, so hat dies per Saldo eine Zunahme der Forderungen, also eine Erhöhung der *Nettoposition* gegenüber dem Ausland zur Folge. Anders formuliert kam es in der Berichtsperiode zu einem *Finanzierungsüberschuss*. Im umgekehrten Fall hingegen hat in der Berichtsperiode per Saldo die Zunahme der Verbindlichkeiten überwogen, was zu einem Rückgang der Nettoposition gegenüber dem Ausland führt. Es lag also ein *Finanzierungsdefizit* vor. Der Finanzierungssaldo ist somit identisch mit der transaktionsbedingten Veränderung der Nettoposition gegenüber dem Ausland oder – anders formuliert – der transaktionsbedingten Veränderungen des *Netto-Auslandsvermögens*.

Kapitalbilanz

Beim Kapitalverkehr („*Kapitalbilanz*") wurde im Zuge der Revision der IWF-Empfehlungen die herkömmliche Unterscheidung in lang- und kurzfristige Transaktionen (weitgehend) aufgegeben. Die Gliederung des Kapitalverkehrs erfolgt nun nach funktionalen Kriterien in Direktinvestitionen, Wertpapieranlagen und Finanzderivate, übriger Kapitalverkehr und Veränderung der *Währungsreserven* der Deutschen Bundesbank zu Transaktionswerten.

Im Rahmen der Kapitalbilanz werden Kapitalimporte Kapitalexporten gegenübergestellt. Dabei spielt es keine Rolle, ob es sich um Euro- oder um Fremdwährungstransaktionen handelt. Da die deutsche Zahlungsbilanz in Euro erstellt wird, werden *Fremdwährungstransaktionen* – z. B. der Kauf von US-$ Anleihen eines ausländischen Emittenten durch Gebietsansässige oder der Erwerb von US-$ Anleihen, die von einer inländischen Bank emittiert wurden durch Gebietsfremde – mit ihrem Euro-Gegenwert in der Zahlungsbilanz erfasst.

Unter *Kapitalimporten* versteht man dabei Transaktionen, die entweder zu einer Zunahme der Verbindlichkeiten gegenüber dem Ausland oder zu einer Abnahme der Forderungen an das Ausland führen. Bezieht etwa ein deutscher Importeur ausländische Waren auf Ziel, so stellt diese Lieferantenverbindlichkeit ebenso einen Kapitalimport dar wie beispielsweise der Erwerb von Bundesanleihen durch Ausländer oder die Auflösung von Auslandsbeteiligungen durch ein inländisches Unternehmen.

Kapitalexporte hingegen umfassen die Zunahme von Forderungen bzw. die Abnahme von Verbindlichkeiten gegenüber Ausländern. So fällt unter Kapitalexporte z. B. der Lieferantenkredit, den ein inländischer Exporteur seinem ausländischen Kunden einräumt. Analog stellt der Erwerb von Einlagen bei ausländischen Banken durch Inländer sowie die Auflösung von Auslandseinlagen oder eine Kreditaufnahme von Gebietsfremden bei den Geschäftsbanken im Inland einen Kapitalexport dar.

Übersteigen in der Berichtsperiode die Kapitalexporte die Kapitalimporte, so spricht man von *Nettokapitalexporten*, im umgekehrten Fall von *Nettokapitalimporten*. Im ersten Fall kommt es (transaktionsbedingt) zu einer Zunahme, im zweiten Fall zu einer Abnahme der *Nettoposition*, also dem Saldo aus Forderungen – Verbindlichkeiten gegenüber dem Ausland. Nettokapitalexporte in der Zahlungsbilanz entsprechen also einem *Finanzierungsüberschuss*, Nettokapitalimporte einem *Finanzierungsdefizit* in der VGR.

Unter den Begriff *Direktinvestitionen* werden diejenigen wirtschaftlichen Beziehungen subsumiert, die ihrer Natur nach durch ein besonders intensives, auf anhaltende Einflussnahme gerichtetes unternehmerisches Engagement geprägt sind. Hierunter fallen vor allem Beteiligungen über 10 % (in Form von Aktien und anderen Kapitalanteilen), aber auch damit zusammenhängende langfristige Darlehen und der Erwerb von Immobilien.[21]

Kapitalverkehrskontrollen, also staatlich verfügte Beschränkungen des Kapitalverkehrs, richten sich i. d. R. nicht gegen *Direktinvestitionen*, sondern gegen kurzfristig ausgerichtete Kapitalströme (*Portfolioinvestitionen*), da sich diese Kapitalbewegungen im Gegensatz zu Direktinvestitionen als besonders volatil erwiesen haben, was – bei entsprechenden Größenordnungen – nicht ohne Rückwirkungen auf den Wechselkurs einer Währung bleibt. So kann etwa der Erwerb von Wertpapieren durch Gebietsfremde verboten werden. Die Abschottung gegen bestimmte ausländische Kapitalzuflüsse führt zwar dazu, dass es kein „Material" gibt, welches ausländische Investoren kurzfristig abstoßen können, so dass von dieser Seite kein Druck auf die Währung ausgeübt werden kann. Die Kehrseite der Medaille ist aber, dass sich ein Land mit solchen Maßnahmen Finanzierungsmöglichkeiten im Ausland verschließt, was gerade für Länder mit hohem Kapitalbedarf besonders schmerzlich ist, da dadurch der Industrialisierungsprozess behindert wird.

Im Rahmen des Kapitalverkehrs werden zwei Arten von Transaktionen erfasst: zum einen Leistungsbilanz- bzw. von Vermögensübertragungen induzierte, zum anderen autonome Kapitalbewegungen, also reine *Finanztransaktionen*.

---

[21]   Zur Frage der Erfassung von Direktinvestitionen in der Zahlungsbilanz siehe Deutsche Bundesbank, Entwicklung und Bestimmungsgründe grenzüberschreitender Direktinvestitionen, Monatsbericht August 1997, S. 63-82 sowie dieselbe, Die deutsche Zahlungsbilanz im Jahr 1998, Monatsbericht März 1999, S. 59.

Während erstere zu einer Veränderung der Höhe der Nettoposition gegenüber dem Ausland, also zu Nettokapitalimporten bzw. Nettokapitalexporten führen, können autonome Kapitalbewegungen, da sie reine Finanztransaktionen darstellen und somit auch ihre Gegenbuchung in der Kapitalbilanz erfolgt, die Höhe der Nettoposition nicht verändern. Angenommen, ein deutsches Unternehmen entschließt sich, im Ausland eine Beteiligung zu erwerben, so hat dies für sich genommen eine Zunahme der Forderungen gegenüber dem Ausland zur Folge, stellt also einen Kapitalexport dar. Auf der anderen Seite muss dieses Unternehmen aber auch eine Gegenleistung erbringen. Diese kann beispielsweise darin bestehen, dass es zur Bezahlung des Kaufpreises Bankguthaben im Ausland abbaut. Damit jedoch nehmen die Forderungen an das Ausland ab, was einen Kapitalimport darstellt. Reine Kapitaltransaktionen (Finanztransaktionen) können also nicht zu einer Veränderung der Nettoposition führen, da beide Seiten der Kapitalbilanz gleichzeitig angesprochen werden.

„Veränderungen der Währungsreserven" erfassen transaktionsbedingte Veränderungen, nicht hingegen bewertungsbedingte Veränderungen der Währungsreserven der Zentralbank. Die Währungsreserven bestehen dabei aus den Goldbeständen, der IWF-Position und liquiden Fremdwährungsforderungen gegenüber Ansässigen außerhalb des Euro-Währungsgebietes (u. a. *Devisen*, also auf ausländische Währungen lautende Bankguthaben). Um auf den ersten Blick Informationen über Veränderungen bei den von der Zentralbank gehaltenen offiziellen Währungsreserven zu erhalten, kommt es zu einem separaten Ausweis innerhalb der Kapitalbilanz. Hier werden aber nur Veränderungen bei den Währungsreserven der Zentralbank, nicht jedoch Veränderungen der Verbindlichkeiten und der sonstigen Forderungen (z. B. Kredite an die Weltbank) der Zentralbank gegenüber dem Ausland erfasst. Letztere finden ihren Niederschlag in den übrigen Rubriken der Kapitalbilanz.

Kauft die Deutsche Bundesbank Währungsreserven von Gebietsfremden, so nehmen folglich ihre Währungsreserven (Forderungen an Ausland) zu. Andererseits aber steigen zugleich die Verbindlichkeiten der Zentralbank gegenüber dem Ausland, da die Deutsche Bundesbank - als Gegenleistung für die Überlassung der Währungsreserven - den Gebietsfremden den entsprechenden Euro-Gegenwert auf deren Konten bei ihr gutschreiben muss. Die Transaktion findet also einerseits Niederschlag in der Rubrik Veränderungen der Währungsreserven in der Kapitalbilanz als Kapitalexport (Zunahme der Währungsreserven der Zentralbank) und andererseits in der Rubrik „übriger Kapitalverkehr" in der Kapitalbilanz als Kapitalimport (Zunahme der Verbindlichkeiten der Zentralbank gegenüber Gebietsfremden). Wenn die Zentralbank die Devisen nicht von Gebietsfremden, sondern von Gebietsansässigen, also in der Regel von inländischen Kreditinstituten, erwirbt, so erhöhen sich zwar auch die Währungsreserven der Zentralbank (Zunahme der Währungsreserven der Zentralbank). Zugleich aber vermindern sich die Devisenbestände der Geschäftsbanken, d. h. ihre Forderungen gegenüber von Gebietsfremden sinken. In der Zahlungsbilanz erfolgt deshalb die „Gegenbu-

chung" als Kapitalimport in der Rubrik „übriger Kapitalverkehr" in der Kapitalbilanz. Hierbei handelt es sich zahlungsbilanztechnisch allerdings um einen Spe-
zialfall, da bei dieser Transaktion unmittelbar keine Gebietsfremden beteiligt
sind.

Zahlungsbilanzen für das Jahr 2005[22]

Die nachstehende Tabelle zeigt die von der Deutschen Bundesbank erstellte Zahlungsbilanz für Deutschland und die von der Europäischen Zentralbank erstellte
Zahlungsbilanz für das Euro-Währungsgebiet für das Jahr 2005. Aufgrund von
Leistungsbilanztransaktionen und Vermögensübertragungen nahm im Berichts-
zeitraum transaktionsbedingt die Nettoposition der Bundesrepublik gegenüber
dem Ausland (das Netto-Auslandsvermögen) um 90,9 Mrd. Euro zu, die des
Euro-Währungsgebietes gegenüber dem Rest der Welt um 16,8 Mrd. Euro ab.

Allerdings entspricht diese transaktionsbedingte Veränderung nicht zwangsläufig der tatsächlichen Veränderung des Netto-Auslandsvermögens, da dieses auch
bewertungsbedingten Einflüssen ausgesetzt ist. Bewertungsbedingte Veränderungen des Netto-Auslandsvermögens, die naturgemäß in Zeiten starker Kurs-
schwankungen auf den Finanzmärkten (Aktien-, Devisen-, Rentenmärkte) nicht
zu vernachlässigen sind, werden im Rahmen der Zahlungsbilanz nicht erfasst.[23]
Im Jahr 2005 hat das deutsche *Netto-Auslandsvermögen* einen neuen historischen Höchststand erreicht. Gemessen am Bruttoinlandsprodukt zu Marktpreisen lag es schätzungsweise bei 15 %.[24]

---

[22] Die Zahlungsbilanz für Deutschland wird jeweils im Monatsbericht März der Deutschen Bun-
      desbank erläutert.
[23] Zur Berechnung des deutschen Netto-Auslandsvermögens siehe Deutsche Bundesbank, Der
      deutsche Auslandsvermögensstatus: Konzeptionelle Anpassungen und neuere Ergebnisse, Mo-
      natsbericht März 1998, S. 79-103.
[24] Vgl. Deutsche Bundesbank, Die deutsche Zahlungsbilanz für das Jahr 2005, Monatsbericht März
      2006, S. 25 Fußnote 7.

Zahlungsbilanz 2005 [a] (in Mrd. Euro)	Deutschland	Euro-Währungsgebiet
I. Leistungsbilanz		
1. Außenhandel [b]	+ 140,4	+ 58,5
2. Dienstleistungen	- 27,9 } + 92,2	+ 31,4 } - 29,0
3. Erw.-u. Vermögens-Eink.	+ 8,6	- 53,0
4. Lfd. Übertragungen	- 28,9	- 66,0
II. Vermögensübertragungen	- 1,3	+ 12,2
III. Kapitalbilanz (Nettokapitalexport: -)		
1. Direktinvestitionen	- 10,4	- 155,3
2. Wertpapiere	- 13,9	+ 142,6
3. Finanzderivate	- 4,7 } - 100,1	- 15,9 } + 39,6
4. übriger Kapitalverkehr [c]	- 73,2	+ 49,3
5. Veränderung der Währungsreserven zu Transaktionswerten (Zunahme-)	+ 2,2	+ 18,9
IV. Restposten [d]	+ 9,1	- 22,7

a) Deutsche Bundesbank, Monatsbericht März 2006, S. 27; Europäische Zentralbank, Monatsbericht März 2006, S. 55 (Rundungsdifferenzen).

b) Einschl. Ergänzungen zum Warenverkehr. Der Korrekturposten „Ergänzungen zum Warenverkehr" ist notwendig, weil die im Rahmen der Außenhandelsstatistik vom Statistischen Bundesamt ermittelten Aus- und Einfuhren anders als in der Zahlungsbilanzstatistik abgegrenzt werden. Während im Rahmen der Außenhandelsstatistik der Grenzübergang ausschlaggebend ist, ist im Rahmen der Zahlungsbilanzstatistik der Eigentumsübergang maßgebend.

c) Enthält Finanz- und Handelskredite, Bankguthaben und sonstige Anlagen

d) Da die Angaben, die zur Erstellung der einzelnen Teilbilanzen herangezogen werden, aus verschiedenen nicht aufeinander abgestimmten Quellen stammen und Erfassungslücken, Erfassungsfehler sowie Bewertungsdifferenzen unvermeidbar sind, ist ein Restposten notwendig, um die Zahlungsbilanz statistisch zum Ausgleich zu bringen.

Kapitel III
Ex-post-Analyse und makroökonomisches Gleichgewicht

In der VGR wird der gesamtwirtschaftliche Rechenzusammenhang abgebildet. Da diese Rechnung sich auf einen abgeschlossenen Zeitraum bezieht, spricht man auch von *Ex-post-Analyse*. Diese Berechnungen zeigen beispielsweise, für welche Zwecke ein in der zurückliegenden Periode erwirtschaftetes Einkommen[25] verwandt wurde. Selbstverständlich muss dieses Aggregat (Angebot) mit der Summe der Verwendungskomponenten (Nachfrage) übereinstimmen.

Die Ex-post-Analyse muss streng unterschieden werden von der *Ex-ante-Analyse* der makroökonomischen Theorie. Letztere befasst sich mit Wirtschaftsplänen. Während bei den in der VGR ausgewiesenen realisierten Größen notwendigerweise Angebot und Nachfrage übereinstimmen, ist dies bei geplanten Größen der vielen unabhängig agierenden Wirtschaftssubjekte nur sehr zufällig zu erwarten.

Diese Unterschiede sollen mit Hilfe eines einfachen Diagramms verdeutlicht werden:

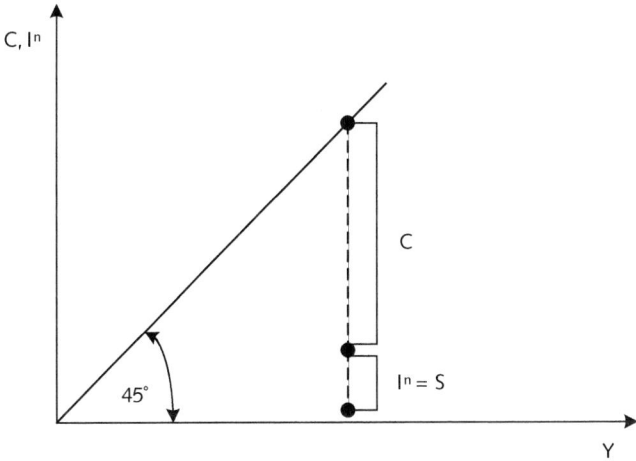

Abbildung III.1

---

[25] Im Folgenden werden – wie in der makroökonomischen Literatur üblich – die Begriffe Produktion und Einkommen, kurz Y, synonym verwendet.

In horizontaler Richtung werden die Produktion (Y) bzw. die damit verknüpften Entgelte für die Faktorleistungen (= Einkommen) abgetragen. In vertikaler Richtung werden die beiden Verwendungskomponenten Konsum (C) und Investition (I^n) erfasst. Bei Produktion und Investition handelt es sich jeweils um Nettogrößen (d. h., Abschreibungen werden in Abzug gebracht). Zudem wird zur Vereinfachung eine Modellwirtschaft ohne staatliche Aktivität und ohne außenwirtschaftliche Verflechtungen angenommen. Die 45°-Linie gibt die Übereinstimmung von Angebot (Produktion) und Nachfrage wieder. Da die Gesamtnachfrage (C + I^n) ex post mit dem Produktions-/Einkommensniveau (Y) übereinstimmen muss, die privaten Haushalte ihre Einkommen aber nur für Konsum- (C) oder Sparzwecke (S) verwenden können, muss auf der 45°-Linie notwendigerweise das Sparen mit dem Investieren übereinstimmen.

Ausgehend von diesen Modellannahmen gilt somit:

$$NNE \ = \ NIP_M$$
$$bzw.$$
$$C + S \ = \ C + I^n$$
$$bzw.$$
$$S \ = \ I^n$$

Diese Ex-post-Identität kann jedoch verbunden sein mit Abweichungen der Wirtschaftspläne, d. h. die statistisch ausgewiesenen Investitions- und Sparvolumina müssen nicht mit den Investitions- und Sparplänen übereinstimmen. Würden realisierte und geplante Größen übereinstimmen, läge eine Gleichgewichtssituation vor. Von *Gleichgewicht* spricht man in diesem Falle deshalb, weil bei Realisierung der Wirtschaftspläne die Wirtschaftssubjekte keine Veranlassung haben, ihr Verhalten zu ändern. Da wir in der Realität eher mit divergierenden Plänen rechnen müssen, stellen sich die Fragen:

(1) Welche Pläne werden sich bei gegebenem Produktions-/Einkommensniveau als realisierte Größen in der Statistik mutmaßlich niederschlagen?

und

(2) Welche Anpassungsprozesse lösen solche Ungleichgewichtssituationen aus?

1. Ex-post Identität vs. makroökonomisches Gleichgewicht

An zwei extremen Beispielen soll unter Beibehaltung der oben genannten Modellannahmen die unter (1) aufgeworfene Frage illustriert werden. Zudem wird davon ausgegangen, dass die Bestimmungsgründe der Investitions- und Sparpläne und damit diese Pläne selbst sich im Beobachtungszeitraum nicht verändern. So wird beispielsweise von Preisänderungen wegen ihrer Bedeutung für diese Pläne abgesehen.

Beispiel 1:

Die gesamtwirtschaftliche Nachfrage übersteigt das gesamtwirtschaftliche Angebot. Dies ist gleichbedeutend mit:

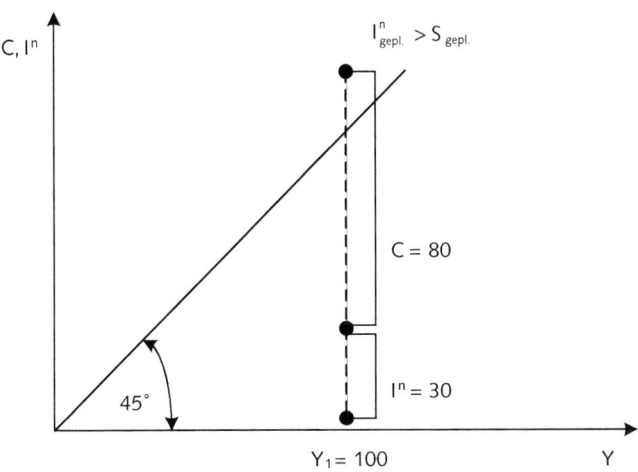

Abbildung III.2

Bei einem Einkommen von $Y_1 = 100$ planen die Haushalte einen Konsum von 80 und dementsprechend ein Sparen von 20. Planen nun gleichzeitig die Unternehmen Investitionen von 30, kann die Gesamtnachfrage aus der vorliegenden Produktion nicht befriedigt werden. Damit stellt sich die Frage, wie sich die Produktion ($Y_1 = 100$) verteilt.

Angenommen sei, dass bei der vorliegenden Konstellation die Pläne der Unternehmen dominieren. Die Unternehmen verfügen über ein Produktionsvolumen von 100 Einheiten, jedoch haben sie davon nur 70 Einheiten für die Befriedigung der Konsumgüterwünsche vorgesehen. Die restlichen 30 Einheiten dienen der Investitionsgüternachfrage. Aufgrund der Übernachfrage seitens der Haushalte von 10 erhöhen sich die Lieferzeiten. Bleiben Planänderungen ausgeschlossen, können die Haushalte für 10 Einheiten nicht konsumieren, was bedeutet, dass sie die 10 Einheiten sparen müssen (Zwangssparen).

Bezogen auf die geplanten bzw. realisierten Größen gilt folgendes:

$$C_{Hh\,real.} < C_{Hh\,gepl.} \text{ bzw. } S_{Hh\,real.} > S_{Hh\,gepl.}$$

Die Übereinstimmung von $I^n_{real.}$ und $S_{real.}$ lässt sich analytisch dadurch herstellen, dass das geplante Sparen durch ein ungeplantes, ein unfreiwilliges Sparen aufgestockt wird:

$$S_{gepl.} + S_{ungepl.} = S_{real.}$$
$$20 + 10 = 30$$
$$S_{real.} = I^n_{real.}$$
$$30 = 30$$

Beispiel 2:

Die umgekehrte Situation liegt vor, wenn die geplante Investition kleiner als die geplante Ersparnis ist. In diesem Fall ist das gesamtwirtschaftliche Angebot größer als die gesamtwirtschaftliche Nachfrage.

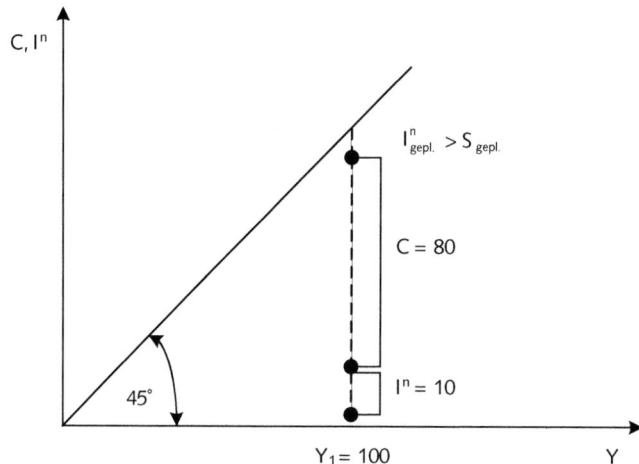

Abbildung III.3

Dem realisierten Produktions-/Einkommensniveau von $Y_1 = 100$ steht nun eine Gesamtnachfrage von lediglich 90 gegenüber. Dominierten im vorigen Beispiel die Unternehmen, so sind es jetzt die Haushalte. Zwar stellen die Unternehmen 90 Einheiten für den Konsum zur Verfügung, jedoch können davon nur 80 an die Haushalte verkauft werden. Die restlichen Einheiten gehen auf Lager, d. h. sie stellen eine ungeplante Lagerinvestition dar. Bezogen auf die geplanten bzw. realisierten Größen gilt jetzt folgendes:

$$I^n_{real.} > I^n_{gepl.}$$

Wiederum kommt die Ex-post-Identität dadurch zustande, dass eine geplante Größe durch eine (ungeplante) Zwangskomponente aufgestockt wird:

$$I_{gepl.}^{n} + I_{ungepl.}^{n} = I_{real.}^{n}$$
$$10 + 10 = 20$$
$$S_{real.} = I_{real.}^{n}$$
$$20 = 20$$

Aus den Beispielen werden auch die Unterschiede zwischen Ex-post-Identität und makroökonomischem Gleichgewicht deutlich. Am Ende der Periode, also ex-post, müssen die realisierten Investitionen immer gleich den realisierten Ersparnissen sein. Es herrscht Gleichheit von I^n und S. Diese statistische Gleichheit geht jedoch zu Lasten eines Teils der geplanten Größen, so dass schematisch gilt:

$$I_{real.}^{n} = I_{gepl.}^{n} + I_{ungepl.}^{n}$$
$$\text{bzw.}$$
$$S_{real.} = S_{gepl.} + S_{ungepl.}$$

Von einem *makroökonomischen Gleichgewicht* kann aber nur gesprochen werden, wenn die geplanten Größen auch realisiert werden können, wenn also gilt:

$$S_{gepl.} = S_{real.} \quad \text{und}$$
$$I_{gepl.}^{n} = I_{real.}^{n} \quad , \quad \text{so dass auch}$$
$$S_{gepl.} = I_{gepl.}^{n}$$

In dieser Situation ist die Gleichheit zugleich ein makroökonomisches Gleichgewicht. Gibt man die restriktiven Annahmen unserer bisher betrachteten Modellwirtschaft auf und stellt auf Bruttogrößen unter Einbeziehung staatlicher Aktivitäten und außenwirtschaftlicher Verflechtungen ab, so gilt im makroökonomischen Gleichgewicht:

$$(I^{b} + X + Tr_{A}^{I})_{gepl.} = (S + D + M + Tr_{I}^{A})_{gepl.}$$

Für die geplanten Nettoinvestitionen ergibt sich dann

$$I_{gepl.}^{n} = (S + M - X + Tr_{I}^{A} - Tr_{A}^{I})_{gepl.}$$

D. h., die in einer offenen Volkswirtschaft gültige Ex-post-Identität muss bereits ex ante erfüllt sein.

Wenn in Bezug auf ein bestimmtes Produktions- und Einkommensniveau die Nachfragepläne nur teilweise realisiert werden können, also ein Ungleichgewicht vorliegt, ist damit zu rechnen, dass die Wirtschaftssubjekte aus der planwidrigen Situation herauszukommen versuchen. Die Ungleichgewichte lösen Anpassungsprozesse aus.[26]

---

[26] Wenn im Folgenden Anpassungsprozesse dargestellt werden, die auf ein Gleichgewicht zulaufen, soll damit nicht suggeriert werden, in der Realität gäbe es gleichgewichtige Ru-

2. Anpassungsprozesse bei Ungleichgewichten

Zur Klärung der oben unter (2) aufgeworfenen Frage nach den Anpassungsprozessen bei Ungleichgewichten bedienen wir uns weiterhin des vereinfachten Modells einer geschlossenen Volkswirtschaft ohne staatliche Aktivität. Hierbei wird in den folgenden Illustrationen – der Realität entsprechend – von einer mit steigendem Einkommen zunehmenden Konsumgüternachfrage ausgegangen, so dass die Gesamtnachfrage ($C + I^n$) ebenfalls eine positive Steigung aufweist.

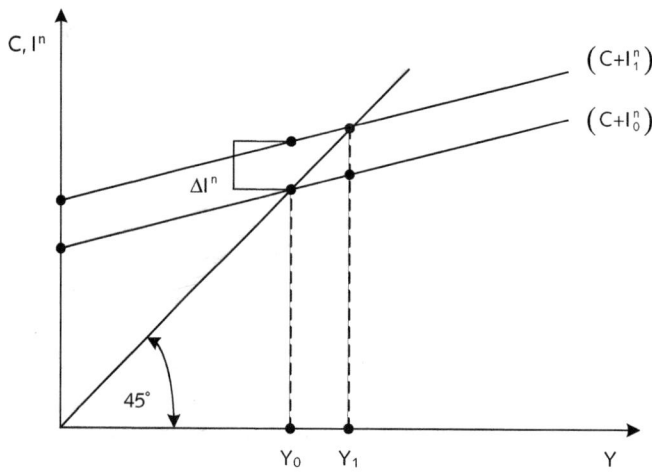

Abbildung III.4

Bei Y_0 liegt ein Gleichgewicht vor, da Produktions- und Nachfragepläne übereinstimmen. Wenn nun beispielsweise aufgrund optimistischer Einschätzung der zukünftigen wirtschaftlichen Entwicklung die Unternehmer ihre Investitionspläne nach oben revidieren (ΔI^n) und damit die Nachfragepläne insgesamt auf ($C + I_1^n$) ausweiten, kann die zusätzliche Nachfrage beim Einkommen Y_0 nicht befriedigt werden. In einem marktwirtschaftlichen System können wir jedoch damit rechnen, dass die Produzenten die verbesserten Absatzmöglichkeiten zu nutzen und entsprechend der neuen Gesamtnachfrage ihre Produktion bis Y_1 auszudehnen versuchen (Bewegung von Y_0 nach Y_1 in Abb. III.4).

Die entgegengesetzte Reaktion ist zu erwarten, wenn die Unternehmer feststellen, dass sie bei ihren Produktionsentscheidungen die Nachfrage überschätzt und deshalb ungeplante Lagerinvestition vorgenommen haben. Sie

hezustände. In der Realität ändern sich vielmehr fortwährend verhaltensrelevante Variablen, so dass es ein Gleichgewicht streng genommen nicht gibt. Die Gleichgewichtsvorstellung dient nur als analytischer Orientierungspunkt, um die Reaktionen auf bestimmte Impulse zu verdeutlichen.

werden die Produktion entsprechend der schlechteren Absatzlage einschränken. Zur Verdeutlichung braucht nur auf die obige Abbildung zurückgegriffen und $Y_1 \left[(C + I_1^n) \right]$ als Ausgangssituation gewählt zu werden (Bewegung von Y_1 nach Y_0 in Abb. III.4).

In den beiden Beispielen sind Nachfrageänderungen mit – wenn auch zeitlich verzögert – gleichgerichteten Produktions-/Einkommensänderungen verknüpft. Dies muss jedoch keineswegs immer zutreffen. Die oben skizzierten Ergebnisse hängen entscheidend von der speziellen Ausgangssituation ab. Die Relevanz der Ausgangssituation lässt sich verdeutlichen, wenn man von einem sog. Vollbeschäftigungsgleichgewicht ausgeht. Damit ist ein makroökonomisches Gleichgewicht gemeint, bei dem alle Produktionsfaktoren ausgelastet sind; zu diesem Zeitpunkt sind also die volkswirtschaftlichen Produktionsmöglichkeiten voll ausgeschöpft.

Ausgehend von dem Vollbeschäftigungsgleichgewicht Y_v (Abb. III.5) kommt es etwa wegen der Befürchtung wirtschaftlichen Niedergangs zu vermehrtem Sparen der Haushalte und/oder rückläufiger Investitionstätigkeit der Unternehmen. Die Gesamtnachfrage sinkt auf $(C + I_0^n)$. Das Angebot übersteigt jetzt die Nachfrage; die Anbieter werden mit einer Rücknahme der Produktion reagieren. Produktionsrückgang wiederum ist gleichbedeutend mit Einkommensrückgang. Der Schrumpfungsprozess dauert solange, bis sich ein neues Gleichgewicht herausgebildet hat (Y_1). Allerdings ist diese Situation durch Unterauslastung des Sachkapitals und durch Arbeitslosigkeit gekennzeichnet. Angebot und Nachfrage stimmen bei Y_1 zwar überein; es ist jedoch ein Gleichgewicht bei Unterbeschäftigung.

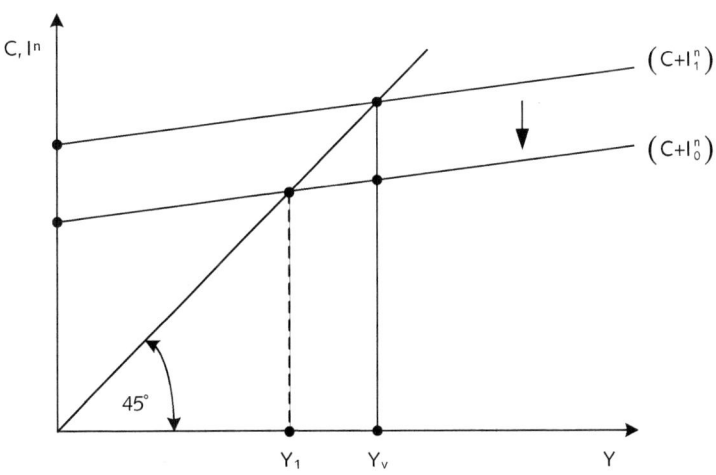

Abbildung III.5

Bislang sind in der Realität beobachtbare Preisniveauänderungen ausgeblendet worden. Wiederum ausgehend von dem Vollbeschäftigungsgleichgewicht Y_v und einem Ausgangspreisniveau P_0 möge es nun wegen optimistischer Einschätzung zukünftiger Absatzmöglichkeiten zu einer verstärkten Investitionsgüternachfrage kommen (siehe Abb. III.6). Die Gesamtnachfrage steigt auf $(C + I_1^n)$. Die Nachfrage übertrifft das Angebot. Da Y_v auch die aktuelle gesamtwirtschaftliche Kapazitätsgrenze repräsentiert, kann die zusätzliche Nachfrage nicht durch eine Erhöhung des Angebotes befriedigt werden. Die Anpassung an den Nachfrageüberhang erfolgt durch Preiserhöhungen ($P_0 \rightarrow P_1$). Die wertmäßige Änderung Y_0 auf Y_1 entspricht ausschließlich dieser Preissteigerung, so dass sich Y_0/P_0 und Y_1/P_1 real ($= Y_v$) nicht unterscheiden. Es handelt sich um Gleichgewichte von Angebot und Nachfrage bei unterschiedlichen Preisniveaus. Bei Y_v (Y_1/P_1) stimmen makroökonomisch wiederum Angebot und Nachfrage überein; in diesem Falle ist das Gleichgewicht jedoch mit einem höheren Preisniveau verknüpft.

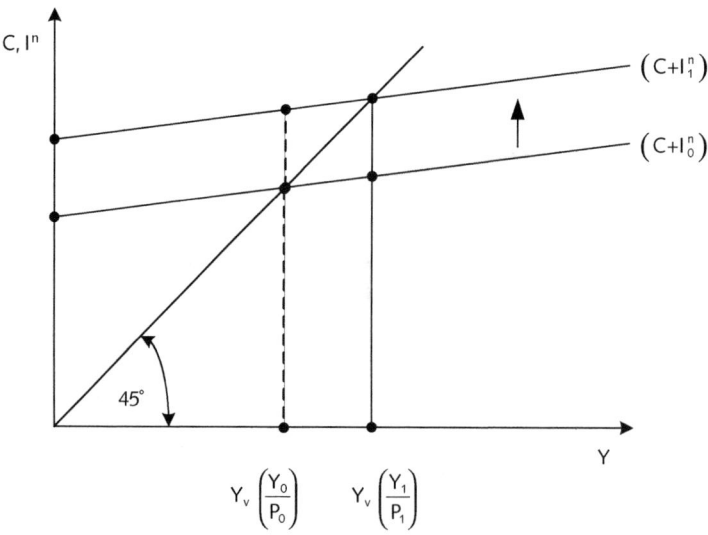

Abbildung III.6

Greift man den in Abb. III.5 dargestellten Nachfragerückgang wieder auf und überträgt ihn auf die Abb. III.6, so könnte es zu Preisniveausenkungen kommen mit der Folge, dass sich die Beschäftigung und die reale Produktion nicht ändern. Die Empirie spricht jedoch dafür, dass zumindest kurz- und mittelfristig anstatt Preissenkungen die Mengeneinschränkungen dominieren, also eher das Ergebnis der Abb. III.5 zu erwarten ist.

Die zuletzt angesprochenen Konstellationen von Preis- und Mengenänderungen lassen sich ohne den Kunstgriff des Einbaus einer Kapazitätsschranke besser durch ein System gesamtwirtschaftlicher Angebots- und Nachfragekurven illustrieren:

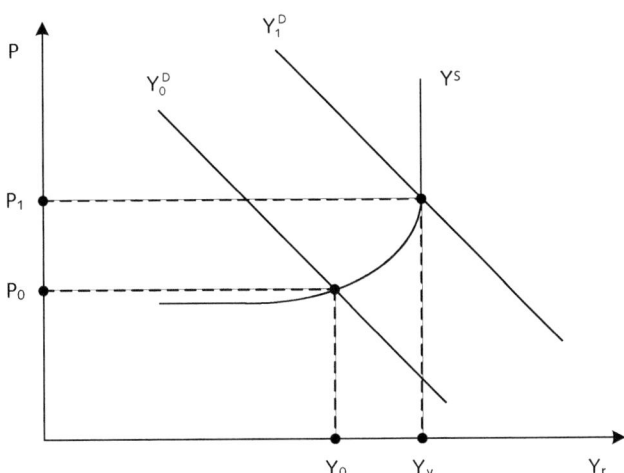

Abbildung III.7

Ohne an dieser Stelle eine nähere theoretische Begründung für den Verlauf dieser Kurven geben zu können, ist es unmittelbar einsichtig, dass der vertikale Ast der Angebotskurve (Y^S) eine Situation der *Kapazitätsauslastung* beschreibt. Während von der Situation P_0/Y_0 ausgehend eine Erhöhung der Gesamtnachfrage auf Y_1^D neben der Preisniveauerhöhung auf P_1 noch mit der (realen) Produktionssteigerung auf Y_v verbunden ist, führt jede weitere Nachfrageausdehnung praktisch nur noch zu weiteren Preisniveauerhöhungen.

Die Frage nach den Anpassungsprozessen, die in Gang gesetzt werden, wenn die Gesamtnachfrage von dem für die Vollauslastung des Produktionspotentials nötigen Niveau abweicht, macht implizit auf bislang vernachlässigte ökonomische Problembereiche aufmerksam. Offenbar kann die gesamtwirtschaftliche Übereinstimmung des Angebots von Gütern und Dienstleistungen mit der Nachfrage sowohl mit Inflation als auch mit Arbeitslosigkeit einhergehen. Letztere Situation läge in der obigen Zeichnung bei Y_0 vor, da diese Produktion unter dem Niveau bei Vollbeschäftigung (Y_v) liegt.[27] Da eine Inflation auf lange Sicht nicht ohne Er-

---

[27] Mit Hilfe des gesamtwirtschaftlichen Systems von Angebot und Nachfrage lässt sich auch der simultane Anstieg von Arbeitslosigkeit und Inflation (sog. *Stagflation*) illustrieren. Anhand dieses Kurvensystems ist leicht nachzuvollziehen, dass hierfür Nachfrageschwankungen nicht ursächlich sein können. Es bleiben mithin nur Änderungen auf der Angebotsseite. Infrage kommen insbesondere Kostensteigerungen etwa bei importierten Rohstoffen oder Löhnen und Lohnnebenkosten. Grafisch würde sich dies in einer Verschiebung der Angebotsfunktion nach oben niederschlagen.

höhung der umlaufenden Geldmenge möglich ist (die Preisniveauerhöhungen müssen ja finanziert werden), stellt sich die Frage nach der Bedeutung des Geldes für die güterwirtschaftlichen Vorgänge. In der abstrakten Sprache der Makroökonomik: Welche Beziehungen bestehen zwischen Gütermarkt und Geldmarkt?

Wenn andererseits ein Gütermarktgleichgewicht auch mit Unterbeschäftigung einhergehen kann, so besagt dies doch, dass im güterwirtschaftlichen Bereich keine Gründe für Planrevisionen vorliegen, zugleich aber auf dem Arbeitsmarkt Arbeitslosigkeit, also ein Ungleichgewicht vorliegt. Auch hier stellt sich die Frage nach den kausalen Verknüpfungen zwischen aggregiertem Gütermarkt und aggregiertem Arbeitsmarkt.

Mit diesen *drei makroökonomischen Teilmärkten*[28] beschäftigen sich die folgenden Ausführungen, und zwar wird zunächst die bereits begonnene Gütermarktanalyse wieder aufgegriffen und vertieft. Anschließend werden der Geldmarkt und seine Verknüpfungen mit dem Gütermarkt untersucht und schließlich unter Einschluss des Arbeitsmarktes zur makroökonomischen Totalanalyse verknüpft.

---

[28] In der makroökonomischen Theorie wird üblicherweise noch der Wertpapiermarkt als vierter aggregierter Teilmarkt unterschieden. Dessen gesonderte Analyse ist jedoch nicht erforderlich. Wenn etwa ein Wirtschaftssubjekt gegen seine Arbeitsleistung ein Einkommen von 1.000 € erhalten hat und davon 700 € für Güterkäufe ausgegeben und 100 € als Sichtguthaben (= Kauf von Geld) gehalten hat, muss es die restlichen 200 € für den Kauf von Wertpapieren verwandt haben. Da auch makroökonomisch Käufe und Verkäufe identisch sein müssen, genügt die Kenntnis von drei Teilmärkten, um die Vorgänge auf dem (letzten) vierten Teilmarkt abzuleiten.

1. Faktoren auf der Angebotsseite

Auf dem Gütermarkt wird gewissermaßen das Bruttoinlandprodukt gehandelt. Die Höhe des Angebotes hängt ab vom quantitativen Faktoreinsatz und den Faktorproduktivitäten. Die Zusammenhänge lassen sich durch eine *Produktionsfunktion* beschreiben:

$$Y_r = T\,f\,(A, K)$$

Im Faktor Kapital (K) kann gedanklich auch der Faktor Boden eingeschlossen werden, der in ökologischer Perspektive die Natur als Lieferant von Ressourcen ebenso umfasst wie als Aufnahmemedium von Umweltbelastungen. Neben den Faktormengen Arbeit (A) und Kapital (K) erscheint noch die Variable technisch-ökonomisches Wissen (T), die als multiplikatorische Größe die Produktivität des Faktoreinsatzes misst.[29] Diese Variable ist in gleichem Sinne zu interpretieren wie *Arbeits-* und *Kapitalproduktivitäten*:

$$Y_r = A \cdot \frac{Y_r}{A} \quad \text{oder} \quad Y_r = K \cdot \frac{Y_r}{K}$$

Das Niveau der Produktion erscheint hier als Produkt aus Arbeits- bzw. Kapitalmenge und durchschnittlicher Arbeits- (Y_r/A) bzw. Kapitalproduktivität (Y_r/K).

Quantität und Produktivität der *Produktionsfaktoren* (Arbeit, Kapital) sind langfristig die entscheidenden Bestimmungsgrößen des Produktions- und Einkommensniveaus. Die Erklärung des Niveaus und der Veränderung dieser Bestimmungsgrößen ist Gegenstand der Wachstumstheorie, die Analyse ihrer Beeinflussungsmöglichkeiten Gegenstand der Wachstumspolitik. Ausdruck findet eine wachstumsorientierte Politik vor allem in einem leistungsfähigen Bildungssektor sowie in einem anreizstimulierenden Steuer- und Transferleistungssystem. In die gleiche Richtung wirkt der Abbau von Regulierungen, sei es etwa durch Abbau beruflicher Marktzugangsbeschränkungen (Befähigungsnachweise) oder sei es etwa in der Form allgemeiner Gewerbefreiheit, die die Investitionstätigkeit und

---

[29] Die Produktionsfunktion kann auch zur Ermittlung des *Produktionspotentials* genutzt werden. Die verfügbaren Produktionsfaktoren und das für die Kombinationsmöglichkeiten verfügbare Wissen bestimmen dann die Produktionsmöglichkeiten, die die tatsächliche Produktion mehr oder weniger überschreiten können.

damit die Kapitalbildung belebt. Der Abbau von Regulierungen führt nicht nur zur Ausdehnung des Faktorangebots, sondern durch den intensiveren Wettbewerb über verstärkte qualitative Auslese zu erhöhter Produktivität.

Die erfolgreiche Beeinflussung der Angebotsseite wird in der Regel nicht in wenigen Monaten zu bewerkstelligen sein. Die Sachkapitalausstattung und der Wissensstand über Faktorkombinationsmöglichkeiten lassen sich nicht „von heute auf morgen" erweitern. Die Variationsmöglichkeiten des Faktors Arbeit sind zwar in demographischer Hinsicht ebenfalls sehr begrenzt, sie sind aber z. B. in der Form von Überstunden oder höherer Erwerbsbeteiligung, möglicherweise auch in der Form eines flexiblen Einsatzes ausländischer Arbeitskräfte vergleichsweise größer, so dass dem Faktor Arbeit auf kurze Sicht eine strategische Rolle für die Angebotsänderung zufällt. Bei der Analyse des Arbeitsmarktes (Kapitel IX) wird hierauf zurückgekommen.

Wenn durch vermehrte und verbesserte Produktionsfaktoren die Produktion steigt, erhöht sich zugleich das Einkommen und damit die Grundlage der Nachfrage. Das Angebot schafft sich also die für den Absatz erforderlichen Nachfragevoraussetzungen. Ein Auseinanderfallen von Angebot und Nachfrage kann es zwar bei einzelnen Produkten geben; global scheint dies aber allenfalls ein kurzfristiges Phänomen sein zu können. Diese als *Saysches Theorem* bekannte Vorstellung folgt aus bestimmten Annahmen über die Funktionsweise einer Marktwirtschaft (insbesondere allgemeine Preisflexibilität) und war unter den sog. klassischen und neoklassischen Ökonomen[30] etwa bis Mitte der 30er Jahre des letzten Jahrhunderts vorherrschend.

Das Saysche Theorem wird zwar zuweilen (von Nachfragepessimisten) belächelt, gleichwohl ist es im Kern richtig – und wichtig. Angenommen unsere Volkswirtschaft bestünde aus zwei Wirtschaftssubjekten A und B, die jeweils Güter im Wert von 100 herstellen und diese vollständig gegeneinander tauschen. Der Gesamtwert der Produktion beträgt mithin 200 und die Gesamtnachfrage ebenfalls. Was geschieht aber nun, wenn ein Wirtschaftssubjekt C jeweils 50 von A und B nachfragen möchte? Tauschen dann A und B lediglich noch 50 untereinander aus, so dass die Gesamtnachfrage weiterhin 200 beträgt? Das würde bedeuten, dass A und B jeweils 50 an C verschenken. Sieht man von diesem Ausnahmefall ab, kann C sich an den Transaktionen nur beteiligen, wenn er mit eigener Produktion in Höhe von 100 die Tausch–Voraussetzungen schafft, um je 50 von A und B nachzu-

---

[30] Die *Klassik* und die insbesondere eine verfeinerte Analysetechnik (Marginalanalyse) benutzende *Neoklassik* lässt sich grob bis zum Erscheinungsjahr von J. M. Keynes' „General Theory of Employment, Interest and Money" (1936) datieren. Trotz Keynes' grundlegender Kritik an der klassischen/neoklassischen Theorie, die die weitere Entwicklung der ökonomischen Theorie und der Wirtschaftspolitik maßgeblich beeinflusste, spielen Elemente der klassischen/neoklassischen Theorie auch in der aktuellen theoretischen Diskussion weiterhin eine wichtige Rolle. Dies gilt zumindest für die Erklärung langfristiger Entwicklungen. (Im Folgenden wird nicht zwischen klassisch und neoklassisch unterschieden).

fragen. Der Gesamtwert der Produktion und die Gesamtnachfrage betragen dann 300. Ohne eigene Produktion kann C keine Nachfrage ausüben.

Unstrittig ist, dass Faktoren auf der Angebotsseite die Produktionsmöglichkeiten und damit das potentielle Produktions- und Einkommensniveau bestimmen. Ob dieses Potential realisiert wird, hängt von vielfältigen Bedingungen ab, die kontrovers diskutiert werden. Auf der Angebotsseite könnte der Wettbewerbsdruck zur Ausschöpfung des *Produktionspotentials* unzureichend sein. Möglich ist auch, dass die Unternehmen die Produktionsmöglichkeiten nicht voll nutzen, weil sie wegen unzureichender Nachfrage Absatzprobleme befürchten. Die gesamtwirtschaftliche Nachfrage als limitierender Faktor des Produktions- und Einkommensniveaus spielt eine zentrale Rolle in der Theorie von J. M. Keynes.

2. Die Gesamtnachfrage und ihre Komponenten[31]

J. M. Keynes übte heftige Kritik an den damals vorherrschenden theoretischen Vorstellungen und wies darauf hin, dass die am Markt wirksame Nachfrage hinter der aufgrund der Einkommensentwicklung möglichen zurückbleiben kann. Da die Unternehmer unabsetzbare Läger vermeiden wollen, werden sie ihre Produktionsentscheidungen an der erwarteten Nachfrage ausrichten. Die Produktion wird demnach von der Nachfrage bestimmt:

$$Y^D = f\left[C, I^b, St, (Ex - Im)\right]$$

Die Gesamtnachfrage[32] und ihre Komponenten (Konsum, Investition, Staatsnachfrage und Außenbeitrag) rücken als das Angebot limitierende Größen ins Zentrum des Interesses.

Gehen wir von der möglichen Beobachtung einer Unterauslastung von Produktionsfaktoren wegen zu geringer Nachfrage aus, ist damit noch keine wirtschaftspolitische Problemlösung gefunden. Da in einer Marktwirtschaft außer für die staatliche Nachfrage selbst keine Nachfragegebote oder -verbote erlassen werden können, muss sich die Wirtschaftpolitik damit begnügen, Anreize zur Nachfragebelebung oder -abschwächung zu setzen. Dies setzt aber voraus, dass die unabhängigen Variablen der Nachfragekomponenten bekannt sind.

---

[31] Bei der Analyse der einzelnen Komponenten der Gesamtnachfrage soll in diesem Kapitel – soweit im Text nicht explizit davon abgewichen wird – von einem konstanten Preisniveau ausgegangen werden, d. h. das Nominaleinkommen (nominales Bruttoinlandsprodukt) entspricht dem Realeinkommen – Y_r – (reales Bruttoinlandsprodukt), der BIP-Deflator ist also 1.

[32] Obwohl es sich hier lediglich um die Gesamtnachfrage auf dem Gütermarkt handelt und monetäre Bedingungen noch nicht einbezogen werden, verwenden wir bereits jetzt die Kurzbezeichnung Y^D. Die Herleitung der gesamtwirtschaftlichen Nachfragefunktion (ebenfalls Y^D) unter Einbeziehung des Geldmarktes erfolgt in Kapitel VII.

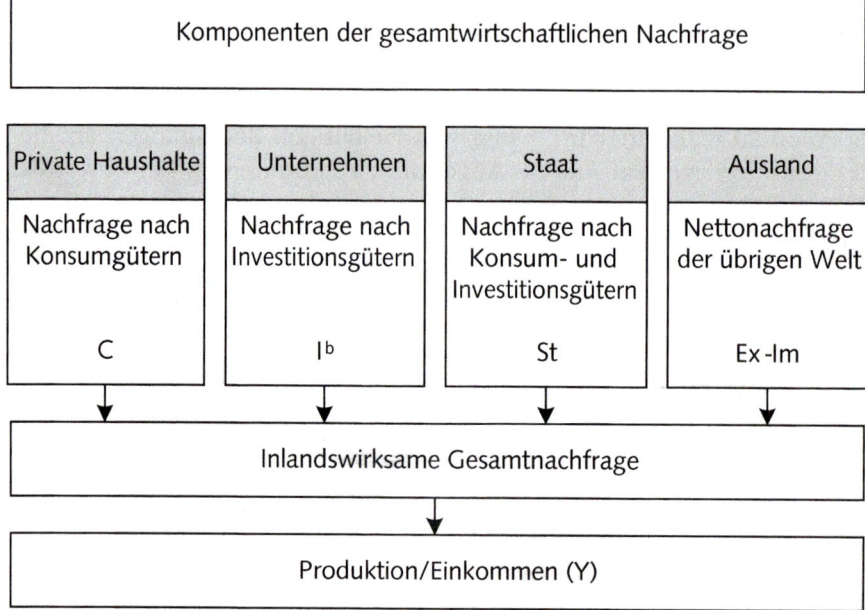

2.1 Konsumgüternachfrage der privaten Haushalte

Als Bestimmungsgröße der privaten *Konsumgüternachfrage* steht das verfügbare Einkommen im Mittelpunkt.[33] Trotz dieser auch empirisch begründeten Dominanz sollte der mögliche Einfluss anderer Variablen nicht vernachlässigt werden. So wird weithin angenommen, Veränderungen des Vermögensbestandes führten zu gleichgerichteten Anpassungen beim Konsum. Zugrunde liegt die Vorstellung, dass das Erreichen eines gesteckten Vermögenszieles aufgrund der Veränderung des Vermögensbestandes (Finanz- und Sachvermögen) mit weniger bzw. nur mit verstärktem Sparen möglich sei (*Vermögenseffekt*).[34]

Diese Überlegung lässt sich anhand eines einfachen Beispiels illustrieren. Zunächst sei angenommen, das Gesamtvermögen eines Haushalts betrage 100.000 €, wobei es sich aus festverzinslichen Wertpapieren, Aktien und Immobilien zusammensetzen soll. Ferner sei angenommen, der Haushalt wolle im Ver-

---

[33] Eingehende ökonometrische Untersuchungen etwa der Deutschen Bundesbank (Die längerfristige Entwicklung des Verbrauchs in Deutschland und seine Bestimmungsgründe, Monatsbericht Juli 1996, S. 23 ff.) bestätigen dies nachhaltig.

[34] Über den gesamten Zeitraum von 1980 bis 2003 haben Vermögenspreisänderungen in Deutschland – in deutlichem Unterschied zu den angelsächsischen Ländern – keine nennenswerten Auswirkungen auf das Konsumverhalten der privaten Haushalte gehabt (Siehe hierzu B. Hamburg, H. Hoffmann, J. Keller, Consumption, Wealth and Business Cycles, Deutsche Bundesbank, Discussion Paper 16/2005, Frankfurt 2005).

lauf eines Jahres sein Vermögen um 10.000 € auf 110.000 € erhöhen. Erreichen kann er dies zunächst dadurch, indem er aus seinem verfügbaren Einkommen 10.000 € spart. Kommt es nun zu Kurssteigerungen bei seinen Aktien, festverzinslichen Wertpapieren oder Preissteigerungen bei den Immobilien, so ist zur Erreichung des Vermögensziels nur eine um diesen Wertzuwachs verminderte Sparleistung notwendig. Bei Kursverlusten bzw. Preisrückgängen verhält es sich umgekehrt.

Gelegentlich wird auch dem Realzinssatz (= *Nominalzinssatz*/Marktzinssatz ./. erwartete Inflationsrate) Bedeutung für die Höhe der privaten Konsumgüternachfrage beigemessen. Empirische Untersuchungen weisen jedoch i. d. R. keinen signifikanten Einfluss des Realzinssatzes auf die Konsumgüternachfrage aus. Zurückzuführen ist dies möglicherweise darauf, dass der *Einkommenseffekt* (Zinseinkommen in der Zukunft) dem *Substitutionseffekt* (Verteuerung des Gegenwartskonsums) entgegenwirkt. Steigt der Zinssatz, so steigt zwar zunächst die Attraktivität des Sparens (Substitutionseffekt), andererseits ist aber aufgrund des höheren Zinsertrages pro gesparter Geldeinheit ein gegebenes Vermögensziel mit geringerem Sparen erreichbar.[35] Durch Zinsänderungen oder andere Einflüsse (etwa Erwartungsänderungen) ausgelöste Vermögenseffekte dürften allerdings dann nicht ohne Wirkung auf den Konsum sein, wenn massive Wertsteigerungen oder Kurseinbrüche - wie in den letzten Jahren auf den Aktienmärkten - auftreten sollten.

Bei der Analyse verschiedener Konsumtheorien, die alle - wenn auch in verschiedener Ausprägung - das *verfügbare Einkommen*[36] als entscheidende unabhängige Variable enthalten, ist sorgfältig zwischen durchschnittlicher und marginaler Konsumquote zu unterscheiden. Bei der *durchschnittlichen Konsumquote* werden die - in der VGR ausgewiesenen - Konsumausgaben einer Periode t (C_t) zu dem der Periode entsprechenden verfügbaren Einkommen (Y_t) in Beziehung gesetzt: C_t/Y_t. Die *marginale Konsumquote* hingegen enthält das Verhältnis der jeweiligen Änderungen: dC_t/dY_t. Da ein privater Haushalt sein verfügbares Einkommen nur konsumieren oder sparen kann, müssen die durchschnittliche Konsumquote und die *durchschnittliche Sparquote* bzw. die marginale

---

[35] Nach den empirischen Untersuchungen von Hermann-Josef Hansen (Der Einfluss der Zinsen auf den privaten Verbrauch in Deutschland, Volkswirtschaftliche Forschungsgruppe der Deutschen Bundesbank, Diskussionspapier 3/96, Frankfurt 1996) könnte hinter der empirischen Bedeutungslosigkeit des Realzinses für den langfristigen Konsum die Kompensation der beiden Effekte stehen, und zwar in der Weise, dass die kurzfristige Wirkung im Sinne des Substitutionseffekts zeitverzögert durch den Einkommenseffekt ausgeglichen wird. Kompensatorische Effekte könnten sich auch daraus ergeben, dass steigenden Zinserträgen auf der einen Seite zinsbedingte Einkommenseinbußen bei verschuldetem Immobilieneigentum gegenüberstehen. (Siehe hierzu P. Westerheide, Auswirkungen von Zinsänderungen auf den Konsum privater Haushalte, ZEW news, Juli/August 2000, S. 6).

[36] Einkommenskategorien im Rahmen der Konsumfunktion beziehen sich immer auf das verfügbare Einkommen.

Konsumquote und die *marginale Sparquote* sich zu 1 addieren. Mit der *Konsumfunktion* ist also zugleich auch die *Sparfunktion* bekannt.

Der Unterschied zwischen der durchschnittlichen und der marginalen Konsumquote soll anhand eines einfachen Beispiels verdeutlicht werden. Zwischen Konsumausgaben und Einkommen gelte folgende Beziehung:

$$C_t = a + c \cdot Y_t$$

Die durchschnittliche Konsumquote (C_t/Y_t) beträgt dann $a/Y_t + c$, und die marginale Konsumquote (dC_t/dY_t) hat den Wert c.

Setzt man für a = 30 und für c = 0,6, so ergibt sich bei einem verfügbaren Einkommen von $Y_0 = 100$ eine durchschnittliche Konsumquote von 0,9 und eine marginale Konsumquote von 0,6.

Die zur Konsumfunktion $C_t = a + cY_t$ zugehörige Sparfunktion lautet:

$$S_t = -a + (1-c)\,Y_t$$

Die durchschnittliche Sparquote (S_t/Y_t) beträgt bei einem Einkommen von $Y_0 = 100$ dementsprechend 0,1 und die marginale (dS_t/dY_t) 0,4.

Graphisch kann man diese Zusammenhänge folgendermaßen darstellen:

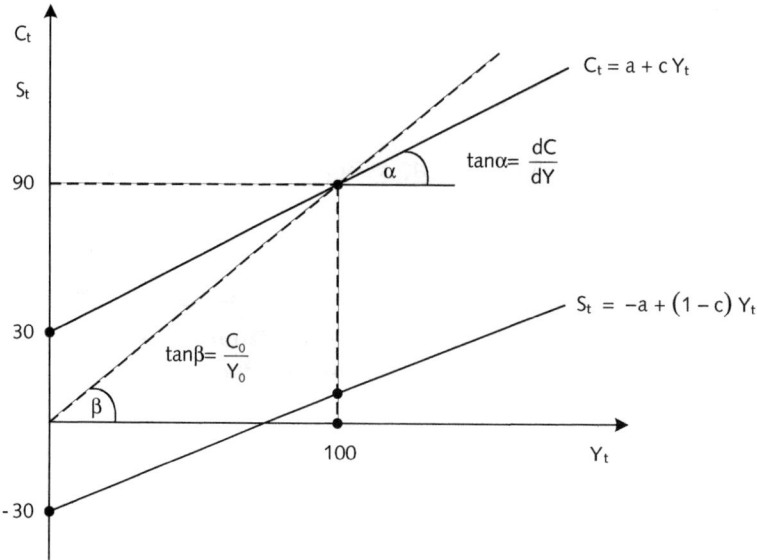

Abbildung IV.1

2.1.1 Absolute Einkommenshypothese

Keynes' Aussagen zum Konsumverhalten werden üblicherweise als *absolute Einkommenshypothese* bezeichnet. Sie fußt auf der Überlegung, dass das verfügbare Einkommen der laufenden Periode (Y_t) maßgebend sei für die Konsumgüternachfrage. Den Zusammenhang zwischen Einkommens- und Konsumentwicklung beschreibt Keynes mit dem auf Sättigungsvorstellungen (*Gossen*) basierenden „fundamentalpsychologischen Gesetz": „Die Menschen werden in der Regel und im Durchschnitt willens sein, ihren Konsum zu vermehren, wenn ihr Einkommen steigt, aber nicht soviel wie die Einkommenssteigerung beträgt." Das „fundamentalpsychologische Gesetz" legt die Interpretation nahe, dass nach Keynes bei Einkommenssteigerungen sowohl mit einer Verminderung der durchschnittlichen als auch der marginalen Konsumquote zu rechnen sei. Nicht zuletzt wegen unklarer Formulierungen von Keynes an anderer Stelle ist jedoch in der Literatur die Interpretation seiner Konsumtheorie im Sinne einer konstanten marginalen aber fallenden durchschnittlichen Konsumquote vorherrschend.

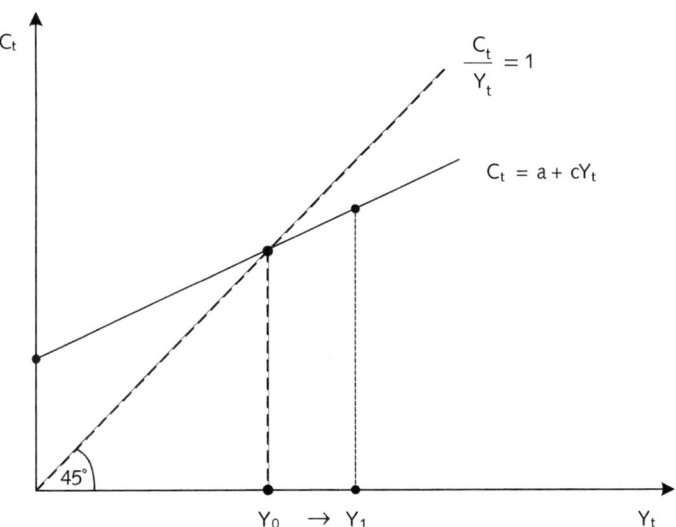

Abbildung IV.2

Dieser Zusammenhang entspricht der bereits oben dargestellten funktionellen Beziehung:

$$C_t = a + c \cdot Y_t$$

Ein Sinken der durchschnittlichen Konsumquote bei steigendem Einkommen führt – sofern der Staat nicht die Nachfragelücke ausfüllt – zwangsläufig in eine Stagnation, da absehbar ist, dass mit der Zeit die Investitionstätigkeit der privaten Unternehmen mangels Absatzmöglichkeiten erlahmen wird. Empirische Studien widerlegten jedoch an die keynessche Konsumfunktion anknüpfende Stagnationsbefürchtungen. Für die USA konnte vielmehr für bis ins 19. Jahrhundert reichende Untersuchungszeiträume eine langfristig konstante durchschnittliche Konsumquote festgestellt werden (*Kuznets, Goldsmith*). Ähnliche Ergebnisse erhält man für die Bundesrepublik Deutschland. Für den Zeitraum von 1960 bis 1998 besteht zwischen der Entwicklung der Konsumausgaben und des verfügbaren Einkommens folgender Zusammenhang:

$$C_t = -2{,}56 + 0{,}882 \cdot Y_{t,}{}^{37}$$

Bei einem verfügbaren Einkommen von über 1.000 Mrd. € in den 90er Jahren wird ersichtlich, dass sich der Einfluss der „autonomen" Größe (-2,56 Mrd.) auf die durchschnittliche Konsumquote in vernachlässigenswerten Größenordnungen bewegt. Auf den gesamten Zeitraum bezogen besagt die Schätzung, dass eine Erhöhung des verfügbaren Einkommens von beispielsweise 1000 € mit einer Erhöhung der Konsumausgaben von 882 € verbunden war.

Im Gegensatz zur langfristigen Stabilität waren bei kurzfristiger Betrachtung durchaus deutliche Veränderungen der durchschnittlichen Konsumquote bei Einkommensänderungen beobachtbar. Dies gilt auch für die jüngere Entwicklung in der Bundesrepublik Deutschland. Die Schätzung der kurzfristigen Konsumfunktion für den Zeitraum von 1987–1990 ergibt:

$$C_t = 53{,}27 + 0{,}794 \cdot Y_{t,}$$

Der „autonome" Konsum hat kurzfristig offenbar einen erheblichen Einfluss auf die durchschnittliche Konsumquote.

Neben solchen Unterschieden zwischen langfristigen und kurzfristigen Konsumfunktionen deuteten Querschnittsuntersuchungen (Budgetstudien) darauf hin, dass Haushalte mit niedrigem Einkommen eine hohe durchschnittliche Konsumquote, Haushalte mit hohem Einkommen eine niedrige durchschnittliche Konsumquote aufwiesen.[38] Diese empirischen Ergebnisse führten zu intensiven

---

[37]   Quelle: Statistisches Bundesamt, Volkswirtschaftliche Gesamtrechnungen, Fachserie 18, Reihe 1.3, Konten und Standardtabellen 1991 und 1998, Wiesbaden 1992 und 1999. Eigene Berechnungen.
Seit der Wiedervereinigung im Jahre 1991 werden die Zeitreihen für das verfügbare Einkommen und den Konsum der privaten Haushalte nur für Gesamtdeutschland ausgewiesen. Im Jahre 1991 entstand hierdurch ein Niveausprung, der für den Konsum deutlich höher als für das verfügbare Einkommen ausfiel. Um diese Verzerrung abzumildern, wurden die bis 1991 für Westdeutschland vorliegenden Zeitreihen mit den gesamtdeutschen Zuwachsraten von 1991 bis 1998 hochgerechnet.
Ignoriert man den Strukturbruch und verwendet die statistischen Daten ohne Korrektur, ergibt sich folgende Schätzgleichung: $C_t = -7{,}1 + 0{,}896 Y_t$. Die Konsumneigung ist (erwartungsgemäß) höher. An der annähernden Konstanz der durchschnittlichen Konsumquote von knapp 90 % für den Gesamtzeitraum ändert jedoch auch diese Schätzung nichts.

[38]   Auf einen weiteren Faktor, der zurzeit im Rahmen der Probleme der sozialen Sicherung intensiv diskutiert wird, sei an dieser Stelle kurz hingewiesen: die Veränderung der Altersstruktur der Bevölkerung. Bei rückläufiger Geburtenzahl und gleichzeitig steigender Lebenserwartung ergibt sich eine spürbare Änderung der Altersstruktur. Da Rentnerhaushalte erfahrungsgemäß

Bemühungen um eine neue Erklärung des Konsumverhaltens. Eine neue Theorie, die auf die spätere Forschung zur Konsumfunktion maßgeblichen Einfluss hatte, ist die *relative Einkommenshypothese* von *Duesenberry*.

2.1.2. Relative Einkommenshypothese

Das Phänomen der langfristig konstanten durchschnittlichen Konsumquote versucht Duesenberry dadurch zu erklären, dass die Haushalte ihren Konsum nicht an der absoluten Höhe ihres Einkommens, sondern an ihrer relativen Stellung in der gesellschaftlichen Einkommenspyramide ausrichteten. Diese Erklärung greift auf sozialpsychologische Erkenntnisse zurück, wonach ein Individuum Entscheidungen nicht isoliert trifft, sondern sich an einer Bezugsgruppe orientiert. Bei gegebener Einkommensverteilung – also gleich bleibenden Einkommensrelationen – bliebe deshalb langfristig die durchschnittliche Konsumquote konstant. Kurzfristig kommt es bei Einkommenssteigerungen zu Verringerungen der durchschnittlichen Konsumquote, sei es, dass die Haushalte fälschlicherweise annehmen, dass sich ihre relative Einkommensposition verbessert hat oder sei es, wie Duesenberry für die zeitliche Dimension unterstreicht, dass sich die Haushalte bei ihrer Konsumgüternachfrage auch am höchsten Vergangenheitseinkommen (Y^{max}) ausrichten. Dahinter steht die Idee, die Haushalte bräuchten Zeit, um sich mit ihrer Konsumgüternachfrage voll auf die neue Einkommenssituation einzustellen (*Beharrungseffekt*).

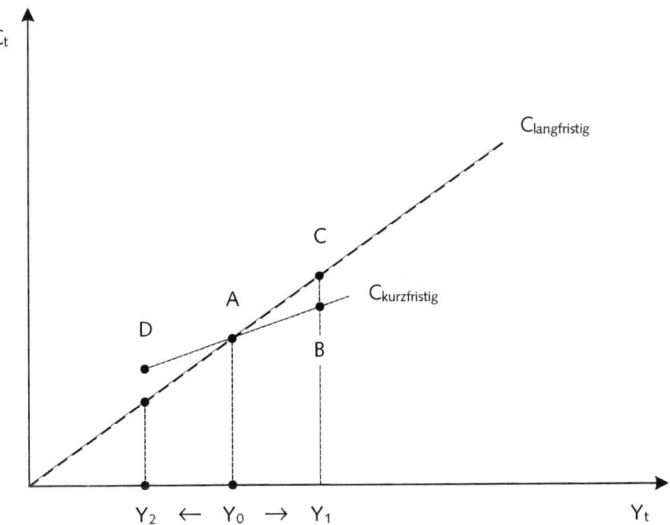

Abbildung IV.3

eine relativ niedrige Sparquote aufweisen, wäre aus diesem Grund mit einem Anstieg der Konsumquote zu rechnen. Dem könnte allerdings wegen der Rentenunsicherheit ein verstärktes Vorsorgesparen der jüngeren Generation gegenüberstehen.

C–Funktion nach Duesenberry:

$$C_t = c \cdot Y_t - b \cdot \frac{Y_t}{Y^{max.}} \cdot Y_t$$

$$\rightarrow \quad \frac{C_t}{Y_t} = c - b \cdot \frac{Y_t}{Y^{max.}}$$

Bei einem Einkommensanstieg von Y_0 auf Y_1 kommt es wegen der Vergangenheitsorientierung kurzfristig zu einem relativ schwachen Anstieg des Konsums (Punkt B in der Graphik); langfristig wird jedoch wieder die ursprüngliche durchschnittliche Konsumquote erreicht (Punkt C).

Auch algebraisch lässt sich dies leicht nachvollziehen.

Ausgangssituation: $Y_t = Y_0 = Y^{max.}$

$$\rightarrow \boxed{\frac{C_t}{Y_t}} = c - b \cdot \frac{Y_0}{Y_0} = c - b \qquad \text{(Punkt A in der Grafik)}$$

Nun: $\qquad Y_0 \rightarrow Y_1 \quad \rightarrow \quad Y_1 = Y_1; Y^{max.} = Y_0$

$$\rightarrow \boxed{\frac{C_t}{Y_t}} = c - b \cdot \frac{Y_1}{Y_0} \rightarrow \boxed{\frac{C_t}{Y_t} \downarrow} \qquad \text{(Punkt B in der Grafik)}$$

für die nächste Periode gilt jedoch wiederum: $Y_t = Y^{max.}$

$$\rightarrow \boxed{\frac{C_t}{Y_t}} = c - b \cdot \frac{Y_0}{Y_1} \rightarrow \boxed{\frac{C_t}{Y} \uparrow} \quad \text{wieder auf alten Wert } c - b$$

$$\text{(Punkt C in der Grafik)}$$

Duesenberrys Konsumfunktion führt bei Einkommenssenkungen zu einer Erhöhung der durchschnittlichen Konsumquote, eine Rückführung auf das langfristige Niveau ist jedoch ausgeschlossen. Ökonomisch impliziert dies die unrealistische Annahme, dass der Einfluss des früheren Höchsteinkommens (=$Y^{max.}$) konstant und unabhängig von der bis zur Gegenwart verstrichenen Zeitperiode ist. Diese Ungereimtheit der Theorie Duesenberrys ist praktisch jedoch nahezu bedeutungslos, weil langfristig Einkommenssenkungen (über zehn und mehr Jahre) empirisch außerordentlich selten sein dürften.

Wird bei Duesenberry das aktuelle Konsumverhalten vom früheren und dem der „Nachbarn" mitgeprägt, weichen andere Konsumtheoretiker von Keynes' Betonung des aktuellen Einkommens ab, indem sie neben dem gegenwärtigen auch das zukünftige Einkommen einbeziehen. Wir werden hier nur auf zwei prominente Beispiele – die Theorien von Friedman und von Modigliani – näher eingehen. Erwähnt sei jedoch, dass die diesen Theorien zugrunde liegende periodenübergreifende Sicht bereits früher von *Irving Fisher* entwickelt wurde, der die *intertemporale Budgetbeschränkung* für das Konsumverhalten herausstellte.

Wenn in der laufenden Periode der Konsum das verfügbare Einkommen übersteigt, also Schulden gemacht werden, müssen beim rationalen Konsumenten Erwartungen über die zukünftige Einkommensentwicklung vorliegen, um die Schulden über späteren Konsumverzicht ausgleichen zu können (*Konsumglättungsmotiv*). Ebenso kann durch Sparen in der laufenden Periode in Zukunft ein höherer Konsum ermöglicht werden. Letztlich wird der Konsum durch das Lebenseinkommen begrenzt. Welchem Muster der Konsum bei über die Lebensspanne nicht gleichmäßig fließenden Einkommen folgt, versuchen die Theorien von Friedman und Modigliani zu erklären.

2.1.3 Permanente Einkommenshypothese

Nach *Friedman* ist für den Konsum nicht das verfügbare Einkommen der laufenden Periode, sondern das verfügbare Einkommen, welches die Wirtschaftssubjekte als dauerhaft (permanent) ansehen, entscheidend. Die Konsumgüternachfrage verhält sich dabei proportional zum permanenten Einkommen (Y^P). Um einen über die Perioden gleichmäßig verteilten Konsum sicherzustellen, werden die Wirtschaftssubjekte sich also an dem Einkommen orientieren, das sie als dauerhaft ansehen.

Es gilt also die Konsumfunktion: $C_t = cY^P$

Wenn sich das Einkommen verändert, müssen die Wirtschaftssubjekte also entscheiden, ob diese Veränderung dauerhafter oder vorübergehender Natur ist. Im Einzelfall mag diese Entscheidung zwar eindeutig möglich sein. Wenn etwa ein Beamter befördert wird, so ist die damit verbundene Erhöhung seiner Bezüge wohl dauerhafter Natur. Fallen hingegen bei einem Handwerker in einem Monat außergewöhnlich hohe Überstunden an, so hat das damit verbundene Einkommen eher einmaligen Charakter, ist also vorübergehender Natur.

Da die Entscheidung, ob eine Veränderung des Einkommens vorübergehender oder dauerhafter Natur ist, aber im allgemeinen nicht mit Bestimmtheit von den Wirtschaftssubjekten getroffen werden kann, wird diese Frage im Rahmen der Friedman'schen Konsumfunktion eher pragmatisch gelöst, indem – im vereinfachten Fall – zur Ermittlung des permanenten Einkommens das Einkommen des letzten Jahres zuzüglich eines Teils der Veränderung des Einkommens vom letzten Jahr gegenüber dem laufenden Jahr zugrunde gelegt wird:

$$Y^p = Y_{t-1} + q(Y_t - Y_{t-1}) \qquad 0 \le q \le 1^{\,[39]}$$
$$= qY_{t-1} + Y_{t-1}(1-q)$$

Das permanente Einkommen entspricht somit einem gewichteten Durchschnittseinkommen aus vergangenem und gegenwärtigem Einkommen.

---

[39] Je näher q bei 1 liegt, umso größer ist der Teil des Anstiegs des laufenden Einkommens, der von den Wirtschaftssubjekten als dauerhaft (permanent) angesehen wird.

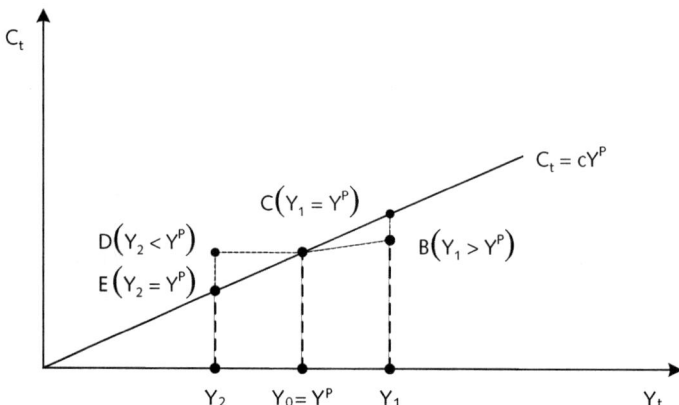

Abbildung IV.4

Die in Abb. IV.4 gezeichnete Konsumfunktion gilt unter der Annahme, dass das permanente Einkommen (Y^P) dem laufenden Einkommen der Periode (Y_t) entspricht. Wird eine Erhöhung des laufenden Einkommen nicht zur Gänze als eine Veränderung des permanenten Einkommens angesehen, so kommt es zunächst zu einer schwächeren Reaktion des Konsums (Punkt B in obiger Graphik). Die durchschnittliche Konsumquote (C_t/Y_t) liegt also unter der langfristigen durchschnittlichen Konsumquote. Erst wenn sich das Einkommen als dauerhaft herausstellt, wenn es also auch im nächsten Jahr wieder erzielt wird, richten sich die Konsumausgaben nach diesem Einkommen (Punkt C in obiger Graphik wird erreicht). Die durchschnittliche Konsumquote steigt auf das langfristige Niveau.

Allerdings darf man diesen Ansatz zur Ermittlung des permanenten Einkommens nicht zu mechanisch interpretieren. Werden etwa von vornherein befristete Zuschläge zur Einkommenssteuer erhoben (z. B. der erste Solidaritätszuschlag nach der deutschen Wiedervereinigung) oder wird gar die Rückzahlung einer Steuererhöhung in späteren Jahren versprochen (wie z. B. bei der 1997 in Italien erhobenen „Eurosteuer"), so kann es durchaus sein, dass die Wirtschaftssubjekte darin (nahezu) keine Schmälerung ihres dauerhaften Einkommens sehen und daher nicht mit einer Einschränkung ihrer Konsumausgaben reagieren. Ein solcher Fall ist etwa in Punkt D illustriert ($q = 0$). Andererseits ist durchaus vorstellbar, dass zunehmende Arbeitsplatzunsicherheit und die Befürchtung sinkender Altersbezüge als Schmälerung des permanenten Einkommens verstanden werden und deshalb zur Konsumeinschränkung führen. Erwartungen bzw. Erwartungsänderungen wirken sich also auf den aktuellen Konsum aus.

2.1.4 Lebenszyklushypothese

Mit der permanenten Einkommenshypothese eng verwandt ist die *Lebenszyklushypothese* von *Ando*, *Brumberg* und *Modigliani*. Die von Friedman als besonders konsumrelevant betrachtete Unterscheidung zwischen dauerhaften und vorübergehenden Einkommenszuflüssen gibt es hier allerdings nicht. Vielmehr werden die (relativ stabilen) Konsumausgaben als Durchschnittsstrom des Lebenseinkommens gedeutet. Konsum und Einkommen werden nicht in allen Lebensphasen übereinstimmen. In frühen Phasen wird ein Haushalt im Vorgriff auf später höhere Einkommen seinen gegenwärtigen Konsum teilweise durch Kreditaufnahme finanzieren. In Phasen höheren Einkommens werden diese Kredite getilgt und zugleich Vermögen gebildet, um den Konsum in der einkommenslosen Altersphase aus Vermögenserträgen und Vermögensauflösung zu finanzieren. Der Konsum ist nach dieser Hypothese nicht vom (kurzfristigen) aktuellen Einkommen abhängig, sondern die finanziellen Möglichkeiten über die gesamte Lebenszeit bestimmen den (relativ gleichmäßigen) Strom konsumtiver Ausgaben (Konsumglättungsmotiv). Sieht man von ererbtem oder zu vererbendem Vermögen ab, bedeutet dies, dass das Lebenseinkommen (einschließlich der Zinseinkommen aus Ersparnis) dem Lebenszeitkonsum entspricht

$$c \cdot Lj \ = \ Y^A \cdot Aj \ \text{ bzw. } \ C = \frac{Aj}{Lj} \cdot Y^A$$

Der jahresdurchschnittliche Konsum (C) multipliziert mit den Lebensjahren (Lj) ergibt den Lebenszeitkonsum, das durchschnittliche jährliche Arbeitseinkommen (Y^A) multipliziert mit den Arbeitsjahren (Aj) das Lebenszeiteinkommen. Bei – angestrebtem – gleichmäßigem Konsum werden die Individuen Teile ihres während der Erwerbsphase erzielten Einkommens zur Rückzahlung von vor der Erwerbsphase aufgenommenen Krediten (z. B. Studenten–Bafög) verwenden sowie zur Vorsorge für das Rentenalter sparen, damit auch in dieser Phase der Konsumstandard aufrechterhalten werden kann. Wird das Lebenszeiteinkommen durch die Zahl der Lebensjahre dividiert, erhält man die durchschnittliche jährliche Konsumsumme. Entsprechend den Einkommensschwankungen in den einzelnen Lebensperioden ergeben sich altersspezifische Konsumquoten.

Haben die Individuen ein Anfangsvermögen, das nicht auf eigener Arbeitsleistung beruht, schlagen sie einen höheren Konsumpfad ein (Vermögenseffekt). Dieser Anstieg entspricht dem auf die (verbleibende) Lebenszeit verteilten Vermögen zuzüglich der aus diesen Vermögensanlagen fließenden Zinserträge.

Die Lebenszyklushypothese stellt sehr nachdrücklich das empirisch beobachtbare Phänomen des stabilen Konsumverhaltens in Bezug auf die langfristige statt kurzfristige Einkommensentwicklung heraus. Ob die Wirtschaftssubjekte ihre Konsumentscheidungen tatsächlich im Sinne dieser Hypothese treffen, ist hingegen schon wegen der unvermeidlichen Informationsdefizite schwer zu entscheiden. Zudem wird das Lebenseinkommen offenbar häufig nicht voll für Konsumzwecke verwandt, sondern teilweise in akkumulierter Form als Vermögen vererbt. Diese „Überschüsse" als Vorsichtssparen für den Fall unerwartet langer Lebensdauer oder hoher Ausgaben etwa für Pflege im Alter zu interpretieren, kann angesichts heutiger Versicherungsmöglichkeiten nicht überzeugen.

Die Bedeutung dieser Konsumtheorien besteht nicht allein darin, dass sie das Konsumverhalten besser zu erklären vermögen als etwa Keynes. Insbesondere in wirtschaftspolitischer Hinsicht wichtig ist die in allen neueren Konsumtheorien enthaltene Langfristorientierung der Konsumgüternachfrage. Die Konsumausgaben (nicht die durchschnittliche Konsumquote!) reagieren auf kurzfristige, mehr oder weniger zufällige Einkommensschwankungen kaum und wirken deshalb stabilisierend. Dies ist einer der Gründe, die Vertreter der klassischen Theorie gegenüber Keynesianern anführen, um die nach ihrer Meinung *inhärente Stabilität* des privaten Sektors zu belegen.

Gerade diese langfristige Perspektive als Ausdruck ökonomischer Rationalität wird jedoch in jüngerer Zeit von den sog. Behavioral Economics und der experimentellen Mikroökonomik in Frage gestellt. Rückgriffe auf Befunde der Psychologie unterstreichen immer wieder geäußerte Zweifel an dem dem homo oeconomicus zugewiesenen Rationalverhalten. Bezugnahmen der Ökonomen auf die Psychologie sind nichts Neues – man denke an Keynes' „fundamental psychologisches Gesetz" oder an Duesenberry's „sozialpsychologische Infektion". Vielmehr sind von besonderem Interesse mögliche Zeitinkonsistenzen im Konsumverhalten dergestalt, dass bei Befragungen ermittelte Unterschiede zwischen kurzfristigen und langfristigen Konsumabsichten sich im tatsächlichen Konsumverhalten eventuell nicht niederschlagen. Wenn die geäußerte langfristige Konsumabsicht entscheidungsreif, also in eine (kurzfristige) Konsumentscheidung umgesetzt werden soll, wird möglicherweise die früher bekundete langfristige Absicht aufgegeben. Entscheidungsrelevant bleibt dann die kurzfristige Absicht.

Ob und inwieweit solche Befunde zu wesentlichen Änderungen der makroökonomischen (!) Konsumfunktion Anlass geben werden, bleibt abzuwarten. Bislang haben sich Erklärungsansätze, die auf der Langfristorientierung der Konsumgüternachfrage aufbauen, als empirisch recht robust erwiesen.

2.2 Investitionsgüternachfrage

Die Analyse der Bestimmungsgründe der Investitionsgüternachfrage bezieht sich auf die private Investitionstätigkeit. Da am Gütermarkt die gesamte Investitionsgüternachfrage nachfragerelevant wird, wird folglich auch auf die Bruttoinvestitionen abgestellt.

2.2.1 Die Rolle von internem Zins und Marktzins[40]

Zur Klärung der Frage, ob ein Investitionsobjekt realisiert werden soll, ist zunächst dessen Rentabilität – sein interner Zinsfuß – zu ermitteln. Hierzu benötigt man eine Zahlungsreihe für das Investitionsprojekt. In dieser zeitlichen

---

[40] Die Überlegungen zur Investitionsgüternachfrage stellen auf die Investitionsentscheidungen der Unternehmen ab. Investitionsgüternachfrage im Sinne der VGR ist aber auch die Nachfrage der privaten Haushalte nach Immobilien (Neubauten). Entscheidend für die Fähigkeit der privaten Haushalte, Immobilien nachzufragen ist die sog. *Schuldendienstfähigkeit*, also die Fähig-

Reihe erscheinen alle mit einem Projekt verbundenen Einzahlungen (Einnahmen) und Auszahlungen (Ausgaben), wobei jede Zahlungsgröße einem bestimmten Zeitpunkt zugeordnet wird. Der *interne Zinsfluss* (z) eines Investitionsprojekts ist der Zinssatz, bei dem der Gegenwartswert der zukünftigen *Nettoeinzahlungsüberschüsse* (Einzahlungen ./. Auszahlungen) der Anschaffungsauszahlung in t_0 entspricht.

Nettoeinzahlungsüberschuss in t

$$\text{Anschaffungskosten (Anfangsauszahlung)} = \frac{E_1}{(1+z)} + \frac{E_2}{(1+z)^2} + \cdots + \frac{E_n}{(1+z)^n}$$

Gegenwartswert (Barwert) der zukünftigen
Nettoeinzahlungsüberschüsse in t_0

Die Überlegungen können anhand eines einfachen Zahlenbeispiels illustriert werden. Die Anfangsauszahlung (= Anschaffungskosten) für ein Investitionsobjekt beträgt in t_0 10.000 €, die Laufzeit des Projektes sei zwei Perioden. Einen Schrottwert habe das Investitionsgut nach Ende seiner Nutzung nicht mehr. Jeweils zum Ende der ersten und zweiten Periode (t_1 und t_2) sollen Nettoeinzahlungsüberschüsse (Einzahlungen ./. Auszahlungen) in Höhe von 6.000 € anfallen:

$$
\begin{array}{ccc}
-10.000 & 6.000 & 6.000 \\
| & | & | \\
t_0 & t_1 & t_2
\end{array}
$$

Derjenige Zinssatz, bei dem der Gegenwartswert der abgezinsten Nettoeinzahlungsüberschüsse gleich der Anschaffungsauszahlung ist, stellt den internen Zinssatz des Investitionsprojekts dar. D. h., das Investitionsobjekt erbringt über die Amortisation der Anschaffungskosten (hier: 10.000 €) hinaus eine Verzinsung des eingesetzten Kapitals in Höhe des internen Zinssatzes. Im vorliegenden Beispiel:

$$10.000 = \frac{6.000}{(1+z)} + \frac{6.000}{(1+z)^2}$$
$$\rightarrow\ = z \approx 13\%$$

Bei der Entscheidung, ob ein Investitionsobjekt realisiert werden soll, ist nicht nur der interne Zinssatz (= Rentabilität) des Investitionsprojektes ins Kalkül zu ziehen. Vielmehr ist es notwendig, den internen Zinssatz mit dem Marktzinssatz zu vergleichen. Beim Marktzinssatz handelt es sich um den für die Investitions-

---

keit, die laufenden Zins- und Tilgungsleistungen aus einer Kreditaufnahme zu erbringen. Folglich spielt auch hier der Zins eine entscheidende Rolle.

entscheidung von der Fristigkeit her relevanten Zinssatz, also i. d. R. um den Zinssatz für längerfristiges Kapital. Wird der interne Zinsfluss auf der Basis von nominalen Größen ermittelt, ist als Vergleichsgröße auch der Marktzinssatz (i) heranzuziehen.[41] Prinzipiell ist festzuhalten, dass ein Investitionsobjekt dann durchgeführt wird, wenn dessen Rentabilität mindestens dem Marktzinssatz entspricht. Sind zur Durchführung der Investition Fremdmittel notwendig, so liegt es auf der Hand, dass eine Realisierung nur dann in Frage kommt, wenn die Investition mindestens eine Rentabilität in Höhe der Zinszahlungen an die Fremdkapitalgeber erbringt. Stehen zur Durchführung der Investition Eigenmittel zur Verfügung, so muss die Rentabilität der Investition mindestens die Verzinsung alternativer Finanzanlagen erreichen. Bei $z = i$[42] wird die Investition realisiert. In diesem Fall gilt, dass die mit dem Marktzinssatz (i) abgezinsten Nettoeinzahlungsüberschüsse (E) die Anschaffungskosten übersteigen (bzw. bei $z = i$ ihnen entsprechen). Bei $z < i$ wird die Investition nicht realisiert. In diesem Fall gilt, dass die Anschaffungskosten höher sind als die mit dem Marktzinssatz (i) abgezinsten Nettoeinzahlungsüberschüsse (E).

Würde man in einer Volkswirtschaft eine Erhebung über alle Investitionsprojekte vornehmen, ergäbe sich, dass diese im Sinne des oben dargestellten Kalküls sehr unterschiedliche Rentabilitäten aufweisen. Da nur die Investitionen zum Zuge kommen, deren Rentabilität mindestens dem Marktzins entsprechen, werden umso mehr Investitionsprojekte durchgeführt, je niedriger der Marktzinssatz ist. Dieser Zusammenhang wird in der folgenden Graphik dargestellt.

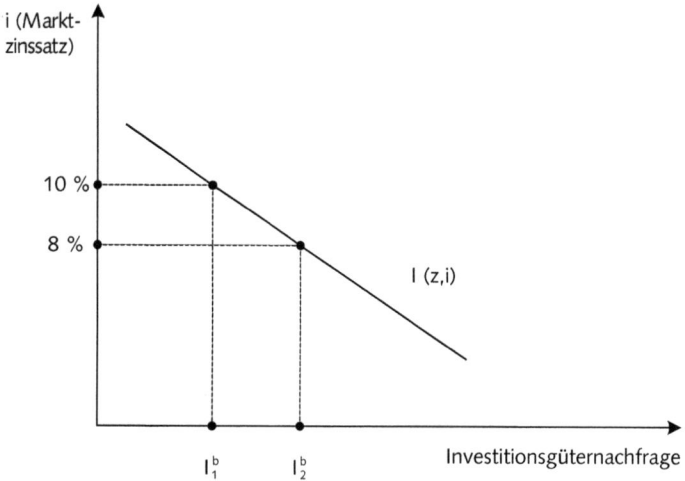

Abbildung IV.5

---

[41] Der am Markt beobachtbare Zinssatz (= *Marktzinssatz*) ist mit dem Nominalzinssatz identisch.

[42] Die Grenze ist bei $z = i$ erreicht, da hier das Investitionsprojekt gerade eine interne Verzinsung erbringt, die dem Marktzins entspricht.

Ausgangspunkt sei der Marktzinssatz von 10 %. Bei diesem Marktzinssatz sind alle Investitionsvorhaben ökonomisch rational, die einen internen Zinsfuß (z) aufweisen, der $\geq$ 10 % ist.[43] Sinkt nun der Marktzinssatz auf 8 %, so werden zusätzlich auch die Investitionsprojekte sinnvoll, deren Rentabilität zwischen 8 % und 10 % liegt. Die gesamtwirtschaftliche Investitionsgüternachfrage nimmt somit zu.

Gesamtwirtschaftlich wird die *Zinselastizität der Investitionsgüternachfrage*, also die Stärke der Reaktion der Investitionsgüternachfrage auf Zinsänderungen, umso größer sein, je größer das Gewicht kapitalintensiver Branchen an der Investitionsgüternachfrage ist bzw. je länger die Kapitalbindungsdauer ist.

Wir gehen zunächst von zwei Investitionsvorhaben aus. Beide sollen die gleiche Laufzeit, und zwar von einer Periode haben und zum Ende dieser Periode (in t_1) jeweils 20.000 € an Umsatzerlösen einbringen. Zur Realisierung von I_1 seien 10.000 €, zur Durchführung von I_2 5.000 € notwendig. Ferner sei angenommen, dass in beiden Fällen bei einem Marktzinssatz von 5 % ein Gewinn von 500 € anfällt. Zur Ermittlung der Nettoeinzahlungsüberschüsse bleiben die Fremdkapitalzinsen (bzw. die Opportunitätskosten bei Selbstfinanzierung) außer Acht.

Finanzierungsplan I_1		
	t_0	t_1
Zahlungsstrom (aus I-Projekt)	10.000,- (Anfangsauszahlung bzw. Anschaffungskosten)	+ 20.000,- (Einzahlungen = Erlöse)
		- 9.000,- (Auszahlungen für Löhne, Material etc.)
		+11.000,- Nettoeinzahlungs überschuss ———————
Zinszahlungen (5% auf 10.000,-)		-500,-
Tilgung (Amortisation)		- 10.000,- ———————
Gewinn		+ 500,-

---

[43] Dabei ist unterstellt, dass der Risikozuschlag, den ein Unternehmen vornehmen muss, weil die zukünftigen Zahlungsströme mit mehr oder minder großer Unsicherheit behaftet sind, bereits in einem entsprechend niedrigen Ansatz der Nettoeinzahlungsüberschüsse Niederschlag fand. Eine andere Möglichkeit, diese Risikoprämie einzubeziehen, läge in einem Zuschlag auf den Marktzinssatz. Betrüge dieser Aufschlag beispielsweise 2%-Punkte, so wäre bei einem Marktzinssatz von 10 % ein Investitionsobjekt dann lohnend, wenn dessen interner Zinsfuß mindestens 12% betrüge.

Finanzierungsplan I$_2$		
	t_0	t_1
Zahlungsstrom (aus I-Projekt)	5.000,- (Anfangsauszahlung bzw. Anschaffungskosten)	+ 20.000,- (Einzahlungen = Erlöse)
		– 14.250,- (Auszahlungen für Löhne, Material etc.)
		+ 5.750,- Nettoeinzahlungs überschuss
Zinszahlungen (5% auf 5.000,-)		– 250,-
Tilgung (Amortisation)		– 5.000,-
Gewinn		+ 500,-

Ermittelt man den internen Zinsfuß, so ergibt sich bei I$_1$

$$10.000 = \frac{11.000}{(1+z)}$$
$$\rightarrow \quad z = 10\%$$

bei I$_2$ hingegen

$$5.000 = \frac{5.750}{(1+z)}$$
$$\rightarrow \quad z = 15\%$$

Steigt nun der Marktzinssatz beispielsweise auf 12%, so wird das Investitionsprojekt 1 uninteressant, weil es nicht einmal mehr in der Lage ist, die Fremdkapitalzinsen zu erbringen bzw. weil alternative Finanzanlagen eine höhere Verzinsung erbringen. Das Investitionsprojekt 2 hingegen bleibt nach wie vor lukrativ, denn bezogen auf das eingesetzte Kapital liegt sein interner Zinssatz immer noch über dem Marktzinssatz.

An diesem Beispiel zeigt sich somit, dass für die Frage der Realisierung eines Investitionsprojektes der Marktzinssatz umso entscheidender ist, je kapitalintensiver – gemessen am Verhältnis Kapitaleinsatz zu Umsatz – es ist. Gesamtwirtschaftlich heißt dies, dass die Investitionsgüternachfrage umso zinselastischer ist, je größer die Bedeutung kapitalintensiver Branchen in einer Volkswirtschaft ist.

Außer der *Kapitalintensität* spielt auch die *Kapitalbindungsdauer* für die Zinsempfindlichkeit der Investition eine wichtige Rolle. Der Grund ist der Zinseszinseffekt. Ebenso wie bei einem gegebenen Zinssatz die kumulierten Erträge einer Vermögensanlage wegen des Zinseszinses mit zunehmender Dauer überproportional wachsen, sind die der Investitionssumme gegenüberzustellenden Gegenwartswerte zukünftiger Nettoeinzahlungen bei gegebenem Zinssatz umso geringer, je ferner sie in der Zukunft liegen. Branchen mit sehr langen Ausreifungszeiten der Investitionen reagieren deshalb empfindlicher auf Zinsänderungen.

In den Nettoeinzahlungsüberschüssen, die mit den Anfangsausgaben die interne Verzinsung bestimmen, ist eine große Zahl von Einzeleinflüssen auf die Investitionstätigkeit global erfasst. Einflüsse wie Produktionskosten, Produktpreis und Absatzmenge und deren angebots- wie auch nachfrageseitigen Ursachen gehen in diese Schätzgröße ein. Änderungen dieser Variablen bewirken Änderungen des internen Zinssatzes. Grafisch sind sie als Verlagerung der I–Funktion darzustellen:

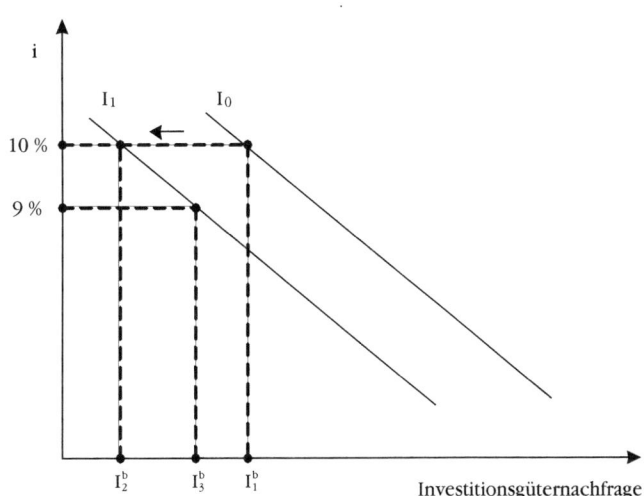

Abbildung IV.6

Wird etwa wegen höherer Kapital- und Arbeitskosten mit steigenden Produktionskosten oder wegen rückläufiger Nachfrage mit sinkenden Produktpreisen und/oder sinkenden Absatzmengen gerechnet, ergibt sich bei unverändertem Marktzins (z. B. 10%) ein niedrigeres Investitionsvolumen (I_2^b). Trotz sinkendem Marktzins (z. B. auf 9%) kann deshalb das Investitionsvolumen gegenüber I_1^b rückläufig sein (I_3^b), ohne dass von fehlender Zinsabhängigkeit der Investitionen gesprochen werden kann. Auch bei steigendem Marktzins muss kein Rückgang der Investitionsgüternachfrage eintreten. Die Erhöhung des Marktzinses schlägt dann nicht durch, wenn die Unternehmen erwarten, dass sie diese Kostensteigerungen in Preiserhöhungen weitergeben können. Im einzelwirtschaftlichen Kalkül würde das bedeuten, dass sich entsprechend dem Marktzins auch die interne Verzinsung erhöht hat (Rechtsverschiebung der Investitionsfunktion). Auf der gesamtwirtschaftlichen Ebene bedeutet dies, dass die Nominalzinserhöhung und der erwartete Anstieg der Inflationsrate übereinstimmen, der *Realzins* (Nominalzins abzüglich erwarteter Inflationsrate) also konstant geblieben ist. Investitionsbestimmend ist also letztlich nicht der Nominal-, sondern der (erwartete) Realzins.

Aus keynesianischer Sicht kommt zinsunabhängigen Änderungen der Investitionstätigkeit eine maßgebende Bedeutung bei der Begründung der Instabilität marktwirtschaftlicher Systeme zu. Verwiesen wird hier etwa auf Wellen des Optimismus bzw. Pessimismus, die sich in entsprechend revidierten Zukunftseinschätzungen der Unternehmen niederschlügen und die Schätzung des internen Zinses bzw. Keynes' *„Grenzleistungsfähigkeit des Kapitals"* beeinflussen. Insbesondere von sog. *Post-Keynesianern*[44] werden durch Unsicherheit bedingte Instabilitäten hervorgehoben. Mit Unsicherheit ist hierbei nicht das Risiko gemeint, das prinzipiell kalkulierbar ist; bei Unsicherheit ist vielmehr die Eintrittswahrscheinlichkeit zukünftiger Ereignisse unbekannt. Folglich wären wegen unzutreffender Erwartungen ständig Planänderungen erforderlich. Gleichgewichtslagen oder zumindest entsprechende Tendenzen werden bestritten. Beobachtbare Preis- und Lohnrigiditäten werden als Versuche gedeutet, die Folgen der Unsicherheiten zu bewältigen.

Psychologische Elemente als Investitionsdeterminanten bleiben in neoklassischen Erklärungen der Investitionstätigkeit weithin ausgeklammert. Hier wird die Investitionstätigkeit durch die aus einer Produktionsfunktion ableitbaren Grenzproduktivität des Kapitals einerseits und dessen Grenzkosten, die vereinfacht mit dem Marktzins erfasst werden können, bestimmt. Der für ein bestimmtes Produktionsniveau *optimale Kapitalstock* ist offenbar dann realisiert, wenn für die letzte Einheit des investierten Kapitals Kapitalertrag und Marktzins übereinstimmen. Da bei ertragsgesetzlichen Produktionsbedingungen zunehmender Kapitaleinsatz mit sinkender Grenzproduktivität verbunden ist, ergibt sich die bereits bekannte Gestalt der fallenden Investitionsfunktion.

Sieht man von Stimmungsschwankungen als Investitionsdeterminante ab, besteht zwischen der neoklassischen Herleitung der Investitionsgüternachfrage und dem eingangs dieses Kapitels dargestellten Erklärungsansatz im Ergebnis kein Widerspruch. Als letztes Investitionsprojekt kam dort jenes zustande, dessen Ertrag gerade noch dem Marktzinssatz entsprach. Weitergehende Investitionen würden zu einem suboptimalen Kapitalbestand führen.

---

[44] Unter Post-Keynesianismus ist eine Variante des Keynesianismus zu verstehen, die die Keynes-Interpretation im Sinne des IS-LM-Modells wegen des impliziten Bezugs zur Gleichgewichtstheorie ablehnt und stattdessen (durch Unsicherheit bedingte) Ungleichgewichtssituationen in den Vordergrund rückt.

2.2.2 Empirische Operationalisierungen

Die Investitionsentscheidung wurde bislang im Kern auf den Vergleich zweier Zinssätze, dem internen Zins und dem Marktzins, zurückgeführt. In den internen Zins gehen zwar außer dem Marktzins alle unabhängigen Variablen der Investitionstätigkeit ein; will man Investitionshypothesen auch auf der Makroebene empirisch prüfen oder Investitionsprognosen erstellen, müssen der interne Zinsfuß und/oder seine Bestimmungsgrößen in eine überprüfbare Form gebracht werden. Prominente Ansätze sind Tobin's q und der Akzelerator.

2.2.2.1 Tobin's q

Der Vergleich zweier Zinssätze bzw. Ertragsraten spielt ebenfalls eine zentrale Rolle in der Investitionshypothese von James Tobin, die in die Literatur als *Tobin's q* eingegangen ist. Die Investitionsentscheidung wird danach durch die Veränderung der Relation (q) zweier Ertragsraten bzw. der zugehörigen Vermögenswerte bestimmt. Die Variable q ist definiert als Verhältnis des Marktwertes eines Unternehmens (MWU) zu den Wiederbeschaffungskosten des Sachkapitals (WBK) dieses Unternehmens.

$$q \;=\; \frac{MWU}{WBK}$$

Solange der Marktwert höher ist als die Wiederbeschaffungskosten (q > 1), lohnt sich für ein Unternehmen die Neu-Investition. Bei q < 1 unterbleiben Neuinvestitionen, und via Abschreibungen ist mit einer Verringerung des Kapitalstocks zu rechnen.

Mit Wiederbeschaffungskosten (Reproduktionskosten) ist der Preis gemeint, der für die Beschaffung des physischen Kapitals (Betriebsgelände, Maschinenpark, sonstige Anlagen) eines Unternehmens zu zahlen wäre. Der Marktwert entspricht dem Gegenwartswert der erwarteten Unternehmenserträge (Grenzleistungsfähigkeit des Kapitals). Anstatt der beiden Vermögenswerte könnten auch Ertragsraten gegenübergestellt werden. Die erwartete Ertragsrate (= interner Zinssatz) wäre dann mit einem festen Zins (durchschnittliche Rendite am Kapitalmarkt = Marktzinssatz) zu vergleichen, der bei einer alternativen Anlage der Ausgaben für das Sachkapital erzielt worden wäre.[45]

Zum empirischen Test dieser Investitionshypothese auf der Makroebene wird für die Erfassung der Wiederbeschaffungskosten auf den Preisindex für Erzeug-

---

[45] Insofern ist das Entscheidungskalkül bei Tobin's q identisch mit dem beim traditionellen Vergleich des internen Zinssatzes mit dem Marktzinssatz. Liegt die erwartete Ertragsrate über dem Marktzinssatz, so liegen die zum Marktzinssatz abgezinsten erwarteten Unternehmenserträge, d. h. der Marktwert eines Unternehmens, über den Wiederbeschaffungskosten. Tobin's q nimmt also einen Wert von > 1 an.

nisse des Investitionsgüter produzierenden Gewerbes (InvP – Ind) zurückgegriffen. Als Maß der Unternehmenswerte dient die Entwicklung des Aktienkursindex (Ak – Ind).

$$q = \frac{AK - Ind}{InvP - Ind}$$

Dem Rückgriff auf die Aktienkurse liegt die Vorstellung zugrunde, dass sich der Gegenwartswert der erwarteten Erträge in den Kursen niederschlägt und mithin eine durch Kursanstieg bewirkte Erhöhung von q steigende Investitionen erwarten lässt. Zumindest auf kurze Sicht ist hier jedoch Vorsicht geboten. Die in steigenden Kursen zum Ausdruck kommenden Ertragserwartungen der Anleger müssen sich nicht mit denen der Unternehmensleitungen decken. Letztere sind jedoch nur investitionsrelevant.

2.2.2.2 Akzelerator

Tobin verwendet die Entwicklung von Aktienkursen als Näherungsgröße für ein Bündel von Faktoren, die die Ertragsentwicklung von Unternehmen bestimmen. Ein anderes Verfahren besteht darin, einzelne Komponenten des internen Zinses, die als besonders wichtig erachtet werden, zur Erklärung der Investitionstätigkeit gesondert heranzuziehen. Besondere Bedeutung kommt hierbei der Entwicklung der Gesamtnachfrage zu. In allgemeiner Form lautet die Beziehung:

$$I^n = b \cdot \Delta Y$$

b ist der sogenannte *Akzelerator* und misst die durch Veränderungen der Gesamtnachfrage ausgelösten Investitionen. Ökonomisch lässt sich dieser Zusammenhang folgendermaßen erklären: Zur Produktion bedarf es einer bestimmten Ausstattung mit Sachkapital. Steigt die Gesamtnachfrage, erfordert diese gewünschte Produktionserhöhung eine Ausweitung des Kapitalbestandes, also Nettoinvestitionen (*Kapitalstockanpassung*). Aber nicht jede Nachfrageerhöhung wird zu verstärkter Investitionstätigkeit führen. Sind etwa die vorhandenen Kapazitäten nicht ausgelastet, werden die Unternehmen bei Nachfrageanstieg den Kapitalbestand nicht erhöhen. Selbst bei Auslastung des vorhandenen Kapitalbestandes ist eine verstärkte Investitionsgüternachfrage ungewiss. Handelt es sich lediglich um eine vorübergehende Nachfrageerhöhung oder halten die Unternehmer die Nachfrageerhöhung nur für temporär, wird der Akzeleratoreffekt ebenfalls ausbleiben. Schließlich können auch der für die Investition erforderliche Zeitbedarf, Erhöhungen des Marktzinssatzes oder Finanzierungsengpässe eine von der (Einschätzung der) Nachfrageentwicklung her begünstigte Investitionsbelebung beeinträchtigen.

Von der Nachfrageentwicklung nicht unabhängig sind weitere unabhängige Variablen der Investitionstätigkeit, die in der Schätzung des internen Zinssatzes ebenfalls gebündelt sind. Zu denken ist hier insbesondere an *Gewinne*, und zwar sowohl im Sinne ihrer Bedeutung für die Selbstfinanzierung als auch im Sinne ihrer die Erwartungen prägenden Wirkung. Grafisch sind auch diese Änderungen als Verschiebung der I–Funktion festzuhalten.

2.3 Nachfrage des Staates

Die *Nachfrage des Staates* setzt sich zusammen aus der Nachfrage nach Investitionsgütern und dem Staatskonsum. In letzterem Falle tritt der Staat teilweise selbst zugleich als Anbieter auf. Da Entscheidungen über Höhe und Struktur dieser Nachfrage primär im politischen Raum getroffen werden, können sie für die weiteren Betrachtungen als exogen angenommen werden.

Bei isolierter Betrachtung führt eine Erhöhung der Staatsnachfrage zu einer entsprechenden Veränderung der Gesamtnachfrage. Dies berücksichtigt jedoch nicht, dass staatliche Mehrausgaben auch finanziert werden müssen. Als Finanzierungsalternativen kommen hierbei insbesondere zwei Quellen in Frage: Steuererhöhungen einerseits, zusätzliche Verschuldung andererseits. Beides aber kann den ursprünglich expansiven Effekt auf die Gesamtnachfrage abmildern. Steuererhöhungen verringern das verfügbare Einkommen der privaten Haushalte bzw. über die Verringerung des Gewinns (nach Steuern) die Nettorendite von privaten Investitionsvorhaben. Eine verstärkte Verschuldung des Staates kann die Kreditaufnahmemöglichkeiten der Privaten entweder unmittelbar mengenmäßig verringern oder aber über steigende Zinsen indirekt einschränken (*crowding-out*). Verdrängungseffekte können schließlich auch dadurch entstehen, dass die erhöhte Staatsverschuldung von den Wirtschaftssubjekten mit der Erwartung einer das permanente Einkommen mindernden Steuerbelastung in der Zukunft verbunden wird (*Ricardianisches Äquivalenztheorem*).

In diesen Fällen ist deshalb mit dämpfenden Effekten auf die private Konsumgüternachfrage bzw. auf die Investitionsgüternachfrage der Unternehmen zu rechnen, so dass die expansive Wirkung erhöhter Staatsausgaben abgeschwächt wird. Dass auch bei größengleichen Erhöhungen von Steuereinnahmen und Staatsausgaben Änderungen der Gesamtnachfrage entstehen können (!), zeigt das sog. *Haavelmo-Theorem*: Angenommen, dass zusätzliche Staatsausgaben von 100 durch zusätzliche Steuereinnahmen von 100 finanziert werden. Wird durch diese Maßnahme das mit einer Sparquote von beispielsweise 15 % gekennzeichnete Sparverhalten nicht geändert, führt die Verringerung des verfügbaren Einkommens um 100 zu einem Nachfrageausfall von 85. Werden mit den Steuereinnahmen Sachausgaben von 100 finanziert, bleibt ein Nachfragesaldo von 15. Werden hingegen die staatlichen Transfers um 100 erhöht und bleibt es bei dem oben erwähnten Sparverhalten, führt die Erhöhung des verfügbaren Einkommens bei den Empfängern der Transfers zu Ausgaben von 85. Ein Nachfragesaldo entsteht mithin nicht.

Jenseits dieser saldenmechanischen Effekte sollte nicht übersehen werden, dass von staatlichen Umverteilungsmaßnahmen mittels Besteuerung oder etwa im

Bereich der sozialen Sicherung (Renten-, Kranken-, Pflegeversicherung) bei den Nettozahlern und Nettoempfängern sehr unterschiedliche Ausgabenneigungen vorliegen können, die gesamtwirtschaftliche Nachfrageeffekte bewirken. Zu berücksichtigen sind auch ebenfalls gesamtwirtschaftlich gewichtige Anreizeffekte, die von staatlichen Aktivitäten in der Form von Vermeidungsstrategien (von der Schwarzarbeit bis zur Kapitalflucht) ausgelöst werden können. Schließlich ist auch unabhängig von irgendwelchen Salden die relative Größe des staatlichen gegenüber dem privaten Sektor von Belang, bedeutet doch ein zunehmender staatlicher Sektor tendenziell eine Beschränkung privater Aktivitäten.

2.4 Nettonachfrage des Auslands (Außenbeitrag)

Bisher wurde nicht unterschieden, ob die Nachfrage auf inländische oder auf ausländische Güter (= Importe) entfiel. Da unter den Nachfrageelementen als Bestimmungsgründe der gesamtwirtschaftlichen Produktion die inlandswirksame Nachfrage entscheidend ist, müssen die *Importe* eliminiert werden. Die Importe stellen nämlich denjenigen Teil der inländischen Nachfrage dar, der sich auf Güter bezieht, die im Ausland produziert werden. Anders verhält es sich bei *Exporten*; hier trifft ausländische Nachfrage auf Inlandsproduktion. Als Nettonachfrage des Auslandes ergibt sich somit die Differenz zwischen Exporten und Importen von Gütern und Dienstleistungen. Sie wird auch als *Außenbeitrag* bezeichnet.

Wovon hängt nun die Höhe des Außenbeitrages ab? Drei wesentliche Einflussfaktoren sollen hier näher erläutert werden: relative Preisniveauveränderungen, Realeinkommensveränderungen sowie Wechselkursänderungen. Zur Vereinfachung sollen die folgenden Überlegungen nur *ceteris paribus* erfolgen, d. h. man betrachtet die Wirkung der Veränderung einer Variablen unter Konstanthaltung aller anderen Variablen.

2.4.1 Devisenmarkt, feste und flexible Wechselkurse

Bevor wir uns näher mit dem Einfluss der oben aufgezeigten Variablen auf den Außenbeitrag beschäftigen, soll kurz auf den *Devisenmarkt* eingegangen und der Unterschied zwischen festen und flexiblen Wechselkursen aufgezeigt werden. Die Wirkungen von Preisniveau- und Einkommensänderungen auf den Außenbeitrag hängen nämlich wesentlich von der Ausgestaltung des *Wechselkurssystems* ab.

Der Devisenmarkt unterscheidet sich nicht von anderen Märkten. Er wird geregelt von Angebot und Nachfrage. Handelsobjekt sind Guthaben in Inlandswährung, wobei deren Preis in Auslandswährung ausgedrückt wird. Der *nominale Wechselkurs* ist also definiert als x Fremdwährungseinheiten je Euro, z. B. x US-$/1 Euro. Diese sogenannte *Mengennotierung des Wechselkurses* löste mit Beginn der Währungsunion die bis dahin offiziell gebräuchliche Preisnotierung (z. B. x DM/1 US-$) ab.

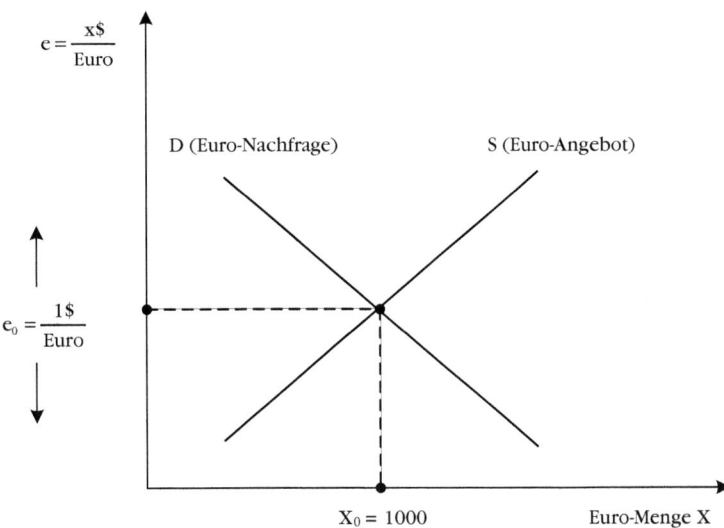

Abbildung IV.7

Vorstehende Graphik stellt den Devisenmarkt dar, auf dem Euro-Guthaben gegen US-$ getauscht werden. Im Ausgangsgleichgewicht (e_0, X_0) werden z. B. 1.000 Euro zu einem Preis von 1,00 US-$ je Euro (nominaler Wechselkurs) umgesetzt.

Zur Euro-Nachfrage (D), also zum Angebot von US-$ gegen Euro, kommt es etwa, weil in den Mitgliedstaaten der Europäischen Wirtschafts- und Währungsunion (Euro-Währungsraum) ansässige Exporteure (Exportgutanbieter) letztlich Euro benötigen, um ihren größtenteils in Euro denominierten Zahlungsverpflichtungen (Löhne, Material, etc.) nachzukommen. Werden die Rechnungen der Exporteure nicht in US-$, sondern in Euro fakturiert, so müssen bereits die US-amerikanischen Importeure (Exportgutnachfrager) Euro nachfragen, damit sie ihre auf Euro lautenden Rechnungen begleichen können. US-$ können aber auch von Kapitalanlegern stammen, die von US-$-Anlagen in Euro-Anlagen wechseln wollen. Analog lässt sich das Euro-Angebot (S) von der Importseite her erklären. Da die US-amerikanischen Exporteure (Importgutanbieter) letztlich US-$ benötigen, muss sich bei Fakturierung in US-$ ein im Euro-Währungsraum ansässiger Importeur (Importgutnachfrager) US-$ besorgen. Bei Fakturierung in Euro werden die Importgutanbieter aus den USA selbst die Erlöse in Euro am Devisenmarkt anbieten. In beiden Fällen kommt es zu einem Angebot an Euro. Das Euro-Angebot kann schließlich von Kapitalanlegern gespeist werden, die Euro besitzen und US-$-Anlagen erwerben wollen.

Stellt man auf Waren- und Dienstleistungstransaktionen ab, ergibt sich das Euro-Angebot aus Waren- und Dienstleistungsimporten, die Euro-Nachfrage aus Waren- und Dienstleistungsexporten des Euro-Währungsraumes. Eine Euro-Abwertung (sinkender Wechselkurs e) führt zu einer Zunahme der Euro-Nachfrage bzw. einem Rückgang des Euro-Angebots, weil zum einen Exporte aus dem Euro-Währungsraum in den USA billiger, zum anderen Importe aus den USA im Euro-Währungsraum teurer werden. Es kommt zu einer Verbesserung des Außenbeitrags.[46] Eine Euro-Aufwertung bewirkt einen Rückgang der Euro-Nachfrage bzw. eine Zunahme des Euro-Angebots, da Exporte aus dem Euro-Währungsraum in den USA teurer, Importe aus den USA billiger werden.

Nachdem der Devisenmarkt erklärt ist, soll nun auf den Unterschied zwischen festen und flexiblen Wechselkursen eingegangen werden.

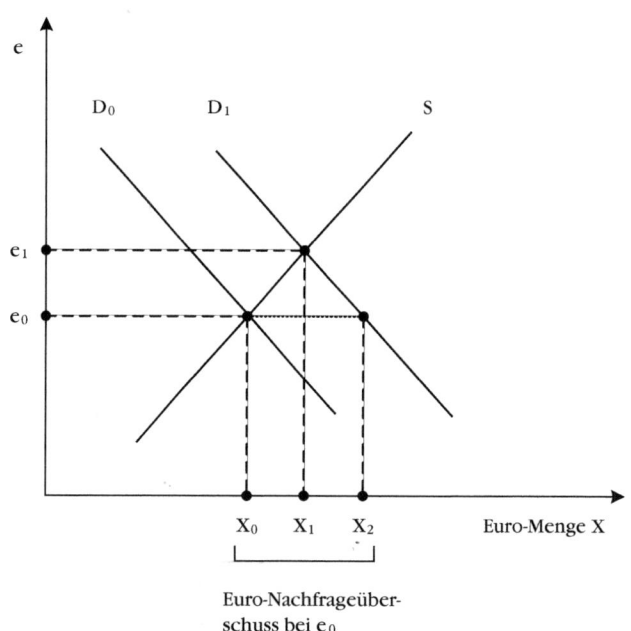

Abbildung IV.8

[46] Kommt es zu einer Abwertung der inländischen Währung (z.B. des Euro gegenüber dem US-Dollar), so
- sinkt der US-Dollar-Preis der Exportgüter aus dem Euroraum, wodurch die Nachfrage (nachgefragte Menge) steigt. Dadurch steigt das Exportvolumen (die Exporte) in Euro (Menge x Preis).
- steigt der Euro-Preis der Importgüter aus den USA, wodurch die Nachfrage (nachgefragte Menge) sinkt; die Wirkung auf das Importvolumen (der Importe) in Euro (Menge x Preis) ist unbestimmt. Nur bei einer Preiselastizität der Importnachfrage größer 1 kommt es zu einem Rückgang des Importvolumens (der Importe).
Die Bedingung, unter denen eine Abwertung zu einer Verbesserung des Außenbeitrags führt, nennt man die *Marshall-Lerner-Bedingung*. Es zeigt sich, dass diese Bedingung - sieht man von der kurzfristigen Reaktion, dem sog. J-Kurven-Effekt ab -, i. d. R. in der Realität erfüllt ist.
Gemäß *J-Kurven-Effekt* kommt es während der ersten Monate nach der Abwertung zunächst

In der Ausgangssituation herrsche der Wechselkurs e_0, bei dem die Euro-Menge X_0 umgesetzt werden soll. Es sei nun angenommen, die Euro-Nachfrage erhöhe sich von D_0 auf D_1. Beim alten Wechselkurs e_0 herrscht somit ein Nachfrageüberschuss in Höhe von X_2 - X_0. Bei flexiblen Wechselkursen löst dieser Nachfrageüberschuss eine Aufwertung des Euro aus, bis sich das neue Marktgleichgewicht bei e_1 eingespielt hat (steigender Wechselkurs des Euro). Bei *festen Wechselkursen* hingegen, also bei Wechselkursen, zu deren Aufrechterhaltung sich die Regierung verpflichtet hat, scheidet diese Wechselkursbewegung aus. Die Notenbank muss vielmehr sicherstellen, dass beim vereinbarten Wechselkurs (z. B. e_0) das Angebot der Nachfrage entspricht, im obigen Fall also Euro in Höhe von X_2 - X_0 (vollkommen elastisch) anbieten bzw. entsprechend US-\$ nachfragen. Sie kauft also US-\$ mit Euro, die sie selbst schafft.

Nach diesen einführenden Überlegungen zum Devisenmarkt und unterschiedlichen Wechselkursregimen kann nun auf die Ausgangsfragestellung zurückgekommen werden. Es interessiert also der Einfluss verschiedener Variablen auf die Höhe des Außenbeitrages. Wegen der besonderen Bedeutung des Wechselkursregimes soll die Analyse zunächst unter den Bedingungen fester, sodann unter den Bedingungen flexibler Wechselkurse erfolgen.

2.4.2 Bestimmungsgründe des Außenbeitrags bei festen Wechselkursen

Eine wichtige Ursache von Veränderungen des Außenbeitrags sind relative Preisniveauveränderungen; gemeint ist hiermit die Veränderung des Auslandspreisniveaus im Vergleich zu der des Inlandspreisniveaus. Eine relative Preisniveauveränderung kommt somit nur dann zustande, wenn sich die Veränderungen des Inlands- und die des Auslandspreisniveaus nicht entsprechen. Steigt das Preisniveau im Ausland stärker als im Inland, lohnt es sich für Ausländer, die billigeren inländischen Güter nachzufragen; die Exporte werden steigen. Andererseits sind – bei gegebenem Wechselkurs – die ausländischen Güter im Inland jetzt relativ zu den inländischen Gütern teurer, wodurch die Nachfrage nach Importen zurückgeht (*Preismechanismus*).

zu Preis-, aber weniger zu Mengenreaktionen. Es dauert eine gewisse Zeit, bis die Nachfrager sich auf die neuen Preisrelationen einstellen: Das Exportvolumen steigt nur langsam, das Importvolumen nimmt anfänglich sogar noch zu, so dass sich zunächst der Außenbeitrag sogar noch verschlechtert. Erst im Zuge der Anpassung der Nachfrager an die neuen Preisrelationen kommt es - gemäß der Marshall- Lerner-Bedingung - zu einer Verbesserung des Außenbeitrags.

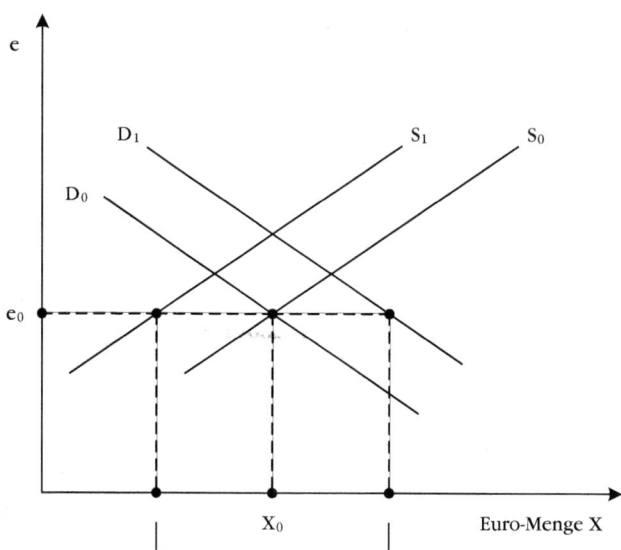

Euro-Nachfrageüberschuss ΔX bei e_0

Abbildung IV.9

Relative Preisniveauveränderungen haben also zur Folge, dass sowohl die Exporte als auch die Importe und somit der Außenbeitrag verändert werden. Steigt das Preisniveau im Ausland stärker als das im Inland, so werden die Exporte steigen, die Importe hingegen sinken. Steigt das Preisniveau im Inland stärker, werden die Exporte sinken, die Importe steigen.[47] Im Folgenden sei angenommen, eine Erhöhung des Preisniveaus im Ausland habe bei unverändertem Preisniveau im Inland zu einer Erhöhung des Außenbeitrags geführt. Da der Außenbeitrag eine Komponente der inlandswirksamen Gesamtnachfrage darstellt, steigt die inlandswirksame Gesamtnachfrage entsprechend. Zugleich steigt aber auch der Bestand an Zentralbankgeld, da die Notenbank am Devisenmarkt intervenieren musste, um den ursprünglichen Wechselkurs (e_0) aufrechtzuhalten.

Um eine *Aufwertung* der inländischen Währung zu vermeiden, muss die inländische Notenbank den Euro-Nachfrageüberschuss (ΔX) bei e_0 befriedigen. Dieser Euro-Nachfrageüberschuss entsteht, weil zum einen beim gegebenen Wechselkurs e_0 die Euro-Nachfrage zunimmt (Exporte steigen, $D_0 \to D_1$), zum anderen das Euro-Angebot zurückgeht (Importe sinken, $S_0 \to S_1$). Da die Notenbank mit neugeschaffenen Guthaben bei ihr zahlt, steigt der Bestand an Zentralbankgeld. Hierdurch erhöht sich die Liquiditätsausstattung des Bankensystems, was eine monetäre Alimentierung der zusätzlichen Nachfrage erleichtert.

---

[47] Obige Aussage impliziert, dass im ersten Fall die Preiselastizität der inländischen Importnachfrage, im zweiten Fall die Preiselastizität der Exportnachfrage größer eins ist.

Erhöht sich die Gesamtnachfrage im Inland, so schlägt sich dies bei unterausgelasteten Kapazitäten in einem Produktions- und Realeinkommensanstieg (*Einkommensmechanismus*) nieder. Da die Nachfrage nach Importen nicht nur vom Preis abhängig ist, sondern auch von der Einkommenshöhe, werden durch einen Realeinkommensanstieg im Inland die Importe zunehmen, wodurch der Außenbeitrag wieder vermindert wird. Sind die Kapazitäten bereits ausgelastet, so führt die Erhöhung der Gesamtnachfrage lediglich zu Preisniveauerhöhungen. Letztere aber verteuern die im Inland produzierten Güter, so dass die Importe wieder steigen, die Exporte hingegen wieder sinken werden; der Außenbeitrag vermindert sich dadurch entsprechend. Schließlich sind Konstellationen denkbar, in denen sowohl Realeinkommenserhöhungen als auch Preisniveauerhöhungen auftreten.

Bei der Frage nach der Bedeutung von Realeinkommensänderungen[48] für den Außenbeitrag ist die Realeinkommensabhängigkeit der Importnachfrage entscheidend. Steigt (ceteris paribus) das Realeinkommen im Ausland, so steigt die Nachfrage des Auslands auch nach inländischen Gütern; der Außenbeitrag steigt. Eine Erhöhung des Außenbeitrages schlägt sich in einer entsprechenden Veränderung der Gesamtnachfrage nieder. Die daran anknüpfenden Rückkoppelungseffekte wurden bereits oben im Zusammenhang mit relativen Preisniveauveränderungen erläutert.

Schließlich kann bei prinzipiell festen Wechselkursen der Wechselkurs selbst durch politische Entscheidungen verändert werden. Zunächst sei angenommen, die inländische Währung wurde von e_0 auf e_1 abgewertet, d.h. die Notenbank wurde (von der Regierung) verpflichtet, nicht mehr den Kurs von e_0, sondern den Kurs von e_1 aufrechtzuerhalten (siehe Abb. IV.10). Dies geschieht dadurch, dass die Notenbank beim Wechselkurs e_0 zusätzlich Euro in Höhe von ΔX anbietet, was zu einer Abwertung des Euro auf e_1 führt. Das hätte zur Folge, dass Importe im Inland teurer, Exporte ins Ausland hingegen billiger würden; der Außenbeitrag und somit die Gesamtnachfrage würden steigen, was natürlich wiederum die bereits erläuterten Rückkoppelungseffekte induzieren würde.

---

[48] Es sei an dieser Stelle darauf hingewiesen, dass es sich hier nicht um relative Realeinkommensänderungen handeln muss. Auch wenn im In- und im Ausland prozentual gleich große Realeinkommensveränderungen vorliegen, muss dies nicht neutral im Hinblick auf den Außenbeitrag sein. Denn zum einen können die absoluten Größenordnungen unterschiedlich sein, zum anderen kann man nicht davon ausgehen, dass die marginalen Importneigungen dIm/dY jeweils identisch sind.

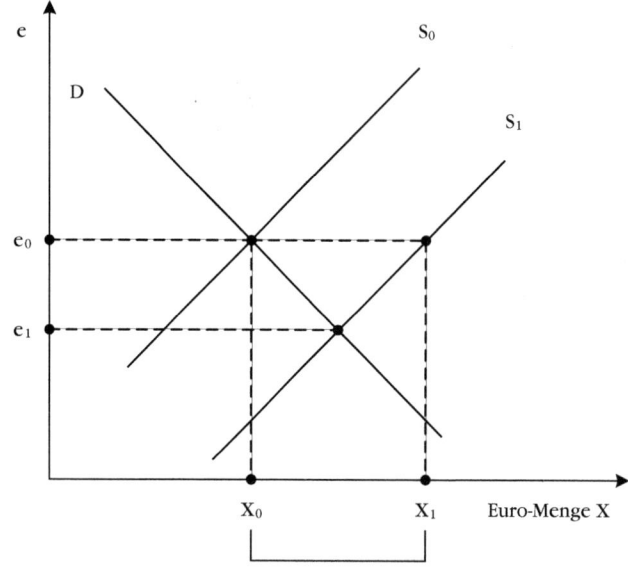

Abbildung IV.10

Diese Interventionsverpflichtung würde bedeuten, dass die Notenbank ihre Geldpolitik der Aufrechterhaltung eines unterbewerteten Wechselkurses unterordnen müsste. Sie müsste nicht nur ständig aus den Exporterlösen stammende Devisen aufkaufen, sondern auch ihre Zinsen niedrig halten, um weiteren zinsinduzierten Kapitalzuflüssen aus dem Ausland, die das Interventionsvolumen nur noch anwachsen ließen, gegenzusteuern. Die Notenbank kann so also zu einer inflationären Geldpolitik gezwungen werden.[49]

2.4.3 Außenbeitrag bei flexiblen Wechselkursen

Bei *flexiblen Wechselkursen*, wenn also staatliche Instanzen (definitionsgemäß) nicht ins Devisenmarktgeschehen eingreifen, ergeben sich andere als die bislang dargestellten ökonomischen Prozesse. Berücksichtigen wir zur Vereinfachung nur Vorgänge, die sich in der Waren- und Dienstleistungsbilanz, also in der Höhe des Außenbeitrags niederschlagen, so ist der Wechselkurs allein güterwirtschaftlich bestimmt. Geht man noch einen Schritt weiter und verzichtet auf die Möglichkeit kreditfinanzierter Importe, so spiegelt der sich am Markt bildende Wechselkurs zugleich ein Übereinstimmen von Exporten und Importen

---

[49] Dass es sich hierbei um keine rein theoretische Möglichkeit handelt, zeigt die Diskussion um die Einführung von Wechselkurszielzonen kurz nach Beginn der Währungsunion im Jahre 1999. Siehe hierzu im Einzelnen Görgens, E./Ruckriegel, K./Seitz, F.: Europäische Geldpolitik, 4.Auflage, Stuttgart 2004, Kapitel III.3.

wider. Der Außenbeitrag ist mithin Null. Ausgehend von einer solchen Situation soll es zu Preisniveauerhöhungen im Ausland kommen. Für sich genommen hätte dies einen Rückgang der Importe und eine Zunahme der Exporte zur Folge ($D_0 \rightarrow D_1$; $S_0 \rightarrow S_1$ in Abb. IV.11).

Da aber nun zum alten Wechselkurs e_0 ein Euro-Nachfrageüberschuss in Höhe von ΔX vorliegt, kommt es zu einer Aufwertung des Euro bis zum Wechselkurs e_1, bei dem wiederum das Importvolumen dem Exportvolumen entspricht (*Wechselkursmechanismus*).

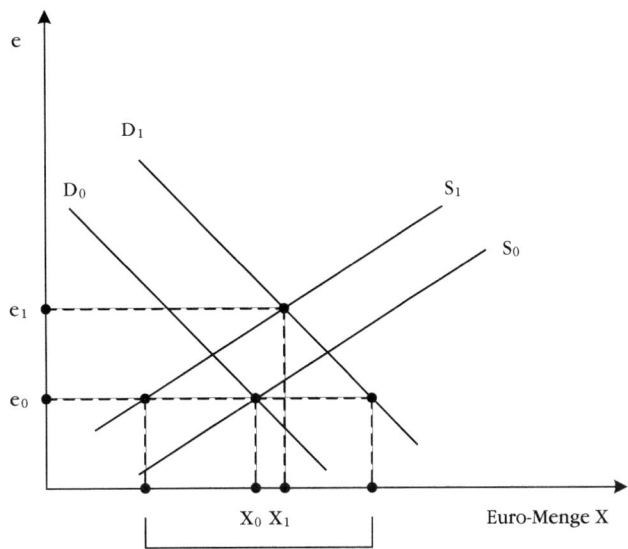

Euro-Nachfrageüberschuss ΔX bei e_0

Abbildung IV.11

Auch Realeinkommensveränderungen führen zunächst zu Devisenmarktungleichgewichten; sie lösen jedoch Wechselkursanpassungen aus, bis auch hier wieder Im = Ex gilt.

Wären für das Geschehen an den Devisenmärkten allein Transaktionen entscheidend, die sich im Außenbeitrag niederschlagen und gäbe es keine Möglichkeit, Importe über Kapitalimporte zu finanzieren, so schotteten flexible Wechselkurse das Inland vom Ausland ab. Dies ergäbe sich zwingend, da ein Übereinstimmen von Export- und Importwert stets durch entsprechende Wechselkursbewegungen erzwungen würde.

Beim Übergang zu flexiblen Wechselkursen im Jahre 1973 nahm man auch überwiegend an, dass die Wechselkurse sich gemäß den Inflationsdifferenzen zwischen den einzelnen Ländern anpassen würden, so dass stets gilt:

$$e = \frac{P^a}{P}.$$

Ein Anstieg des Auslandspreisniveaus (P^a) gegenüber dem Inlandspreisniveau von beispielsweise 10 % führt zu einer Erhöhung von e von ebenfalls 10 %. Mit anderen Worten, man ging von der Gültigkeit der *Kaufkraftparitätentheorie* aus. Danach ändert sich inflationsbedingt nur der nominale, also der sich am Devisenmarkt bildende Wechselkurs. Der *reale Wechselkurs* hingegen, der sich durch Bereinigung des nominalen Wechselkurses um die Inflationsdifferenzen zwischen zwei Ländern ergibt, bleibt unverändert.

Unter dem *realen Wechselkurs* einer Währung (e^r) versteht man den um das Preisverhältnis zwischen Inlands- und Auslandsgütern (P/P^a) bereinigten *nominalen Wechselkurs*. Er ist definiert als

$$e^r = \frac{eP}{P^a} \left[= \frac{\$/\text{€} \cdot \text{€}/\text{Stck.(EWU)}}{\$/\text{Stck.(USA)}} \right],$$

wobei e den nominalen Wechselkurs der betreffenden Währung (hier des €) in Mengennotierung, P den Inlandspreis eines Gutes und P^a den Auslandspreis eines Gutes bezeichnen.

Während der nominale Wechselkurs (Mengennotierung) angibt, wie viel eine Inlandswährungseinheit in Auslandswährungseinheiten wert ist (z. B. x $/€), drückt der reale Wechselkurs das Preisverhältnis zwischen Inlands- und Auslandsgütern aus. Der €–Preis (P) von Gütern im Inland wird nämlich über den nominalen Wechselkurs (e) in einen $–Preis umgerechnet und mit dem gegebenen $–Preis amerikanischer Güter (P^a) verglichen. Der reale Wechselkurs stellt somit den relativen Preis zweier Güter(körbe), nicht zweier Währungen dar.

Der reale Wechselkurs kann dabei auf der Basis der allgemeinen Preisniveaus im In- und Ausland sowie auf der Basis der Preisniveaus der handelbaren Güter im In- und Ausland definiert werden. Alternativ kann der reale Wechselkurs auch auf der Basis von Produktionskosten ermittelt werden, da Veränderungen bei den Kosten schnell in den Preisen Niederschlag finden.[50]

Die *Kaufkraftparitätentheorie* ist dann erfüllt, wenn Veränderungen im Preisverhältnis zwischen Inlands- und Auslandsgütern durch entsprechende Anpassungen des nominalen Wechselkurses (e) kompensiert werden, also der reale Wechselkurs unverändert bleibt. Verhält sich der nominale Wechselkurs nicht gemäß der Kaufkraftparitätentheorie, so kommt es zu einer Veränderung des rea-

---

[50] „It will prove helpful to keep in mind that the real exchange rate also represents the evolution of production costs, because production costs are closely associated with labour costs and, therefore, wages." Baldwin, R./Wyplosz, C.: The Economics of European Integration, 2. Auflage, London u.a. 2006, S. 353.

len Wechselkurses, wodurch (wechselkursbedingt) die preisliche Wettbewerbsfähigkeit der inländischen Produzenten verändert wird. Die Zusammenhänge seien an einem einfachen Beispiel erläutert:

Ausgangssituation: $P = 1 \, €; P^a = 1 \, \$; e = 1 \, \$/€$, also $e^r = 1$
Datenänderung: P^a steigt auf $1{,}10 \, \$$

Es ergeben sich folgende Möglichkeiten:

- e steigt auf $1{,}1 \, \$/€$, also $e^r = 1{,}1 \, \$/€ \cdot 1 \, € \, / \, 1{,}1 \, \$ = 1$.
   Folge: die preisliche Wettbewerbsfähigkeit der inländischen Produzenten bleibt unberührt (Kaufkraftparitätentheorie ist erfüllt).

- $e < 1{,}1 \, \$/€$, also $e^r < 1$, d. h. es kommt zu einer realen Abwertung des €.
   Folge: die preisliche Wettbewerbsfähigkeit der inländischen Produzenten steigt.

- $e > 1{,}1 \, \$/€$, also $e^r > 1$, d. h. es kommt zu einer realen Aufwertung des €.
   Folge: die preisliche Wettbewerbsfähigkeit der inländischen Produzenten sinkt.

Zur Erklärung der tatsächlichen Wechselkursentwicklung seit 1973 konnte die *Kaufkraftparitätentheorie* nur wenig beitragen, d. h., es kam zu beachtlichen Schwankungen des realen Wechselkurses. Zurückzuführen war dies im Wesentlichen darauf, dass mittlerweile, insbesondere aufgrund von Kapitalverkehrsliberalisierungen und neuen Methoden in der Nachrichtentechnik (Verminderung von Transaktions- und Informationskosten) sowie neuer Finanzierungsinstrumente (Finanzinnovationen), vom Güterverkehr losgelöste internationale Kapitalbewegungen das Devisenmarktgeschehen beherrschen.

Dem Bedeutungsverlust der güterwirtschaftlichen Transaktionen bei der Bestimmung des Wechselkurses versucht die *Zinsparitätentheorie* gerecht zu werden, indem sie die international gehaltenen Vermögensbestände in Finanzaktiva in den Mittelpunkt der Betrachtung rückt. Dieser Erklärungsansatz geht davon aus, dass die international operierenden Anleger ihren vorhandenen Vermögensbestand so auf die bedeutenden Anlagewährungen verteilen, dass der erwartete Ertrag, der neben Zinserträgen von der zukünftigen Wechselkursentwicklung bestimmt wird, unter Berücksichtigung einer Risikoprämie jeweils gleich ist. Ändert sich die Risikoeinschätzung bzw. die Ertragserwartung, so kommt es zu einer Umschichtung der Vermögensbestände, wodurch Wechselkursbewegungen ausgelöst werden.

Ein (inländischer) Anleger steht vor der Entscheidung einer Anlage in inländischer oder ausländischer Währung. Es bestehe vollkommene *Kapitalmobilität* und perfekte *Substituierbarkeit* beider Anlageformen. Der Ertrag der Inlandsanlage E_I wird durch den Zinssatz i bestimmt. Bei einer einjährigen Anlage von $X \, €$ resultiert ein Ertrag E_I von

(1) $E_1 = X \cdot (1 + i)$

Wird der Beitrag X in Auslandswährung (z. B. US-\$) angelegt, muss der Anlagebetrag zuerst zum Wechselkurs e (in Mengennotierung) in \$ umgetauscht werden. Darauf bekommt man den Auslandszins i^a. Der am Ende der Anlagedauer resultierende Ertrag wird dann mit dem erwarteten Wechselkurs wieder in € umgerechnet. Als erwarteter Ertrag E_a in € ergibt sich somit

(2) $E_A = \dfrac{X \cdot e \cdot (1 + i^a)}{e^{erw}}$

Solange $E_1 \neq E_A$ kommt es zu Arbitrageoperationen, die zu einer Angleichung der Erträge führen. Im *Arbitragegleichgewicht* gilt somit

(3) $(1 + i) = \dfrac{e \cdot (1 + i^a)}{e^{erw}}$

Wenn man die Gleichung (3) durch (1+i^a) dividiert und auf beiden Seiten 1 (=e^{erw}/e^{erw} auf der rechten Seite und (1+i^a)/(1+i^a) auf der linken Seite der Gleichung) subtrahiert, kann man dafür auch schreiben

(4) $\dfrac{i - i^a}{1 + i^a} = \dfrac{e - e^{erw}}{e^{erw}}$

Bei kleinen Werten von i^a wird dafür aus Vereinfachungsgründen häufig folgender Ausdruck verwendet

(5) $i - i^a \approx \dfrac{e - e^{erw}}{e^{erw}}$

Die nominale Zinsdifferenz zwischen In- und Ausland (i+i^a) entspricht also der erwarteten Wechselkursänderung (e-e^{erw}/e^{erw}). Bei Existenz von Risikoprämien müsste (5) entsprechend modifiziert werden. Besteht z. B. eine Risikoprämie p für die Inlandswährung, gilt

(5′) $i - i^a \approx \dfrac{e - e^{erw}}{e^{erw}} + p$

Wird der Wechselkurs aber im Wesentlichen von der Kapitalbilanzseite (reine Finanztransaktionen) her determiniert, so wird der Wechselkurs selbst zur Bestimmungsgröße des Außenbeitrags.[51]

---

[51] Zur Wirkungsweise von realen Wechselkursschwankungen auf den Außenbeitrag vgl. etwa: J. Clostermann, Der Einfluss des Wechselkurses auf die deutsche Handelsbilanz, Diskussionspapier 7/96 - Volkswirtschaftliche Forschungsgruppe der Deutschen Bundesbank, August 1996.

Da es mit der empirischen Erklärungskraft der Zinsparitätentheorie nicht sehr gut bestellt ist,[52] wird in neuen Ansätzen der „Behavioural Economics" die enge ökonomische Betrachtungsweise der Erklärung des Wechselkurses aufgegeben und auf Erkenntnisse der psychologischen Verhaltensforschung zurück gegriffen. Man wendet sich hier bewusst ab von der Annahme eines *homo oeconomicus*, da die Empirie nicht gerade für die Erklärungskraft des „rational-expectations-efficient-market (REEM) Modells" spricht.[53] Strenge Rationalität wird dem entsprechend nicht mehr vorausgesetzt.

Die „Behavioural Economics" stellen auf begrenzte Rationalität („near rationality") ab. So ziehen viele Leute zur Beurteilung von bestimmten Ereignissen aus Vereinfachungsgründen bzw. als Daumenregel sog. Heuristiken heran. Dadurch kann es zu einer Übergewichtung von Kursverläufen in der jüngsten Vergangenheit kommen. Auch hat man in Experimenten nachgewiesen, dass Entscheidungen davon abhängen, wie der zugrunde liegende Sachverhalt präsentiert wurde („Framing"). So sind die Leute eher bereit, in eine Währung zu investieren, wenn man ihnen die langfristige Aufwertung (mit Jahresdaten) präsentiert, als wenn ihnen die kurzfristig hohe Volatilität und fallende kurzfristige Trendverläufe (anhand von Tages- oder Monatsdaten) vor Augen geführt werden. In diesem Zusammenhang ist auch der sog. „Confirmation-Bias" zu berücksichtigen, der besagt, dass vor allem Informationen wahrgenommen werden, die eigenen (Vor-)Einstellungen entsprechen oder konsistent mit vorhandenen Hypothesen sind. Wenn man also der Meinung ist, der € sei überbewertet, sucht man besonders nach Fakten bzw. übergewichtet man Faktoren, die diese These bestätigen.

Die Komponenten der gesamtwirtschaftlichen Nachfrage und die wichtigsten sie bestimmenden Variablen sind in der folgenden Übersicht zusammengestellt:[54]

$$Y^D =$$
$$C_{Hh}(Y^P_{verf.}, V) + I^b_U(i, z)$$
$$+ \, St \, (exogen) + (Ex - Im) \, / \, \text{Außenbeitrag} \quad (\underbrace{\pi^A - \pi^I, e, Y}_{e^r})$$

[52] „Abweichungen von der (ungedeckten) Zinsparität scheinen eher die Regel als die Ausnahme zu sein." Deutsche Bundesbank, Wechselkurs und Zinsdifferenz: jüngere Entwicklungen seit Einführung des Euro, in: Monatsbericht Juni 2005, S. 45.

[53] Vgl. DeGrauwe, P., Grimaldi, M., The Exchange Rate in a Behavioural Finance Framework, Princeton/Oxford 2006, S. 185.

[54] V = Vermögensbestand; $\pi^A - \pi^I$ ist die Differenz zwischen Inflationsrate im Ausland und im Inland.

2.5 Einkommensmultiplikator und Gleichgewichtseinkommen

Im Rahmen der Beschäftigung mit den gesamtwirtschaftlichen Nachfrageaggre-gaten wurde bisher versucht, die Variablen herauszuarbeiten, die den Nachfra-geplänen zugrunde liegen. Jetzt soll der Frage nachgegangen werden, wie eine gegebene Nachfrageänderung auf das Gesamteinkommen wirkt. Zur Verdeutli-chung der Grundüberlegungen sei zunächst von der restriktiven Annahme ei-ner geschlossenen Volkswirtschaft ohne staatliche Aktivität, unausgelastetem Produktionspotential sowie von Nettogrößen für Produktion und Investition ausgegangen.

Im Gleichgewicht gilt

| angebotene Produktion | $Y^S = Y^D$ | nachgefragte Produktion (= gesamtwirtschaftliche Nachfrage) |

Da die angebotene Produktion Y^S der tatsächlichen Produktion (Y) entspricht,

gilt $\qquad\qquad Y^S = Y$

Im Gleichgewicht kann also auch geschrieben werden

$$Y = Y^D,$$

wobei unter den gemachten vereinfachenden Annahmen

$$Y^D = C + I^n$$

im Gleichgewicht also

$$Y = C + I^n$$

gilt.

| Bei | $C = c \cdot Y$ | (einkommensabhängige Konsum-nachfrage) |
| und | $I = \bar{I}^n$ | (exogen vorgegebene Investitions-güternachfrage) |

ergibt sich $\qquad Y = c \cdot Y + \bar{I}^n$

und nach Umformung

$$Y - c \cdot Y = \bar{I}^n$$
$$(1 - c) \cdot Y = \bar{I}^n$$
$$Y = \boxed{\frac{1}{1 - c}} \bar{I}^n$$

Das Einkommen erscheint hier als multiplikative Größe der Investitionsgüter-nachfrage, und zwar beträgt der *Einkommensmultiplikator*

$$\frac{1}{1 - c}$$

oder, da gilt: $1 - c = s$

$$\frac{1}{s}$$

Setzt man für die marginale Konsumneigung (c) 0,5 und für I_0^n 100, so lautet die *gesamtwirtschaftliche Nachfragefunktion* $Y^D = 0{,}5Y + 100$, und es ergibt sich ein Gleichgewichtseinkommen von

$$Y_0 = \frac{1}{1-0{,}5} \cdot 100$$

$$Y_0 = 2 \cdot 100$$
$$Y_0 = 200$$

Nur bei diesem Einkommen werden die Konsum-, Spar- und Investitionspläne realisiert (Gleichgewicht!).

Erfolgt ausgehend von $Y_0 = 200$ eine exogene Erhöhung der Investitionsgüternachfrage um ($\Delta I^n = 100$, $I_1^n = 200$), so verschiebt sich die Nachfragefunktion nach oben und das neue Gleichgewichtseinkommen steigt um 200 auf $Y_1 = 400$.

$$Y_1 = 2 \cdot 200$$

$$Y_1 = 400$$

Eine Erhöhung der Investitionsgüternachfrage um 100 bewirkt in obigem Beispiel also eine Erhöhung des Gleichgewichtseinkommens um 200. Zurückzuführen ist dies auf Kettenreaktionen bei der einkommensabhängigen privaten Konsumgüternachfrage. Anhand einer graphischen Darstellung sei dies verdeutlicht.

In der Ausgangssituation stimmen Güterangebot und Güternachfrage bei Y = 200 überein. Es soll nun zu einer Erhöhung der Investitionsgüternachfrage um 100 in der Periode 1 kommen. Zunächst hat dies zur Folge, dass die Güternachfrage (300) das Angebot (200) übersteigt. Diesen Nachfrageüberhang werden die Unternehmen (bei unausgelasteten Kapazitäten) zum Anlass nehmen, um ihre Produktion in der nächsten Periode entsprechend auszuweiten. Die angebotene Produktion beträgt in Periode 2 also 300. Dies bedeutet jedoch zugleich, dass in der Periode 2 das Einkommen um 100 auf 300 gestiegen ist; letzteres veranlasst die privaten Haushalte, ihre Konsumgüternachfrage um 50 ($\Delta Y = 100$; c = 0,5 $\rightarrow$ $\Delta C = 50$) zu erhöhen, so dass in Periode 2 die Nachfrage 350 beträgt. In Periode 3 führt dieser Nachfrageüberhang wiederum zu einer Angebotsausweitung auf 350. Aber auch in Periode 3 klaffen Angebot und Nachfrage auseinander, da auch das in dieser Periode entstandene zusätzliche Einkommen (50) teilweise (50 x 0,5 = 25) wieder in Form erhöhter Konsumgüternachfrage Niederschlag findet.

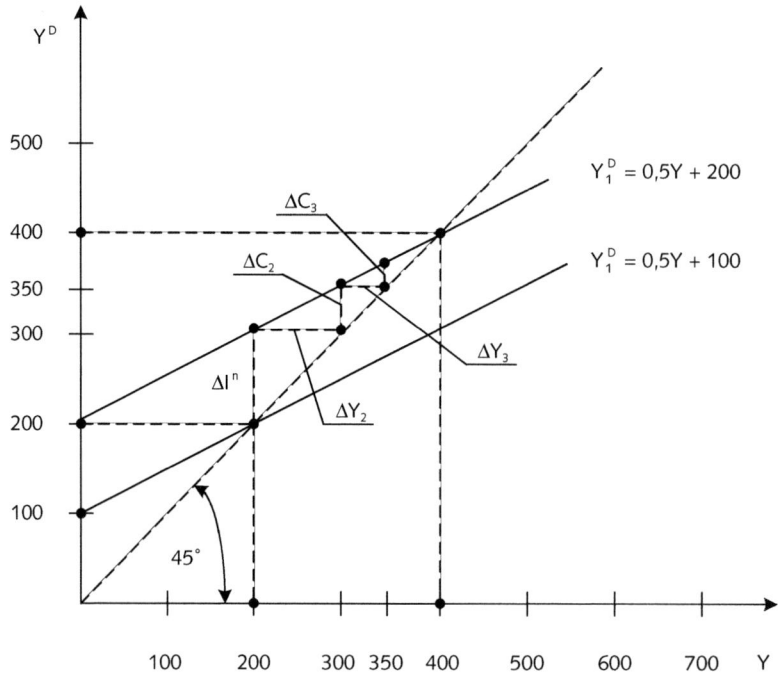

Abbildung IV.12

Periode 0: angeb.	$Y = 200$	Periode 1: angeb.	$Y = 200$
nachgefr.	$Y = 200$	nachgefr.	$Y = 100+200$
Periode 2: angeb.	$Y = 300$	Periode 2: angeb.	$Y = 350$
	$\Delta Y_2 = 100$		$\Delta Y_3 = 50$
nachgefr.	$Y = 150+200$ $= 350$	nachgefr.	$Y = 175+200$ $= 375$
	$\Delta C_2 = 0{,}5 \cdot 100$ $= 50$		$\Delta C_3 = 0{,}5 \cdot 50$ $= 25$

Zusammenfassend ist also festzuhalten, dass der ursprüngliche Nachfrageanstieg um 100 über eine Erhöhung der einkommensabhängigen Konsumgüternachfrage zusätzliche Nachfrage induziert; allerdings nimmt der Nachfragezuwachs von Periode zu Periode ab, da jeweils nur ein Teil des zusätzlich geschaffenen Einkommens, und zwar $c \cdot \Delta Y$, wieder nachfragewirksam wird.

Dieser Anpassungsprozess lässt sich auch auf eine andere Art darstellen. In der Ausgangssituation bei einer Produktion von 200 betrugen geplante Investition und geplantes Sparen jeweils 100. Es herrschte also Gleichgewicht. Mit dem Anstieg der geplanten Investition auf 200 entsteht ein Ungleichgewicht im Sinne eines Nachfrageüberhangs ($I_1 = 200 > S_0 = 100$). Infolge der oben beschriebenen sukzessiven Einkommenserhöhung steigt auch das einkommensabhängige Sparen, und zwar solange, bis dieses bei einer Produktion von 400 den Investitionsplänen von 200 entspricht.

Hebt man die bisherigen restriktiven Annahmen (geschlossene Volkswirtschaft ohne staatliche Aktivität sowie Nettogrößen) auf, so wird der Ausdruck für den *Multiplikator* zwar etwas komplexer, nichtsdestoweniger treffen die oben dargestellten Überlegungen auch hier zu. Die Herleitung dieses erweiterten Multiplikators bedarf nur einiger Ergänzungen und Konkretisierungen der Variablen:

Y	= Einkommen		Im	= Importnachfrage
C	= Konsumgüternachfrage		c	= marg. Konsumquote
I^b	= Investitionsgüternachfrage		t	= marg. Einkommenssteuersatz
St	= Staatsnachfrage		m	= marg. Importquote
Ex	= Exportnachfrage		Tr	= Transferzahlungen an private Haushalte

$$Y^s = Y = Y^D$$
$$Y = C + I^b + St + Ex - Im$$
$$\rightarrow \quad C = c \cdot Y_{verf.}$$
$$Y_{verf.} = Y - t \cdot Y + Tr$$
$$Y = c \cdot (Y - t \cdot Y + Tr) + I^b + St + Ex - Im$$
$$\rightarrow \quad Im = m \cdot Y$$
$$Y = c \cdot (Y - t \cdot Y + Tr) + I^b + St + Ex - m \cdot Y$$
$$Y - c \cdot Y + c \cdot t \cdot Y + m \cdot Y = I^b + St + Ex + c \cdot Tr$$
$$Y(1 - c + c \cdot t + m) = I^b + St + Ex + c \cdot Tr$$

$$Y = \frac{1}{(1 - c + \cdot t + m)} \cdot (I^b + St + Ex + c \cdot Tr)$$

$$\Delta Y = \frac{1}{(1 - c + c \cdot t + m)} \cdot \Delta(I^b + St + Ex + c \cdot Tr)^{[55]}$$

---

[55] Verwendet man anders als in der obigen einfachen Importfunktion als unabhängige Variable das verfügbare Einkommen [Im = m (Y − tY + Tr)], ergibt sich als Ergebnis: $\Delta Y = \frac{1}{(1 - c + ct + m - mt)} \Delta(I^b + St + Ex + cTr - mTr)$

An dieser Stelle soll noch kurz auf die ökonomische Bedeutung von c (= marginale Konsumquote), t (= marginaler Steuersatz) und m (= marginale Import-
quote) eingegangen werden. Steigt c, wird also ein größerer Teil des Einkommens
konsumiert, so steigt auch der Multiplikator. Nimmt hingegen t zu, so bedeutet
dies, dass das verfügbare Einkommen der privaten Haushalte und mit ihm die
Konsumgüternachfrage sinkt; der Multiplikator nimmt ab. Ähnliches gilt für m.
Eine Erhöhung der Importneigung bedeutet, dass die privaten Haushalte einen
größeren Teil ihres Einkommens für Güter aus dem Ausland verwenden, letzteres
somit nicht mehr im Inland nachfragewirksam wird.

2.6 Anpassungsprozesse an Nachfrageänderungen in der klassischen Theorie

Bisher wurde argumentiert, dass Veränderungen von Investitionsplänen über Ge-
samtnachfrage- und Einkommensveränderungen entsprechende Anpassungen
beim geplanten Sparen induzieren würden, das Sparen also einkommensabhän-
gig ist. Die meisten Ökonomen vor Keynes sahen das Sparen hingegen wie die
Investitionen als zinsabhängig an. Die Abstimmung von Spar- und Investitionsplänen erfolgt danach über den Zinssatz; multiplikative Nachfrageeffekte entfallen.

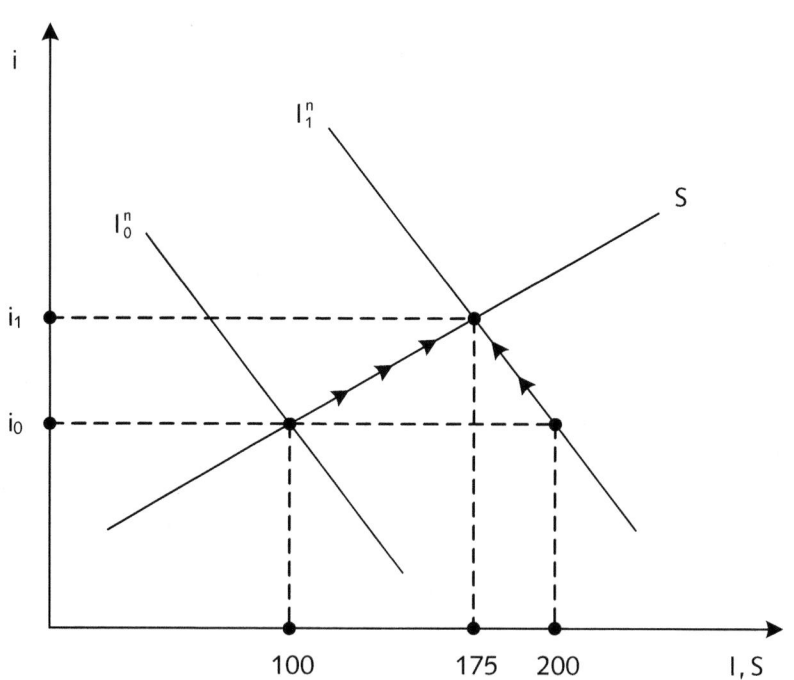

Abbildung IV.13

Zugrunde liegt hierbei die Vorstellung, dass die Nachfrage nach Investitionsgütern verbunden ist mit einer Nachfrage nach finanziellen Mitteln, andererseits die Ersparnis nicht nur Konsumverzicht darstellt, sondern dass die nicht für Konsum verausgabten Einkommensteile am Kapitalmarkt angeboten würden. Nachfrage nach finanziellen Mitteln entfalten die Unternehmen (und der Staat) in Höhe der beabsichtigten Nettoinvestitionen. Das Mittelangebot umfasst die Ersparnis aller Sektoren.

In der Ausgangssituation gilt:

I^n = S = 100; der Gleichgewichtszins beträgt i_0.

Steigt nun die Investitionsgüternachfrage auf 200, erhöht sich auch die Kapitalnachfrage; es kommt zu einer Zinssatzerhöhung von i_0 auf i_1. Dies führt einerseits zu einer vermehrten Ersparnisbildung, da das Sparen attraktiver wird; andererseits sinken die Investitionen, da die Investitionsprojekte, deren interner Zinssatz zwischen i_0 und i_1 liegt, nicht mehr realisiert werden. Das neue Investitions- bzw. Sparvolumen spielt sich in obigem Beispiel bei 175 und einem Gleichgewichtszins von i_1 ein. Die Investitionen, aber auch die Ersparnis sind jeweils um 75 gestiegen. Ein Ansteigen der Ersparnis um 75 bedeutet zugleich, dass die Konsumgüternachfrage um 75 gesunken ist; die Gesamtnachfrage ist damit unverändert geblieben. Der Erhöhung der Investitionsgüternachfrage um 75 steht eine gleichgroße Verminderung der Konsumgüternachfrage um 75 gegenüber. Während im Rahmen der Überlegungen zur Multiplikatortheorie die Anpassungen von Sparplänen an Investitionspläne über Gesamtnachfrage- und Einkommensveränderungen erfolgen, findet die Anpassung im klassischen System über Zinsveränderungen statt, ohne dass das Niveau der Gesamtnachfrage beeinflusst wird.[56]

Offenbar ist die Güternachfrage aus keynesianischer Sicht entscheidend für das Einkommens- und Produktionsniveau; die Nachfrage bestimmt das Angebot. Nach der klassischen Theorie gibt es diese Wirkungen der Güternachfrage hingegen nicht. Wie bereits eingangs dieses Kapitels erwähnt wurde und später noch näher begründet wird, ist es nach dieser Sicht umgekehrt: Das Angebot bestimmt die Nachfrage.

Der Vergleich zwischen den oben skizzierten klassischen Erklärungsansätzen mit den keynesianischen macht weitere Unterschiede deutlich. Das Angebot an Kapital (Ersparnis) und die Nachfrage nach Kapital (für Investitionszwecke) werden über einen flexiblen Zins ausgeglichen. Im Gleichgewicht entspricht der Zinssatz der Grenzproduktivität des Kapitals und der marginalen Bereitschaft der Haushalte zum Konsumverzicht. Dieser sog. *natürliche Zins* ergibt sich aufgrund der realwirtschaftlichen Bedingungen; ob eine größere oder kleinere

---

[56] Der Zins bestimmt also die Aufteilung des Einkommens auf Investition und Konsum bzw. Ersparnis. Bei – durch Verbesserung der Angebotsbedingungen – wachsendem Einkommen steigt selbstverständlich auch der Konsum.

Geldmenge in die Volkswirtschaft geschleust wird, ist für die realwirtschaftlichen Bedingungen belanglos.

Wesentlich anders ist dies nach der keynesianischen Theorie. Zwar sind die „Grenzproduktivität des Kapitals" und Keynes' „Grenzleistungsfähigkeit des Kapitals" verwandte Konzepte. Keynes betonte aber die Unsicherheit der zukünftigen Investitionserträge und damit ein Element genereller Investitionsinstabilität. Für die Bedeutung monetärer Größen wichtiger ist jedoch, dass nach der keynesianischen Theorie die Investitionsentscheidung aufgrund eines Vergleichs der „Grenzleistungsfähigkeit des Kapitals" (bzw. des internen Zinsfußes) mit dem Marktzins erfolgt. Während nach klassischem Verständnis der Marktzins auf längere Sicht mit dem natürlichen Zins übereinstimmt, weil die zinsabhängigen Investitions- und Sparpläne den Marktzins auf das natürliche Niveau drücken, ergibt sich der Marktzins aus keynesianischer Sicht aus dem Zusammenspiel von Geldangebot und Geldnachfrage. Mit dem Marktzins wird also eine monetäre Größe zu einer unabhängigen Variablen der Investitionstätigkeit; im Gegensatz zur klassischen Theorie haben nach der keynesiansichen Theorie Änderungen im monetären Bereich, dem sog. Geldmarkt, Änderungen auf dem Gütermarkt zur Folge.

Außer den Unterschieden im Detail wie etwa Ursachen und Folgen von Zinssatzänderungen ergeben sich die Widersprüchlichkeiten zwischen den beiden Theoriesträngen vor allem aus dem unterschiedlichen Zeithorizont. Aus der kurzfristigen keynesianischen Sicht ist beispielsweise ein verstärktes Sparen zunächst einmal Nachfrageausfall, der Produktion und Beschäftigung dämpft. Bis das erhöhte Sparen im Sinne des klassischen Zinsmechanismus zinssenkend und die Zinssenkung investitionsbelebend wirkt, ist hingegen längere Zeit erforderlich: Banken sind mit Zinssenkungen eher zögerlich und wenn schließlich die Investitionspläne zinsbedingt revidiert werden, lassen sich die Planänderungen nicht „über Nacht" umsetzen.

Bestimmungsgrößen von ...				
	... Konsum	... Investition	... Sparen	... Zins
Klassik	Einkommen, Zins	Einkommen, Zins	Einkommen, Zins	realwirtschaftl Bedingungen
Keynes	Einkommen	Einkommen, Zins	Einkommen	monetäre Bedingungen

1. Funktionen und Arten des Geldes

Wenn oben erwähnt wurde, dass nach klassischer Ansicht durch Geld keine realen Wirkungen ausgelöst würden, bedarf dies einer kleinen Einschränkung. Selbstverständlich waren die Volkswirtschaften auch im 19. Jahrhundert zugleich Geldwirtschaften, und den Ökonomen waren die realwirtschaftlichen Vorteile in Form höherer Produktivität geläufig, die durch Benutzung des Geldes entstanden. Sowohl die Erfindung der „Schrift" als auch die Erfindung des „Geldes" hatten nämlich ihre Ursache in wirtschaftlichen Notwendigkeiten, die sich aus komplexer werdenden Tauschprozessen ergaben. „... some time in the late 4th millennium BC, the complexity of trade and administration in the early cities of Mesopotamia reached a point at which it outstripped the power of memory of the governing elite. To record transactions in a dependable, permanent form became essential."[57] Während die Schrift also erfunden wurde, weil die Notwendigkeit bestand, über Transaktionen „Buch zu führen", war die Erfindung des „Geldes" Folge des Bemühens, die Informations- und Transaktionskosten des Tausches zu senken. Dadurch konnten die transaktionsbedingt engen Grenzen der Naturaltauschwirtschaft überwunden werden, und es wurden erst die Voraussetzungen für eine hoch arbeitsteilige und spezialisierte Volkswirtschaft mit hoher Produktivität geschaffen. Letztere wiederum ermöglicht ein hohes Maß an Güterversorgung der Bevölkerung und leistet damit einen wesentlichen Beitrag zur materiellen Basis einer Gesellschaft.

Mit Geld hat man ein standardisiertes Gut, mit dem sich die Werte aller anderen Güter ausdrücken lassen (*Rechenfunktion*). Geld als Recheneinheit kann zum Vergleich von ökonomischen Vorkommnissen verwendet werden, die zeitlich eng beieinander liegen (Querschnittsanalyse), z. B. Preise unterschiedlicher Waren, Vergleich unterschiedlicher Möglichkeiten der Einkommenserzielung. Geld als Recheneinheit kann aber auch für Vergleiche im Zeitablauf (Längsschnittsanalyse) dienen, z. B. Entscheidung über die Durchführung einer Investition durch ein Unternehmen.

Geld kommt des Weiteren eine *Tausch-* bzw. *Zahlungsmittelfunktion* zu. Erst die Zahlungsmittelfunktion des Geldes befreit die Güterzirkulation von der Tauschrestriktion, also der Notwendigkeit, dass ein Güternachfrager nicht nur einen Lieferanten finden muss, sondern darüber hinaus einen solchen Lieferanten,

---

[57] Robinson, A., The Story of Writing, London 2001, S. 11.

der umgekehrt zugleich Bedarf an den von ihm selbst angebotenen Gütern besitzt (sog. „doppelte Synchronisation der Wünsche"). Geld als allgemein akzeptiertes Zahlungsmittel dient auch der isolierten Weitergabe von Kaufkraft in sog. Verteilungstransaktionen (Primärverteilungstransaktion: z. B. Lohn- oder Zinszahlungen; Umverteilungstransaktionen: z. B. Steuerzahlungen oder Unterstützungszahlungen). Geld als Zahlungsmittel findet ferner in Anlage- oder Kredittransaktionen Verwendung (Geld gegen Forderung). Die Möglichkeit zu Finanzierungsakten stellt eine Voraussetzung für die Entstehung wirklich großer Produktionsstätten dar; denn sie erst schaffen die Vorbedingung dafür, dass man Investitionen durchführen kann, ohne vorher selbst in gleichem Umfang Vermögen gebildet zu haben.

Schließlich ist noch die – von den Klassikern vernachlässigte – *Wertaufbewahrungsfunktion* zu erwähnen, die es erlaubt, die Tauschakte Ware gegen Geld und Geld gegen Ware zeitlich zu trennen. Die Wertaufbewahrungsfunktion kann direkt ausgeübt werden, indem eigentliche Zahlungsmittel (Bargeld, Sichtguthaben) gehalten werden. Wohl wichtiger ist allerdings die indirekte Ausübung der Wertaufbewahrungsfunktion durch Geld als Denominationseinheit von Schuldbeziehungen (z. B. auf Euro lautende Staatsanleihen). Die Wirtschaftssubjekte müssen hier darauf vertrauen können, dass die Kaufkraft einer Geldeinheit im Zeitablauf im Wesentlichen erhalten bleibt. Dies zeigt: Funktionsfähiges Geld ist eine entscheidende Vorbedingung für das Ingangkommen der volkswirtschaftlichen Arbeitsteilung.

Medien, die die Geldfunktionen erfüllen, werden als Geld bezeichnet. Im Lauf der Geschichte haben verschiedene „Güter" diese Funktionen erfüllt. Im Wandel von der Naturalwirtschaft zur Geldwirtschaft setzten sich die Güter durch, die als Tauschmedien besonders geeignet waren. So wurden solche Geldgüter bevorzugt, die auf kleinem Raum große Werte unterbrachten, also platzsparend, „natürlich kostbar", transportabel und nicht verderblich waren, was zur Folge hatte, dass sich Edelmetalle dafür besonders eigneten und durchsetzten. Während zu Beginn bei jedem Tauschprozess noch Gewicht und Reinheit des Metalls überprüft wurde, kam es dann zunehmend zur öffentlichen Regulierung und Standardisierung des Geldwesens, um die beim Tausch anfallenden Transaktionskosten zu verringern. Im 7. Jahrhundert vor Christus wurden im lydischen Reich die ersten Münzen von einer Zentralstelle geprägt.

Bei den heute üblichen Geldarten wird nach Zentralbankgeld (ZBG) und Geschäftsbankengeld unterschieden. Das ZBG besteht aus dem Bargeldbestand der Nichtbanken (BG)[58], welcher identisch mit dem *Bargeldumlauf* ist, und den Guthaben (Einlagen, Depositen) der Geschäftsbanken (D_S^{GB}) bei der *Notenbank* (*Zentralbank*).[59]

---

[58] Vom Kassenbestand der Kreditinstitute, welcher natürlich auch Zentralbankgeld darstellt, wird aus Gründen der Vereinfachung abgesehen.

[59] Im Folgenden werden – wie in der Literatur üblich – die Begriffe Notenbank und Zentralbank synonym verwendet.

Das gesamte *Zentralbankgeld* wird auch als *Geldbasis* oder „high powered money" bezeichnet. Definitorisch gilt also:

$$ZBG = BG + D_S^{GB}$$

Unter *Geschäftsbankengeld* versteht man die von den Nichtbanken bei den Geschäftsbanken gehaltenen Guthaben. Über dieses Geld kann mittels Abhebung, Überweisung, Scheckziehung etc. verfügt werden. Das Geschäftsbankengeld wird auch als *Buch-* oder *Giralgeld* bezeichnet.

Im Rahmen geldpolitischer Fragestellungen sind verschiedene, mehr oder minder weite *Geldmengenabgrenzungen* gebräuchlich, und zwar M1, M2 und M3. M1 ergibt sich aus der Addition des Bargeldbestandes und der Sichteinlagen (täglich fällige Einlagen) von Nichtbanken bei Banken (D_S^{NB}).

$$M1 = BG + D_S^{GB}$$

Bei den weiter gefassten Geldmengenaggregaten M2 und M3 werden zusätzliche Anlageformen einbezogen.[60] Aus Gründen der Vereinfachung wird im Folgenden, soweit nicht explizit im Text davon abgewichen wird, auf M1 abgestellt.

2. Geldangebot

2.1 Entstehung von Geschäftsbankengeld

Geschäftsbankengeld entsteht, indem die Geschäftsbanken Forderungen an Nichtbanken erwerben und diese mit *Einlagen* (Verbindlichkeiten gegenüber Nichtbanken) „bezahlen". Deutlich werden diese Zusammenhänge, wenn man die konsolidierte Bilanz des Geschäftsbankensystems (Kreditinstitute ohne Zentralbank) heranzieht. Im Bilanzzusammenhang resultiert die Depositen- oder Einlagenkomponente der Geldmenge – also das Geschäftsbankengeld – als eine der bilanziellen Gegenpositionen zum Kreditvolumen.

Aktiva	Konsolidierte Bilanz der Geschäftsbanken	Passiva
Kassenbestand und Einlagen bei der Zentralbank	Kurzfristige Verbindlichkeiten gegenüber Nichtbanken (Geschäftsbankengeld)	
Forderungen (Kredite) an Nichtbanken – Wertpapiere – Buchforderungen	Längerfristige Verbindlichkeiten gegenüber Nichtbanken (Geldkapital) Verbindlichkeiten gegenüber der Zentralbank Eigenkapital	

---

[60] Zu einer detaillierten Abgrenzung der Aggregate siehe Kap. VI.

Auf der Aktivseite der Bilanz stehen einerseits der Kassenbestand und die Guthaben bei der Zentralbank und andererseits die verbrieften (*Wertpapiere*) und unverbrieften (*Buchforderungen*) Forderungen („*Kredite*") der Geschäftsbanken an die Nichtbanken. Auf der Passivseite werden die kurzfristigen Verbindlichkeiten (*Geschäftsbankengeld*) sowie die langfristigen Verbindlichkeiten (*Geldkapital*) gegenüber Nichtbanken ausgewiesen. Schließlich finden sich auf der Passivseite die Verbindlichkeiten gegenüber der Zentralbank sowie das Eigenkapital des Geschäftsbankensektors.

Die Zusammenhänge lassen sich auch anhand eines einfachen Kreditmarktmodells klarmachen. Angenommen sei, dass es seitens der Nichtbanken zu einer Erhöhung der Kreditnachfrage $K_0^D \rightarrow K_1^D$ kommt.

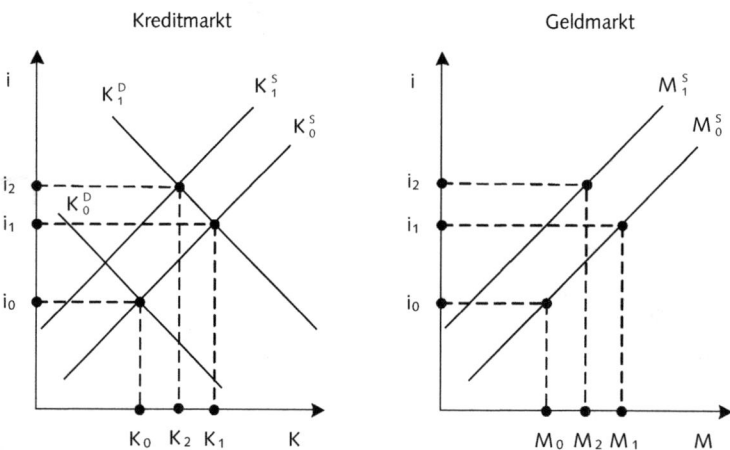

Abbildung V.1

Eine Erhöhung der Kreditnachfrage wirkt tendenziell zinserhöhend ($i_0 \rightarrow i_1$).[61] Die Kreditinstitute werden daher mit einer Ausweitung der Kreditvergabe reagieren, sofern vom Eigenkapital her noch ein Spielraum besteht.[62] Eine Zunahme der Kreditvergabe führt über steigende Einlagen und einen steigenden Bargeldbedarf, d. h. über einen Anstieg der Geldmenge ($M_0 \rightarrow M_1$), auch zu einer vermehrten Nachfrage nach Zentralbankgeld. Zu einem vermehrten Bedarf an ZBG kommt es, weil die Geschäftsbanken sich zum einen zusätzliches Bargeld von der Notenbank besorgen müssen und weil sie zum anderen eine höhere Mindestreserve in Form von zusätzlichen Einlagen bei der Notenbank halten

---

[61] Wir gehen hier davon aus, dass die Zentralbank den kurzfristigen Zinssatz (Tagesgeldsatz) unverändert lässt. Es kommt also lediglich zu einer Erhöhung der langfristigen (Kredit-) Zinsen.

[62] Aus bankaufsichtsrechtlichen Gründen kann eine Geschäftsbank (risikobehafte) Kredite nur bis zu einem bestimmten Vielfachen ihres Eigenkapitals vergeben.

müssen (im Einzelnen hierzu 2.2). Die Notenbank wird diesen höheren Bedarf an Zentralbankgeld zunächst völlig elastisch befriedigen. Sie hat es aber in der Hand, die Zinsen für die Bereitstellung von Zentralbankgeld zu erhöhen. Eine Zinssatzerhöhung würde einen dämpfenden Einfluss auf die künftige Kreditvergabe der Geschäftsbanken ausüben. Die Kreditangebotskurve würde sich in diesem Falle nach oben verschieben $K_0^S \rightarrow K_1^S$, und es ergäbe sich beim Zins i_2 das Kreditvolumen (K_2) und das Geldvolumen M_2.

Dass eine steigende Kreditvergabe zu einem entsprechenden Anstieg der Geldmenge führt, ist allerdings nicht zwangsläufig. Zwar ist mit der Kreditausweitung kurzfristig eine entsprechende Zunahme der kurzfristigen Einlagen verbunden. Die Nichtbanken können dies aber jederzeit rückgängig machen, indem sie ihre kurzfristig fälligen Einlagen längerfristig anlegen (Umwandlung in Geldkapital), es kann also jederzeit zu einer „endogenen Geldvernichtung" kommen. Graphisch lässt sich eine solche „endogene Geldvernichtung" durch eine Linksverschiebung der Geldangebotsfunktion verdeutlichen. Das aus diesen Vorgängen resultierende Geldangebot (M^S) entspricht also stets dem Geldbestand (M), also der von den Nichtbanken gewünschten Geldhaltung, so dass im Folgenden $M^S = M$ geschrieben werden kann.

Die tatsächlich gehaltene, d. h. die in den Bankbilanzen und im Bargeldumlauf außerhalb des Bankensektors beobachtbare Geldmenge, ist also nicht bloßer Reflex der Kreditvergabe. Das entscheidende Wort spricht vielmehr die Geldnachfrage der Nichtbanken. Sie unterliegt aber Eigengesetzlichkeiten, die im Mittelpunkt theoretischer und empirischer Untersuchungen zur Geldnachfrage stehen (im Einzelnen hierzu siehe 3.). Dies heißt aber, dass das Geldangebot endogen, d. h. aus dem Wirtschaftsprozess heraus bestimmt und nicht von der Notenbank vorgegeben wird.[63]

2.2 Anbindung der Geschäftsbanken an die Zentralbank

Zunächst stellt es für eine Geschäftsbank kein Problem dar, z. B. einer Nichtbank einen Kredit zu gewähren. Die Geschäftsbank erhält hierbei eine Forderung an die Nichtbank und räumt im Gegenzug der Nichtbank Sichtguthaben ein. Die Geschäftsbank „bezahlt" quasi die Forderung an die Nichtbank mit Verbindlichkeiten gegenüber der Nichtbank, und zwar in Form von Sichteinlagen (D_S).

---

[63] „Im realwirtschaftlichen Sektor werden Zahlungsmittel im Zuge der Entstehung und Verwendung des Sozialprodukts benötigt. Mit zunehmender Aktivität wächst die Geldnachfrage. Sie wird von den Kreditinstituten befriedigt. Die Geldbestände werden größer. In dieser Sicht stellt die Geldmenge eine rein endogene Größe dar. Die Notenbank, bei der sich die Kreditinstitute refinanzieren müssen, beobachtet die Entwicklung der Geldbestände mit der Frage, ob sie Hinweise auf entstehende Inflationsgefahren gibt." H. Hesse, Als Wissenschaftler in der Politik?, in: Deutsche Bundesbank, Auszüge aus Presseartikeln, Nr. 47 (1994), S. 12.

Geschäftsbank

Kreditforderungen	D_S

In Höhe des Sichtguthabens ist die Geldmenge gewachsen. Probleme ergeben sich jedoch für die Bank, wenn die Nichtbank das Guthaben in bar abheben will. Die Bank benötigt in diesem Fall Banknoten und Münzen, die sie nicht selbst schaffen kann (das alleinige Recht zur Emission von Banknoten hat die Zentralbank, das zur Münzprägung liegt bei der Zentralregierung). Um Illiquidität zu vermeiden, muss sie sich daher Zentralbankgeld beschaffen.

Eine erste Restriktion für die Geldschöpfungsfähigkeit der Geschäftsbanken liegt somit schlichtweg darin, dass die Nichtbanken in Höhe eines bestimmten Prozentsatzes ihrer Guthaben *Bargeld* halten wollen (Bargeldquote). Der Geschäftsbankensektor ist somit auf die Bereitstellung von Zentralbankgeld durch die Zentralbank angewiesen.

Eine zweite Restriktion für die Geldschöpfungsfähigkeit des Geschäftsbankensektors ergibt sich dann, wenn die Geschäftsbanken zur Haltung von Mindestreserven verpflichtet sind. *Mindestreserve* heißt, dass die Geschäftsbanken in Höhe eines bestimmten Prozentsatzes ihrer Einlagen Guthaben bei der Zentralbank unterhalten müssen. Neben der Bargeldnachfrage der Nichtbanken stellt die Mindestreserve somit die zweite tragende Säule der Anbindung des Geschäftsbankensektors an die Zentralbank dar.

Die Wirkungsweise der Mindestreserve sei anhand eines einfachen Beispiels erläutert. Dabei soll einer Nichtbank ein Kredit in Höhe von 10000 Euro eingeräumt worden sein.

Geschäftsbank

Kreditforderungen	10000	D_S	10000

Auf die Sichtguthaben der Nichtbank muss die Geschäftsbank nun aber eine Mindestreserve halten. Unterstellt man einen Mindestreservesatz von 2 %, so muss sich die Geschäftsbank Zentralbankgeld im Werte von 200 beschaffen, um dieser Verpflichtung nachkommen zu können.

Sowohl die Bargeldnachfrage als auch die Mindestreserve führt zu einer Zwangs-Nachfrage nach Zentralbankgeld. Hinzu kommt seitens der Geschäftsbanken der Wunsch, Guthaben zur Abwicklung des Zahlungsverkehrs (Working Balances) bei der Zentralbank zu halten.

Die (Zwangs-)Nachfrage nach Zentralbankgeld schafft die Voraussetzung, damit die Zentralbank auf den Geschäftsbankensektor einwirken kann. Sie hat zur Konsequenz, dass die Geschäftsbanken mit der Zentralbank Geschäfte tätigen (müssen). Über diese Geschäfte wiederum bestimmt die Zentralbank den Preis (den Zins) für Zentralbankgeld, welcher den Ausgangspunkt für den monetären Transmissionsprozess darstellt.

Diese Zusammenhänge lassen sich an Hand des *Ausweises des Eurosystems*, also der konsolidierten Bilanz der Europäischen Zentralbank und der 13 zum Euro–Währungsraum gehörenden nationalen Zentralbanken, verdeutlichen. Dieser Ausweis wird jeweils zum Wochenschluss (Freitag) erstellt und veröffentlicht. Er gibt Auskunft über den Bedarf an Zentralbankgeld sowie die Art der Zurverfügungstellung durch die Zentralbank.

Konsolidierter Ausweis des Eurosystems – vereinfachte Darstellung – zum 1.12.2006 (in Mrd. €)			
Aktiva		**Passiva**	
A.1: Währungsreserven	321,7	P.1: Banknotenumlauf	601,8
- Gold	174,5		
- Fremdwährungs- forderungen	147,2		
A.2: Forderungen in € **(Kredite) an Kreditinstitute im Euro- Währungsgebiet** darunter:	428,2	P.2: Verbindlichkeiten in € gegen- über Kreditinstituten im Euro- Währungsgebiet darunter:	184,0
-Hauptrefinanzierungs- geschäfte	308,0		
- Längerfr. Refinan- zierungsgeschäfte	120,0	- Einlagen auf Girokonten (Bankenliquidität)	184,0
A.3: Sonstige	376,2	P.3: Sonstige	340,3
Bilanzsumme	1.126,1		1.126,1

Quelle: EZB, Monatsbericht Dezember 2006, S. 6 (Statistischer Teil).

Das *Banknotenmonopol* des Eurosystems (P.1) und die Pflicht, Einlagen (Guthaben) auf Girokonten beim Eurosystem zu halten (Mindestreservepflicht – P.2) führen zu einer Zwangs–Nachfrage nach Zentralbankgeld seitens der Kreditinstitute. Zentralbankgeld kann aber nur geschaffen werden, wenn die Kreditinstitute Geschäfte mit der Zentralbank tätigen. Hier kommt die Aktivseite der Zentralbankbilanz ins Spiel.

Im Wesentlichen gibt es drei Möglichkeiten für die Bereitstellung von Zentralbankgeld: Entweder die Zentralbank ist bereit, Fremdwährungsforderungen (bzw. Gold) anzukaufen (A.1) oder die Kreditinstitute verschulden sich bei der Zentralbank (A.2) oder die Zentralbank kauft von den Kreditinstituten (staatliche) Wertpapiere an (A.3). Im Eurosystem erfolgt die Bereitstellung von Zentralbankgeld im Wesentlichen durch eine Verschuldung der Kreditinstitute (Kreditaufnahme) bei der Zentralbank (A.2). Man spricht hier auch davon, dass sich die Kreditinstitute bei der Zentralbank „refinanzieren". Beim Federal Reserve System in den USA dominiert der Ankauf von staatlichen Wertpapieren. Einen Ankauf von Fremdwährungsforderungen (bzw. Gold) setzen weder das Eurosystem noch das Fed aktiv zur Schaffung von Zentralbankgeld ein. Der große Bestand an Währungsreserven beim Eurosystem ist historisch bedingt und stammt zu einem großen Teil noch aus der Zeit von Bretton Woods, als Interventionsverpflichtungen zur Stützung des US–Dollars bestanden.

2.3 Das Geldbasiskonzept

Die traditionelle *Geldangebotstheorie* basiert auf dem *Geldbasiskonzept* und sieht die Zentralbankgeldmenge (Geldbasis) als operatives Ziel der Geldpolitik. Sie geht von einer exogen von der Notenbank vorgegebenen Geldbasis aus. Dies steht allerdings in scharfem Gegensatz zur tatsächlich betriebenen Geldpolitik der Zentralbanken, bei der der Tagesgeldsatz als operatives Ziel der Geldpolitik fungiert und die Geldbasis sich anpasst, d. h. endogen ist. Das Geldbasiskonzept ist aber dennoch nützlich, um die Zusammenhänge zwischen Geldbasis, Bargeldquote, Reservehaltungsneigung und Geldmenge zu verdeutlichen.

Das Geldangebot (M1) steht hier in einer Relation zur (von der Notenbank bereitgestellten) Geldbasis (B = ZBG), so dass gilt:

(1) $M1 = m \cdot B$

wobei m für den Geldschöpfungsmultiplikator steht.

Die Geldmenge M1 ergibt sich aus der Addition des Bargeldumlaufs und der Sichteinlagen der Nichtbanken.[64]

(2) $M1 = BG + D$

Die Geldbasis (B = ZBG) kann für den Bargeldumlauf (BG) und die Reservehaltung (R)[65] verwendet werden, so dass gilt:

(3) $B = BG + R$

Im Rahmen des Geldbasiskonzeptes werden üblicherweise die Reservehaltung und der Bargeldumlauf als Größen, die in einer festen Relation zu den Sichtguthaben (D) stehen, formuliert.

---

[64] Aus Gründen der besseren Übersichtlichkeit soll im Folgenden für D_S^{NB} einfach D geschrieben werden.

[65] Die Reservehaltung der Kreditinstitute spiegelt sich in den Einlagen (Guthaben) der Kreditinstitute (Geschäftsbanken) bei der Notenbank wider.

(4) $R = a \cdot D$

(5) $BG = b \cdot D$

wobei a die Reservehaltungsneigung, b die Bargeldneigung bezeichnen.

Vereinfacht soll hier von einer freiwilligen Reservehaltung der Geschäftsbanken abgesehen werden, so dass die Reservehaltungsneigung (a) dem Mindestreservesatz (mr) entspricht.

Setzt man (5) in (2) ein, so gilt:

(6) $M1 = b \cdot D + D$

                $= D (b + 1)$

Gleichungen (4) und (5) in (3) eingesetzt, ergibt

(7) $B = b \cdot D + a \cdot D$

                $= D (b + a)$

Durch Einsetzen von (6) und (7) in (1) folgt:

(8) $D(b + 1) = m \cdot D(b + a)$, bzw.

        $m = \dfrac{D(b + 1)}{D(b + a)}$

oder (nach Kürzung um D)

        $m = \dfrac{b + 1}{b + a}$

Bei einer Geldbasis von beispielsweise 10000, einer Bargeldquote von $b = 0{,}5$ und einer Reservehaltung von $a = 0{,}1$ ergibt sich folglich

        $M1 = \dfrac{0{,}5 + 1}{0{,}5 + 0{,}1} \cdot 10000 = 25000$

Die bei den angenommenen Werten für B, b und a maximale Geldmenge beträgt also 25000. Die Geldschöpfungsmöglichkeiten sind umso höher, je geringer b und a sind. Bei höherer Bargeldquote bzw. höherem Mindestreservesatz wird mehr Zentralbankgeld bei den Nichtbanken (b) bzw. der Notenbank (a) gebunden, die Geschäftsbanken verlieren zunehmend die Fähigkeit der multiplen Giralgeldschöpfung. Die Analyse könnte auf weitere Geldmengenaggregate und unterschiedliche Mindestreservesätze ausgedehnt werden, ohne dass sich an den grundsätzlichen Zusammenhängen etwas ändern würde. Das Geldbasiskonzept dient also – ausgehend von einer als exogen, d. h. von der Notenbank vorgegebenen Geldbasis, und gegebenen Multiplikator-Koeffizienten (Bargeldquote, Mindestreservesatz) – zur Abschätzung der theoretisch (maximal) möglichen Geldschöpfungsfähigkeit des Geschäftsbankensektors.

2.4 Exkurs: Buchungstechnische Darstellung des Geldschöpfungsprozesses

In einfachen Darstellungen zum Geldangebotsprozess nimmt dieser seinen Ausgang in einem Überschuss an Zentralbankgeld im Geschäftsbankensystem. Dabei handelt es sich um eine starke Vereinfachung, teilweise sogar um eine Umkehr der in der Realität zu beobachtenden Abläufe. Einfache Multiplikatorvorstellungen suggerieren nämlich, die Geschäftsbanken könnten den Nichtbanken – also den Nachfragern nach Geld – eine bestimmte Geldmenge aufzwingen, nur weil sie eine bestimmte „Überschussreserve" unterbringen wollen. Geld (M) manifestiert sich aber nur dann in den Bankbilanzen, wenn die Nichtbanken dieses auch nachfragen, d. h. Guthaben in entsprechender Höhe auch halten wollen. Die Nichtbanken haben nämlich jederzeit die Möglichkeit, Geld in Geldkapital umzuwandeln bzw. durch einen Abbau ihrer Verschuldung beim Bankensystem zu vernichten. Die Kassenhaltung stimmt also stets mit der von den Nichtbanken gewünschten Geldhaltung überein. Dies heißt aber auch, dass die Anstöße für die Geldschöpfung i. d. R. von den Nichtbanken, also von der Geldnachfrage ausgehen, die Geldmenge daher insoweit endogen, aus dem Wirtschaftsprozess heraus, bestimmt wird. Das hierzu benötigte Zentralbankgeld – etwa zur Erfüllung der Mindestreservepflicht bzw. zur Befriedigung der Nachfrage nach Bargeld durch die Nichtbanken – müssen sich die Geschäftsbanken freilich bei der Notenbank zu den von ihr festgelegten Konditionen besorgen.

Ungeachtet dieser Schwächen haben die traditionellen Darstellungen zum Geldangebotsprozess jedoch den Vorzug, einige grundlegende Zusammenhänge des Banken- und Nichtbankensektors klar hervortreten zu lassen, weshalb wir auch auf die herkömmlichen Überlegungen im Folgenden etwas näher eingehen wollen. Dabei wird allerdings unterstellt, dass das von den Geschäftsbanken geschaffene (zusätzliche) Geld von den Geldnachfragern auch gehalten wird. Insofern steht der im Folgenden dargelegte Geldangebotsprozess unter dem Vorbehalt der Akzeptanz durch die Nichtbanken.

Wie schon erläutert wurde, stellt die Notenbank die Geldbasis (= ZBG) zur Verfügung. Die Geschäftsbanken dagegen können Giralgeld in Abhängigkeit von der Bargeldquote b und dem Mindestreservesatz mr produzieren; sie bestimmten mit den Sichtdepositen die quantitativ wichtigste Komponente der Geldmenge. Wenn Guthaben der Geschäftsbanken bei der Notenbank nicht verzinst werden, werden Geschäftsbanken diese Guthaben möglichst niedrig halten. Wir gehen deshalb etwas vereinfachend davon aus, dass der Mindestreservesatz die Reservehaltung determiniert.

Ausgehend von einer – durch Devisenankauf durch die Notenbank entstandenen[66] – Zufuhr an Zentralbankgeld, kann jetzt die Kreditschöpfung und damit

---

[66] Vereinfachend sei hier unterstellt, dass Geschäftsbanken jederzeit Devisen an die Notenbank verkaufen können.

die Geldschöpfung des Bankensystems dargestellt werden. Zum besseren Verständnis soll dies anhand von Konten erfolgen.

Nach Ankauf der Devisen vom Exporteur und Verkauf an die Notenbank hat die Bilanz der Geschäftsbank A (GB_A) folgendes Aussehen:

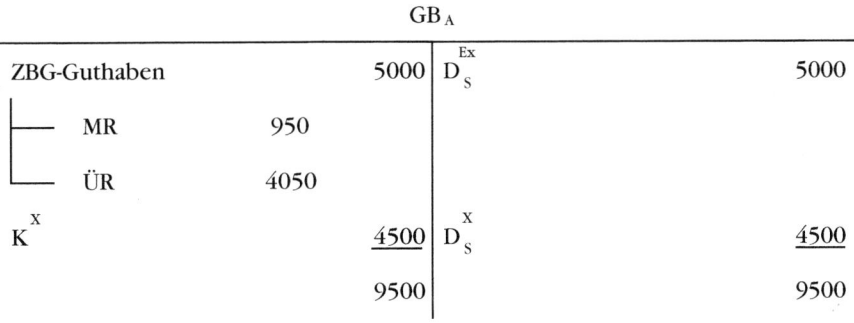

Da die GB_A bei einem Mindestreservesatz von 10 % auf das Sichtguthaben, welches der Exporteur bei ihr unterhält, eine Mindestreserve in Höhe von 500 halten muss, verbleiben ihr noch 4.500 überschüssiges Zentralbankgeld. Letzteres wird auch als *Überschussreserve* (ÜR) bezeichnet.

Diese Überschussreserve bildet den Ausgangspunkt der Überlegungen zur Kreditschöpfung. GB_A wird die Überschussreserve zur Kreditgewährung an den Kunden X verwenden, da dies gegenüber der Haltung von zinslosen Guthaben bei der Notenbank rentabler ist. Nach Gutschrift des Kreditgegenwertes auf dem Girokonto des Kunden X hat die Bilanz folgendes Aussehen:

Bei dem zugrunde gelegten Mindestreservesatz von 10 % (der Sichtguthaben) ergibt sich für die GB_A eine Erhöhung der Mindestreservehaltung auf 950. Unterstellt man jetzt eine *Bargeldquote* (b) von 50 %, d. h. die Kreditnehmer wollen 50 % der eingeräumten Kredite in Form von Bargeld halten, wird Kunde X 2250 bar abheben. Den Restbetrag überweist er an Y bei GB_B, z. B. zur Begleichung einer Verbindlichkeit. Die Bilanz von GB_A hat somit nach Abschluss dieser Transaktion folgendes Aussehen:

GB$_A$

ZBG-Guthaben	500	D_S^{Ex}	5000
├── MR	500		
└── ÜR	0		
K^X	4500		
	5000		5000

Obwohl GB$_A$ nach der Kreditgewährung nur eine Überschussreserve von 4050 verblieben ist, kann sie den Wünschen von X nach Abhebung und Überweisung in einer Gesamthöhe von 4500 ohne weiteres nachkommen, da durch die Reduktion der Sichtverbindlichkeiten auch Mindestreserve freigesetzt wurde (4050 + 450 = 2250 + 2250).

Für GB$_B$ ergibt sich nach Erhalt der Überweisung folgende Bilanz:

GB$_B$

ZBG-Guthaben	2250	D_S^Y	2250
├── MR	225		
└── ÜR	2025		
	2250		2250

Durch die Überweisung ist GB$_B$ Zentralbankgeld in gleicher Höhe zugeflossen. Dieser Zufluss kommt zustande, indem das Zentralbankguthaben der GB$_A$ bei der Notenbank auf die GB$_B$ übergeht. Die Notenbank nimmt also eine schlichte Umbuchung vom Konto der GB$_A$ auf das Konto der GB$_B$ vor. Nach Abzug der Mindestreserve verbleibt der GB$_B$ eine Überschussreserve von 2025, die zur Kreditvergabe an den Kunden Z verwendet wird.

GB$_B$

ZBG-Guthaben	2250	D_S^Y	2025
├── MR	427,5		
└── ÜR	1822,5		
K^Z	2025	D_S^Z	2250
	4275		4275

Kunde Z hebt wieder 50 % ab und überweist den Restbetrag an Q bei der GB_C.

$$GB_B$$

ZBG-Guthaben		225	D_S^Y	2250
├─ MR	225			
└─ ÜR	0			
K^Z		<u>2025</u>		───
		2250		2250

Daraus resultiert für GB_C folgende Bilanz:

$$GB_C$$

ZBG-Guthaben		1012,5	D_S^Q	1012,5
├─ MR	101,25			
└─ ÜR	911,25			
		───		───
		1012,5		1012,5

Dieser Prozess wird sich solange fortsetzen, bis die gesamte Überschussreserve aufgebraucht ist und das vorhandene Zentralbankgeld entweder in Form von Bargeld oder Mindestreserve gehalten wird.

Es ist offensichtlich, dass sich in Abhängigkeit von b und mr aus einer einmaligen Zufuhr an Zentralbankgeld ein Mehrfaches an Krediten und damit an Geld herauslegen lässt. Die Überschussreserve von 4500 erlaubt eine Erhöhung des Kreditvolumens und der Geldmenge ($\Delta BG + \Delta D_S$) um 8.182.

In der folgenden Tabelle sind die Veränderungen der einzelnen monetären Größen in Abhängigkeit einer Überschussreserve von 4500 nochmals zusammengestellt:

	ΔKr	ΔBG	ΔMR	ΔD_S
GB_A	4500	2250	-	-
GB_B	2025	1012,5	225	2250
GB_C	911,2	455,6	101,2	1012,5
GB_D	410,0	205,0	45,6	455,6
	•	•	20,5	205,0
	•	•	•	•
	•	•	•	•
	8182	4091	409,1	4091

Mit Hilfe des *Kreditschöpfungsmultiplikators* lassen sich diese Größen leicht ermitteln.

Ausgangspunkt war die Überlegung, dass durch eine Zufuhr von Zentralbankgeld bei den Banken Überschussreserven entstanden sind, welche sukzessive abgebaut werden, so dass am Ende des Prozesses die gesamte Überschussreserve in Form von Mindestreserve und Bargeld gehalten wird, also gilt:

(1) $\ddot{U}R = \Delta MR + \Delta BG$

Die zusätzliche Mindestreserve (ΔMR) folgt aus der Zunahme der Sichteinlagen (ΔD_S).

(2) $\Delta MR = mr \cdot \Delta D_S$

Der Bargeldabfluss resultiert aus der zusätzlichen Kreditvergabe.

(3) $\Delta BG = b \cdot \Delta K$

Setzt man (2) und (3) in (1) ein, so folgt daraus:

(4) $\ddot{U}R = mr \cdot \Delta D_S + \Delta K$

Da eine zusätzliche Kreditvergabe eine Erhöhung des Bargeldbestandes und der Sichtguthaben zur Folge hat, gilt:

(5) $\Delta K = \Delta BG + \Delta D_S$ oder umformuliert:

(6) $\Delta D_S = \Delta K - \Delta BG$

Setzt man (3) in (6) ein, ergibt sich

(7) $\Delta D_S = \Delta K - b \cdot \Delta K$ bzw.

$\Delta D_S = \Delta K(1-b)$

Durch Einsetzen von (7) in (4) erhält man

(8) $\ddot{U}R = mr \cdot \Delta K(1-b) + b \cdot \Delta K$ oder

$\ddot{U}R = \Delta K\,(mr(1-b) + b)$ bzw.

$\ddot{U}R = \Delta K\,(mr - mr \cdot b + b)$

Durch einfaches Umformulieren ergibt sich der Kreditschöpfungsmultiplikator:

$$\Delta K = \frac{1}{(mr - mr \cdot b + b)} \ddot{U}R$$

Er gibt die maximale Kreditschöpfungsmöglichkeit des Bankensystems in Abhängigkeit einer – einmalig entstandenen – Überschussreserve an. Die Kreditschöpfungsmöglichkeiten des Bankensystems sind also umso höher, je kleiner die Bargeldquote b bzw. je kleiner der Mindestreservesatz mr ist.

Setzt man die Werte aus dem vorherigen Beispiel ein, ergibt sich eine maximale Kreditschöpfungsmöglichkeit von

$$\Delta K = \frac{1}{0,1 - 0,1 \cdot 0,5 + 0,5} \quad 4500$$

$$= \frac{1}{0,55} \cdot 4500 = 8182 \text{ Geldeinheiten}$$

Da M1 aus Bargeld und Sichtguthaben besteht, folgt gemäß (5), dass die Zunahme des Kreditvolumens der von M1 entspricht. Es gilt also:

$$\Delta K = \Delta M1$$

Im vorstehenden Beispiel wurde die maximal mögliche Kreditschöpfung und die damit verbundene Geldschöpfung auf der Basis der Überschussreserve von 4500 berechnet. Will man hingegen den maximal möglichen monetären Effekt ermitteln, der von dem zugrunde gelegten Exportgeschäft ausgeht, so müssen zu den Sichtguthaben in Höhe von 4091 noch die Sichtguthaben des Exporteurs in Höhe von 5000 hinzugerechnet werden (ΔD_S = 9091). Der entsprechende Zuwachs der Mindestreserve beträgt dann 909,1 (409,1 + 500), die Erhöhung von M1 13.182 ($\Delta D_S + \Delta BG$).

Würde man die weiter oben vorgestellte Formel des Geldbasiskonzepts anwenden, ergäbe sich bei der auf dem Exportgeschäft basierenden Zentralbankgeldmenge von 5000 und den Koeffizienten b = 0,5 und a = 0,1 eine Geldmenge von M1 = 12.500, also ein kleinerer Wert als 13.182. Dieser Unterschied beruht ausschließlich darauf, dass – wie in der Literatur üblich – beim Geldbasiskonzept die Bargeldneigung auf die Depositen, beim Geld- und Kreditschöpfungsmultiplikator hingegen auf das Kreditvolumen bezogen wird. Unterstellt man auch für das Geldbasiskonzept eine kreditabhängige Bargeldneigung:

$$BG = bK, \text{ wobei } K = D - mrD$$

ergibt sich $BG = (b - mr \cdot b)D$

Setzt man weiter die Reservehaltung (a) und den Mindestreservesatz (mr) gleich, ergibt sich folgender modifizierter Multiplikator:

$$m = \frac{M1}{B} = \frac{BG + D}{BG + R}$$

$$= \frac{b - mr \cdot b + 1}{b - mr \cdot b + mr}$$

Für das Zahlenbeispiel beträgt dann die Geldmenge

$$M1 = \frac{0{,}5 - (0{,}1 \cdot 0{,}5) + 1}{0{,}5 - (0{,}1 \cdot 0{,}5) + 0{,}1} \cdot 5000 = 13.182$$

3. Geldnachfrage

Ausgangspunkt ist die Frage, warum Nichtbanken Geld in der Form von Bargeld oder Sichtguthaben halten. Die Frage drängt sich deshalb auf, weil diese *Geldhaltung (Kassenhaltung)* zinslos bzw. nahezu zinslos ist, es aber gleichzeitig eine Fülle ertragbringender Anlagemöglichkeiten gibt. Warum tragen die Wirtschaftssubjekte diese Opportunitätskosten in Höhe der entgangenen Erträge?

3.1 Klassische Theorie der Geldnachfrage

Wie eingangs dieses Kapitels bereits erwähnt, sah die klassische Theorie neben der Rechenmittelfunktion den Vorteil des Geldes in seiner Zahlungsmittelfunktion. Man braucht Geld, um die Tauschvorgänge möglichst reibungslos abwickeln zu können. Die Höhe der hierfür erforderlichen Geldhaltung richtet sich nach dem Tauschvolumen und der Häufigkeit, mit der eine bestimmte Geldmenge für Tauschzwecke benutzt wird. Wählt man als Maßstab für das Tauschvolumen das *Nominaleinkommen* ($P \cdot Y_r$), lässt sich die klassische Geldnachfragetheorie folgendermaßen formulieren:

$$M^D = k \cdot P \cdot Y_r$$

k (*Kassenhaltungskoeffizient*) misst also, wie viel Geld die Wirtschaftssubjekte im Verhältnis zu ihrem Nominaleinkommen halten wollen. Dies lässt sich anhand eines einfachen Rechenbeispiels klarmachen: Zu Beginn eines Monats fließt den Haushalten Einkommen in Höhe von 100 in Form einer Übertragung von Sichteinlagen zu. Sieht man vom Sparen ab, so werden die Haushalte dieses Einkommen im Laufe eines Monats wieder verausgaben, d. h., die Sichteinlagen fließen schließlich wieder den Unternehmen zu. Im Monatsdurchschnitt halten somit die Haushalte und die Unternehmen jeweils 50, insgesamt also Sichtguthaben in Höhe von 100. Wiederholt sich dieser Vorgang monatlich, so ist in einem Jahr ein Einkommen von 1200 entstanden. Zur Befriedigung der Geldnachfrage genügen jedoch 100 (siehe Abb. V.2):

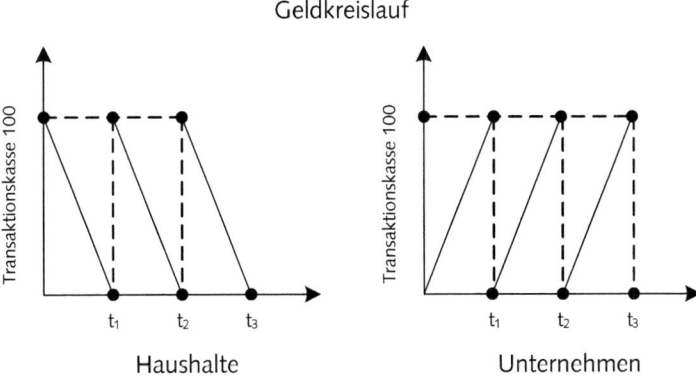

Abbildung V.2

$$M^D (100) = k(1/12) \cdot Y_r \cdot P(1200)$$

Anstatt mit dem Kassenhaltungskoeffizienten kann man auch mit der sog. *Umlaufsgeschwindigkeit* des Geldes argumentieren. Die Umlaufsgeschwindigkeit ist nichts anderes als der Kehrwert des Kassenhaltungskoeffizienten, also:

$$v = \frac{1}{k}$$

Im obigen Beispiel beträgt sie 12; die 100 Geldeinheiten werden während eines Jahres zwölfmal zur Finanzierung von Güterkäufen verwandt.

Da die Umlaufsgeschwindigkeit von den Zahlungsgewohnheiten abhängt, diese sich aber nur allmählich ändern und gemäß klassischer Theorie der Zinssatz keinen Einfluss auf die Geldnachfrage hat, wird der Parameter k kurz- bis mittelfristig als konstant angesehen. Zwischen der Geldnachfrage und dem Nominaleinkommen besteht somit eine proportionale Beziehung.

Die Geldnachfrage lässt sich noch präzisieren, wenn man davon ausgeht, dass die Wirtschaftssubjekte die Kaufkraft des Geldes berücksichtigen, sie also eine bestimmte *Realkassenhaltung* anstreben. Die Nachfrage nach Realkasse (= reale Geldnachfrage) erscheint dann als feste Proportion des *Realeinkommens*[67]:

$$\frac{M^D}{P} = k \cdot Y_r$$

---

[67] Aus dieser Theorie der Geldnachfrage lässt sich unschwer die Inflationserklärung der klassischen *Quantitätstheorie* herleiten: Da die Wirtschaftssubjekte eine feste Quote (k) des Realeinkommens (Y_r) zu halten wünschen, muss P steigen, wenn die nominale Geldmenge (M) über den realen Kassenbedarf hinaus erhöht wird. Dieser Zusammenhang spielt ebenfalls eine zentrale Rolle in der monetaristischen Inflationserklärung Friedmans (*Neoquantitätstheorie*).

3.2 Keynesianische Theorie der Geldnachfrage

Die klassische Vorstellung, dass Geld nur gehalten würde, um Transaktionen zügig durchführen zu können, wurde von Keynes kritisiert. Er fügte dem sog. *Transaktionsmotiv* noch ein Vorsichts- und ein Spekulationsmotiv hinzu. Die Nachfrage nach Vorsichtskasse trägt der Tatsache Rechnung, dass die zukünftigen Einnahmen und Ausgaben mit Unsicherheit behaftet sind (*Vorsichtsmotiv*). Die Vorsichtskasse kann jedoch der Transaktionskasse zugeschlagen werden, da die vorsichtsbedingte Kassenhaltung positiv mit der Einkommenshöhe korrelieren dürfte.

Die Geldnachfrage nach dem Transaktions- und Vorsichtsmotiv ($M^D_{T,V}$) lässt sich somit analog zur klassischen Geldnachfrage formulieren.

$$M^D_{T,V} = k \cdot Y_r \cdot P$$

Neben der einkommensabhängigen Vorsichts- und Transaktionskasse unterstellte Keynes noch eine zinsabhängige spekulative Geldhaltung (*Spekulationsmotiv*). Da dieses Geld zum einen nicht für Transaktionszwecke benötigt wird, zum anderen aber auch keinen Zinsertrag abwirft, erscheint diese Geldhaltung im Vergleich zur Anlage in verzinslichen Wertpapieren zunächst als ökonomisch unsinnig. Dennoch kann die Entscheidung über die Aufteilung dieses Finanzvermögens auf die von Keynes unterschiedenen zwei Anlageformen zinslose Geldhaltung (Halten von Sichteinlagen) oder festverzinsliche Wertpapiere (mit unendlicher Laufzeit) zugunsten der Geldhaltung ausfallen, und zwar dann, wenn mögliche Kursverluste bei den Wertpapieren ihren Zinsertrag übersteigen.[68] Dies wird dann der Fall sein, wenn der Marktzins hinreichend steigt. Der inverse Zusammenhang zwischen Zinsentwicklung und Kursentwicklung festverzinslicher Wertpapiere ist leicht zu erklären:

Ein Wertpapier (unendliche Laufzeit) mit einem *Festzins* von 5% hat bei einem am Markt herrschenden Zinssatz (Marktzinssatz) von 5% einen Marktkurs von 100%.[69] Daraus folgt, dass der *Effektivzins* (i_{eff}) dieses Wertpapiers ebenfalls 5% beträgt. Der Effektivzins eines Wertpapiers – die effektive Verzinsung des eingesetzten Kapitals – muss dem Marktzins entsprechen. Der Effektivzins errechnet sich aus dem Festzins und dem Marktkurs des Wertpapiers.

$$i_{eff} = \frac{\text{Festzins}}{\text{Marktkurs}} = \frac{5\%}{100\%} = 5\%$$

---

[68] Diese Überlegungen lassen sich analog auch auf den Aktienmarkt übertragen. So wird keiner Aktien kaufen, wenn mit Kursverlusten gerechnet wird, die den Dividendenertrag übersteigen.

[69] Der Marktkurs wird in % des Nennwertes des festverzinslichen Wertpapiers ausgedrückt. Bei einem Marktkurs von 100% müssen für ein festverzinsliches Wertpapier mit einem Nennwert von 100 € also 100 € bezahlt werden, beträgt der Marktkurs hingegen nur 90%, müssen für dieses Papier nur 90 € bezahlt werden.

Kommt es jetzt zu einem Anstieg des *Marktzinssatzes* (z. B. auf 6%), muss – da der Festzins des Wertpapiers unverändert bleibt – dessen Marktkurs solange sinken, bis der Effektivzins dieses Wertpapiers dem Marktzinssatz wieder entspricht. Der Marktkurs dieses Wertpapiers errechnet sich wie folgt:

$$\text{Marktkurs} = \frac{\text{Festzins}}{\text{Marktzins}} = \frac{5\%}{6\%} = 83{,}33\%$$

Der Käufer dieses 5%igen Wertpapiers würde also bei einem Marktkurs von 83,33% eine Effektivverzinsung von 6% erhalten. Kauft er nämlich ein Wertpapier mit einem Nennwert von 100 Euro zu 83,33 Euro, so erhält er bei einem Festzins von 5% 5 Euro an Zinsen; bezogen auf das eingesetzte Kapital von 83,33 Euro entspricht dies einem Effektivzinssatz von 6%.

Die bisherigen Überlegungen kann man auch heranziehen, um – ausgehend von Erwartungen über die zukünftige Zinsentwicklung – den künftigen Marktkurs zu ermitteln.

$$\text{erwarteter Marktkurs} = \frac{\text{Festzins}}{\text{erwarteter Marktzins}}$$

Erwartet etwa der Besitzer eines 5%igen Wertpapiers bei einem aktuellen Kurswert von 100% einen Anstieg des Marktzinssatzes auf 6% im Verlaufe eines Jahres, so wird er das Wertpapier verkaufen, da er sonst Kursverluste hinnehmen müsste,[70] die den Zinsertrag übersteigen:

Zinsertrag	5,00 Euro
erwarteter Kursgewinn/-verlust	– 16,66 Euro
erwarteter Nettogewinn/-verlust	– 11,66 Euro

Das Wirtschaftssubjekt wird folglich Geld halten, das zwar keinen Zinsertrag abwirft, andererseits aber nicht mit dem Risiko von Kursverlusten behaftet ist.

Entscheidend für das Verständnis der Keynesschen Überlegungen ist, dass die Wirtschaftssubjekte aufgrund ihrer Erfahrungen Vorstellungen vom „*Normalzins*" haben und diesen mit dem gegenwärtigen Marktzins vergleichen. Ist der gegenwärtige Marktzins niedriger als der „Normalzins", werden Kursverluste erwartet, weil damit gerechnet wird, dass die Zinsen wieder steigen. Übersteigen die erwarteten Kursverluste die Zinserträge, wird die Geldhaltung einer Wertpapierhaltung vorgezogen. Liegt der gegenwärtige Marktzins über dem Normalzins, werden andererseits Kursgewinne erwartet, so dass es sich lohnt, Wertpapiere anstatt Geld zu halten. Gleiches gilt, wenn der gegenwärtige Marktzins dem Normalzins entspricht, da der Zinsertrag aus der Wertpapierhaltung größer als der aus der Geldhaltung ist, welcher ja bei Keynes bei null liegt.

---

[70] 5%/6% = 83,33%, d. h. der Marktkurs des Wertpapiers fällt von 100% auf 83,33%.

Bedeutsam für die Zinsabhängigkeit der Geldnachfrage ist, dass die Vorstellungen über den „Normalzins" von Wirtschaftssubjekt zu Wirtschaftssubjekt unterschiedlich sind. Obwohl jedes einzelne Wirtschaftssubjekt nach dem Keynes'-schen Spekulationsmotiv nur eine Alles–oder–Nichts-Entscheidung trifft, ergibt sich gesamtwirtschaftlich ein fallender Verlauf der spekulativen Geldnachfrage. Mit sinkendem Marktzinssatz erwarten nämlich immer mehr Wirtschaftssubjekte Kursverluste, weshalb zunehmend die Geldhaltung einer Wertpapierhaltung vorgezogen wird.

Berücksichtigt man die große Zahl von Wirtschaftssubjekten mit individuellen „Normalzins"-Vorstellungen, kann die zinsabhängige Geldnachfrage gesamtwirtschaftlich als stetig fallende Funktion abgebildet werden:

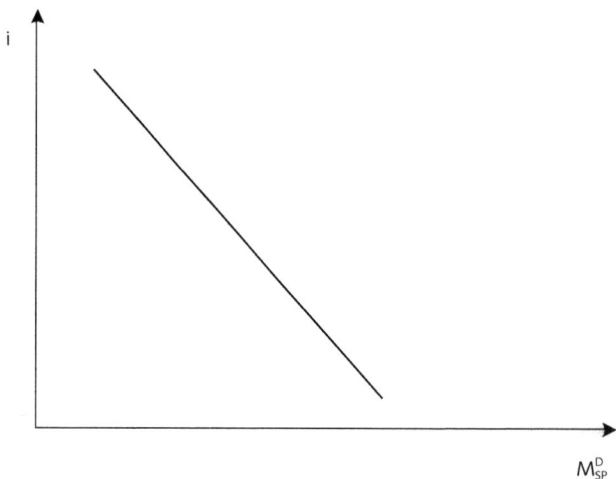

Abbildung V.3

In ökonometrischen Schätzungen zur Geldnachfrage wird das Spekulationsmotiv über Variablen abgebildet, die die Opportunitätskosten der Geldhaltung widerspiegeln (in der Regel Zinssätze). So stehen hohe Zinssätze für erwartete Kursgewinne, niedrige Zinssätze für erwartete Kursverluste.

Wie erwähnt, geht Keynes von nur zwei Anlageformen aus, und zwar einerseits von unverzinslicher Geldhaltung (M1) und andererseits von festverzinslichen Wertpapieren mit unendlicher Laufzeit. Die erste Alternative stellt eine zinslose Anlage ohne Kursrisiko, die zweite eine zinstragende Anlage mit Kursrisiko dar. Heutzutage gibt es jedoch auch zinstragende Anlageformen, die ebenfalls kein Kursrisiko aufweisen (z. B. Termineinlagen). Das Motiv der spekulativen Geldhaltung kann deshalb so weitgehend nicht mehr für M1 in Anspruch genommen werden. Vielmehr dürfte letzteres heute stärker bei der Entscheidung, ob eine niedrigverzinsliche kurzfristige Anlage ohne Kursrisiko einer höherverzinslichen längerfristigen Anlage mit Kursrisiko vorgezogen werden soll, eine Rolle spielen.

Das Halten von Geld im Sinne von M1 lässt sich besser im Rahmen eines umfassenden *Portfoliokalküls* erklären. Danach legen die Wirtschaftssubjekte ihr Geld in verschiedenen finanziellen (Finanzvermögen) und realen Vermögensobjekten (Sachvermögen) an.[71] Die Zusammensetzung dieses Portefeuilles richtet sich nach den erwarteten Risiken und Erträgen der einzelnen Anlagen. Optimal ist ein Portefeuille dann, wenn eine Änderung der Zusammensetzung dieses Vermögensbündels bei gegebenen Risiken der Anlagen keine Verbesserung des Gesamtertrages mehr erbringt. Ändern sich die Risiken und/oder Erträge einzelner Anlagen, wird auch die Zusammensetzung des Portefeuilles geändert. Da Geld im Sinne von M1, M2 oder M3 eine der vielfältigen Vermögensanlagen ist, führen beispielsweise Erhöhungen der Zinserträge auf Bankschuldverschreibungen, Sparzertifikaten oder festverzinslichen Wertpapieren zu einer Änderung der Zusammensetzung des Finanzvermögens, und zwar in dem Sinne, dass das Halten von Geld zugunsten der attraktiver gewordenen alternativen Finanzanlagen verringert wird.

---

[71] „Was die Geldnachfrage aus Spekulationsgründen anbelangt, so konzentrieren sich die traditionellen Ansätze ausschließlich auf die Portfolioentscheidung zwischen Geld und Anleihen, wobei sie betonen, dass Geld gehalten wird, um Kapitalverluste bei Anleihen infolge eines zukünftig erwarteten Zinsanstiegs zu vermeiden. Modernere Ansätze allerdings betrachten Geld als Bestandteil eines breiter angelegten Portfolios, bei dem Vermögen unter Berücksichtigung des jeweiligen Risiko- und Ertragsprofils in eine Reihe unterschiedlicher Aktiva investiert wird (wie Anleihen, Aktien oder Immobilien)." EZB, Geldnachfrage und Unsicherheit, Monatsbericht Oktober 2005, S. 64.

1. Das Eurosystem als Institution

Der Begriff „*Eurosystem*" findet sich nicht im EG-Vertrag. Er wurde vielmehr zu Beginn der (dritten Stufe der) Währungsunion (1.1.1999) vom EZB-Rat eingeführt, um die Teile des Europäischen Systems der Zentralbanken zu bezeichnen, die für Geldpolitik im Euroraum zuständig und verantwortlich sind.

1.1 Aufbau und Entscheidungsstruktur

Das Europäische System der Zentralbanken (ESZB) besteht aus den rechtlich selbständigen nationalen Zentralbanken (NZBen) aller EU-Mitgliedstaaten (aktuell 27) und aus der rechtlich selbständigen Europäischen Zentralbank (EZB). Die EZB wurde am 1. Juni 1998 als gemeinsames Tochterinstitut der nationalen Zentralbanken mit Sitz in Frankfurt/Main errichtet. Sie ist Nachfolgerin des Europäischen Währungsinstituts (EWI). Dem Eurosystem gehören neben der EZB hingegen nur die nationalen Zentralbanken der Länder an, die dem Euro-Währungsraum beigetreten sind (aktuell 13). Das Eurosystem trägt die alleinige Verantwortung für die Geldpolitik in der Währungsunion. Die EZB ist das Herzstück des Eurosystems. Sie ist verantwortlich dafür, dass alle Aufgaben des Eurosystems entweder durch ihre eigene Tätigkeit oder durch die nationalen Zentralbanken erfüllt werden. Die nationalen Zentralbanken sind dabei der EZB funktional untergeordnet. Die EZB wirkt als Exekutivorgan des Eurosystems.

Für das Eurosystem gilt der Grundsatz „zentrale Entscheidungsfindung – dezentrale Ausführung". Dabei besagt das Dezentralitätsprinzip, dass die Durchführung der Geschäfte bei den nationalen Zentralbanken liegt, soweit dies möglich und sachgerecht ist. Dezentralität ist aber nicht mit Eigenständigkeit in der Organisation der Verfahrensabläufe gleichzusetzen, da eine einheitliche Geldpolitik auch einer weitgehend einheitlichen Umsetzung bedarf. Im Gegensatz zur EZB und den NZBen haben weder das Eurosystem noch das ESZB eine eigene Rechtspersönlichkeit und eigene Beschlussorgane. Beide werden daher von den Beschlussorganen der EZB geleitet.

---

[72] Eine ausführliche Darlegung findet sich in Görgens, E./ Ruckriegel, K./ Seitz, F., Europäische Geldpolitik, 4. Auflage, Stuttgart 2004.

Zentrales Entscheidungsorgan des Eurosystems ist der EZB-Rat. Er besteht aus den Mitgliedern des Direktoriums der EZB, also dem Präsidenten und dem Vizepräsidenten der EZB sowie den (vier) weiteren Mitgliedern des Direktoriums der EZB einerseits und den Präsidenten der nationalen Zentralbanken der Staaten, die an der Währungsunion teilnehmen, andererseits. Während die Berufung der Präsidenten der nationalen Zentralbanken bei den einzelnen Mitgliedstaaten liegt, erfolgt die Ernennung der Mitglieder des Direktoriums der EZB einvernehmlich durch die Regierungen der Mitgliedstaaten auf der Ebene der Staats- und Regierungschefs.

1.2 Hauptaufgabe und Stellung

Das vorrangige Ziel des Eurosystems ist, Preisstabilität[73] zu gewährleisten, wobei es dem Eurosystem obliegt, dieses Ziel zu operationalisieren (Wahl des Preisindex, quantitative Definition von Preisstabilität, relevanter Zeithorizont). Nur soweit es ohne Beeinträchtigung des Ziels der Preisstabilität möglich ist, soll das Eurosystem die allgemeine Wirtschaftspolitik in der EU unterstützen (Art. 105 EG-Vertrag und Art. 2 der Satzung des ESZB und der EZB).

Damit das Eurosystem sein vorrangiges Ziel, die Gewährleistung der Preisstabilität, effektiv durchsetzen kann, sind die EZB und die nationalen Zentralbanken in ihren Entscheidungen von Weisungen der sonstigen Träger der Wirtschaftspolitik auf nationaler wie auch auf EU-Ebene unabhängig. Im Rahmen des ihm vorgegebenen Ziels ist das Eurosystem frei (unabhängig) bei der Wahl der Mittel. Einschränkend ist jedoch zu berücksichtigen, dass nach Art. 105 EG-Vertrag das Eurosystem im Einklang mit den Grundsätzen einer offenen Marktwirtschaft bei freiem Wettbewerb zu handeln hat. Bestimmte Instrumente, etwa quantitative Beschränkungen der Kreditvergabe, dürfen somit nicht eingesetzt werden.

Die *Unabhängigkeit* des Eurosystems ruht auf vier Säulen: (1) der institutionellen Unabhängigkeit, die die Freiheit der nationalen Zentralbanken sowie der *EZB* und ihrer Beschlussorgane von Weisungen Dritter verbürgt; (2) der personellen Unabhängigkeit, die lange Vertragslaufzeiten der Entscheidungsträger vorsieht (acht Jahre bei Mitgliedern des *EZB*-Direktoriums ohne Möglichkeit der Wiederernennung). (3) der finanziellen Unabhängigkeit und (4) der funktionellen Unabhängigkeit (Ausrichtung auf das Ziel der Preisstabilität, Kontrolle des geldpolitischen Handlungsrahmens).

---

[73] Mit dieser vom Eurosystem verwendeten Endzielformulierung ist „*Preisniveaustabilität*" gemeint.

2. Die vier Ebenen der Geldpolitik

Die Geldpolitik kann bekanntlich ihr prioritäres Ziel Preisstabilität nicht auf direktem Wege erreichen. Vielmehr durchläuft sie vom Instrumenteneinsatz bis zum Endziel verschiedene Stufen bzw. Ebenen, auf denen Anhaltspunkte zur Beurteilung des richtigen geldpolitischen Kurses gefunden und genutzt werden können. Das zentrale Problem besteht nun darin, die kausalen Verknüpfungen zwischen den Ebenen aufzudecken und nach Möglichkeit den Entscheidungsträgern Regeln an die Hand zu geben, wie die Geldpolitik auf den einzelnen Ebenen im Interesse des Endziels agieren sollte.

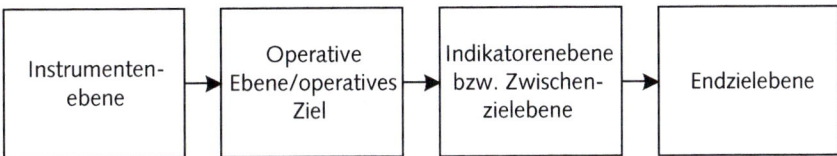

- Instrumentenebene

Auf der *Instrumentenebene* entscheidet eine Zentralbank über den Einsatz ihrer geldpolitischen Instrumente. Heutzutage handelt es sich dabei um drei Arten von Instrumenten:

(1) Die erste Kategorie, die mindestreservebedingte Nachfrage nach Reserven bzw. Anreize zur freiwilligen Reservehaltung, stellt grundsätzlich die Nachfrage nach Guthaben bei der Zentralbank durch die Geschäftsbanken, d. h. die Anbindung an die Zentralbank, sicher (sog. Anbindungsfunktion). Sie bewirkt i. d. R. auch eine Zinsglättung am Tagesgeldmarkt (sog. Zinsglättungs- bzw. Stabilisierungsfunktion). Damit eine Zentralbank den Tagesgeldsatz kontrollieren kann, muss eine ausreichende Nachfrage nach Guthaben bei der Zentralbank bestehen. Sie ist gewissermaßen die Grundlage für das Wirksamwerden der Geldpolitik.

(2) Die zweite Kategorie von Instrumenten, die sog. Offenmarktgeschäfte, dient der primären Liquiditätsversorgung des Geschäftsbankensystems, also der Versorgung des Bankensystems mit Guthaben (Einlagen) bei der Zentralbank, und der Vorgabe des gewünschten Ziel-Zinssatzes am Tagesgeldmarkt. Zur Ermittlung des angemessenen Ziel-Zinssatzes dient etwa die *Taylor-Rule*.

(3) Die dritte Kategorie, die sog. Ständigen Fazilitäten, bestimmt schließlich den Korridor, in dem sich der Tagesgeldsatz bewegen kann.

- Operative Ebene / operatives Ziel

Auf der Instrumentenebene legt die Zentralbank die Notenbankzinssätze nach ihren Vorstellungen fest, um damit zunächst das *operative Ziel* zu erreichen. Als operatives Ziel fungiert der Zinssatz für Tagesgeld am Interbanken-Geldmarkt. Dieser kann auf Tagesbasis im Rahmen des Liquiditätsmanagements der Zentralbank kontrolliert und gesteuert werden.

– Indikatorenebene bzw. Zwischenzielebene

Auf der *Indikatorenebene* geht es um Variablen, die frühzeitig Informationen darüber liefern, wie das operative Ziel anzupassen ist, um das Endziel zu erreichen. Dabei kann es sich um reale oder monetäre Größen handeln. Zu denken ist hier etwa an Auftragseingänge, Kapazitätsauslastungen etc. einerseits und an die Entwicklung des Kreditvolumens und die verschiedener Geldmengenaggregate andererseits. Fungiert eine derartige Variable sogar als (offizielles) *Zwischenziel* (wie z. B. die Geldmenge bei der Deutschen Bundesbank bis zum Beginn der Europäischen Währungsunion oder ein bestimmter Wechselkurs gegenüber einer Ankerwährung), sollte sie nicht nur frühzeitig verfügbar sein und einen möglichst stabilen oder zumindest prognostizierbaren Zusammenhang zum Endziel aufweisen, sondern auch hinreichend von der Zentralbank mit Hilfe ihres Instrumentariums (im Falle der Geldmenge über die Beeinflussung der Geldnachfrage) beeinflusst werden können. Zwar haben Zwischenziele inzwischen in der praktischen Geldpolitik an Bedeutung verloren. Die Unterscheidung zwischen der operativen und der Indikatorenebene macht aber bereits deutlich, dass eine fehlende Berücksichtigung von „Geld" auf der operativen Ebene nicht zwangsläufig gleichbedeutend mit der Nichtbeachtung von Geldmengenentwicklungen im Allgemeinen ist.

– Endzielebene

Auf der *Endzielebene* geht es um die letztlich von der Zentralbank anzustrebenden Ziele. Hier hat sich in den letzten beiden Jahrzehnten sowohl in der Theorie als auch in der Praxis als Konsens herausgebildet, dass sich Zentralbanken auf die Bekämpfung von Inflation bzw. die Gewährleistung von Preisstabilität konzentrieren sollten. Als Zeithorizont sollte dabei eine mittelfristige Perspektive zugrunde gelegt werden. Alle anderen Ebenen sind letztlich dieser Ebene unterzuordnen. Das Endziel ist den Zentralbanken in der Regel durch ihre Statuten vom Gesetzgeber vorgegeben.

3. Geldpolitische Strategie: Das „Zwei-Säulen-Konzept"

Eine geldpolitische Strategie soll die Handlungsweise einer Zentralbank (so weit wie möglich) transparent machen. Sie dient einerseits zur Kommunikation mit der Öffentlichkeit, aber auch als interne Richtschnur. Mit ihrer Hilfe soll das Entstehen von Inflationserwartungen verhindert werden. Im Gegensatz zu den institutionellen Rahmenbedingungen, die den Zentralbanken vorgegeben sind, können sie im Rahmen der ihnen vorgegebenen Ziele ihre geldpolitische Strategie selbst formulieren.

Das „*Zwei-Säulen-Konzept*" des Eurosystems sieht eine Mischung zwischen Elementen einer Geldmengenstrategie und der Strategie einer direkten Inflationssteuerung vor. Konkret umfasst die gewählte Strategie zwei Säulen und einen Anker. Der Anker operationalisiert das Endziel der Geldpolitik, die beiden Säulen haben Indikatorfunktion für die Geldpolitik des Eurosystems.

3.1 Der Anker: Quantitative Definition der Preisstabilität

Nach dem EU-Vertrag ist dem Eurosystem als primäres Ziel die Gewährleistung von Preisstabilität vorgegeben. Um dieses Ziel inhaltlich zu konkretisieren, definiert das Eurosystem Preisstabilität als einen Anstieg des *Harmonisierten Verbraucherpreisindex (HVPI)* in der EWU von unter, aber nahe 2 % gegenüber dem Vorjahr.[74] Preisstabilität soll dabei mittelfristig erreicht bzw. eingehalten werden. Temporäre Verfehlungen (z. B. aufgrund von Ölpreis- oder Wechselkursschocks) sind also durchaus vereinbar mit dem Ziel. Die Definition des Eurosystems bezieht sich auf den allgemeinen Verbraucherpreisindex, die sog. *„Headline Inflation"*. Es werden nicht bestimmte Teile zur Berechnung einer Kerninflationsrate (*„Core Inflation"*, „Underlying Inflation") herausgerechnet.

Nach der Definition der EZB fungiert nicht eine gemessene Inflationsrate von Null, sondern eine solche von knapp unter 2 % als Zielgröße. Alleine Messfehler bei der Preisentwicklung legen es nahe, nicht eine Inflationsrate von Null anzustreben. Je geringer der Preisanstieg ist, desto mehr fallen diese statistischen Messprobleme ins Gewicht. Zusätzlich trägt die Sicherheitsmarge von knapp unter 2 % dem Deflationsrisiko und den Auswirkungen von Inflationsunterschieden innerhalb der EWU Rechnung. Letztere stellen dann ein Problem dar, wenn aufgrund höherer Inflationsraten in einigen Ländern andere Länder niedrigere Raten aufweisen müssen, damit im Durchschnitt das Stabilitätsziel erreicht wird. Wird Preisstabilität zu ehrgeizig definiert, können sich in einzelnen Ländern Deflationsgefahren manifestieren. Das eigentliche ökonomische Kriterium für Preisstabilität muss sein, dass Inflation nicht in das Entscheidungskalkül der Wirtschaftssubjekte eingeht. Die Vorgabe der Preisstabilität soll die Inflationserwartungen der Wirtschaftssubjekte niedrig halten.

Die konkrete Formulierung des Ziels durch das Eurosystem hat drei wichtige Implikationen:

Erstens ist die Preisentwicklung im gesamten Euro-Raum relevant, nicht in einzelnen Ländern. Nach dem *Balassa-Samuelson-Effekt* können je nach nationaler Produktivitätsentwicklung im Sektor der handelbaren und nicht-handelbaren Güter mehr oder weniger deutliche Inflationsunterschiede bestehen. Auch konjunkturelle Unterschiede und unterschiedliche nationale Politikausrichtungen (Fiskal- und Lohnpolitik) spielen dabei eine Rolle. Im Jahresdurchschnitt 2004 hatte z. B. Luxemburg eine Preissteigerungsrate von 3,2 %, Finnland dagegen nur eine solche von 0,1 %. Die Differenz betrug also gut drei Prozentpunkte. Die einheitliche Geldpolitik des Eurosystems kann sich jedoch nur auf die Inflationsrate

---

[74] Die Klarstellung „nahe 2 %" wurde erst durch die Überprüfung der Strategie im Jahr 2003 eingefügt.

im gesamten Euro-Währungsgebiet konzentrieren. Sie kann nicht zugleich regionale Preisentwicklungen berücksichtigen oder sogar versuchen, diese zu beeinflussen. Mit der Konkretisierung „unter, aber nahe 2 %" versuchte das Eurosystem diesen Überlegungen Rechnung zu tragen. Allerdings dürften die Inflationsraten auf Dauer durch die verstärkte Integration der an der EWU teilnehmenden Volkswirtschaften zunehmend konvergieren.

Zweitens wird die Teuerung gemessen auf Verbraucherebene, nicht an anderen Preisgrößen (z. B. den Erzeugerpreisen oder dem BIP-Deflator). Dies ist konsistent mit der mikroökonomischen Theorie und den marktwirtschaftlichen Grundlagen, nach denen die wirtschaftliche Aktivität letztlich auf den Konsumenten ausgerichtet ist. Darüber hinaus ist die Öffentlichkeit mit diesem Index vertraut, der publizierte Wert wird nur selten revidiert, er ist hinreichend aktuell und auf Monatsbasis verfügbar.

Drittens sind sowohl Preissteigerungen über und deutlich unter 2 % als auch Deflation (negative Wachstumsraten des HVPI) unvereinbar mit Preisstabilität. Dadurch wird darauf verwiesen, dass nicht nur übermäßige Preissteigerungsraten, sondern auch geringfügig positive (gemessene) Raten oder sogar allgemein sinkende Preise negative Konsequenzen für die Wirtschaftsentwicklung nach sich ziehen. Letztere sind, soweit sie nachfragebedingt verursacht sind, wegen ihrer schädlichen gesamtwirtschaftlichen Auswirkungen (Kaufzurückhaltung, steigende Realzinsen und Reallöhne, Unternehmens- und Bankenzusammenbrüche, Massenarbeitslosigkeit usw.) unter Umständen sogar gravierender.

Ein Vergleich der tatsächlichen HVPI-Entwicklung mit der Definition von Preisstabilität zeigt, dass größere anhaltende Verfehlungen des Ziels bisher nicht auszumachen waren. So wurde von 2000 bis 2004 im Jahresdurchschnitt die 2 %-Marke zwar stets überschritten. Die durchschnittliche Überschreitung betrug aber nur knapp 0,2 Prozentpunkte. Dafür spielte auch der in den letzten Jahren verschärfte Wettbewerbsdruck eine nicht unerhebliche Rolle. Dadurch werden die Preisüberwälzungsspielräume der Unternehmen eingeschränkt.

3.2 Die (langfristige) monetäre Säule: Monetäre Analyse und der Referenzwert für M3

Auf Dauer ist Inflation immer und überall ein monetäres Phänomen, d.h., sie geht zwangsläufig mit einer übermäßigen Ausweitung der Geldbestände in den Händen der Nichtbanken einher. Ohne Einschaltung der Zentralbank ist eine derartige Ausweitung der Geldmenge dauerhaft nicht vorstellbar. Dieser Zusammenhang kann theoretisch solide und relativ einfach aus der sogenannten *Quantitätsgleichung* abgeleitet werden, nach der der Wert der gesamtwirtschaftlichen Produktion (Preisniveau P multipliziert mit der realen Produktion Y_r) als Identität dem Produkt aus Geldmenge M und *Umlaufsgeschwindigkeit des Geldes* „v" entspricht:

M = Geldmenge   P = Preis niveau
v = Umlaufgeschw.   Y_r = reale Produktion

$$M \cdot v = P \cdot Y_r \text{ bzw. } P = \frac{M \cdot v}{Y_r}$$

Aus M · v ergibt sich die nominale Gesamtnachfrage in einer Periode. Ein Anstieg der nominalen Gesamtnachfrage führt zu einer Erhöhung der realen Produktion (Y_r) und/oder des Preisniveaus (P).

Da sich die Geldmengenziele auf Wachstumsraten (WR) beziehen, muss diese Relation umgeformt werden zu:

$$WR_M = WR_P + WR_Y - WR_V$$

Die Wachstumsrate der Geldmenge WR_M ergibt sich aus der Inflationsrate WR_P ergänzt um das Wachstum der Volkswirtschaft WR_Y abzüglich der Zunahme der Umlaufsgeschwindigkei WR_V. Inflation ist also dauerhaft nur möglich, wenn die Geldmenge stärker wächst als die um die Umlaufsgeschwindigkeit korrigierte reale gesamtwirtschaftliche Produktion.

Die von der EZB in diesem Rahmen durchgeführte monetäre Analyse basiert auf einer Beurteilung der Liquiditätslage anhand der *Geldmengenaggregate*, ihrer Komponenten und Bilanzgegenposten, insbesondere der Kreditgewährung. Im Mittelpunkt steht das breit gefasste Aggregat M3. Es ist folgendermaßen definiert (die Zahlenangaben beziehen sich auf den Stand Ende November 2006, in Mrd. Euro):[75]

Bargeldumlauf (574,5),

+ täglich fällige Einlagen (3.034,7),

= M1 (3.609,2)

+ Einlagen mit einer vereinbarten Laufzeit bis 2 Jahren (1.377,8),

+ Einlagen mit einer vereinbarten Kündigungsfrist von bis zu 3 Monaten (1.561,2),

= M2 (6.548,2)

+ Repogeschäfte (257,2),

+ Geldmarktpapiere und Bankschuldverschreibungen mit einer Laufzeit bis zu 2 Jahren (199,8),

+ Anteile an Geldmarktfonds (633,7),

= M3 (7.638,9)

---

[75] Europäische Zentralbank, Monatsbericht Januar 2007, S. 13, (statistischer Teil).

Beim Bargeld zählt (aus statistischen Gründen) der gesamte Umlauf außerhalb des Euro-Bankensystems zur Geldmenge. Die restlichen Teile des Geldmengenaggregats beziehen sich auf Verbindlichkeiten von im Euro-Währungsgebiet ansässigen „Monetären Finanzinstituten" („Monetary Financial Institutions") gegenüber Nichtbanken (ohne Zentralregierungen) im Euro-Währungsraum.[76] Für M3 veröffentlicht die EZB einen sogenannten *Referenzwert*. Ausgangspunkt der Ableitung dieses Wertes stellt entsprechend der mittelfristigen Ausrichtung einer Geldmengenpolitik nicht das erwartete Wirtschaftswachstum im nächsten Jahr, sondern das Wachstum des realen *Produktionspotentials* (WR_Y) dar. Darunter versteht man die gesamtwirtschaftliche Produktion, die sich unter Berücksichtigung des technischen Fortschritts mit den jeweils verfügbaren Produktionsfaktoren Arbeit und Sachkapital bei normaler Auslastung erstellen lässt.[77]

Als nächstes ist es nötig, das reale Produktionspotential über eine Preisvariable (WR_P) in eine nominale Größe umzusetzen. Auch hier wird nicht die aktuelle Preisentwicklung herangezogen, sondern es erfolgt eine Orientierung an längerfristigen Stabilitätsvorstellungen. Üblicherweise wird eine „mittelfristige Preisannahme" oder *Preisnorm* von etwa 2 % gesetzt, die als maximal zu tolerierende Inflationsrate aufzufassen ist.

Als letzte grundlegende Determinante des Referenzwertes ist der Trend in der *Umlaufsgeschwindigkeit des Geldes* zu berücksichtigen. Diese ist definiert als das Verhältnis von nominalem Produktionspotential zu M3. Auch hier ist wiederum die mittelfristige Orientierung wesentlich. Bei einem anhaltenden trendmäßigen Rückgang der Umlaufsgeschwindigkeit, wie er z. B. im Eurogebiet auszumachen ist, steigt die Geldhaltung im Verhältnis zum Produktionspotential. Begründet wird dies in der Regel damit, dass die Geldhaltung nicht nur gütermarktbedingt ist, sondern auch der Vermögensanlage dient und das Vermögen

---

[76] Bei den Repogeschäften handelt es sich um „echte" Pensionsgeschäfte, bei denen Kreditinstitute als Pensionsgeber auftreten. Bei echten Pensionsgeschäften überträgt der Pensionsgeber ihm gehörende Vermögensgegenstände (i.d.R. Wertpapiere) an einen Dritten, dem sog. Pensionsnehmer, gegen Zahlung eines bestimmten Betrags. Gleichzeitig wird vereinbart, dass die Vermögensgegenstände zu einem festgelegten späteren Zeitpunkt an den Pensionsgeber zurück übertragen werden müssen. Bei echten Pensionsgeschäften müssen die Vermögensgegenstände weiterhin beim Pensionsgeber in der Bilanz ausgewiesen werden. In Höhe des Betrages, den die Kreditinstitute für die befristete Überlassung der Vermögensgegenstände vom Pensionsnehmer erhalten, müssen sie daher eine Verbindlichkeit gegenüber dem Pensionsnehmer ausweisen. Sofern es sich bei diesem Pensionsnehmer um eine im Euroraum ansässige Nichtbank handelt, wird diese Verbindlichkeit unter der Rubrik „Repogeschäfte" in M3 erfasst. Faktisch handelt es sich dabei also um besicherte Termineinlagen.

[77] In diesem Vorgehen ist eine antizyklische Komponente enthalten: Bei unterausgelasteten Kapazitäten fällt das Geldmengenwachstum nämlich durch die Potentialorientierung stärker aus als wenn eine BIP-Orientierung erfolgte. Umgekehrt wird in Jahren, in denen eine konjunkturelle Überhitzung droht, weil das Wirtschaftswachstum die Ausweitung des Produktionspotentials übersteigt, die Expansion der Geldmenge geringer ausfallen. Dies trägt in der Tendenz zu einer Verstetigung des Wirtschaftsablaufs bei.

stärker wächst als das BIP. Deshalb muss das Geldmengenwachstum entsprechend kräftiger ausfallen als das Potentialwachstum, wenn ein deflatorischer Druck vermieden werden soll. Diese gesamtwirtschaftlichen Eckwerte sind in folgender Tabelle zusammengestellt:

Trendwachstum des realen Produktionspotentials	2 –2,5 %
Preisnorm	knapp unter 2 %
Trendmäßiger **Rückgang** der Umlaufgeschwindigkeit	0,5 –1 %

Für das Geldmengenaggregat M3 leitete das Eurosystem daraus einen (zeitlosen) Referenzwert von 4,5 % ab. Der Referenzwert wird nicht regelmäßig überprüft.

Die aktuelle Geldmengenentwicklung, die monatlich anhand der Bankbilanzen ermittelt wird, wird mit dem Referenzwert verglichen. Unter normalen Umständen signalisieren dabei erhebliche und anhaltende Abweichungen vom *Referenzwert* nach oben zukünftige Gefährdungen der Preisstabilität. Allerdings kann es wegen der Langfristigkeit des Konzepts keine direkte Verbindung zwischen kurzfristigen monetären Entwicklungen und geldpolitischen Beschlüssen geben. Dementsprechend wird das Eurosystem nicht mechanistisch auf Zielverfehlungen reagieren, sondern die genauen Ursachen analysieren und danach handeln.

3.3 Die (kurzfristige) wirtschaftliche Säule: Eine Vielzahl von Inflationsindikatoren

Auf Grund der Unsicherheiten im Zusammenhang mit der Geldnachfrage und des eher langfristigen Charakters der monetären Säule baut die Strategie des Eurosystems noch auf einer weiteren Säule auf. Diese beinhaltet eine breit fundierte Beurteilung der Preisperspektiven anhand einer Vielzahl von Inflationsindikatoren neben der Geldmenge. Zwar ist Inflation in der langfristigen Betrachtung ein monetäres Phänomen. Auf kurze Sicht wird dieser Zusammenhang allerdings von zahlreichen Faktoren überlagert. Da sich solche Einflüsse verfestigen können, ist auch die kurze Frist geldpolitisch relevant. In diesem Zusammenhang geht es speziell auch um die Analyse von konjunkturellen Schocks.

Um ein Gesamtbild der Preisentwicklung zu entwerfen, werden die Preise auf verschiedenen Stufen des Preisbildungsprozesses näher untersucht (Erzeuger-, Vorleistungsgüter-, Investitionsgüter- und Konsumgüterpreise). Außerdem werden kurzfristige Konjunkturindikatoren analysiert. Darunter fallen Variablen, die eine veränderte Grunddynamik der Wirtschaft anzeigen, wie z. B. die Auftragseingänge, die Kapazitätsauslastung und andere angebots- und nachfrageseitige Einflüsse. Hinzu kommt eine Analyse wichtiger Finanzmarktindikatoren wie Zinsstrukturkurven, nominale und indexierte Renditen von Staatsanleihen und der Märkte für Finanzderivate (Optionen, Swaps etc.). Schließlich sollen Branchen- und Verbraucherumfragen Aufschluss über die Preiserwartungen geben.

Seit Dezember 2000 veröffentlicht die EZB auch eigene Prognosen für die Veränderung des Harmonisierten Verbraucherpreisindex und das BIP-Wachstum (in-
klusive der wichtigsten Determinanten). Diese Prognosen werden gemeinsam
von Experten der EZB und der nationalen Zentralbanken erstellt. Monetäre Daten gehen nicht darin ein. Es handelt sich allerdings um so genannte „bedingte"
Prognosen, die unter der Annahme unveränderter Wechselkurse getroffen werden. Die EZB bezeichnet sie als gesamtwirtschaftliche Projektionen. Mit ihrer Publikation will die EZB die Transparenz ihrer Geldpolitik insofern verbessern, als
sie nun mehr Informationen zur Verfügung stellt. Allerdings spiegeln die Projektionen „nur" die Meinung der Experten, nicht die des EZB-Rats wider und lassen
eine wichtige Inflationsdeterminante, die Geldmengenentwicklung, außer Acht.
Bei dieser „Zurückhaltung" ist zu fragen, warum sie überhaupt publiziert werden, da es doch bereits Prognosen anderer Institutionen (z. B. des IWF, der OECD
oder der EU-Kommission) gibt.

4. Operative Umsetzung der Geldpolitik

Die operative Umsetzung der Geldpolitik setzt auf der Instrumentenebene und
der operativen Ebene an. Zunächst gilt es, zu entscheiden, welches operative Ziel
mithilfe des geldpolitischen Instrumentariums angestrebt werden soll.

4.1 Geldbasis- vs Zinssteuerung

Häufig findet man in den makroökonomischen Lehrbüchern die Aussage, dass
die Zentralbank entweder die Geldmenge (M) oder den Zinssatz (i) steuern
kann. Implizit steht dahinter die Überlegung, dass ein Monopolist entweder die
Menge (Geldmenge) oder den Preis (Zinssatz) festlegen kann.

Dieses Bild von einer Zentralbank, die entweder die Geldmenge oder den Zinssatz
steuern kann, ist irreführend, weil Geldmenge und Tagesgeldsatz nicht auf dersel-
ben Ebene liegen, also keine Entscheidungsalternativen sind. Während der Tagesgeldsatz bzw. die Geldbasis auf der operativen Zielebene der Geldpolitik liegen,
steht die Geldmenge auf der Zwischenziel- bzw. der Indikatorenebene. So kann
etwa die Zentralbank über die Steuerung des Tagesgeldsatzes versuchen, das Wachstum der Geldmenge auf einem bestimmten Zielpfad zu halten. Diese Überlegung
stand hinter der „Geldmengenpolitik" der Deutschen Bundesbank und steht (im
Prinzip) auch hinter der Idee der monetären Säule der EZB. Die Zentralbank steuert
hier also den Zinssatz nicht deshalb, weil aufgrund von „Finanzmarktschocks" die
Geldnachfrage zu volatil geworden ist und deshalb eine Geldmengensteuerung zu
starken Produktionsschwankungen führen würde. Vielmehr dient der Tagesgeldsatz
gerade als operatives Ziel, um ein bestimmtes Geldmengenwachstum (in Abhängigkeit einer bestimmten Zunahme der gesamtwirtschaftlichen Nachfrage und Produktion) zu erreichen. Es geht hier also gerade nicht um ein „Entweder-Oder", da
Zinssatz und Geldmenge auf verschiedenen Ebenen liegen.

Die Zentralbank als Monopolist kann entweder den Tagesgeldsatz (Preis) für Zentralbankgeld oder (rein theoretisch) die Geldbasis (Menge an Zentralbankgeld) steuern. Wählt die Zentralbank den Tagesgeldsatz, so wird die Geldbasis endogen. Dies entspricht der heute gängigen Praxis der Zentralbanken. Die Geldmenge wird hier über eine endogene Geldbasis und über einen endogenen Geldschöpfungsmultiplikator von den Geschäfts- und den Nichtbanken bestimmt.

Der Tagesgeldmarkt ist der Markt, auf dem die Geschäftsbanken untereinander Einlagen bei der Zentralbank mit täglicher Fälligkeit handeln. Der Zinssatz am Tagesgeldmarkt ist der Hebel, mit dem die Zentralbank die Endziele, vor allem Preisstabilität, erreichen will. Dementsprechend wird er üblicherweise als operatives Ziel der Geldpolitik bezeichnet. Zu diesem Preis wird der – letztlich vom Verhalten der Nichtbanken bestimmte, also endogene – gesamtwirtschaftliche Bedarf an Zentralbankgeld, den die Zentralbanken im Voraus prognostizieren, zunächst vollständig elastisch befriedigt. Die Zentralbanken stellen mithin die Menge an Zentralbankgeld zur Verfügung, die die Wirtschaftssubjekte gesamtwirtschaftlich benötigen.[78] Die Geldmenge, damit aber auch der Bedarf an Zentralbankgeld, entsteht endogen aus dem Wirtschaftsprozess heraus primär im Zusammenhang mit den Kreditkonditionen und Kreditvergabeaktivitäten des Geschäftsbankensektors. Die Zentralbank nimmt allerdings über die Steuerung des Tagesgeldsatzes Einfluss auf die wirtschaftliche Aktivität (siehe Abschnitt 5.).

4.2 Die Taylor-Rule als geldpolitische Reaktionsfunktion

Wenn Zentralbanken auf der operativen Ebene ein bestimmtes Niveau des Tagesgeldsatzes anstreben, bleibt die Frage, welche Kriterien dieser Entscheidung zugrunde liegen, welchen Tagesgeldsatz sie für angemessen halten. Hier gilt es, eine Verbindung zwischen den operativen Zielen und den Endzielen herzustellen. Damit sind wir bei der Ableitung einer geldpolitischen Reaktionsfunktion für die Zinsen. Wie aber soll die zinspolitische Reaktion auf die wirtschaftliche Entwicklung erfolgen, zumal wenn es sich um eine vorausschauende Zinspolitik handeln soll, die sich an der erwarteten Veränderung der Zielgröße(n) orientiert?

---

[78] Wenn etwa die EZB beim Hauptrefinanzierungsgeschäft nicht alle Gebote der Banken zuteilt, dann heißt das nicht, dass sie die Geldbasis einschränken will. Vielmehr schätzt die Notenbank den Liquiditätsbedarf der Banken voraus, und teilt dementsprechend gesamtwirtschaftlich bedarfsgerecht zu. Im Bietungsverhalten der Banken (siehe hierzu 4.3.2) spiegelt sich diese gesamtwirtschaftliche Orientierung nicht zwangsläufig wider. Dies ist auch nahe liegend, da sich die Gebote der einzelnen Kreditinstitute am einzelwirtschaftlichen Gewinnmaximierungskalkül orientieren und nicht am gesamtwirtschaftlichen Bedarf an Zentralbankgeld. So lassen sich die Geschäftsbanken bei ihrem Bietungsverhalten etwa davon leiten, mehr Zentralbankgeld von der Notenbank zu bekommen, als sie zur Erfüllung der Mindestreserve benötigen, um dieses dann über den Interbanken-Geldmarkt an andere weiterzuverleihen.

Spezielle Popularität erlangte hier die sog. *Taylor-Rule*. Taylor's Absicht war es, eine einfache Regel zu konzipieren. Sie sollte als Hilfsfunktion und zusätzlicher Indikator für die geldpolitischen Entscheidungsträger dienen. Durch einen Vergleich des tatsächlichen kurzfristigen Zinses mit dem nach der Taylor-Regel abgeleiteten Wert sollte der Restriktions- bzw. Expansionsgrad der Geldpolitik bestimmt werden. In diesem Sinne ist der Taylor-Zins als ein Wirkungsindikator der Geldpolitik zu interpretieren.

Der sog. Taylor-Zins (i^{Tay}) setzt sich aus vier Komponenten zusammen:

(1)   der erwarteten Inflationsrate π^{erw},

(2)   dem kurzfristigen realen Gleichgewichtszins r^*,

(3)   der „Inflationslücke", d.h. der Abweichung der erwarteten Inflation π^{erw} vom Inflationsziel π^*,

(4)   dem „Output Gap" als Abweichung der aktuellen realen Produktion y von ihrem Potenzialwert y^*.

$$i^{Tay} = \pi^{erw} + r^* + a \cdot (\pi^{erw} - \pi^*) + \beta \cdot (y - y^*)$$

Die ersten beiden Faktoren liefern in Anlehnung an die Fisher-Gleichung eine Benchmark für den nominalen Kurzfristzins, dessen Höhe kompatibel ist mit Erreichung des Inflationsziels ($\pi = \pi^*$) bei Vollauslastung ($y = y^*$).

Die Teile (3) und (4) fassen zwei anerkannte gesamtwirtschaftliche Ziele zusammen, Preisstabilität und Konjunkturstabilisierung. Der dritte Faktor erfordert dabei eine Erhöhung des kurzfristigen Zinses über die Benchmark, wenn das Inflationsziel überschritten wird ($\pi^{erw} > \pi^*$) und umgekehrt. Über den vierten Faktor, der eine Erhöhung des Kurzfristzinses bei überausgelasteten Kapazitäten ($y > y^*$) und eine Senkung bei unterausgelasteten Kapazitäten ($y < y^*$) empfiehlt, werden sowohl konjunkturelle Aspekte als auch Preisperspektiven eingefangen. Letzteres ist darauf zurückzuführen, dass der Output Gap in vielen Fällen ein guter kurz- bis mittelfristiger Indikator der zukünftigen Inflationsentwicklung ist. Die Gewichte der Inflationslücke und des Output Gap werden über die Parameter α und β erfasst.

Durch die Verwendung der (erwarteten) Inflation auf der rechten Seite dieser Gleichung wird evident, dass als geldpolitisches Instrument zwar der nominale Kurzfristzins fungiert, es für die geldpolitischen Effekte aber letztlich um die Beeinflussung des Realzinses geht. Die Regel verdeutlicht im Speziellen, dass die Realzinsen über den Gleichgewichtswert steigen werden bzw. sollen, wenn das Inflationsziel überschritten und/oder die Kapazitäten überausgelastet sind. Um zu der Taylor-Regel zu gelangen, ist es dann erforderlich, a) die in die Funktion eingehenden Variablen $\pi^{erw}, \pi^*, r^*, y, y^*$ präzise zu definieren und b) die Werte der Koeffizienten α und β zu bestimmen. Taylor wählte dafür folgenden gezielt einfachen Weg:

Zunächst ersetzte er die erwartete durch die realisierte Jahresinflationsrate und legte den gleichgewichtigen kurzfristigen Realzins konstant auf 2 % fest. Die Inflationslücke berechnete er als Differenz zwischen aktueller Inflationsrate, gemessen am BIP-Deflator, und einem zeitunabhängigen (impliziten) Inflationsziel der Fed von 2 %. Für das Produktionspotenzial unterstellte er eine jährliche Wachstumsrate von 2 %. Der Output Gap wurde dann als logarithmische Differenz zwischen dem tatsächlichen realen BIP und dem Produktionspotenzial berechnet.

Die Gewichte der Inflationslücke und des Output Gap, die in den Koeffizienten α und β zum Ausdruck kommen, wurden von Taylor nicht ökonometrisch geschätzt, sondern als konstant mit jeweils 0,5 angesetzt. Dadurch sollte zum Ausdruck kommen, dass beide Größen bei geldpolitischen Entscheidungen wichtig sind. Sie implizieren, dass bei einem um einen Prozentpunkt über das Produktionspotenzial hinausgehenden Wachstum des BIP die Realzinsen um 0,5 Prozentpunkte steigen und dass bei einer Überschreitung des Inflationsziels um einen Prozentpunkt der nominale kurzfristige Zins um 1,5 Prozentpunkte und damit der Realzins um 0,5 Prozentpunkte steigen sollen. Mit der so gewählten äußerst einfachen Spezifikation konnte überraschender Weise der Verlauf der Federal Funds Rate und der operativen Größe vieler anderer Zentralbanken relativ gut nachvollzogen werden, obwohl das ursprüngliche Konzept eigentlich nur normativ gedacht war.

4.3 Geldpolitisches Instrumentarium

Um die Geldversorgung unter Wahrung des Ziels der Preisstabilität im Eurogebiet zu gewährleisten, bedient sich das Eurosystem einer Reihe von geldpolitischen Instrumenten.

4.3.1 Mindestreservepolitik

Der *Mindestreserve*, die die Kreditinstitute verpflichtet, in Höhe eines bestimmten Anteils ihrer Verbindlichkeiten gegenüber Nichtbanken Guthaben bei der Zentralbank zu unterhalten, kommt im geldpolitischen Instrumentarium eine Sonderrolle zu. Indem sie die Rahmenbedingungen für den Einsatz der übrigen geldpolitischen Instrumente setzt, hat sie eher ordnungspolitischen Charakter. Grundsätzlich bindet die Mindestreserve – gemeinsam mit der Nachfrage nach Bargeld – die Kreditinstitute an die Notenbank (*Anbindungsfunktion*). Sie zwingt die Kreditinstitute zu einer Einlage beim Eurosystem und damit zugleich dazu, Geschäfte mit dem Eurosystem zu tätigen. Die Mindestreserve erzeugt so – gemeinsam mit der bargeldbedingten Zwangsnachfrage nach Zentralbankgeld – erst das Band, damit die anderen Instrumente der Notenbank greifen können. Um die Mindestreserve wettbewerbsneutral zu gestalten, werden die mindestreservebedingten Guthaben im Eurosystem mit dem Zinssatz des Hauptrefinanzierungsgeschäftes verzinst. Im Gegensatz zu einfachen Multiplikatormodellen, die unterstellten, die Geschäftsbanken könnten sich innerhalb eines von der Zentralbank vorgegebenen Umlaufs von Zentralbankgeld bewegen, der Mindestreserve somit an erster Stelle eine *Begrenzungsfunktion* für die Geldschöpfung zumessen, spielt diese Funktion für die praktische Geldpolitik keine Rolle. Das Eurosystem befriedigt in einem ersten Schritt stets den Bedarf der Geschäftsbanken an Zentralbankgeld. Über die Anbindung des Geschäftsbankensektors an die Notenbank kann die Zentralbank dann aber im weiteren Verlauf durch eine Veränderung der Zinssätze, zu denen sie den Kreditinstituten Zentralbankgeld zur Verfügung stellt, Einfluss auf das Verhalten der Geschäfts- und der Nichtbanken nehmen.

4.3.2 Offenmarktgeschäfte und ständige Fazilitäten

Im Mittelpunkt der Offenmarktgeschäfte, die auf Initiative des Eurosystems stattfinden, stehen die Hauptrefinanzierungsgeschäfte und die längerfristigen Refinanzierungsgeschäfte. Daneben gibt es *Feinsteuerungsinstrumente*, die von Fall zu Fall kurzfristig eingesetzt werden können, um die Ausstattung des Bankensystems mit Guthaben bei der Zentralbank zu verändern. Als *Hauptrefinanzierungsgeschäfte* („*Haupttender*") fungieren im wöchentlichen Rhythmus angebotene Offenmarktgeschäfte mit einer Laufzeit von einer Woche. Neben diesem Hauptrefinanzierungsgeschäft gibt es im monatlichen Rhythmus angebotene Offenmarktgeschäfte mit einer dreimonatigen Laufzeit, die sogenannten *längerfristigen Refinanzierungsgeschäfte* („*Basistender*"). Die Deutsche Bundesbank als exekutiver Arm des Eurosystems führt diese Offenmarktgeschäfte gegen Verpfändung von refinanzierungsfähigen Sicherheiten durch.

Die technische Abwicklung der Hauptrefinanzierungsgeschäfte und der längerfristigen Refinanzierungsgeschäfte erfolgt im Rahmen eines Ausschreibungsverfahrens (*Tenderverfahren*), wobei entweder Mengen- oder Zinstender durch das Eurosystem angeboten werden. Beim *Mengentender* setzt das Eurosystem vorab den Zinssatz fest, zu dem es bereit ist, Geschäfte abzuschließen. Die Kreditinstitute sind aufgefordert, den Betrag an Zentralbankgeld (Liquidität) zu nennen, den sie zu diesem Zinssatz von der Notenbank ausleihen wollen. Übersteigen die Gebote das beabsichtigte Zuteilungsvolumen, so wird die Zuteilung repartiert (rationiert). Der *Zinstender* zeichnet sich dadurch aus, dass die Kreditinstitute neben der Betragshöhe auch den Zinssatz nennen müssen, zu dem sie bereit sind, Geschäfte mit dem Eurosystem abzuschließen. Ausgehend von einem bestimmten Zuteilungsvolumen erfolgt die Zuteilung entweder zu einem einheitlichen Zinssatz („holländisches Zuteilungsverfahren") oder zu den individuellen Bietungssätzen („amerikanisches Zuteilungsverfahren").

Ständige Fazilitäten können die Kreditinstitute jederzeit auf eigene Initiative in Anspruch nehmen. Die *Spitzenrefinanzierungsfazilität* bietet den Geschäftspartnern des Eurosystems die Möglichkeit, sich über Nacht Liquidität gegen Verpfändung von Sicherheiten zu einem gegebenen Zinssatz zu beschaffen. Auf der anderen Seite gibt es eine *Einlagefazilität*, d. h., die Geschäftspartner haben die Möglichkeit, Guthaben über Nacht beim Eurosystem anzulegen.

4.4 Steuerung des Tagesgeldsatzes

Für die Zinspolitik der EZB entscheidend ist der Zinssatz für das Hauptrefinanzierungsgeschäft. Um dem Markt klare Signale über seine Zinsvorstellungen zu geben, hat die EZB von Anfang 1999 bis Ende Juni 2000 diese Geschäfte als Mengentender durchgeführt. Eine Annäherung an den Zinstender („amerikanisches Zuteilungsverfahren") erfolgte erst, als massive Überbietungen beim Mengentender eine Reaktion der EZB erforderlich machten und die unsichere Anfangsphase der EWU beendet war. Während der Repartierungssatz 1999 noch durchschnittlich 10 % betragen hatte, lag er im ersten Halbjahr 2000 durchschnittlich unter 3 %, bei einzelnen Geschäften sogar unter einem Prozent. Allerdings wurde der Zinstender mit einem Mindestbietungssatz versehen, d. h. es handelt sich um einen „halben" Mengentender. Der Mindestbietungssatz übernahm dabei die geldpolitische Signalfunktion, die bislang dem Zinssatz für Mengentender zukam. Der Mindestbietungssatz dient also als Orientierungspunkt für die Gebote der Kreditinstitute. Im Jahr 2004 lag im Durchschnitt der Geschäfte der marginale Zuteilungssatz um knapp 2 Basispunkte (= 0,02 %-Punkte), der gewichtete Durchschnittssatz der Zuteilungen um knapp 3 Basispunkte über dem Mindestbietungssatz. Dies zeigt, dass der Mindestbietungssatz seiner Signalfunktion durchaus gerecht wurde.

Das Hauptrefinanzierungsgeschäft hatte bis März 2004 eine Laufzeit von zwei Wochen, seitdem eine von 7 Tagen. Es stellt ein nahes Substitut zur Tagesgeldaufnahme am Interbanken-Geldmarkt dar. Das Hauptrefinanzierungsgeschäft stellt allerdings kein vollkommenes Substitut zur Aufnahme von Mitteln am Tagesgeldmarkt dar, da die EZB nicht ständig am Markt präsent ist, d. h. nicht täglich entsprechende Geschäfte mit den Kreditinstituten tätigt. Dies hat zur Folge, dass die EZB nicht zu jedem Zeitpunkt vollständig den Tagesgeldsatz determiniert. In der Zeit zwischen den einzelnen Geschäftsabschlüssen wirken aber die Möglichkeiten der intertemporalen Arbitrage stabilisierend.

4.4.1 Stabilisierung durch Durchschnitts-Mindestreserve

Die intertemporale Arbitrage fußt auf der Ausgestaltung der Mindestreserve als Durchschnitts-Mindestreserve. Die zur Erfüllung der Mindestreservepflicht notwendigen Zentralbankguthaben brauchen demnach nicht von Tag zu Tag in der von der Mindestreserve geforderten Höhe gehalten zu werden. Sie müssen vielmehr nur im Durchschnitt (der Kalendertagesendstände) einer Erfüllungsperiode dem Mindestreserve-Soll entsprechen. Dies heißt, dass während einer Erfüllungsperiode Mindestreserveunterschreitungen und -überschreitungen miteinander verrechnet werden können. Die Wahrnehmung dieser Verrechnungsmöglichkeit zur Erlangung eines Zinsvorteils wird oft auch als *„intertemporale Arbitrage"* bezeichnet. Kurzfristig am Tagesgeldmarkt auftretende Anspannungen bzw. Verflüssigungen aufgrund von unvorhergesehenen Entwicklungen bei den autonomen (Liquiditäts-) Faktoren, also Faktoren, die die Guthaben des Bankensystems beim Eurosystem beeinflussen, aber nicht im Einflussbereich der EZB liegen (z. B. Banknotenumlauf), können so durch ein vorübergehendes Unterschreiten bzw. Überschreiten des Mindestreserve-Solls abgefedert werden.

Im ersten Fall wirkt dieses Verhalten der Banken tendenziell einem (weiteren) Anziehen, im zweiten Fall einem (weiteren) Absinken des Tagesgeldsatzes entgegen. Unvorhergesehene Schwankungen im Liquiditätsbedarf der Banken können daher zunächst ohne Interventionen der EZB abgefedert werden. Dies trägt zu einer Verstetigung der Zinsentwicklung am Tagesgeldmarkt bei. Der Tagesgeldmarkt kann dann sozusagen selbständig ein Gleichgewicht finden, ohne dass die Zinsführerschaft der Zentralbank gefährdet ist oder es zu einer übermäßigen Volatilität des Tagesgeldsatzes kommt.

Reicht die Stabilisierungsfunktion der Mindestreserve nicht (mehr) aus, um den Einfluss von unerwarteten Liquiditätszu- bzw. -abflüssen auf den Tagesgeldsatz zu kompensieren, kann die EZB durch Einsatz von Feinsteuerungsoperationen Zinsausschläge jederzeit vermeiden. Normalerweise wird die EZB zu Feinsteuerungsoperationen greifen, wenn sie verhindern will, dass Bewegungen beim Tagesgeldsatz aus Sicht der Geldpolitik unerwünschte Erwartungen bei den längerfristigen Zinsen bzw. bei den Wechselkursen auslösen.

4.4.2 Der Zinskorridor

Reicht die stabilisierende Wirkung der Mindestreserve nicht aus und ergreift die EZB keine Feinsteuerungsmaßnahmen, so findet der Tagesgeldsatz beim Zinssatz für die *Spitzenrefinanzierungsfazilität* seine Obergrenze. Die Spitzenrefinanzierungsfazilität ist mengenmäßig nicht begrenzt, soweit hinreichend Sicherheiten gestellt werden können. Die Kreditinstitute können von sich aus auf sie zugreifen. Da das Bankensystem normalerweise über ausreichende Sicherheiten verfügt, stellt der Zinssatz für die Spitzenrefinanzierungsfazilität eine wirksame Obergrenze dar. Keine Bank wird nämlich bereit sein, am Interbanken-Geldmarkt einen höheren Zins für eine Mittelaufnahme zu zahlen, als sie dafür bei der Zentralbank bezahlen muss. Als Untergrenze fungiert der Zinssatz, den die EZB für Einlagen im Rahmen der *Einlagefazilität* vergütet, da eine einzelne Bank am Interbanken-Geldmarkt Zentralbankguthaben nicht zu einem Zins anlegen wird, der unterhalb des Satzes liegt, den die Zentralbank für eine entsprechende Anlage zu zahlen bereit ist. Somit ergibt sich ein *Zinskorridor* für den Tagesgeldsatz, festgelegt nach oben durch den Spitzenrefinanzierungssatz, nach unten durch den Einlagesatz (siehe Abb. VI.1).

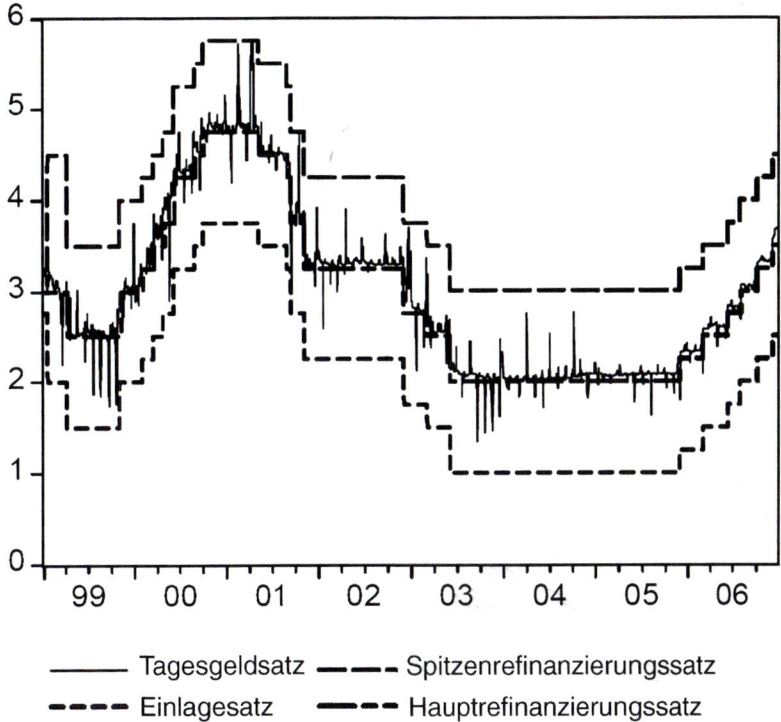

Abbildung VI.1

5. Transmission geldpolitischer Impulse über den finanziellen in den realen Sektor

Wenn eine Zentralbank geldpolitische Maßnahmen ergreift, geht sie davon aus, dass mit der Veränderung des Zinssatzes für Tagesgeld schließlich reale Größen wie Konsum, Investition, Beschäftigung, Produktion und die Preisentwicklung ihren Zielsetzungen entsprechend „gesteuert" werden können. Analytisch lässt sich der Transmissionsprozess in drei Stufen zerlegen:

(1) Die Auswirkungen geldpolitischer Maßnahmen auf die Zinssätze bzw. Finanzierungskosten,

(2) der Einfluss der (geänderten) Zinssätze auf die Ausgabenentscheidungen und schließlich

(3) die Preis- und/oder Produktionswirkungen der Ausgabenänderungen.

Bei der Analyse des Transmissionsprozesses stehen (1) und (2) im Mittelpunkt. Es geht also um die Frage, wie geldpolitische Impulse auf verschiedene Zinssätze und damit auf die Zinsstruktur wirken. Im nächsten Schritt geht es um die direkten und indirekten Zinswirkungen auf die Güternachfrage. Neben diesen gleichsam traditionellen Wirkungskanälen der zweiten Phase sind schließlich noch der in jüngerer Zeit stark diskutierte Kreditkanal und die Rolle der Erwartungen kurz zu erläutern.

5.1 Die Beeinflussung der Zinsstruktur

Will die Zentralbank inflationären Tendenzen durch Dämpfung der gesamtwirtschaftlichen Nachfrage entgegenwirken, wird sie die Notenbankzinsen erhöhen, wodurch der Tagesgeldsatz steigt. Diese Verteuerung der Mittelaufnahme am Tagesgeldmarkt wird gemäß der *Liquiditätsprämientheorie* der Zinsstruktur auf die längerfristigen Zinssätze übertragen.[79] Danach entsprechen die längerfristigen Zinssätze dem Durchschnitt der erwarteten kurzfristigen Zinssätze (*Erwartungstheorie*), allerdings zuzüglich einer Liquiditätsprämie. Diese Liquiditätsprämie kommt ins Spiel, da Wertpapiere mit unterschiedlichen Laufzeiten keine perfekten Substitute sind. Da die Anleger aufgrund des geringeren Zinsänderungs- bzw. Kursrisikos kurzfristige Wertpapiere bevorzugen, werden sie bei längerer Laufzeit eine Prämie einfordern. Es kommt also im Wesentlichen darauf an, welche Zinserwartungen die Anleger mit der Erhöhung des Tagesgeldsatzes verbinden, wie sie also den künftigen Kurs der Geldpolitik einschätzen. Je länger allerdings die Laufzeiten sind, umso schwächer wird der Einfluss des von der Zentralbank bestimmten Tagesgeldsatzes, da der Tagesgeldsatz, damit aber der Kurs der Geldpolitik, über längere Zeiträume immer weniger prognostiziert werden kann.

Steigen die Renditen für festverzinsliche Wertpapiere, werden diese als Finanzanlagen von Nichtbanken attraktiver, so dass die Nachfrage nach Aktien sinkt. Auch in diesem Segment des Finanzmarktes fallen die Kurse und steigen die Renditen. Unterstützt wird diese Kursbewegung am Aktienmarkt durch eine Verschlechterung der Konjunkturaussichten infolge gestiegener Zinsen. Von dieser Vermögenswert- und Renditeentwicklung können gleichermaßen die Immobilienmärkte erfasst werden. Am Devisenmarkt kommt es tendenziell zu einer Aufwertung der inländischen Währung, da aufgrund des gestiegenen Zinssatzes Anlagen im Inland attraktiver werden.

Wären Geldmarktanlagen und Kapitalmarktanlagen perfekte Substitute, würde ein Geldbetrag, beispielsweise für fünf Jahre angelegt, den gleichen Ertrag abwerfen wie eine jährlich wiederkehrende Anlage dieses Geldbetrages. In diesem Falle müssten über den Gesamtzeitraum die durchschnittlichen Zinssätze übereinstimmen. Betrüge beispielsweise im Ausgangsjahr der kurzfristige Zins 3 % und würden die Wirtschaftssubjekte in den folgenden vier Jahren einen kontinuierlichen Anstieg um jährlich 0,5 %-Punkte auf 5 % erwarten, müsste nach dieser sogenannten (reinen) *Erwartungstheorie der Zinsstruktur* der langfristige Zins 4 % betragen.

---

[79] Vgl. hierzu im Einzelnen Mishkin, F., Eakins, S., Financial Markets & Institutions, 5th editon Pearson, Boston 2005, S. 110–122.

Mit der Erwartungstheorie sind zwar die in der Realität beobachtbaren gleich-gerichteten Entwicklungstendenzen der kurz- und langfristigen Zinsen sowie deren unterschiedliche Schwankungen, nicht aber das Phänomen vereinbar, dass die langfristigen Zinssätze normalerweise über den kurzfristigen liegen. Hierfür ist verantwortlich, dass Anlagen verschiedener Fristigkeit keine perfek-ten Substitute sind. Kurzfristige Anlagen können vergleichsweise problemlos und ohne Kursrisiken in Liquidität umgewandelt werden. Bei langfristigen Anla-gen besteht zwar auch die Möglichkeit der Liquidisierbarkeit. Jedoch wachsen mit zunehmender Fristigkeit der Anlage die Kursrisiken. Hohe Liquidität und ge-ringe Kursrisiken kurzfristiger Anlagen werden mit niedrigen Zinsen „bestraft". Risikofreude und Liquiditätsverzicht bei langfristigen Anlagen werden mit einer Zinsprämie „belohnt". Zur Erklärung der „normalen" Zinsstruktur ist die Erwar-tungstheorie daher um einen Risikozuschlag zu erweitern. Bei der um eine Li-quiditätsprämie erweiterten (reinen) Erwartungstheorie spricht man von der sog. Liquiditätsprämientheorie.

Zu einem der aktuellen Geldmarktzinsentwicklung entsprechenden Verlauf des Kapitalmarktzinssatzes kommt es allerdings dann nicht, wenn die Entwicklung bei den längerfristigen Zinsen durch andere Einflüsse überlagert wird. Zu denken ist hier vor allem an den Einfluss des Auslands und der Inflationserwartungen. So kann etwa gerade das Hochschleusen des Tagesgeldsatzes als ein entschlossener Schritt einer – glaubwürdigen – Zentralbank zur langfristigen Sicherung des Geld-wertes angesehen werden. Dieser führt über einen Rückgang der Inflationserwar-tungen zu sinkenden Zinsen im längerfristigen Bereich, da bei den Anlegern die Bereitschaft steigt, Mittel längerfristig anzulegen. Im Extremfall ist eine sog. *in-verse Zinsstruktur*, dass also die kurzfristigen Zinssätze über den langfristigen liegen, möglich. Eine inverse Zinsstruktur kann auch durch Aufwertungserwar-tungen entstehen. Diese Erwartungen können internationale Anleger zu einem Engagement am Kapitalmarkt bewegen und so entgegen den „normalen" Erwar-tungen auf die Zinssätze am langen Ende drücken.

Werden entgegen gerichtete Einflüsse am Kapitalmarkt nicht wirksam, so kommt es gleichsam zu einer „normalen" Reaktion des Kapitalmarktes. Ein An-ziehen der Zinsen im längerfristigen Bereich führt dann weiterhin dazu, dass – mit einiger Verzögerung – die Nachfrage der Nichtbanken nach festverzinsli-chen Wertpapieren und ihre Geldkapitalbildung bei Kreditinstituten zunimmt, wodurch das Geldmengenwachstum gedämpft wird. Die Geldnachfrage der Nichtbanken geht zurück, da die Opportunitätskosten der Geldhaltung gestiegen sind. Als Reaktion auf die Erhöhung ihrer Refinanzierungskosten werden die Ban-ken ihre Soll-Zinsen anheben. Höhere Kreditkosten aber dämpfen die private Kreditnachfrage, was ebenfalls mit einer schwächeren Zunahme der Geldmenge verbunden ist.

5.2 Übertragungskanäle vom monetären zum realen Sektor

Wenn die Zentralbank über eine Veränderung der Geldmarktzinsen die Zinsstruktur beeinflusst und darüber auf die wirtschaftliche Aktivität einwirken will, baut sie auf transmissionstheoretischen Überlegungen auf, bei denen sich drei Hauptwirkungsstränge unterscheiden lassen:

- Der eine Wirkungsstrang betrifft die direkten Zinswirkungen (Kapitalkosteneffekt), die von der geldpolitisch bewirkten Zinsänderung ausgehen.

- Der zweite, komplexere Wirkungsstrang umfasst die indirekten Wirkungszusammenhänge, die schlagwortartig als Einkommens- und Vermögenseffekte bezeichnet werden. Neben diesen binnenwirtschaftlichen direkten und indirekten Zinswirkungen, die der Zinskanal beschreibt, zeigt der Wechselkurskanal die wechselkursbedingten Reaktionen im Gefolge geldpolitisch ausgelöster Zinsänderungen. Schließlich können noch die (restriktive) Geldpolitik verstärkende Wirkungen im Sinne des Kreditkanals hinzu treten.

- Der dritte Wirkungsstrang wirkt über eine Einflussnahme auf die langfristigen Erwartungen des privaten Sektors.

5.2.1 Direkte Zinswirkungen (Kapitalkosteneffekt)

Steigende Kreditzinsen führen zu einem Nachlassen der kreditfinanzierten Nachfrage (bei betrieblichen Investitionen und langlebigen Konsumgütern sowie im privaten Wohnungsbau) und damit einem geringeren Wachstum des Kreditvolumens. Mit der sich abschwächenden Kreditvergabe wird auch das Geldmengenwachstum gebremst. Im Falle einer Senkung der Geldmarktzinsen und damit schließlich der Finanzierungskosten der Nichtbanken sind expansive Ausgabenwirkungen zu erwarten. Allerdings könnte bei einem bereits sehr niedrigen Zinsniveau eine weitere Zinssenkung von anderen Investitionsdeterminanten wie die (erwartete) Nachfrage- und Gewinnentwicklung derart dominiert werden, dass keine Investitionsbelebung eintritt.

5.2.2 Indirekte Zinswirkungen

5.2.2.1 Einkommens- und Vermögenseffekte

Zu einem *Einkommenseffekt* (auch "*Cash-Flow-Effekt*" genannt) kommt es über eine Umverteilung der Zahlungsströme, da sich die Zinseinnahmen der Gläubiger und die Zinsausgaben der Schuldner verändern. Auch wenn der Saldo aus Zinseinnahmen und Zinsausgaben gleich Null ist, ergeben sich gesamtwirtschaftliche Nachfragewirkungen. Damit ist deshalb zu rechnen, weil bei den Schuldnern von einer höheren Ausgabenneigung auszugehen ist als bei den Gläubigern. Im Zuge von Zinserhöhungen werden daher von diesem Einkommens- bzw. „Cash-Flow-Effekt" dämpfende Wirkungen auf die gesamtwirtschaftliche Nachfrage ausgehen. Bei Zinssenkungen ergeben sich dagegen die Nachfrage belebende Effekte.

Als nächstes ergeben sich *Vermögenseffekte*, die aus der Änderung der Vermögenswerte resultieren. Geldpolitisch ausgelöste Zinssteigerungen führen über Substitutionsprozesse schließlich auch zu Kursverlusten bei finanziellen Aktiva (festverzinsliche Wertpapiere, Aktien) und zu sinkenden Immobilienpreisen. Wenn geldpolitisch bedingt die Zinsen am Rentenmarkt anziehen, werden die Kurse von festverzinslichen Wertpapieren, die mit niedrigeren Nominalzinsen ausgestattet waren, fallen. Bei attraktiverer Anlage in höher verzinslichen Anleihen sinkt zudem die Nachfrage nach Aktien, wodurch auch hier Kursrückgänge ausgelöst werden. Es ist also mit gegenläufiger Entwicklung der Zinsen und Aktienkurse zu rechnen. Diese Vermögensverluste dämpfen die konsumtive und die investive Nachfrage.

5.2.2.2 Wechselkurseffekte

Die Interdependenz geldpolitisch ausgelöster Transmissionsprozesse wird sehr deutlich bei den Wechselkurswirkungen (*Wechselkurskanal*). Zinserhöhungen führen nämlich über induzierte Kapitalbewegungen tendenziell zu einer Aufwertung, Zinssenkungen zu einer Abwertung der heimischen Währung. Durch solche Wechselkursbewegungen, die schon durch erwartete geldpolitische Änderungen ausgelöst werden können, verändern sich die Preise handelbarer Güter: Bei einer Aufwertung werden Exporte teurer und Importe billiger. Die im Inland wirksam werdende Nachfrage schwächt sich ab, was letztlich zu Lasten der heimischen Produktion geht. Nicht zu vernachlässigen ist auch, dass eine Aufwertung der heimischen Währung über sinkende Importpreise die inländische Preisentwicklung dämpft. Zinspolitische Maßnahmen werden also über den Wechselkurskanal effektiver. Schließlich kann es auch zu wechselkursbedingten Einkommens- und Vermögenseffekten kommen. Nachfragedämpfende Wirkungen erwachsen im Falle einer Aufwertung der heimischen Währung und bei Vorliegen einer Netto-Gläubigerposition gegenüber dem Ausland einmal daraus, dass aus ausländischen Vermögensanlagen fließende Einkommensströme (z. B. Zinszahlungen, Dividenden) sich in inländischer Währung vermindern. Zum anderen sinken – in inländischer Währung gerechnet – die Vermögenswerte der in ausländischer Währung gehaltenen Aktiva. Die eine restriktive Geldpolitik unterstützenden Wechselkurseffekte gelten analog für eine expansive Geldpolitik.

An dieser Stelle sei nachdrücklich darauf hingewiesen, dass die vorstehenden Wirkungszusammenhänge auf ceteris-paribus-Überlegungen basieren. Sowohl die Zinswirkungen der Notenbankpolitik wie auch die Wechselkurswirkungen können durch gegenläufige Zins- und Wechselkurserwartungen überlagert werden, die die Notenbankpolitik durchkreuzende Kapitalbewegungen auslösen. Einer geldpolitisch beabsichtigten Zinssenkung steht am langen Ende möglicherweise sogar eine Zinserhöhung gegenüber. Gerade Erfahrungen mit internationalen Finanztransaktionen in den letzten Jahren lehren, dass es zu spekulativen, realwirtschaftlich nicht begründbaren Übertreibungen an den internationalen Finanzmärkten kommen kann. Immerhin scheint für Deutschland die Wirkung langfristiger Zinssätze, die ihrerseits wiederum in statistisch zuverlässiger Beziehung zu kurzfristigen Sätzen stehen, auf die Investitionsaktivitäten als signifikant eingestuft werden zu können. Für den privaten Konsum (in Deutschland und der EWU) spielen dagegen Zinsen nur eine sehr untergeordnete Rolle. Gleiches gilt für die Wirkung von Vermögenswertänderungen auf den Konsum in Deutschland. Sie haben im Unterschied zu den angelsächsischen Ländern keinen nennenswerten Einfluss.

5.2.2.3 Kreditkanal

Neben den bislang erörterten traditionellen monetären Übertragungswegen gibt es als relativ neuen Ansatz den *Kreditkanal* (credit channel), der die besondere Rolle der Kreditvergabe der Geschäftsbanken im Transmissionsprozess herausstellt. Er bezieht sich vor allem auf restriktive geldpolitische Maßnahmen. Ausgangspunkt bildet die Beobachtung, dass im Gefolge restriktiver Geldpolitik die realen Wirkungen (z. B. Rückgang der Investitionen) häufig stärker ausfallen als aufgrund einer nur mäßigen Veränderung der Notenbank- und Marktzinsen zu erwarten wäre. Als allgemeine Ursache für diesen „finanziellen Akzelerator" lassen sich informationsbedingte Kreditangebotsbeschränkungen ausmachen, die in eine Kreditselektion zu Lasten bestimmter Kreditnehmer oder sogar Kreditrationierung einmünden. So kann sich bei Zinserhöhungen das Risiko des Kreditausfalls so stark erhöhen, dass Banken die Kreditvergabe rationieren. Dieses Risiko ist umso höher, je weniger transparent die Informationen sind. Die in Deutschland übliche langjährige Bindung an eine Bank, die sog. „Hausbankbeziehung", wirkt transparenzfördernd und damit dem Informationsproblem entgegen. Darüber hinaus beeinflussen Veränderungen bei den Vermögenspreisen den Wert der Sicherheiten, die Kreditnehmer anbieten können. Sinkende Vermögenspreise reduzieren so die Möglichkeiten der Kreditaufnahme. Als besonders Betroffene werden vielfach kleinere und mittlere Unternehmen sowie Haushalte angesehen, die auf die Banken als Kreditgeber angewiesen sind, weil sie nicht auf den Kapitalmarkt ausweichen können. Die empirischen Befunde zu Existenz und Bedeutung des Kreditkanals sind sehr unterschiedlich. Während für die USA zahlreiche bestätigende Ergebnisse vorliegen, lassen sich für die Mitgliedsländer der EU oder der EWU keine generalisierenden Aussagen treffen.

5.2.3 Erwartungskanal

Wirtschaftspolitische Erfahrungen mit (geänderten) Reaktionsweisen der Wirtschaftssubjekte auf monetäre Impulse haben zu neuen Einsichten über die geldpolitische Steuerung geführt. So glaubte man geraume Zeit, mittels expansiver, inflationär wirkender Geldpolitik die Beschäftigung erhöhen zu können, was in der (modifizierten bzw. um Erwartungen erweiterten) *Phillips-Kurve* zum Ausdruck kommt. Diese Strategie gelang jedoch nicht, weil die implizite Annahme falsch war, die inflationsbedingte Reallohnsenkung werde akzeptiert oder nicht bemerkt (*Geldillusion*). Sobald die Reallohnsenkung erkannt wird, wird sie mittels gewerkschaftlichem Druck rückgängig gemacht, so dass der zeitweilige lohnkostenbedingte Beschäftigungsgewinn wieder verloren geht. Werden bei *vergangenheitsorientierter Erwartungsbildung* Erwartungsfehler im Nachhinein korrigiert, können *rationale Erwartungen*, die die erfahrungsgestützten Wirkungen der Geldpolitik zu antizipieren versuchen, die Wirksamkeit der Geldpolitik von Vornherein durchkreuzen. Ziel moderner Notenbankpolitik ist es daher auch, Einfluss auf die Inflationserwartungen zu nehmen und sie auf einem niedrigen Niveau zu stabilisieren. „Not only do expectations about policy matter, but, at least under current conditions, very little else matters".[80] Wegen der Bedeutung der Erwartungen für die Wirksamkeit der Geldpolitik spricht man auch vom *Erwartungskanal*. Wenn das Eurosystem im Rahmen seiner Strategie eine Preisnorm vorgibt, (Anstieg des HVPI von knapp unter 2 %), so dient dies einer entsprechenden Erwartungsstabilisierung. Hierfür unverzichtbar ist freilich die *Glaubwürdigkeit der Notenbank*, was voraussetzt, dass sie glaubhaft Ankündigungen auch Taten folgen lassen kann. Dies erfordert ein „institutionelles Design", das vor allem die *Unabhängigkeit der Notenbank* enthalten muss.

---

[80] Woodford, M.: Interest and Prices, Princeton/Oxford 2003, S. 15.

Bislang wurden der gesamtwirtschaftliche Gütermarkt und der gesamtwirtschaftliche Geldmarkt isoliert dargestellt. Aus den bisherigen Ausführungen dürfte jedoch schon hinreichend klar geworden sein, dass zwischen diesen aggregierten Teilmärkten enge Verzahnungen bestehen. Vereinfacht und in sehr komprimierter Form, d. h. ohne Berücksichtigung von Einzelheiten beispielsweise der Konsum- oder Investitionsfunktion, lassen sich die wechselseitigen Beziehungen zwischen den einzelnen makroökonomischen Teilmärkten beispielsweise mit Hilfe der IS- und LM-Kurven erfassen. (Zur Vereinfachung werden jeweils lineare Verläufe unterstellt).

1. Das IS-LM-Modell

1.1 IS-Kurve

Die *IS-Kurve* drückt Gleichgewichtssituationen am Gütermarkt unter der Annahme unausgelasteter Kapazitäten aus. Ausgehend vom herkömmlichen 45°-Diagramm lässt sich die IS-Kurve ableiten, und zwar indem die Gleichgewichtspunkte bei verschiedenen Zinssätzen ermittelt werden.[81]

---

[81] Bei der Herleitung der IS-Kurve soll von einem konstanten Preisniveau ausgegangen werden, d. h. das Nominaleinkommen (nominales Bruttoinlandsprodukt) entspricht dem Realeinkommen – Y_r – (reales Bruttoinlandsprodukt), der BIP-Deflator ist also stets 1.

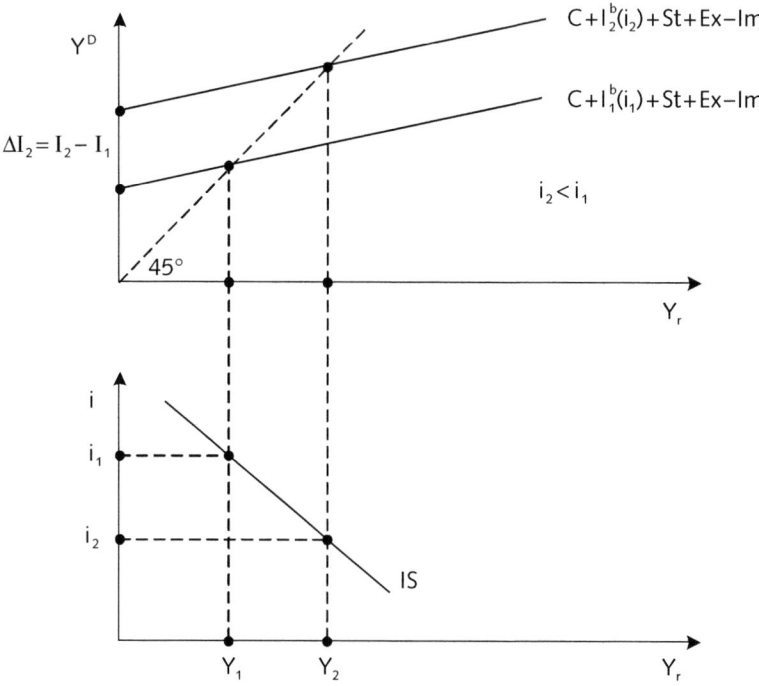

Abbildung VII.1

Bei einem Zinssatz von i_1 beträgt das Gleichgewichtseinkommen Y_1 (Abb. VII.1). Sinkt nun der Zinssatz auf i_2, so steigt – ausgelöst durch einen zinsbedingten Anstieg der Investitionsgüternachfrage[82] – das Gleichgewichtseinkommen auf Y_2. Das höhere Einkommen wiederum führt zu einem höheren Sparen (S), das den gestiegenen Investitionen (I^b) entspricht.[83] Die IS-Kurve spiegelt also die Summe aller Kombinationsmöglichkeiten von i (Nominal- bzw. Marktzinssatz)[84] und Y_r (Realeinkommen) wider, bei denen sich der Gütermarkt im Gleichgewicht befindet.

Wovon sind nun die Lage und die Steigung der IS-Kurve abhängig? Die Überlegungen zur Lage der IS-Kurve lassen sich umformulieren in die Frage, wie es zu

---

[82] Die zinsbedingte Investitionsgüternachfrage ist nur beispielhaft zu verstehen. Gemeint sind alle zinsabhängigen Nachfragekomponenten.

[83] Wegen der Übereinstimmung von I und S spricht man von IS-Kurve. Da im vorliegenden Fall Bruttoinvestitionen (I^b) gemeint sind, muss das Sparen selbstverständlich um die Abschreibungen erweitert gedacht werden. Wegen der Einbeziehung der außenwirtschaftlichen Verflechtung ist das Sparen zudem um die Veränderung der Nettoposition gegenüber dem Ausland zu modifizieren. (Siehe hierzu auch III.1.)

[84] Wegen der obigen Annahme einer (erwarteten) Inflationsrate von Null stimmen Nominal- und Realzinssatz überein.

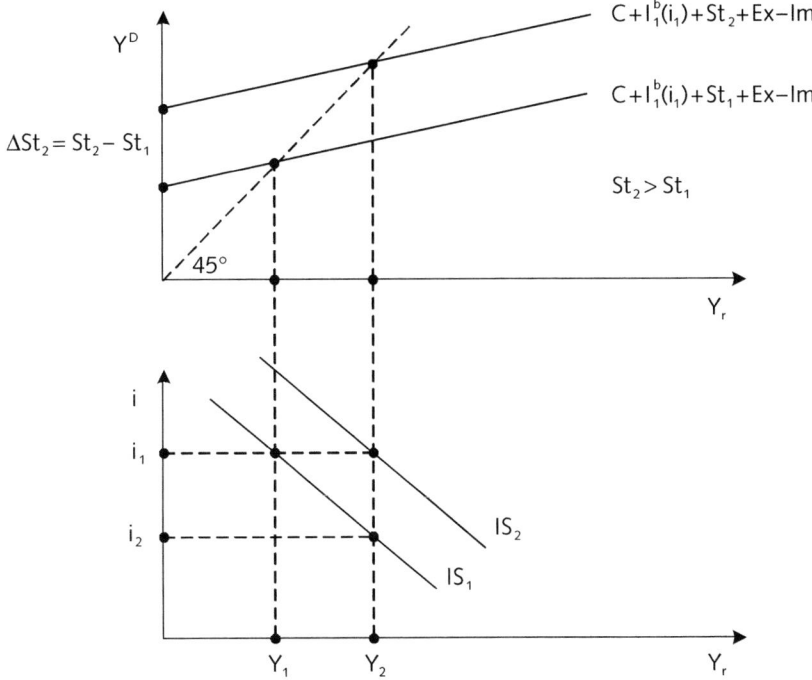

Abbildung VII.2

Verschiebungen der IS-Kurve kommt. Da zinsbedingte Veränderungen der Güternachfrage sich im Verlauf der IS-Kurve niederschlagen, können Verschiebungen
der IS-Kurve nur durch zinsunabhängige Nachfrageveränderungen bewirkt werden.

Wie aus Abb. VII.2 ersichtlich, führt bei gegebenem Zinssatz i_1 beispielsweise
eine Erhöhung der Staatsnachfrage zu einem erhöhten Gleichgewichtseinkommen (Y_2). Da nun dem Zinssatz i_1 ein erhöhtes Gleichgewichtseinkommen (Y_2)
gegenübersteht, führt dies zu einer Rechtsverlagerung der IS-Kurve.[85]

Die Steigung der IS-Kurve hängt einerseits von der Zinselastizität der Investitionsgüternachfrage und andererseits von der Größe des Einkommensmultiplikators ab. Zur Verdeutlichung der hier zugrunde liegenden Zusammenhänge ist es
zweckmäßig, sich das theoretische Grundmuster, auf dem die IS-Kurve basiert,
klarzumachen.

$$i \rightarrow I^b \rightarrow m \cdot I^b \rightarrow Y_r$$

[85] Eine Rechtsverschiebung der IS-Kurve ergäbe sich ebenfalls, wenn die Investoren bei gegebenem Nominalzins (i) mit einer höheren Inflationsrate (π^{erw}) rechneten, also eine Senkung des
für die Investitionsentscheidung relevanten Realzinses (r) erwarteten (i - π^{erw} = r bzw. i =
r + π^{erw}).

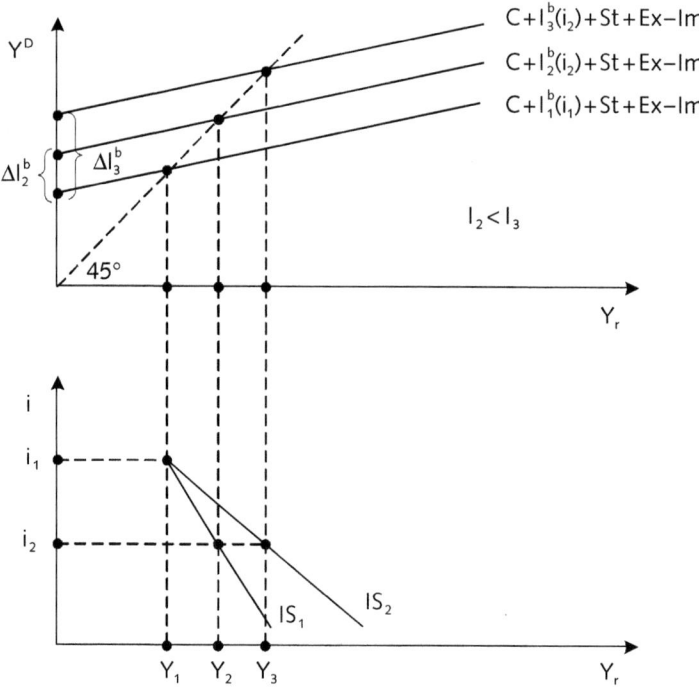

Abbildung VII.3

Eine Veränderung des Zinssatzes bewirkt Reaktionen der Investitionsgüternachfrage, welche über multiplikative Nachfragewirkungen zu Veränderungen des Gleichgewichtseinkommens führen.

Ist die *Zinselastizität der Investitionsgüternachfrage* gering, so bewirkt eine gegebene Zinssatzsenkung lediglich eine geringe Erhöhung der Investitionsgüternachfrage und somit des Gleichgewichtseinkommens; die IS-Kurve hat einen relativ steilen Verlauf. Bei einer hohen Zinselastizität der Investitionsgüternachfrage hingegen hat eine gegebene Zinssatzsenkung eine starke Erhöhung der Investitionsgüternachfrage zur Folge; die IS-Kurve ist relativ flach. Die Annahme einer geringen (Keynesianer) bzw. hohen (Monetaristen) Zinselastizität der Investitionsgüternachfrage spielte in der Monetarismus/Keynesianismus-Debatte eine wichtige Rolle.

Wie aus der Abb. VII.3 deutlich wird, führt eine gegebene Zinssatzsenkung (von i_1 auf i_2) im Falle einer zinsunelastischen Investitionsgüternachfrage ($I_1 \rightarrow I_2$) zu einer relativ schwachen, im Falle einer zinselastischen Investitionsgüternachfrage ($I_1 \rightarrow I_3$) zu einer relativ starken Erhöhung des Gleichgewichtseinkommens. Entsprechend hat die IS-Kurve im ersten Fall einen steilen, im zweiten einen flachen Verlauf.

Als zweite Variable beeinflusst die Höhe des *Einkommensmultiplikators* die Steigung der IS-Kurve. Ist der Multiplikator gering, so führt eine gegebene Er-

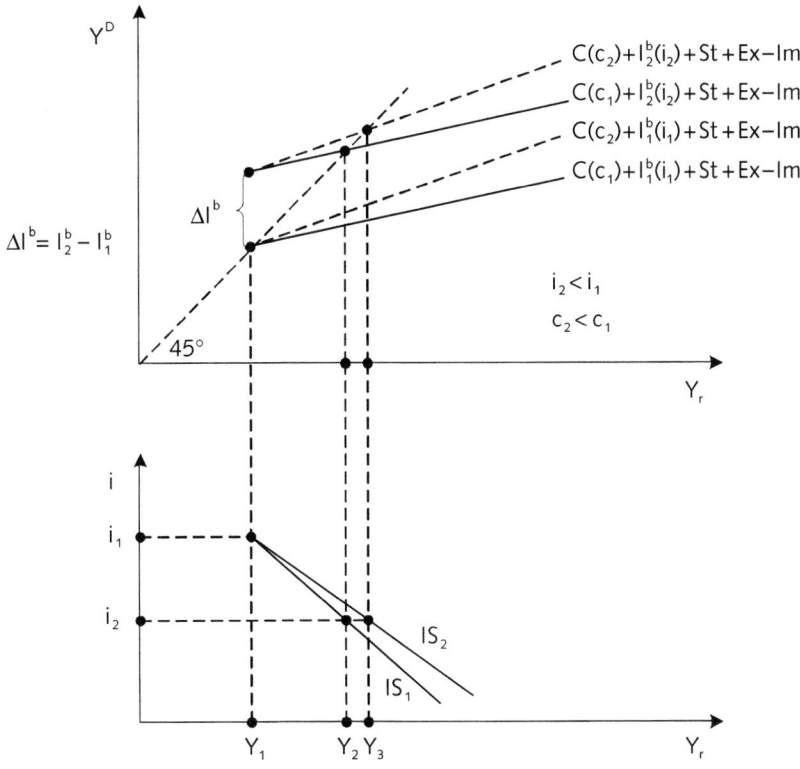

Abbildung VII.4

höhung der Investitionsgüternachfrage aufgrund einer gegebenen Zinssatzsenkung lediglich zu einer schwachen (multiplikativen) Nachfrageerhöhung und somit zu einem relativ geringen Zuwachs des Gleichgewichtseinkommens; die IS-Kurve ist relativ steil. Relativ flach verläuft sie hingegen, wenn der Multiplikator einen großen Wert annimmt.

In Abb. VII.4 sind zwei Verläufe der Gesamtnachfrage bei unterschiedlicher Konsumneigung ($c_2 > c_1$) dargestellt. Ausgangspunkt soll das Gleichgewichtseinkommen Y_1 bei einem Zinssatz von i_1 sein. Kommt es nun zu einer Senkung des Zinssatzes von i_1 auf i_2, so hat dies bei gegebener Zinselastizität der Investitionsgüternachfrage eine gleichgroße Parallelverschiebung der beiden Nachfragefunktionen zur Folge. Bei der gestrichelten Nachfragefunktion, der eine marginale Konsumneigung in Höhe von c_2 zugrunde liegt, ist jedoch der multiplikative Nachfrageeffekt größer als bei der durchgezogenen Nachfragefunktion, die auf der niedrigen marginalen Konsumneigung c_1 fußt. Je größer der Multiplikator ist, desto größer ist ceteris paribus die Einkommenswirkung einer gegebenen Zinssatzsenkung. Die IS-Kurve verläuft somit umso flacher, je größer der Multiplikator ist – und umgekehrt.

1.2 LM-Kurve

Auf der *LM-Kurve* spiegeln sich Geldmarktgleichgewichte wider. Zentrale Annahme bei der herkömmlichen Ableitung der LM-Kurve ist, dass die gesamtwirtschaftlich angebotene, nominale Geldmenge als exogene, durch geldpolitische Aktionen der Zentralbank determinierte Variable aufgefasst wird (*Exogenität der Geldmenge*).[86] Das Geldangebot erscheint deshalb als eine vom Zinssatz unabhängige starr vorgegebene Größe. Aus dieser vereinfachenden Annahme folgt, dass das auf dem makroökonomischen Geldmarkt von der Notenbank determinierte Geldangebot und die von den Nichtbanken gewünschte Geldnachfrage aufeinander treffen und Ungleichgewichte durch Zins- und Einkommensänderungen beseitigt werden.[87] In der Realität sind die Zusammenhänge jedoch wesentlich komplizierter, weil – wie die Deutsche Bundesbank ausdrücklich hervorhob – die Geldmenge von der Zentralbank nicht unmittelbar bestimmt wird, sondern nur mittelbar, indem sie die Konditionen für die (Zentralbank-) Geldnachfrage festlegt.[88] Die Geschäftsbanken verfügen also auch ohne Zutun der Notenbank über einen Geldschöpfungsspielraum.[89] Wenn wegen reger Kreditnachfrage die Kreditzinsen steigen, die Kreditvergabe für die Geschäftsbanken also attraktiver wird, werden sie diesen Spielraum nutzen, so dass Kreditvolumen und Geldmenge steigen. Dies bedeutet aber, dass im Rahmen dieses Geld- und Kreditschöpfungsspielraums das Geldangebot zinselastisch ist. Will man den Aussagege-

---

[86]   Vgl. hierzu E. Görgens, K. Ruckriegel, F. Seitz, Zur Problematik der LM-Kurve, WiSt, 33. Jg. (2004), S. 740 f.

[87]   Die Bezeichnung LM-Kurve rührt von dieser Übereinstimmung zwischen Geldangebot (M) und Geldnachfrage bzw. Liquiditätspräferenz (L) her.

[88]   „Die Bundesbank kann weder die Expansion der Geldmenge in beliebiger Weise unmittelbar beschränken, indem sie überschießende Nachfrage der Banken nach Zentralbankguthaben einfach unbefriedigt lässt, noch ist sie in der Lage, eine zu schwache Nachfrage nach Zentralbankgeld durch die Schaffung von Überschussguthaben der Kreditinstitute so nahtlos auszugleichen, dass die Ausweitung der Geldmenge zu keinem Zeitpunkt hinter den gesteckten Zielen zurückbleibt. Vielmehr liegt es in der Natur des komplexen Geldschöpfungsprozesses, in dem Notenbank, Kreditinstitute und Nichtbanken zusammenwirken, dass die Bundesbank nur durch entsprechende Gestaltung der Zinskonditionen und sonstigen Bedingungen, zu denen sie laufend Zentralbankguthaben bereitstellt, mittelbar darauf hinwirken kann, dass die Geldmenge sich in dem angestrebten Rahmen bewegt." Deutsche Bundesbank, Die Geldpolitik der Deutschen Bundesbank, Frankfurt 1995, S. 92. Noch einen Schritt weiter geht W. Gebauer (Geld: Angebot versus Nachfrage, in: P. Bofinger/K.-H. Ketterer, Neuere Entwicklungen in der Geldtheorie und Geldpolitik – Festschrift für Norbert Kloten –, Tübingen 1996, S. 260), wenn er behauptet, dass „die Geldmenge als eine endogen bestimmte Größe anzusehen ist" und „die Zentralbank, via Zinsänderungen, nur einen quantitativ vergleichsweise geringen Einfluss auf die Geldmenge ausübt."

[89]   Hinzuweisen ist auch auf eine mögliche Beeinflussung der nominalen Geldmenge durch die Nichtbanken über Anpassung bei der Geldkapitalbildung (Verschiebung der Geldangebotsfunktion). Dieser Punkt soll im Folgenden vernachlässigt werden.

halt der LM-Kurve der Realität annähern, so muss deshalb die vereinfachende Annahme eines zinsunelastischen Geldangebots aufgegeben werden.[90]

Zur Erklärung der Geldnachfrage wird traditionell auf keynesianische Überlegungen zurückgegriffen. Die nominale Geldnachfrage (M^D) setzt sich somit aus der Nachfrage nach Transaktions- und Vorsichtskasse ($M^D_{T,V}$) sowie nach einer Spekulationskasse (M^D_{Sp}) zusammen.

$$M^D = M^D_{T,V} + M^D_{Sp}$$

Unterstellt wird jeweils, dass die Geldnachfrage stabil ist, d. h., eine gegebene Zins/Einkommenskombination mit einer bestimmten Nachfrage nach Geld (M^D) verbunden ist (*Stabilität der Geldnachfrage*). Ausgeschlossen ist also, dass eine gegebene Zins/Einkommenskombination mit unterschiedlichen Nachfragen nach Geld (M^D) einhergehen kann. In diesem Fall läge eine instabile Nachfrage nach Geld vor.

Das nominale Geldangebot (M^S) bzw. die nominale Geldmenge ergibt sich aus der Geldbasis (B) und dem Multiplikator (m), wobei m und B nicht starr vorgegeben, sondern zinsabhängig sind.

$$M^D = m \cdot B$$

Dividiert man die nominale Geldnachfrage und das nominale Geldangebot jeweils durch das Preisniveau (P) erhält man die entsprechenden Realgrößen M^D/P (*reale Geldnachfrage*) und M^D/S (*reales Geldangebot*).

---

[90] Noch einen wesentlichen Schritt weiter geht David Romer (Keynesian Macroeconomics without the LM-Curve, Journal of Economic Perspectives, Vol. 14, No. 2, 2000, S. 149-169). Wegen der Tatsache, dass Zentralbanken kein Geldangebot exogen vorgeben, das der Geldnachfrage gegenüber stünde, fehle die theoretische Basis der LM-Kurve und damit schließlich auch für die aus dem Zusammenspiel von IS und LM abgeleitete gesamtwirtschaftliche Nachfragefunktion (siehe Abschnitt 1.5 dieses Kapitels). Die von Romer entwickelte Alternative führt jedoch nicht zu Änderungen der grundlegenden makroökonomischen Zusammenhänge zwischen Produktion, Einkommen und Beschäftigung, so dass wir aus Vereinfachungsgründen das traditionelle IS-LM-Modell beibehalten. (Zu einem einfachen Modell, das auf die LM-Kurve verzichtet, siehe Abschnitt 2. dieses Kapitels).

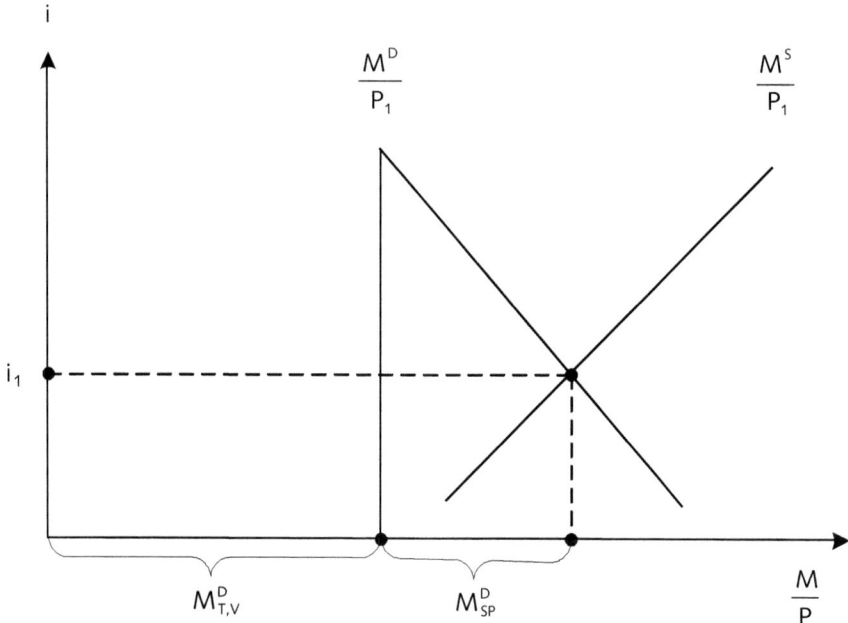

Abbildung VII.5

Im Schnittpunkt von Geldangebot und Geldnachfrage befindet sich der makroökonomische Geldmarkt im Gleichgewicht. Der Gleichgewichtszinssatz beträgt i_1.[91]

Kommt es zu einer Einkommenserhöhung, so steigt der Geldbedarf für Transaktionszwecke, was sich graphisch in einer Verschiebung der Geldnachfragekurve auf festhalten lässt (Abb. VII.6).

Bei dem bisherigen Zinsniveau i_1 erhöht sich somit die Geldnachfrage; bei unverändertem Geldangebot kann diese zusätzliche Geldnachfrage jedoch nicht befriedigt werden. Da aber zusätzliches Geld für Transaktionszwecke benötigt wird, werden von den Nichtbanken zusätzliche (Buch-) Kredite bei den Geschäftsbanken nachgefragt bzw. vorhandene Wertpapiere verkauft oder neu emittiert. Eine steigende Kreditnachfrage bzw. ein höheres Angebot an Wertpapieren führt zu sinkenden Kursen am Wertpapiermarkt bzw. zu steigenden Marktzinsen, was bei Wertpapieren mit gegebenen Festzinssätzen steigende Effektivzinsen zur Folge hat. Steigende Zinsen werden die Geschäftsbanken aber auch bewegen, verstärkt Kredite zu begeben und so das Geldangebot auszuwei-

---

[91] Aus Gründen der Vereinfachung soll im Folgenden zunächst das Preisniveau 1 betragen und als konstant betrachtet werden, so dass für M^D/P, M^S/P und M/P auch M^D, M^S, M geschrieben werden kann.

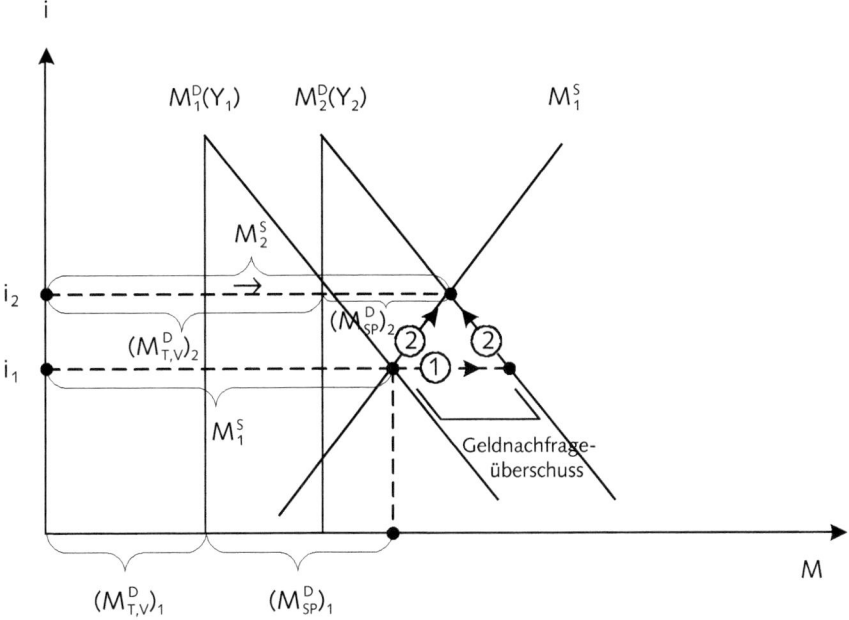

Abbildung VII.6

ten. Es kommt zu einem neuen Gleichgewicht bei einem höheren Zinssatz i_2. Das zusätzliche Transaktionsvolumen wird also über eine Rationalisierung der Kassenhaltung aufgrund gestiegener Opportunitätskosten und eine Ausweitung des Geldangebots durch die Geschäftsbanken ermöglicht.

Eine notenbankinduzierte Erhöhung des Geldangebotes ist graphisch als Rechtsverschiebung von M_1^S auf M_2^S festzuhalten. Diese Expansion ist mit einer Zinssenkung verbunden, die schließlich ein neues Gleichgewicht auf dem Geldmarkt (i_2) bewirkt:

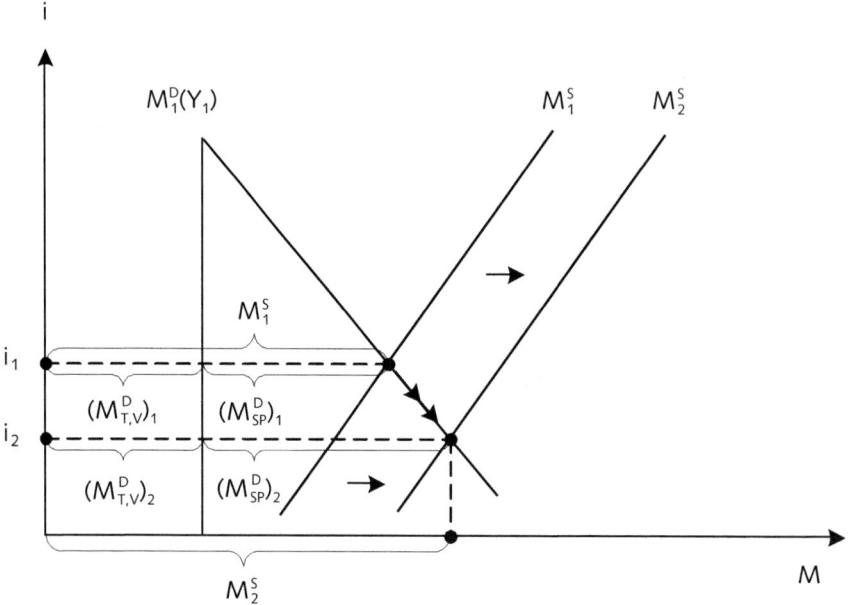

Abbildung VII.7

Den Prozess zum neuen Gleichgewicht kann man sich folgendermaßen klar machen. Eine expansive Geldpolitik, d. h. eine Senkung der Notenbankzinssätze, bedeutet für die Geschäftsbanken niedrigere Kosten für den Erwerb von Zentralbankgeld. Diese niedrigeren Kosten der Geldbeschaffung könnten die Geschäftsbanken zu verstärkten Wertpapierkäufen an der Börse veranlassen; die Effektivzinsen würden sinken und die Geldmenge steigen. Die Geschäftsbanken könnten auch ihr (Buch-) Kreditgeschäft durch Senkung der Kreditzinsen auszudehnen versuchen; über eine erhöhte Kreditnachfrage der Nichtbanken steigt die Geldmenge bei gesunkenem Zinsniveau. Im Ergebnis führt also eine expansive Geldpolitik zu einer Ausweitung der Geldmenge (von M_1^S auf M_2^S). Die damit einhergehende Zinssenkung erhöht die Geldnachfrage – bis schließlich Geldangebot und Geldnachfrage wieder übereinstimmen.

Bei der graphischen Ableitung der LM-Kurve soll – wie bisher – zunächst von einem gegebenen Preisniveau ausgegangen werden. Die LM-Kurve ergibt sich, indem die Gleichgewichtszinssätze bei verschiedenen Einkommenshöhen und der dadurch bedingten unterschiedlichen Geldnachfrage ermittelt werden.

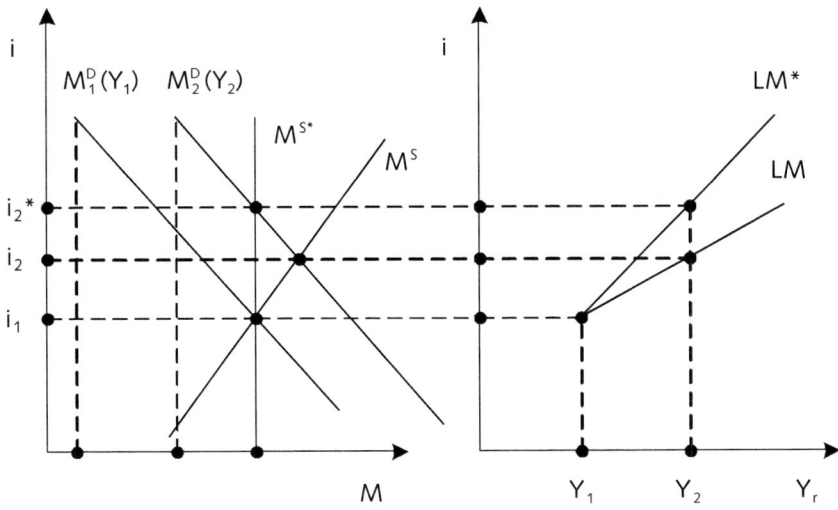

Abbildung VII.8

Wie aus obiger Abbildung hervorgeht, spielt sich beim Einkommen Y_1 der Gleichgewichtszinssatz bei i_1 ein. Kommt es aufgrund eines Einkommensanstiegs auf Y_2 zu einer Erhöhung der Geldnachfrage, so muss der Zinssatz auf i_2 ansteigen, damit das zusätzlich für Transaktionszwecke benötigte Geld durch Rationalisierung der Kassenhaltung freigesetzt werden kann bzw. ein hinreichender Anreiz für die Geschäftsbanken besteht, zusätzlich Geld zu schaffen. Ein höheres Gleichgewichtseinkommen (Y_2) ist also bei gegebener Geldangebotsfunktion mit einem höheren Zinssatz (i_2) verbunden.

In der obigen Zeichnung ist zum Vergleich zusätzlich eine vertikale Geldangebotsfunktion (M^{S*}) eingezeichnet. In der vorherrschenden makroökonomischen Lehrbuchliteratur wird mit dieser Darstellung die Hypothese illustriert, dass die angebotene nominale Geldmenge eine exogene, durch die Zentralbank determinierte Variable ist und es keinen Geld- und Kreditschöpfungsspielraum der Geschäftsbanken gäbe, die diese in Abhängigkeit vom Zinsniveau nutzen könnten.[92] Wie verschiedentlich gezeigt wurde, ist die Geldmenge jedoch eine maß-

---

[92] Die Annahme eines exogenen, von der Notenbank vorgegebenen nominalen Geldangebots lässt allerdings unerklärt, wie das Geld in die Kassen der Wirtschaftssubjekte gelangt. Auch Kunstgriffe wie der Friedman'sche Hubschraubereffekt, wonach das Geldangebot dadurch steigt, dass Hubschrauber über Land fliegen und Geldscheine abwerfen, vermögen diese Lücke nicht zu schließen. Transmissionstheoretisch steht dahinter die Überlegung, dass aufgrund der Ausweitung der Geldmenge durch die Notenbank die Wirtschaftssubjekte bei gegebenen Y und i Werten „plötzlich" zuviel Geld in der Kasse haben ($M^S > M^D$), weshalb diese mit dem überschüssigen Geld Wertpapiere nachfragen, was zu steigenden Kursen und damit zu sinkenden Zinsen führt. Zur Kritik siehe Görgens, E./Ruckriegel, K./Seitz, F., Die vier (!) Ebenen der Geldpolitik oder: Warum die Poole'sche Alternative „Zins vs Geldmengensteuerung" in Wirklichkeit keine ist, WiSt, 35. Jg. (2006), Heft 12, S. 698-701.

geblich von der Kredit- und Geldnachfrage abhängige, also endogene Größe, die in einer zinselastischen Kredit- und davon abgeleiteten Geldangebotsfunktion zum Ausdruck kommt. Wie aus der Abb. VII.8 deutlich wird, verläuft die aus der vertikalen M^{S*}-Kurve resultierende LM-Kurve (LM*) steiler, da das Geldangebot keinen Beitrag zum neuen Gleichgewicht mehr leisten kann, es ändert sich aber nichts an dem tendenziellen Einkommen-Zins-Zusammenhang. Für die Ergebnisse der folgenden Analyse ist diese Vereinfachung (!) deshalb nicht von grundlegender Bedeutung. Um die Darstellung möglichst einfach zu halten, werden deshalb in den anschließenden Ausführungen vertikale Geldangebotsfunktionen zugrunde gelegt.

Die LM-Kurve spiegelt die Summe aller Kombinationsmöglichkeiten von i und Y_r wider, bei denen sich der Geldmarkt im Gleichgewicht befindet. Auch hier soll zunächst auf die Frage nach der Lage, sodann auf die nach der Steigung der LM-Kurve näher eingegangen werden.

In Analogie zur IS-Kurve lassen sich die Überlegungen zur Lage umformulieren in die Frage, wie es zu Verschiebungen der LM-Kurve kommt. Wird – wie im Folgenden – eine stabile Geldnachfrage unterstellt, d. h. kommt es bei gegebenen Y_r und i-Werten zu keinen Schwankungen bei der Geldnachfrage, so sind Verschiebungen der LM-Kurve einzig auf Veränderungen der realen Geldmenge bzw. des realen Geldangebots zurückzuführen. Hierbei lassen sich zwei Fälle unterscheiden: (1) Eine Erhöhung (Verminderung) der realen Geldmenge kommt zustande, wenn bei einer konstanten nominalen Geldmenge das Preisniveau sinkt (steigt). (2) Eine Erhöhung (Verminderung) der realen Geldmenge erfolgt durch eine Erhöhung (Verminderung) der nominalen Geldmenge bei stabilem Preisniveau. Im Folgenden soll – wie bisher – zunächst von einem konstanten Preisniveau ausgegangen werden.

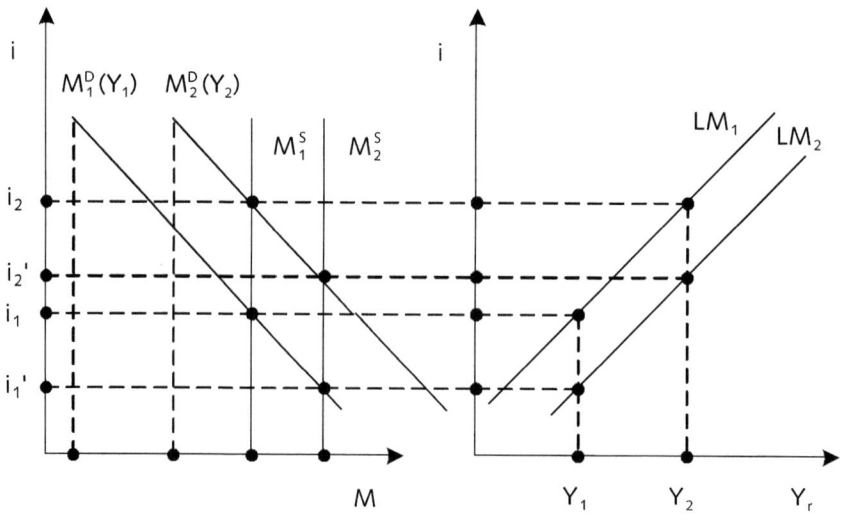

Abbildung VII.9

Wie aus Abbildung VII.9 ersichtlich, ist eine Erhöhung des realen Geldangebots von M_1^S auf M_2^S bei einem gegebenen Gleichgewichtseinkommen mit einem sinkenden Zinssatz verbunden ($Y_1: i_1 \rightarrow i_1´; Y_2: i_2 \rightarrow i_2´$). Genauer: Die notenbankpolitisch ausgelöste Zinssenkung (niedrigere Refinanzierungskosten der Banken $\rightarrow$ sinkende Kreditzinsen) erhöht die Kredit- und Geldnachfrage, der sich das Geldangebot anpasst. Die LM-Kurve verschiebt sich somit nach rechts.

Für die Steigung der LM-Kurve ist einerseits die Einkommens-, andererseits die Zinselastizität der Geldnachfrage entscheidend. Auch hier soll zunächst das theoretische Grundmuster der LM-Kurve in Erinnerung gerufen werden.

$$Y_r \rightarrow M_{T,V}^D \rightarrow M^D \neq M^S \rightarrow i$$

Eine Veränderung des Gleichgewichtseinkommens führt zu gleichgerichteten Reaktionen bei der Geldnachfrage, wodurch bei gegebenem Geldangebot ein Ungleichgewicht am Geldmarkt entsteht, was eine Veränderung des Zinssatzes bewirkt.

Ist die *Einkommenselastizität der Geldnachfrage* gering, so bewirkt ein gegebener Einkommensanstieg lediglich einen schwachen Anstieg der transaktionsbedingten Geldnachfrage. Bei gegebener Zinselastizität der Geldnachfrage bedarf es nur einer relativ geringen Zinssatzerhöhung, um das zusätzlich für Transaktionen benötigte Geld zu mobilisieren. Die LM-Kurve verläuft somit relativ flach. Umgekehrt verhält es sich bei einer einkommenselastischen Geldnachfrage. Die Höhe der Einkommenselastizität lässt sich graphisch durch das Ausmaß der Verlagerung der Geldnachfragefunktion illustrieren.

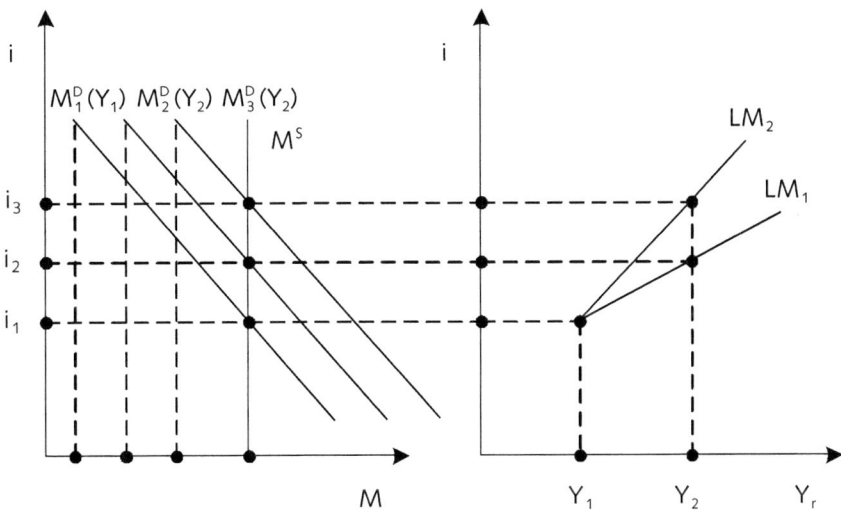

Abbildung VII.10

Dieser Sachverhalt wird aus Abb. VII.10 ersichtlich. Ausgehend vom Gleichgewichtseinkommen Y_1, bei dem der Zinssatz i_1 ein Geldmarktgleichgewicht herstellt, soll es zu einer Erhöhung des Gleichgewichtseinkommens auf Y_2 kommen.
Im Fall einer einkommensunelastischen Geldnachfrage reicht eine Erhöhung des
Zinssatzes auf i_2 aus, um ein neues Geldmarktgleichgewicht zu erreichen. Im Falle
einer einkommenselastischen Geldnachfrage hingegen muss der Zinssatz stärker,
und zwar auf i_3, steigen, um das für Transaktionszwecke benötigte Geld zu mobilisieren. Im ersten Fall verläuft die LM-Kurve also flacher als im zweiten, weil ein
gegebener Einkommensanstieg eine geringere Zinssatzerhöhung hervorruft.

Als zweite Variable beeinflusst die *Zinselastizität der Geldnachfrage* die Steigung der LM-Kurve. Ausgegangen wird wiederum von einer Erhöhung des
Gleichgewichtseinkommens, die zu einer Zunahme der Nachfrage nach Transaktionskasse führt. Bei einer zinselastischen Geldnachfrage genügt eine geringe
Zinssatzerhöhung, um das zusätzlich benötigte Geld für Transaktionszwecke verfügbar zu machen. Die LM-Kurve hat einen flachen Verlauf. Umgekehrt verhält es
sich bei einer zinsunelastischen Geldnachfrage. In der Keynesianismus/Moneta-
rismus-Debatte betonten die Keynesianer eher eine zinselastische, die Monetaristen hingegen eher eine zinsunelastische Geldnachfrage.

Ausgangspunkt in Abb. VII.11 bildet das Gleichgewichtseinkommen Y_1, bei dem
sich der Geldmarkt beim Zinssatz i_1 im Gleichgewicht befindet. Es soll nun zu einem Anstieg des Einkommens auf Y_2 kommen, was durch eine Parallelverschiebung der Geldnachfragefunktionen illustriert wird. Im Fall einer zinselastischen
Geldnachfrage (flacher Verlauf) wird – im Vergleich zu einer zinsunelastischen
Geldnachfrage – nur eine verhältnismäßig geringe Zinssatzsteigerung benötigt,

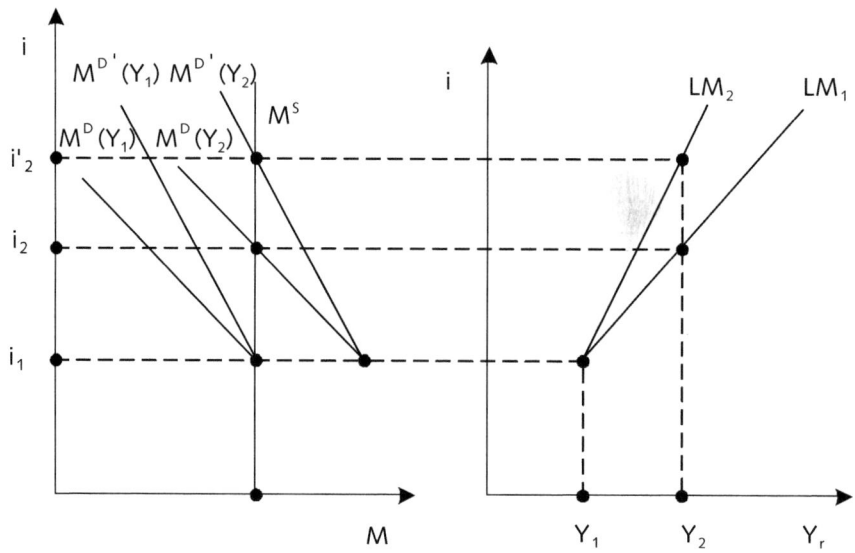

Abbildung VII.11

um das zusätzlich für Transaktionszwecke benötigte Geld (durch Rationalisierung der Kassenhaltung) zu mobilisieren. Anders formuliert: Der Geldmarkt kommt bei einem gegebenem Anstieg des Gleichgewichtseinkommens bereits bei einem relativ geringen Zinsanstieg wieder ins Gleichgewicht. Die LM-Kurve nimmt somit einen flachen Verlauf an; eine zinsunelastische Geldnachfrage hingegen schlägt sich in einer steilen LM-Kurve nieder.

In der folgenden Übersicht sind die Bestimmungsgrößen der Steigung von IS- und LM-Kurve zusammengestellt:

	Steigung der IS-Kurve		Steigung der LM-Kurve	
	flach	steil	flach	steil
Zinselastizität der Investitionsgüternachfrage	hoch	niedrig	–	–
Einkommensmultiplikator	groß	klein	–	–
Zinselastizität der Geldnachfrage	–	–	hoch	niedrig
Zinselastizität des Geldangebots	–	–	hoch	niedrig
Einkommenselastizität der Geldnachfrage	–	–	niedrig	hoch

Bisher wurde im Rahmen der Diskussion der LM-Kurve das Preisniveau als konstant angenommen; diese Restriktion soll jetzt aufgehoben werden.

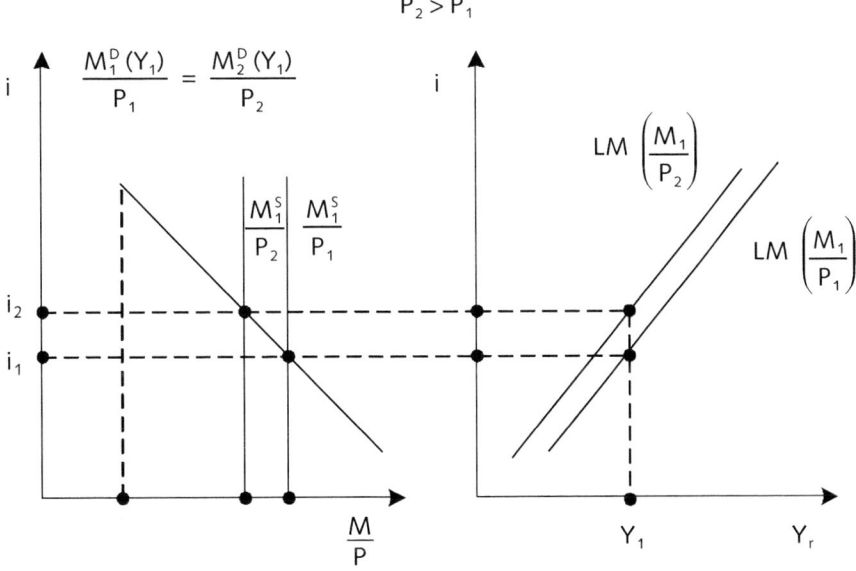

Abbildung VII.12

Wie aus obiger Abbildung ersichtlich, hat eine Veränderung des Preisniveaus keine Auswirkung auf die reale Geldnachfrage. Die nominale Geldnachfrage reagiert entsprechend der Änderung des Preisniveaus, weil die Wirtschaftssubjekte nach wie vor eine bestimmte reale Gütermenge (einen bestimmten Warenkorb) nachfragen wollen. Steigt beispielsweise das Preisniveau um 10 %, so nimmt auch die nominale Geldnachfrage um 10 % zu; die reale Geldnachfrage bleibt demzufolge unverändert.[93] Anders hingegen ist es beim Geldangebot bzw. der Geldmenge. Eine Veränderung des Preisniveaus hat nicht automatisch eine entsprechende Veränderung des nominalen Geldangebotes zur Folge, da dieses dem Einfluss der Notenbank unterliegt. Eine Veränderung des Preisniveaus bewirkt vielmehr – aufgrund des gegebenen nominalen Geldangebots – eine entsprechende Veränderung des realen Geldangebots. Steigt beispielsweise das Preisniveau, so sinkt die reale Geldmenge.

Für den Geldmarkt hat dies zur Folge, dass beim gegebenen Zinssatz (hier: i_1) ein Geldnachfrageüberhang entsteht, der zu einer Zinssatzerhöhung führt (Abb. VII.12). Der Geldmarkt kommt demzufolge bei einem gegebenen Realeinkommen (hier: Y_1) erst bei einem höheren Zinssatz (hier: i_2) ins Gleichgewicht. Für die LM-Kurve hat dies eine Verlagerung nach links zur Folge. Umgekehrt verhält es sich bei einer Preisniveausenkung.

Bei der weiteren Analyse im Rahmen des IS-LM-Modells wird – vom Nominalzins (i) abgesehen – auf reale Größen abgestellt.

1.3 Zusammenspiel von Güter- und Geldmarkt

Nachdem die IS- und die LM-Kurve im Einzelnen besprochen wurden, kann nun das Zusammenwirken von Güter- und Geldmarkt verdeutlicht werden. Wie ausgeführt, befindet sich der Gütermarkt auf allen Punkten der IS-Kurve, der Geldmarkt auf allen Punkten der LM-Kurve im Gleichgewicht. Der Schnittpunkt von IS- und LM-Kurve stellt somit ein simultanes Gleichgewicht auf beiden Märkten dar.

Ausgangspunkt in Abb. VII.13 stellt das simultane Gleichgewicht i_1/Y_1 dar. Nun soll es als Folge einer expansiven Geldpolitik der Zentralbank via Anstieg der Kredit- und Geldnachfrage zu einer Erhöhung der nominalen Geldmenge kommen (Verschiebung der LM-Kurve nach rechts von LM_1 auf LM_2). Der gesunkene Zinssatz, und zwar in obigem Beispiel auf i_2, geht mit einer steigenden Investitionsgüternachfrage einher, wodurch das Gleichgewichtseinkommen zunimmt. Damit erhöht sich aber auch wieder die Nachfrage nach Transaktionskasse, was einen Wiederanstieg des Zinssatzes bewirkt. Das neue simultane Gleichgewicht wird beim Zinssatz i_3 und beim Gleichgewichtseinkommen Y_2 erreicht. Die geld-

---

[93] Als Normalfall kann davon ausgegangen werden, dass die Nominaleinkommen mindestens in Höhe der Inflationsrate steigen. In diesem Falle bleiben die Realeinkommen mindestens konstant.

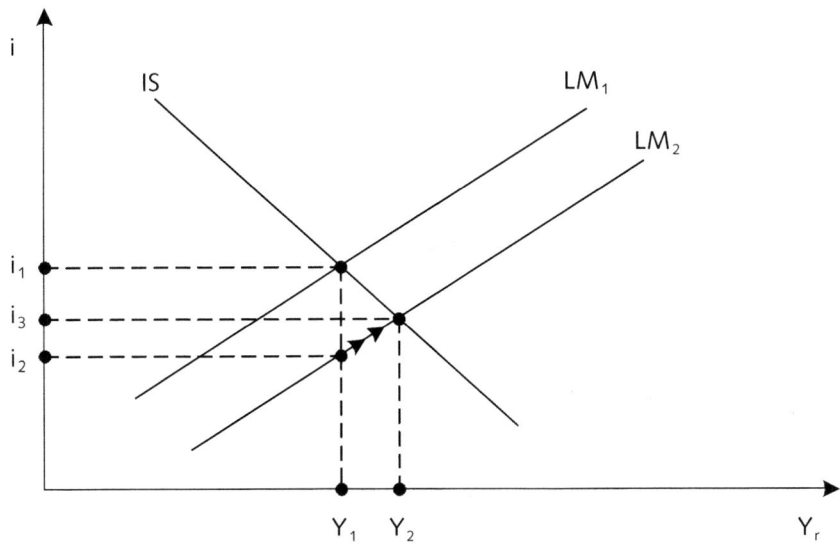

Abbildung VII.13

politisch ausgelöste Zinssatzänderung ($i_1 \rightarrow i_2$) bezeichnet man auch als *Liqui-ditätseffekt*; die vom Gütermarkt ausgelöste Geldnachfrage- und Zinssatzer-höhung ($i_2 \rightarrow i_3$) heißt *Einkommenseffekt*.

Eine Erhöhung der Staatsnachfrage führt hingegen zu einer Rechtsverschiebung der IS-Kurve (Abb. VII.14). Da der Staat aber seine zusätzliche Nachfrage finanzie-ren, also Transaktionskasse mobilisieren muss, wird er z. B. Wertpapiere auf den Markt bringen. Um die Wertpapiere absetzen zu können, müssen die Konditio-nen besser sein als die bisherigen Marktkonditionen; d. h. der Zinssatz steigt. Hierdurch werden aber private Investitionen unrentabel und somit verdrängt (*crowding-out*). Das neue simultane Gleichgewicht wird bei i_2/Y_2 erreicht.

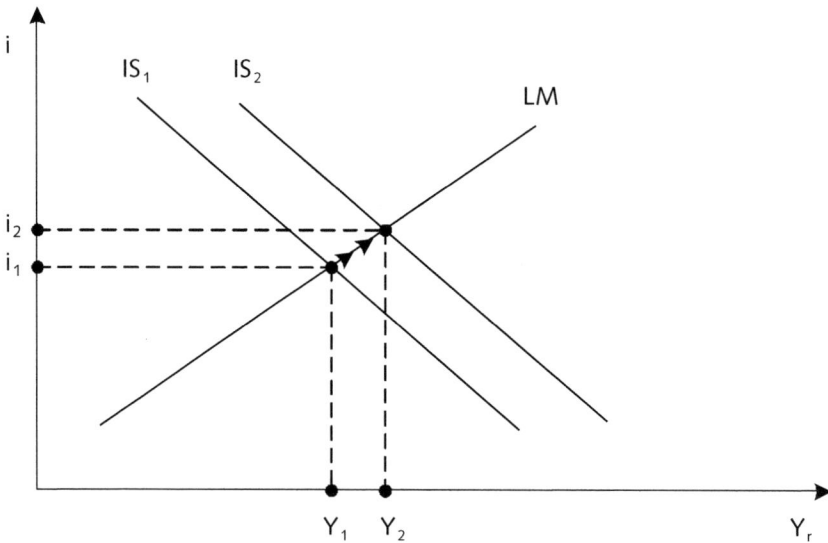

Abbildung VII.14

1.4 Zur Wirksamkeit von Geld- und Fiskalpolitik

Bei der Beurteilung alternativer Politiken spielen Annahmen vor allem über die Zinselastizität der Investitionsgüter- und Geldnachfrage eine wichtige Rolle. Während in der sogenannten Keynesianismus/Monetarismus-Kontroverse keynesianisch orientierte Ökonomen mit einer weitgehend zinselastischen Geldnachfrage, aber mit einer nahezu zinsunelastischen Investitionsgüternachfrage rechneten, hielten Monetaristen eher das Gegenteil für zutreffend, gingen also von einer vergleichsweise zinsunelastischen Geld- und einer zinselastischen Investitionsgüternachfrage aus. Zunächst soll die Wirksamkeit der Geldpolitik vor dem Hintergrund unterschiedlicher Annahmen über die Zinselastizität der Investitionen diskutiert werden. Für die Wirkungsweise der *Geldpolitik* ergibt sich folgendes Grundmuster: Notenbankpolitisch induzierte Zinsänderungen führen schließlich zu Geldmengenänderungen, die für die monetäre Alimentation von Investition und Produktion erforderlich sind:

$$\nearrow \quad M^D \to M^S$$
$$i$$
$$\searrow \quad I^b \to Y_r$$

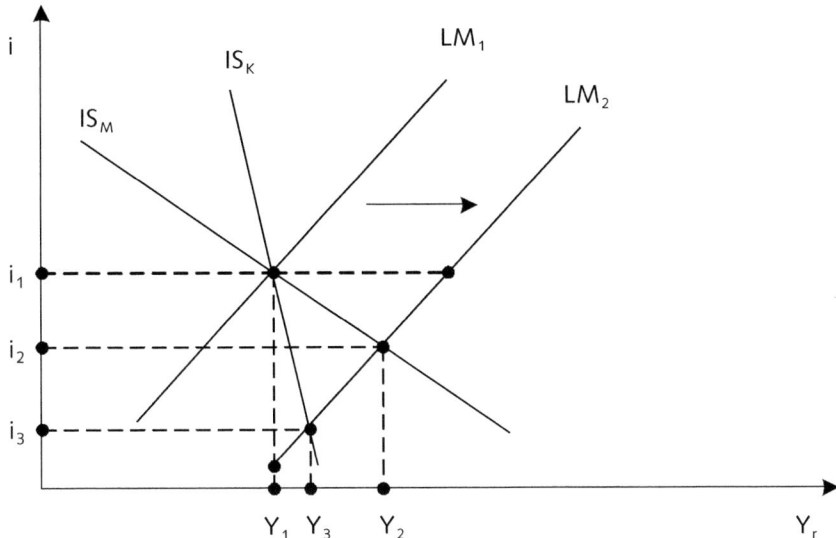

Abbildung VII.15

In Abb. VII.15 sind IS-Kurven unterschiedlicher Zinselastizität der Investitionsgüternachfrage abgebildet. Kommt es nun zu einer Geldmengenerhöhung aufgrund einer expansiven Geldpolitik ($LM_1 \to LM_2$), so bewirkt dies bei vergleichsweise hoher Zinselastizität der Investitionsgüternachfrage (IS_M) einen relativ
großen Anstieg des Gleichgewichtseinkommens (Y_2).

Andere Wirkungen einer expansiven Geldpolitik ergeben sich nach der keynesianischen Position. Eine relativ zinsunelastische Investitionsgüternachfrage (IS_K)
führt zu einem steileren Verlauf der IS-Kurve. Ein im Ausmaß gleich starker expansiver geldpolitischer Impuls bewirkt hier nur eine schwache Erhöhung der
Investitionstätigkeit und somit letztlich nur einen geringen Anstieg des Gleichgewichtseinkommens (Y_3). Bei einer – der keynesianischen Position entsprechenden – höheren Zinselastizität der Geldnachfrage (flacherer Verlauf der LM-Kurven) ergeben sich noch geringere Nachfragewirkungen.

Anders hingegen ist die Wirksamkeit der *Fiskalpolitik* zu beurteilen. Ihre Wirkungsweise hat folgendes Grundmuster:

$$St \to i \to I^b \to Y_r$$

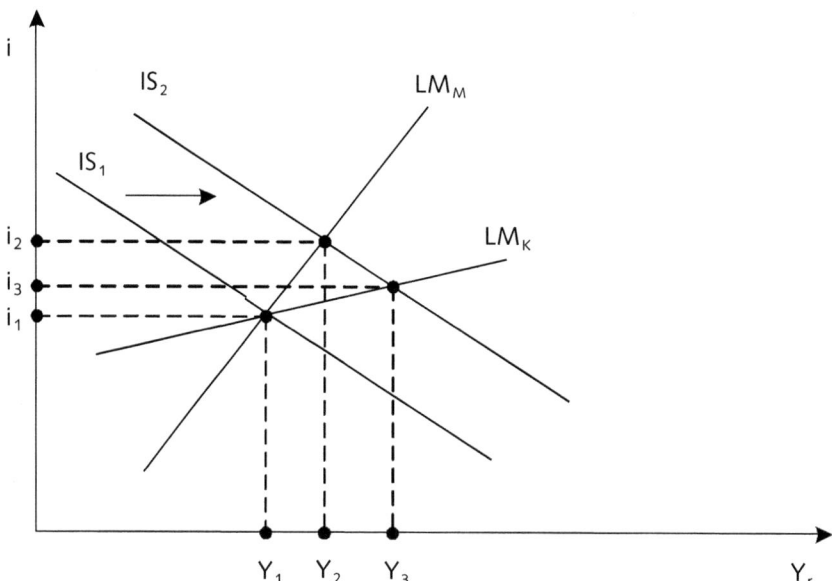

Abbildung VII.16

Bei gegebener Zinselastizität der Investitionsgüternachfrage und niedriger Zinselastizität der Geldnachfrage führt eine expansive Fiskalpolitik (die IS-Kurve verschiebt sich nach rechts) über einen Anstieg der Geldnachfrage – es wird mehr Transaktionskasse benötigt – zu starken Zinssatzsteigerungen. Die Annahme einer relativ zinsunelastischen Geldnachfrage (LM_M) bedeutet, dass ein starker Zinsanstieg benötigt wird, um das zusätzlich für Transaktionszwecke benötigte Geld zu mobilisieren. Diese Zinserhöhung wiederum löst einen starken Rückgang der Investitionsgüternachfrage aus (*crowding-out-Effekt*), so dass per Saldo nur ein schwacher Effekt auf die Gesamtnachfrage verbleibt. Der Anstieg des Gleichgewichtseinkommens wird sich demnach in engen Grenzen halten (Y_2).

Gänzlich anders ist die Fiskalpolitik bei gegenteiligen Zinselastizitäten zu beurteilen. Eine expansive Fiskalpolitik führt wegen der relativ zinselastischen Geldnachfrage nur zu einem geringen Zinsanstieg; dieser Zinsanstieg führt zu keinen gravierenden Rückgängen der Investitionsgüternachfrage. Der *crowding-out-Effekt* bleibt also gering; vielmehr wird ein großer Nachfrage- und somit Einkommenseffekt erzielt (Y_3).

Es gehört nicht viel Phantasie dazu sich vorzustellen, welche Einkommenswirkungen von geld- und fiskalpolitischen Maßnahmen ausgehen, wenn gleichzeitig die Kombinationen niedriger (hoher) Zinselastizität der Investitionsgüternachfrage und hoher (niedriger) Zinselastizität der Geldnachfrage vorliegen sollten.

Die unterschiedlichen Positionen und deren Konsequenzen für die Wirksamkeit der Geld- und Fiskalpolitik sind in folgender Übersicht zusammengestellt:

	Keynesianische Position	Monetaristische Position
Zinselastizität der Geldnachfrage	hoch	niedrig
Zinselastizität der Investitionsgüternachfrage	niedrig	hoch
Wirksamkeit der Geldpolitik	niedrig	hoch
Wirksamkeit der Fiskalpolitik	hoch	niedrig

1.5 Vom IS-LM-Modell zur gesamtwirtschaftlichen Nachfragefunktion[94]

Bisher wurde implizit unterstellt, dass es auf dem Gütermarkt unausgelastete Kapazitäten gibt, so dass Nachfrageveränderungen unmittelbar reale Produktions- und Einkommensveränderungen nach sich zogen. Die Zins- und Realeinkommenskombinationen, die sich auf der IS-Kurve befinden, sind deshalb nur dann als effektive Gleichgewichtspunkte von Angebot und Nachfrage auf dem Gütermarkt anzusehen, wenn das nachfrageseitig mögliche Einkommen durch entsprechende Produktionsreserven abgesichert ist. Schnittpunkte der IS- mit der LM-Kurve sind deshalb als nachfrageseitige Gleichgewichtspunkte unter Berücksichtigung geldmarktbedingter Restriktionen zu interpretieren.[95]

In der Realität stößt die Befriedigung der Güternachfrage aber nicht nur auf monetäre Engpässe, sondern auch auf Produktionsgrenzen, z. B. infolge eines Arbeitskräftemangels. Um zu realitätsnäheren Aussagen zu gelangen, muss deshalb die Angebotsseite explizit in die Analyse einbezogen werden.

Wenn das IS-LM-Schema nur dann wirkliche Gleichgewichtssituationen abbildet, soweit die Produktion der Nachfrage beliebig zu folgen vermag, wird bereits intuitiv deutlich, dass mit diesem Schema die gesamtwirtschaftliche Nachfragesituation eingefangen wird. Die reale *gesamtwirtschaftliche Nachfragefunktion* (Y_r^D)[96] lässt sich unschwer ableiten, wenn man verfolgt, was Preisniveauveränderungen unter bestimmten, durch IS- und LM-Kurven beschriebene, Güter- und Geldmarktbedingungen bewirken.

---

[94] Von außenwirtschaftlichen Einflüssen wird hier abgesehen.

[95] Gegenüber der bisherigen Beschränkung der gesamtwirtschaftlichen Nachfrage auf die Güternachfrage wird hier der Geldmarkt einbezogen. Y^D hat nun also eine umfassendere Bedeutung als bei der ausschließlichen Betrachtung des Gütermarktes.

[96] Diese Kurve ist identisch mit der in neueren Lehrbüchern anzutreffenden AD-Kurve (Aggregate Demand). Siehe hierzu Kapitel XII.

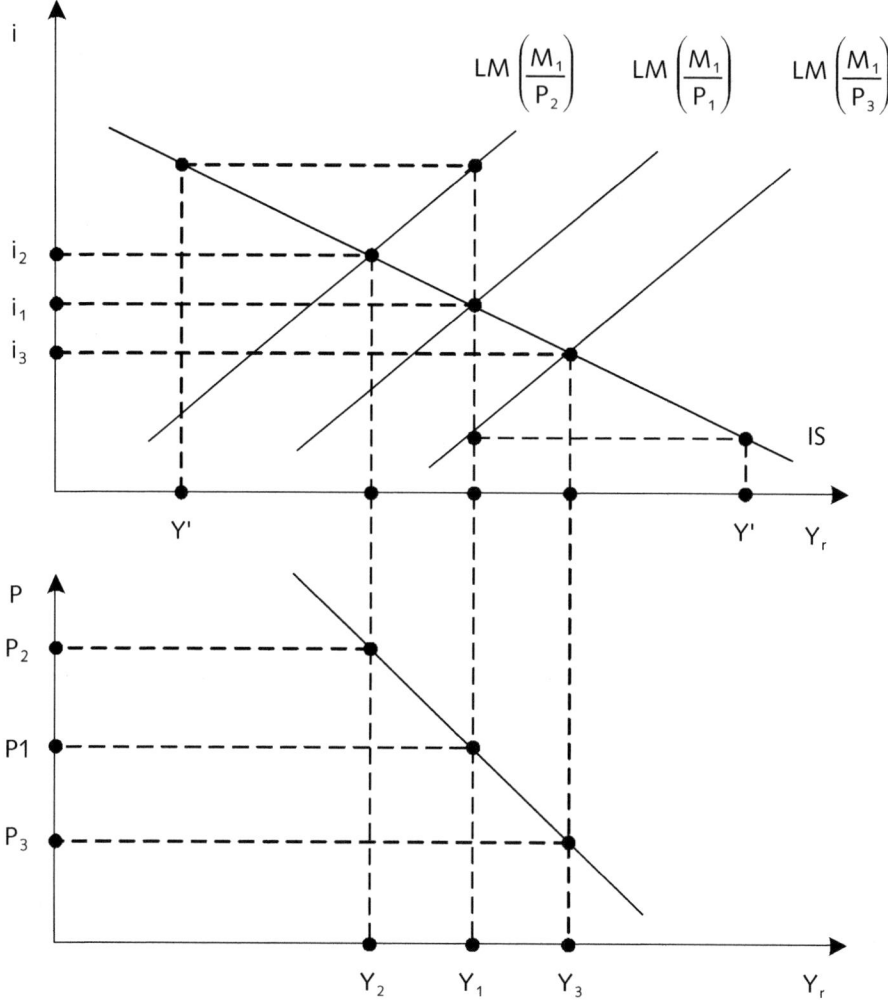

Abbildung VII.17

Wie Abb. VII. 17 zeigt, führt eine Veränderung des Preisniveaus zu einer Verschiebung der LM-Kurve.[97] Sinkt beispielsweise das Preisniveau von P_1 auf P_3, so kommt es infolge einer Zunahme des realen Geldangebots zu einer Verschiebung der LM-Kurve nach rechts. Vorausgesetzt, es gibt keine Schranken auf der Angebotsseite, kommt es zu einem neuen Gleichgewicht bei (i_3/Y_3). Trägt man diese Einkommensänderung in Abhängigkeit von der Preisniveauänderung ab, so zeigt sich, dass mit sinkendem Preisniveau die reale gesamtwirtschaftliche Nach-

---

[97] Von möglichen preisniveaubedingten Verschiebungen der IS-Kurve sei zunächst abgesehen. Siehe Kapitel X. 2.2.3.

frage steigt (von P_1/Y_1 nach P_3/Y_3). Gäbe es auf der Angebotsseite keinerlei Restriktionen, würde bei gegebener Gütermarkt- und Geldmarktkonstellation eine Preisniveauänderung eine Nachfrageänderung auslösen, die zu den Realeinkommen Y_1, Y_2 und Y_3 führte.

Auch hier können wir wieder die Frage anschließen, wovon die Lage bzw. Verschiebungen der Y_r^D-Funktion abhängig sind. Da die gesamtwirtschaftliche Nachfragefunktion aus den Schnittpunkten der IS-LM-Kurven gewonnen wird, sind Verschiebungen der gesamtwirtschaftlichen Nachfragefunktion ebenfalls auf Verschiebungen der IS- und LM-Kurve zurückzuführen. Da Preisniveauänderungen bereits berücksichtigt sind, können auf dem Geldmarkt ausgelöste Verschiebungen der Gesamtnachfrage nur noch auf Änderungen des nominalen Geldangebots beruhen.

Zur Klärung der Frage, welche Variablen einen Einfluss auf das Steigungsmaß der gesamtwirtschaftlichen Nachfragefunktion haben, ist es auch hier zweckmäßig, sich das theoretische Grundmuster klarzumachen, das hinter der Y_r^D-Funktion steht:

$$P \rightarrow M^S/P \rightarrow i \rightarrow I^b \rightarrow m \cdot I^b \rightarrow Y'_r \rightarrow M^D/P \rightarrow i \rightarrow \cdots Y_2 \text{ bzw. } Y_3$$

Ausgehend von einem Gleichgewicht am Geldmarkt ($M^S/P = M^D/P$) führt eine Veränderung des Preisniveaus zu einer Veränderung des realen Geldangebotes. Ein daraus resultierendes Ungleichgewicht am Geldmarkt führt zu Änderungen des Zinssatzes; dadurch wird die Nachfrage nach Investitionsgütern beeinflusst, die ihrerseits multiplikative Nachfrageeffekte auslöst und somit auf eine Veränderung der Gesamtnachfrage hinwirkt (*Keynes-Effekt*). Zu einer Abschwächung des ursprünglichen Nachfrageimpulses (Y')[98] kommt es im Zuge der Anpassungsprozesse durch die Nachfrage nach Transaktionskasse (Einkommenselastizität der Geldnachfrage), die der anfänglichen Zinsentwicklung etc. entgegenwirkt.

Untersucht man die Variablen, die Einfluss auf das Steigungsmaß im Einzelnen haben, so stößt man wiederum auf die Größen, die das Steigungsmaß der IS- bzw. der LM-Kurve beeinflussen.

Zunächst hat somit die Höhe der *Zinselastizität der Geldnachfrage* Einfluss auf das Steigungsmaß der Y_r^D-Funktion. Wie bereits erörtert, führt ein Rückgang des Preisniveaus zu einem Anstieg des realen Geldangebots. Im Falle einer zinselastischen Geldnachfrage wird dieses erhöhte reale Geldangebot bereits bei einer geringen Zinssatzsenkung von der zinsabhängigen Geldhaltung absorbiert. Aufgrund dieser geringen Zinssatzsenkung sind die Wirkungen auf die Investitionsgüternachfrage und somit auf die Gesamtnachfrage gering. Die Y_r^D-Funktion verläuft steil, d. h., sie ist preisunelastisch. Anders hingegen ist es bei einer zins-

---

[98]   Die Strecken $Y_1 - Y'$ in der Graphik sind nur fiktiv. Sie sollen die Nachfrageanstöße verdeutlichen, die zu Zinsänderungen führen – und weitergehende realwirtschaftliche und monetäre Anpassungen auslösen. Y' ist kein realisiertes Einkommensniveau.

unelastischen Geldnachfrage. Hier führt das Ungleichgewicht am Geldmarkt zu einer starken Zinssatzsenkung, wodurch es zu einer starken Erhöhung der Investitionsgüternachfrage kommt. Die Y_r^D-Funktion nimmt demzufolge einen flachen Verlauf an; sie ist preiselastisch.

Zum zweiten ist die *Zinselastizität der Investitionsgüternachfrage* anzuführen. Die durch einen Rückgang des Preisniveaus bedingte Zinssatzsenkung hat bei einer zinselastischen Investitionsgüternachfrage einen starken Anstieg der Investitionsgüternachfrage, bei einer zinsunelastischen Investitionsgüternachfrage einen schwachen Anstieg zur Folge. Ceteris paribus kommt es im ersten Fall zu einer starken realen Nachfrageerhöhung (Y_r^D steigt stark an), im zweiten Falle zu einer schwachen realen Nachfrageerhöhung. Die Y_r^D-Funktion verläuft bei hoher Zinselastizität der Investitionsgüternachfrage mithin flach, im anderen Falle steil.

Als Drittes ist die Größe des *Einkommensmultiplikators* entscheidend. Nimmt der Multiplikator einen großen Wert an, so führt – überspringt man bei obiger Argumentationskette die ersten Stufen – eine gegebene Erhöhung der Nachfrage nach Investitionsgütern zu einer starken multiplikativen Nachfrageausweitung und somit zu einem entsprechend starken Anstieg der realen Gesamtnachfrage. Die Y_r^D-Funktion verläuft flach. Analog dazu führt ein geringer Multiplikatorwert zu einem steilen Verlauf der Y_r^D-Funktion.

Schließlich bleibt als vierte Einflussgröße noch die *Einkommenselastizität der Geldnachfrage*. Geht man – wiederum unter Vernachlässigung der ersten Schritte des Ablaufprozesses – von einer gestiegenen Nachfrage nach Investitionsgütern aus, so bedeutet eine hohe Einkommenselastizität der Geldnachfrage, dass im Zuge dieses Prozesses die Nachfrage nach Transaktionskasse stark ansteigt, was über einen starken Zinsanstieg den Expansionsprozess wieder abschwächt, so dass die reale gesamtwirtschaftliche Nachfrage verhältnismäßig schwach zunimmt. Die Y_r^D-Funktion verläuft steil. Anders hingegen liegt der Fall bei einer einkommensunelastischen Geldnachfrage. Hier fällt der transaktionskassenbedingte Zinsanstieg geringer aus, so dass bei einem gegebenen Preisniveaurückgang eine stärkere Zunahme der realen gesamtwirtschaftlichen Nachfrage resultiert. Die Y_r^D-Funktion verläuft demzufolge flacher.

Die transmissionstheoretische Grundstruktur der Wirkung von Impulsen zur Nachfragebeeinflussung ist in der folgenden Übersicht zusammengestellt.

$$P \rightarrow M^S/P \rightarrow \underbrace{i}_{\substack{\text{Zinselastizität der} \\ \text{Geldnachfrage}}} \rightarrow \underbrace{I^b}_{\substack{\text{Zinselastizität der} \\ \text{Investitionsgüternachfrage}}} \rightarrow \underbrace{m \cdot I^b}_{\substack{\text{Einkommens-} \\ \text{multiplikator}}} \rightarrow \underbrace{M^D/P}_{\substack{\text{Einkommenselastizität} \\ \text{der Geldnachfrage}}} \rightarrow Y_r^D$$

1.6 Geld- und Fiskalpolitik in einer offenen Volkswirtschaft – das Mundell-Fleming-Modell

Die makroökonomischen Effekte wirtschaftspolitischer Maßnahmen (Geld- und Fiskalpolitik) unter expliziter Einbeziehung von festen oder flexiblen Wechselkursen lassen sich anhand eines einfachen Modells (*Mundell-Fleming-Modell*) aufzeigen. Hierbei wird davon ausgegangen, dass das betrachtete Land ein „kleines" Land in dem Sinne ist, dass es Einkommen, Preise und Zinsen in der übrigen Welt nicht beeinflussen kann.

Die Integration der Außenwirtschaftsbeziehungen lässt sich bewerkstelligen, indem der Gütermarkt um den Saldo zwischen Exporten und Importen (Außenbeitrag bzw. Nettoexporte) ergänzt wird. Dieser Saldo soll negativ vom Inlandseinkommen Y_r und dem realen Wechselkurs (in Mengennotierung)[99] und positiv vom Auslandseinkommenn Y_r^a abhängen. Für die Beschreibung des Finanzmarktgleichgewichts, das nun explizit mit in die Analyse einbezogen werden soll, ist neben der Entscheidung zwischen inländischer Geld- und Wertpapierhaltung zusätzlich noch die Entscheidung zwischen in- und ausländischen Wertpapieren zu berücksichtigen. Bei dieser Entscheidung wird Risikoneutralität unterstellt, so dass sie sich alleine an Ertragsgesichtspunkten orientiert. Im Gleichgewicht müssten somit beide Anlageformen die gleichen erwarteten Erträge abwerfen. Dies kommt in der *ungedeckten Zinsparität UIP* (siehe auch IV. 2.4) zum Ausdruck, nach der der Inlandszins i (approximativ) dem Auslandszins i^a, ergänzt um die erwartete Wechselkursänderung, entsprechen muss.

$$(1) \qquad i_1 \approx i_1^a + \frac{e_t - e_{t+1}^{erw}}{e_{t+1}^{erw}}$$

Lässt man die Zeitindices weg, ergibt sich nach Umformung für den nominalen Wechselkurs e

$$(2) \qquad e \approx e^{erw} \cdot (i - i^a + 1)$$

Bei gegebenen Auslandszinsen und Wechselkurserwartungen führt eine Zinserhöhung im Inland also zu einer Aufwertung der Inlandswährung. Anders formuliert: Entspricht der aktuelle dem erwarteten Wechselkurs, müssen auch der Inlands- und Auslandszins gleich sein. Das Gesamtmodell lässt sich dann durch die

---

[99] Unter dem realen Wechselkurs einer Währung (e^r) versteht man den um das Preisverhältnis zwischen Inlands- und Auslandsgütern (P/P^a) bereinigten nominalen Wechselkurs. Er ist definiert als

$$e^r = \frac{eP}{p^a} = \left[\frac{\$/{\euro} \cdot {\euro}/Stck.(EWU)}{{\euro}/Stck.(USA)} \right]$$

wobei e den nominalen Wechselkurs der betreffenden Währung (hier des €) in Mengennotierung, P den Inlandspreis eines Gutes und P^a den Auslandspreis eines Gutes bezeichnen.

Güter- und Geldmarktgleichgewichte sowie die Zinsparitätsbedingung (2) beschreiben.

1.6.1 Geld- und Fiskalpolitik bei flexiblen Wechselkursen

Ausgehend von einem simultanen binnen- und außenwirtschaftlichen Gleichgewicht führt bei *flexiblen Wechselkursen* eine defizitfinanzierte expansive Fiskalpolitik zu einem Zinsanstieg im Inland, der seinerseits einen Wechselkursanstieg auslöst. Trotz eines einsetzenden crowding-out-Effektes auf die privaten Investitionen dürften (kurzfristig) die Gesamtnachfrage und – entsprechende Potenziale vorausgesetzt – Inlandsprodukt und Beschäftigung steigen. Die Nettoexporte werden aufwertungsbedingt zurückgehen, so dass ein Budgetdefizit mit einem sinkenden Außenbeitrag einhergeht.

$$\nearrow \quad i \to I^b \to Y_r$$
$$St$$
$$\searrow \quad i \to e \to AB \to Y_r$$

Eine expansive Geldpolitik führt hingegen zu einer Zinssenkung. Dadurch werden bei gegebenen Wechselkurserwartungen die inländischen Wertpapiere weniger attraktiv und der Wechselkurs sinkt. Insgesamt erfährt die Konjunktur einen stimulierenden Impuls.

$$\nearrow \quad M^D \to M^S$$
$$i \to I^b \to Y_r$$
$$\searrow \quad i \to e \to AB \to Y_r$$

1.6.2 Geld- und Fiskalpolitik bei fixen Wechselkursen

Bei vollkommen (und glaubwürdig) festen Wechselkursen $(e = \bar{e})$ und vollkommener Kapitalmobilität reduziert sich die UIP zu

$$i_1 \approx i_1^a + \frac{e_t - e_{t+1}^{erw}}{e_{t+1}^{erw}} \approx i_1^a + \frac{\bar{e} - \bar{e}}{\bar{e}} \approx i^a$$

Weicht der Inlandszins vom Auslandszins ab, so kommt es zu Kapitalzuflüssen $(i > i^a)$ bzw. Kapitalabflüssen $(i < i^a)$, was die Zentralbank bei festen Wechselkursen zu Interventionen zwingt, um den Wechselkurs $\bar{e}$ am Markt zu verteidigen. Die Interventionen halten solange an, bis der Inlandszins wieder dem Auslandszins entspricht. Der Inlandszins wird bei festen Wechselkursen also vom Auslandszins bestimmt. Die Zentralbank hat aufgrund der Interventionsverpflichtungen weder die Kontrolle über die Geldmenge noch über den Zinssatz.

Bei einer expansiven Fiskalpolitik muss die Zentralbank aufgrund des (zinsbedingten) Aufwertungsdrucks Devisenzuflüsse zu $e = \bar{e}$ gegen einheimische

Währung aufkaufen. Dies entspricht einer expansiven Geldpolitik und unterstützt den ursprünglich expansiven Effekt der Fiskalpolitik. Zugleich nehmen die Währungsreserven zu.

Eine expansive Geldpolitik ist bei fixen Wechselkursen hingegen vollkommen wirkungslos. Zwar bewirkt sie zunächst ein sinkendes Zinsniveau. Über die Interventionsverpflichtung (Verkauf von Devisen gegen Inlandswährung) wird allerdings dieser ursprüngliche Effekt solange rückgängig gemacht, bis wieder das ursprüngliche Zinsniveau bei $i = i^a$ erreicht ist.

2. Zusammenspiel von Gütermarkt und Geldpolitik ohne LM-Kurve

Im traditionellen IS-LM-Modell steht hinter der LM-Kurve eine bestimmte Geldmenge, von der unterstellt wird, dass sie von der Zentralbank exogen vorgegeben würde. Um der Tatsache Rechnung zu tragen, dass Zentralbanken anstatt (exogener) Geldmengenpolitik eine Steuerung des Kurzfristzinses, und zwar des Tagesgeldsatzes am Interbankenmarkt betreiben, sind in jüngster Zeit Modelle entwickelt worden, die auf die LM-Kurve verzichten. Hier soll auf den Ansatz von Arnold[100] zurückgegriffen werden, der eine TR (Taylor-Regel)-Kurve anstatt der LM-Kurve verwendet.

Die Taylor-Regel (siehe VI. 4.2) ist bekanntlich als Norm für die Wahl des nominalen Kurzfristzinses durch die Zentralbank gedacht.

$$i^{Tay} = \pi^{erw} + r^* + \alpha\,(\pi^{erw} - \pi*) + \beta\,(Y - Y^*)$$

Die Gleichung besagt, dass ceteris paribus bei Nachfrageschwankungen, die zu überausgelasteten Kapazitäten ($Y > Y^*$) führen, die Zentralbank den Kurzfristzins zu erhöhen und bei unterausgelasteten Kapazitäten ($Y < Y^*$) zu senken hat. Hieraus ergibt sich eine steigende TR-Kurve, die den Zusammenhang zwischen i und Y abbildet (zur Vereinfachung linearer Verlauf).

---

[100] Vgl. L. Arnold, Makroökonomik, 2. Aufl., Tübingen 2006, Kapitel V.6. Vgl. auch die Ausführungen in Kapitel VII. 1.2.

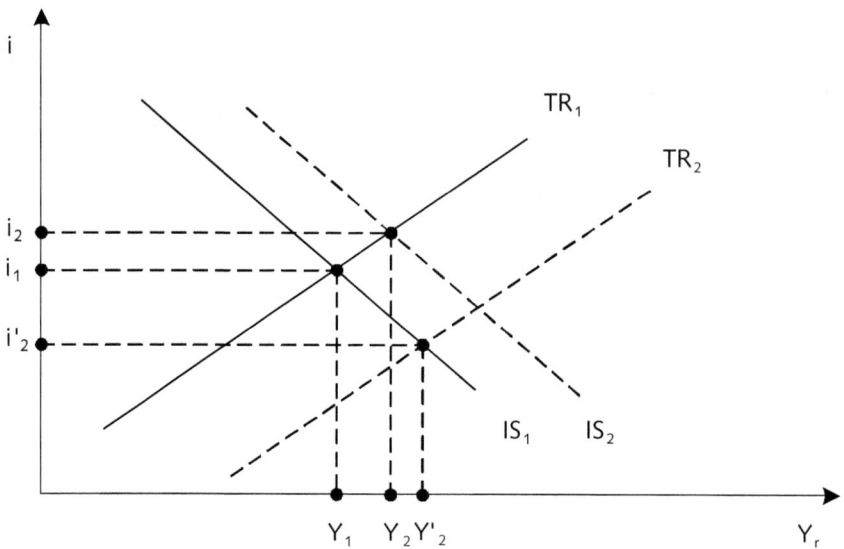

Abbildung VII.18

Das Gleichgewicht ergibt sich in i_1/Y_1 durch das zinsabhängige Geschehen auf dem Gütermarkt (IS_1) und die Geldpolitik der Zentralbank (TR_1).

Zwei ergänzende Erläuterungen sind erforderlich:

(1) Der Zinssatz i für die IS-Kurve ist der langfristige Kredit- oder Kapitalmarktzins, der zwischen Geschäftsbanken und Nichtbanken bzw. zwischen den Nichtbanken gilt. Der Zins für die TR-Kurve ist der sehr kurzfristige Zins (Zinssatz für Gelder mit täglicher Fälligkeit am Interbankengeldmarkt). Der Gleichsetzung für beide Kurven liegt die Annahme einer „normalen Zinsstruktur" zugrunde. Dies bedeutet, dass eine geldpolitische Veränderung des Kurzfristzinses und damit der Refinanzierungskosten der Geschäftsbanken sich über monetäre Transmissionsprozesse in gleichgerichtete Änderungen der langfristigen Zinsen niederschlägt – was in der Realität überwiegend der Fall ist.[101]

(2) Bei den kurzfristigen und langfristigen Zinsen handelt es sich jeweils um nominale Zinsen. Wie bei den Ausführungen zur Investitionsfunktion die Bedeutung von Inflationserwartungen nachdrücklich betont wurden und der Taylor-Regel mit der Einbeziehung der Inflationserwartungen direkt zu entnehmen ist, geht es letztlich aber immer um reale Zinsen, die entscheidungsrelevant sind.

---

[101] Wenn in den vorangegangenen Ausführungen dieses Kapitels von notenbankpolitisch induzierten Zinsänderungen gesprochen wurde, so war stets dieser Zusammenhang gemeint. Eine Erhöhung beispielsweise des Hauptrefinanzierungssatzes durch die EZB führt zu höheren Refinanzierungskosten der Geschäftsbanken, die diese in höheren Zinsen für langfristige Kredite (= i) weitergeben.

Für die Wirkung fiskalpolitischer und geldpolitischer Maßnahmen ergeben sich gegenüber dem IS-LM-Modell keine grundlegend neuen Einsichten. Die Einkommenswirkungen einer expansiven Fiskalpolitik ($IS_1 \rightarrow IS_2$) hängen von der Reaktion der Zentralbank (Steigung der TR-Kurve) ab. In Abb. VII.18 kommt es zu einer Erhöhung auf i_2 und Y_2. Im Falle einer expansiven Geldpolitik, die unabhängig von der Outputlücke betrieben wird ($TR_1 \rightarrow TR_2$), kommt es zu einer Zinssenkung ($i_1 \rightarrow i'_2$) und einer Einkommenserhöhung ($Y_1 \rightarrow Y'_2$). Ob es sich bei den Einkommenserhöhungen um reale und damit zugleich auch um reale Produktionserhöhungen handelt, kann ohne Kenntnis der Angebotsbedingungen nicht gesagt werden. Mit anderen Worten: Auch das IS-TR-Modell bildet nur die Gesamtnachfrage ab.

3. Die gesamtwirtschaftliche Nachfragefunktion der klassischen Theorie

Für das klassische System sind bei der Herleitung einer gesamtwirtschaftlichen Nachfragefunktion einige Besonderheiten zu beachten. Zunächst impliziert die Annahme einer ausschließlich einkommensabhängigen und vollkommen zinsunelastischen Geldnachfrage einen vertikalen Verlauf der LM-Kurve. Die Verknüpfung zwischen dem klassischen Zusammenhang von Sparen und Investieren und der IS-Kurve lässt sich über den Einfluss von Einkommensänderungen auf Sparentscheidungen herstellen (Abb. VII.19):

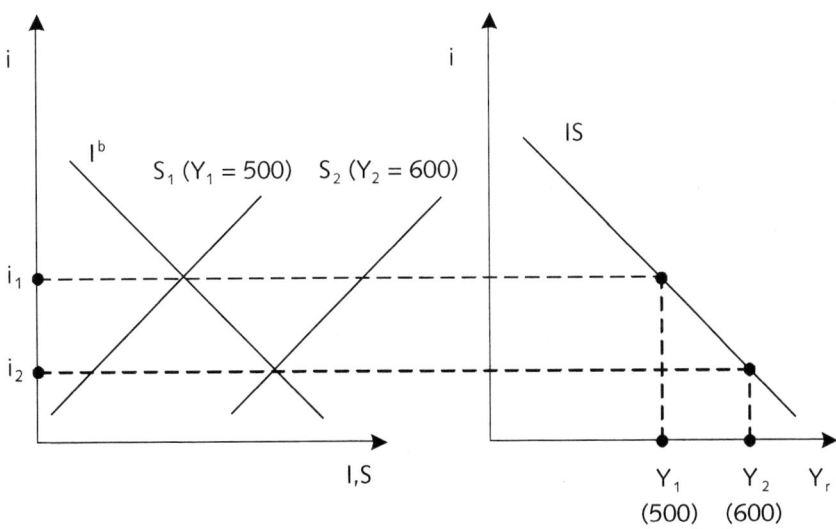

Abbildung VII.19

Beim Einkommensniveau $Y_1 = 500$ stimmen Sparen (S_1) und Investieren (I^b) beim Zinssatz i_1 überein.[102] Beim Einkommensniveau $Y_2 = 600$ wird mehr gespart, so dass der Zinssatz auf i_2 sinkt. Dies ist gerade das Zinsniveau, das via höhere Investitionen die Einkommenserhöhung bewirkt. Kurz: jedes Einkommensniveau auf der IS-Kurve ist mit einem Zinssatz verbunden, der Sparen und Investitionen ausgleicht.

Die Herleitung einer realen *gesamtwirtschaftlichen Nachfragefunktion* (Y_r^D) kann im *klassischen System* auch vom Geldmarkt her erfolgen. Hierzu genügt der Rückgriff auf die klassische Geldnachfragetheorie, die – wie soeben nochmals erwähnt – nur eine einkommensabhängige Kassenhaltung kannte.

$$M^D = k \cdot Y_r \cdot P \quad \text{oder} \quad \frac{M^D}{P} = k \cdot Y_r$$

k stellt hier den *Kassenhaltungskoeffizienten* dar. Bildet man den Kehrwert von k, so erhält man die *Umlaufgeschwindigkeit* des Geldes v. Gemäß klassischen Überlegungen kann k bzw. v zumindest auf kürzere Sicht als konstant angesehen werden.

Im Geldmarktgleichgewicht gilt:

$$M^S = M^D$$

Da das nominale Geldangebot M^S dem tatsächlich vorhandenen nominalen Geldbestand M entspricht, kann auch geschrieben werden:

$$M = M^D$$

oder
$$M = k \cdot Y_r \cdot P$$

bzw.
$$\frac{M}{P} = Y_r \cdot P$$

Da gilt
$$\frac{1}{k} = v$$

lässt sich dieser Sachverhalt zur Quantitätsgleichung[103] (Fisher'sche Verkehrsgleichung)

---

[102] Bei der Übereinstimmung von S und I^b muss S um die Abschreibungen und – im Falle einer offenen Volkswirtschaft – um den Finanzierungssaldo erweitert gedacht werden.

[103] Bei der Quantitätsgleichung handelt es sich um eine bloße Identität (*Identitätsgleichung*), da das gesamtwirtschaftliche nominale Transaktionsvolumen ($Y_r \cdot P$) in einer Geldwirtschaft immer dem Produkt aus Umlaufgeschwindigkeit des Geldes und der Geldmenge entsprechen muss. Kausalaussagen lassen sich aus dieser Identitätsgleichung nicht herleiten. Die Quantitätsgleichung lässt sich aber in die *Quantitätstheorie* überführen, wenn bestimmte Annahmen über das Verhalten der in ihr aufgenommenen Größen getroffen werden. Ausgehend von der Vollbeschäftigungsannahme und einer als zumindest auf mittlere Sicht konstanten Umlaufgeschwindigkeit folgerten die klassischen Ökonomen, dass das Preisniveau vom nominalen Geldangebot (Geldmenge), das sie als exogen, das heißt von den geldpolitischen Instanzen vorgegeben annahmen, bestimmt wird.

$$M \cdot v = Y_r \cdot P \quad \text{umformulieren}$$

Daraus folgt, dass mit einem vorhandenen nominalen Geldbestand (M) – bei gegebenem v – ein umso höheres reales Bruttoinlandsprodukt (Y_r) nachgefragt werden kann, je niedriger das Preisniveau ist – und umgekehrt.

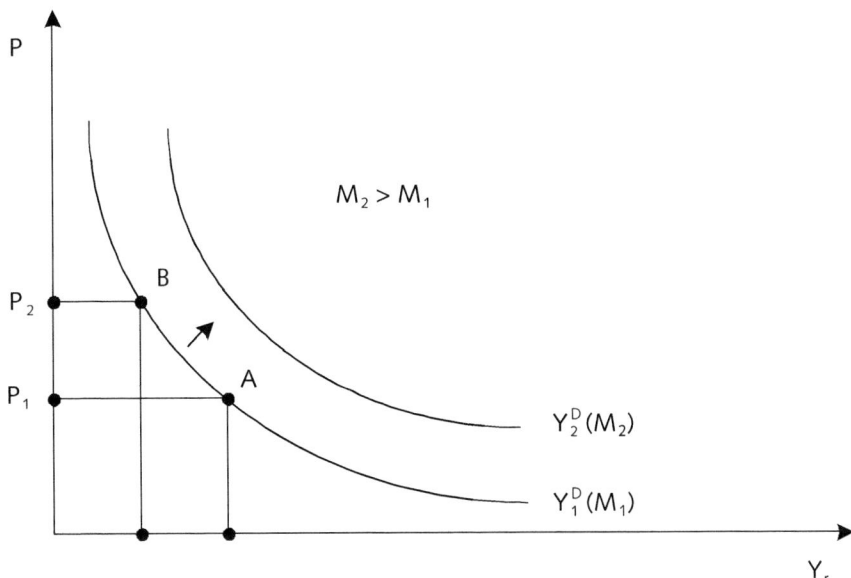

Abbildung VII.20

Hinter der Nachfragefunktion in Abb. VII.20 steht eine bestimmte (nominale) Geldmenge, somit bei konstanter Umlaufgeschwindigkeit eine bestimmte nominale gesamtwirtschaftliche Nachfrage. Steigt nun das Preisniveau (von P_1 auf P_2), so sinkt die reale Gesamtnachfrage (von A nach B), weil die nominale Geldmenge real entwertet wird. Wird hingegen die nominale Geldmenge erhöht, so erhöht sich die nominale und – bei gegebenem Preisniveau – auch die reale Gesamtnachfrage. Die Y_r^D-Funktion verlagert sich nach rechts.

Kapitel VIII
Die gesamtwirtschaftliche Angebotsfunktion

Im vorigen Kapitel haben wir die gesamtwirtschaftliche Nachfrage (Y^D) als eine fallende Funktion des Preisniveaus kennen gelernt. Die Kenntnis der gesamtwirtschaftlichen Nachfragefunktion allein erlaubt allerdings keine Aussage über die Konsequenzen etwa geldpolitischer Maßnahmen auf Einkommen, Beschäftigung und Preise. Hierzu müsste die gesamtwirtschaftliche Angebotsfunktion (Y^S) bekannt sein.

Wie das gesamtwirtschaftliche Angebot auf gesamtwirtschaftliche Nachfrageänderungen reagiert, lässt sich nicht pauschal beantworten, sondern hängt von speziellen Bedingungen ab, unter denen dem Arbeitsmarkt in Ergänzung zum Güter- und Geldmarkt sowie dem Zeithorizont besondere Bedeutung zukommt. Die gesamtwirtschaftlichen Verknüpfungen werden in den Kapiteln X bis XII näher aufgezeigt. An dieser Stelle sollen nur die grundsätzlichen Angebotsvarianten im Zusammenspiel mit der Gesamtnachfrage skizziert werden. Drei Möglichkeiten[104], die zur Vereinfachung in einer Zeichnung gebündelt werden, kommen in Frage:

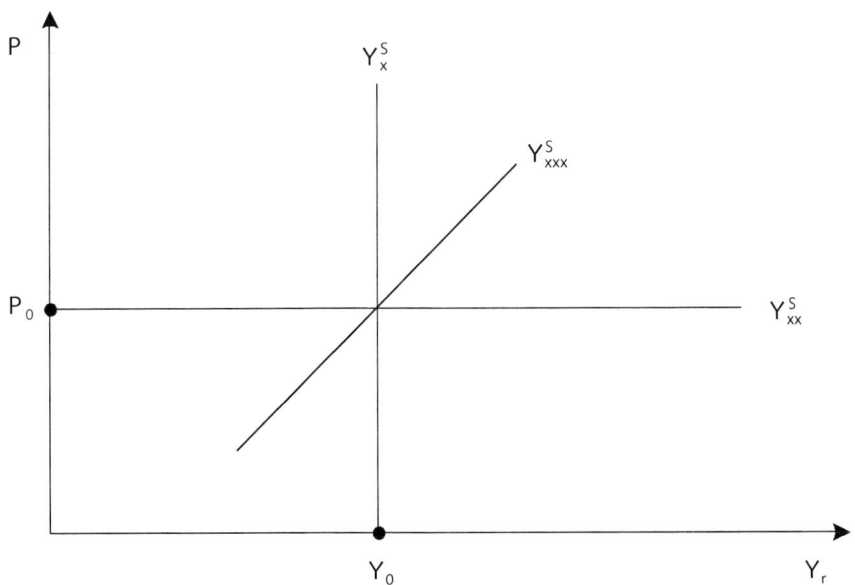

Abbildung VIII.1

[104] Vgl. auch die Abb. III.7.

Die drei möglichen Angebotsreaktionen (siehe Abb. VIII. 1) gelten zwar für unterschiedliche Zeithorizonte und Ausgangsbedingungen, ihnen gemeinsam ist jedoch das Vorstellungsbild einer Volkswirtschaft mit einem durch Arbeitskräfte, Kapitalausstattung und technisches Wissen gegebenen Produktionspotential.

1. Vertikale Angebotsfunktion

Der vertikale Verlauf wird üblicherweise als langfristiges Angebotsverhalten (bei gegebenen Kapazitäten) oder auch als *klassische Angebotsfunktion* bezeichnet. Begründen lässt sich dieser Verlauf mit den klassischen Annahmen einer preisgesteuerten Marktwirtschaft, in der der Wettbewerb dafür sorgt, dass die Preise voll flexibel sind und vorhandene Produktionsmöglichkeiten voll genutzt werden. Bei Vollauslastung des Produktionspotentials können definitionsgemäß Nachfrageerhöhungen nicht mehr zu Produktionserhöhungen, sondern nur noch zu Preissteigerungen führen ($P_0 \rightarrow P_1$).

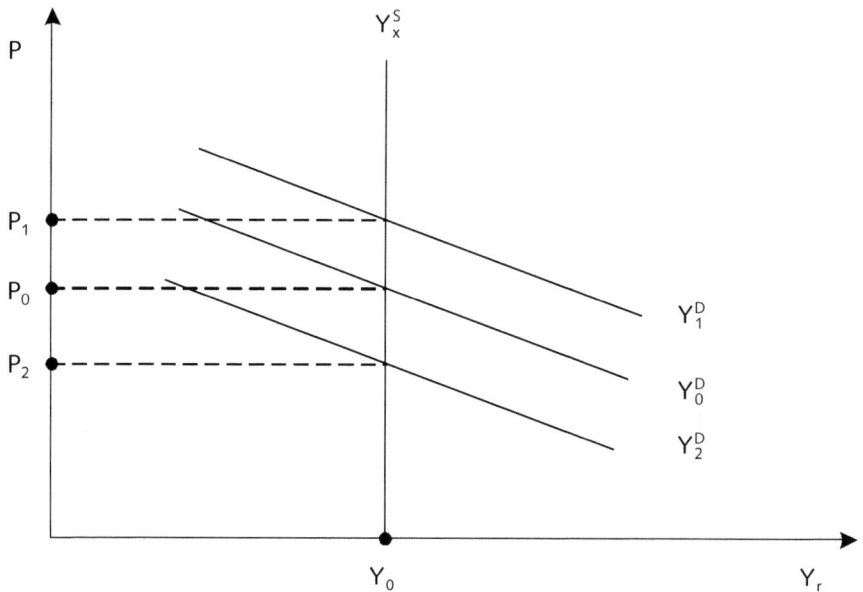

Abbildung VIII.2

Nachfragerückgänge führen unter den Bedingungen wettbewerbsbedingten Preisdrucks zu Preissenkungen ($P_0 \rightarrow P_2$).

Die geläufige Bezeichnung der vertikalen Angebotsfunktion als langfristiges Angebotsverhalten ist missverständlich, weil sie auf ein durch die Produktionsfunktion gegebenes Produktionspotential abstellt. Langfristig ist jedoch das Produktionspotential flexibel. Verbesserung des Humankapitals, erhöhte Kapitalausstattung und technische Fortschritte erweitern die gesamtwirtschaftlichen Angebotsmöglich-keiten. Solche Wachstumsprozesse, die sich graphisch in einer Rechtsverschie-bung der Angebotsfunktion niederschlagen würden, sind mit „langfristigem" An-gebotsverhalten nicht gemeint.

2. Horizontale Angebotsfunktion

Da die horizontale Angebotsfunktion ebenfalls kein Angebotsverhalten in lang-fristiger (Wachstums-) Perspektive, sondern nur im Rahmen eines gegebenen Produktionspotentials beschreiben soll, kann es sich nur um einen begrenzten Teilbereich handeln. Dies wird in der folgenden Graphik illustriert, in der eine vertikale und horizontale Angebotsfunktion kombiniert sind.

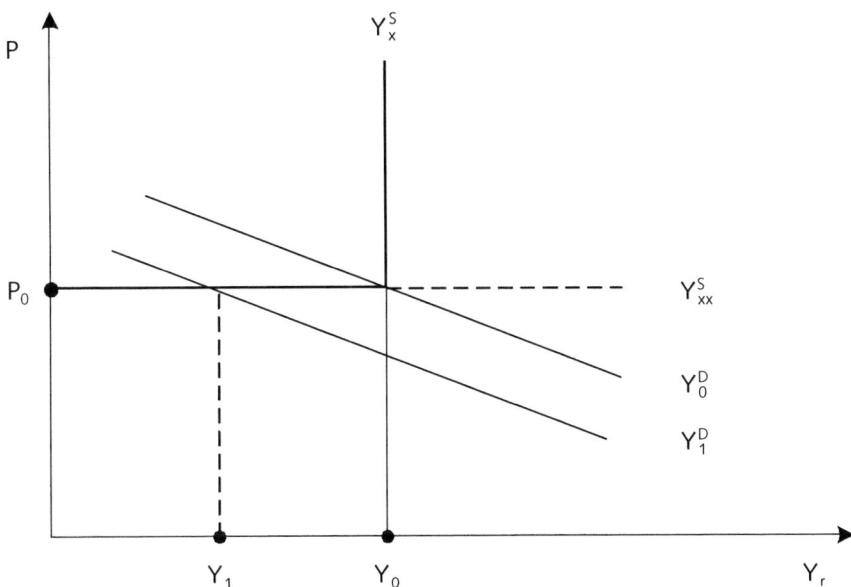

Abbildung VIII.3

Ausgehend von Y_0, P_0 würde eine Nachfrageerhöhung wegen der gesamtwirt-schaftlichen Kapazitätsschranke nur zu Preissteigerungen führen. Der nach rechts gestrichelt gezeichnete Ast von Y_{XX}^S ist irrelevant. Ein horizontaler Verlauf des Angebots kann sich also nur unterhalb der Vollauslastung des Produktionspo-tentials von Y_0 ergeben. Eine Verringerung der Nachfrage ($Y_0^D \rightarrow Y_1^D$) würde zu ei-ner Produktionseinschränkung von Y_0 auf Y_1 führen. Unterstellt wird hierbei eine völlige Inflexibilität der Preise nach unten.

Derartige Preisstarrheiten nach unten spielen eine wichtige Rolle in der keyne-sianischen Theorie und werden in ihren gesamtwirtschaftlichen Zusammenhängen in der Totalanalyse (XI) sowie im AS-AD-Modell (XII) genauer verfolgt. An dieser Stelle genügt es festzuhalten, dass die Preisstarrheiten, die einen horizontalen Verlauf des Angebots auf gesamtwirtschaftlicher Ebene bedingen, allenfalls ein sehr kurzfristiges Phänomen sein können. Ebenfalls nur höchst kurzfristiger Natur – wenn überhaupt – dürfte der Fall sein, dass Nachfrageerhöhungen in der Situation nicht ausgelasteten Produktionspotentials (Y_1, P_0) ausschließlich zu Produktionserhöhungen führen. Schiebt man diese Bedenken einmal beiseite, bestünde die Angebotsfunktion aus einem horizontalen und einem vertikalen Ast (fett gezeichnet).

3. Preiselastische Angebotsfunktion

Die dritte Angebotsvariante spielt als Beschreibung kurzfristigen Verhaltens des gesamtwirtschaftlichen Angebots zurzeit in der makroökonomischen Theorie als *AS-Kurve* (*Aggregate Supply*) eine dominierende Rolle. Anders als bei der klassischen Angebotsfunktion wird von einer – wenn auch begrenzten – positiven Beziehung zwischen Preisniveau- und Produktionsentwicklung ausgegangen.

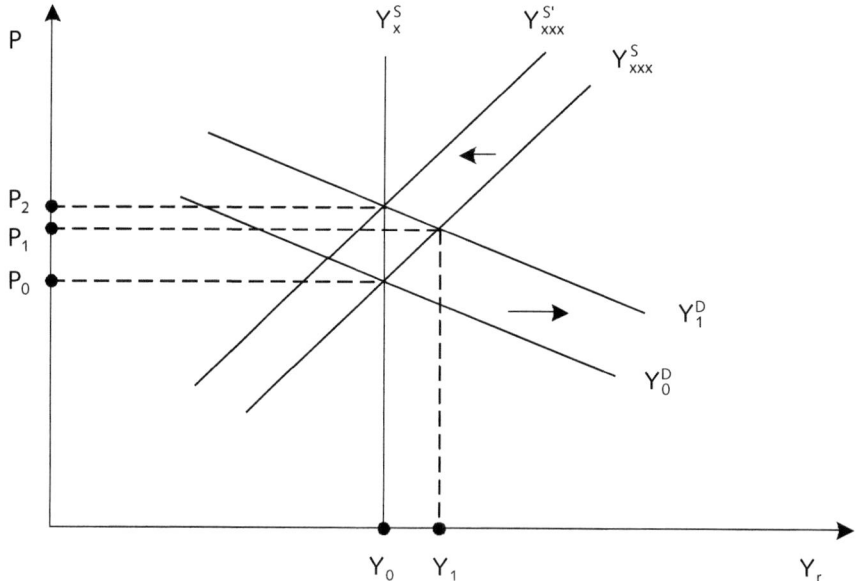

Abbildung VIII.4

Ohne hier auf einzelne Begründungselemente einzugehen (siehe Kap. XII), der Hauptgrund für die unterschiedlichen Resultate besteht darin, dass von der klassischen Theorie-Welt jederzeit voll flexibler Preise und voller Ausnutzung der Produktionsmöglichkeiten Abstand genommen wird. Statt der klassischen „Vollkommenheiten" wird von gewissen Produktionsreserven sowie Preis- und Lohn-setzungsmöglichkeiten einerseits sowie von Informationsmängeln, Fehleinschät-zungen und kontraktbedingten Preisrigiditäten andererseits ausgegangen. Die vertikale Angebotsfunktion (Y_X^S) wird nicht so rigoros interpretiert wie bislang. „Vollauslastung" des Produktionspotentials in der klassischen Angebotsfunktion wird durch „natürliches Produktionsniveau" ersetzt. Dies bedeutet, dass – ausge-hend von Y_0, P_0 – bei einem Nachfrageanstieg noch gewisse Produktionsspiel-räume genutzt werden können. Das Überschreiten der als normal angesehenen Kapazitätsauslastung ist jedoch mit Preissteigerungen ($P_0 \rightarrow P_1$) verbunden, die in die Entscheidungen auf Güter- und Faktormärkten zunächst noch nicht einge-gangen sind. Kosten- und Preissteigerungen lösen aber Rückkoppelungseffekte aus, die schließlich wieder zum „natürlichen Produktionsniveau" (Y_0) bei höhe-ren Preisen (P_2) führen. Das gesamtwirtschaftliche Angebot ist nach dieser Theo-rie also kurzfristig preisabhängig; längerfristig stellt sich jedoch das klassische Resultat der Preisunabhängigkeit des Angebots ein.

Bevor verschiedene Angebotsreaktionen auf Nachfrageimpulse im gesamtwirt-schaftlichen Kontext detaillierter verfolgt werden, muss vorher ein für die Reak-tionsmöglichkeiten des Angebots wichtiges Verbindungsstück, das bislang weit-gehend ausgeblendet wurde, näher betrachtet werden: der Arbeitsmarkt.

Kapitel IX
Angebot und Nachfrage am Arbeitsmarkt

Wie bereits zu Beginn der makroökonomischen Analyse angedeutet, ist die Verfüg-
barkeit über Arbeitskräfte eine wichtige Bestimmungsgröße der Reaktionsfähig-
keit des Angebots. Um eine gesamtwirtschaftliche Angebotsfunktion herleiten zu
können, müssen deshalb die Arbeitsmarktbedingungen, also Arbeitsangebot und
Arbeitsnachfrage, bekannt sein. Wir werden hierbei zunächst der traditionellen
Arbeitsmarktanalyse folgen, die wettbewerbliche Arbeitsmarktbedingungen zum
Ausgangspunkt nimmt (*klassischer Arbeitsmarkt*). Die gesamtwirtschaftlichen
Zusammenhänge zwischen Produktion, Einkommen und Beschäftigung werden
sodann im Kapitel XII anhand eines alternativen Arbeitsmarktmodells, das „Marktunvollkommenheiten" zugrunde legt (*nicht-klassischer Arbeitsmarkt*), analy-
siert.

1. Das traditionelle Arbeitsmarktmodell

Makroökonomische Arbeitsmarktmodelle operieren mit der Fiktion eines *aggregierten Arbeitsmarktes*, auf dem Arbeitsangebot und Arbeitsnachfrage die gesamtwirtschaftliche Beschäftigungsmenge und das Lohnniveau bestimmen. Die
Arbeitsnachfrage ist eine aus der Produktionsfunktion abgeleitete Nachfrage.
Der Kalkül, der hinter der Arbeitsnachfrage der Unternehmen steht, ist die Erzielung eines möglichst hohen Gewinns. Es werden solange zusätzliche Arbeitskräfte beschäftigt, wie hierdurch der Gewinn erhöht wird. Die Beschäftigungs-
grenze ist erreicht, wenn die von der letzten Arbeitseinheit erwirtschaftete wertmäßige Produktion (= *Wertgrenzprodukt der Arbeit*: dY_r/dA[105] $\cdot$ P) dem *Nomi-
nallohnsatz* (ℓ) entspricht:

$$\frac{dY_r}{dA} \cdot P = \ell \qquad \text{oder} \qquad \frac{dY_r}{dA} = \frac{\ell}{P}$$

Das *Grenzprodukt der Arbeit* bzw. die *Grenzproduktivität* dY_r/dA stellt dabei
das durch die letzte Arbeitseinheit erwirtschaftete Realeinkommen, ℓ/P den
Reallohnsatz[106] dar.

---

[105] Mathematisch ist dY_r/dA die partielle Ableitung der Produktionsfunktion [$Y_r = f(A, K, T)$] nach A.

[106] In den „Reallohnsatz" einzubeziehen sind auch die Personalzusatzkosten wie beispielsweise
vom Arbeitgeber zu zahlende Beiträge zur Kranken- und Rentenversicherung, Urlaubs-, Weih-
nachtsgeld etc., die zusammen mit dem laufenden Arbeitsentgelt den *Produzentenreallohn*
ausmachen. Demgegenüber wird unter *Konsumentenreallohn* der Nettoeinkommenszufluss
an die Arbeitnehmer verstanden.

Um die Arbeitsnachfrage zu bestimmen, müssen die Produktionsbedingungen bekannt sein. Üblicherweise wird davon ausgegangen, dass auf makroökonomischer Ebene bei gegebenem Kapitalbestand (K) und technischem Wissen (T) ein zunehmender Arbeitseinsatz zu sinkenden Grenzerträgen ($dY_r/dA \downarrow$) führt.

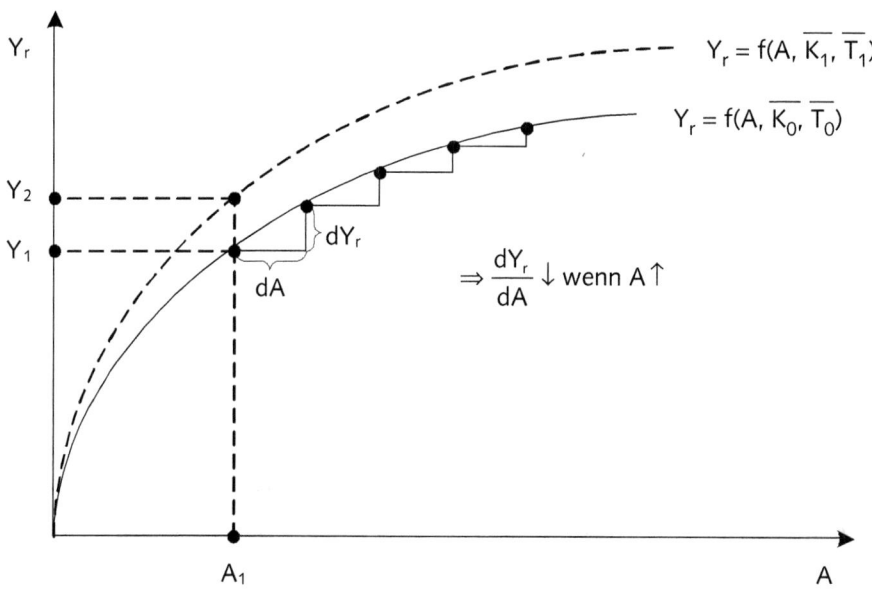

Abbildung IX.1

Dieser Sachverhalt geht auch aus der Abb. IX.1 hervor. Ausgehend von A_1 führt eine sukzessive Erhöhung des Arbeitseinsatzes zu einem immer geringeren Produktionszuwachs. Eine Erhöhung des Kapitaleinsatzes ($K_0 \rightarrow K_1$) und/oder technischer Fortschritt ($T_0 \rightarrow T_1$) führen bei gegebenem Arbeitseinsatz zu höherer Produktion (Y_2 anstatt Y_1 bei A_1). Die Erhöhung der *Arbeitsproduktivität* wird durch eine Verschiebung der Produktionsfunktion nach oben illustriert.[107]

Wenn ausgehend von einer Übereinstimmung des Reallohns (ℓ/P) und der Grenzproduktivität (dY_r/dA) der zuletzt eingesetzten Arbeitseinheit zusätzliche Arbeitskräfte zu diesem Reallohn beschäftigt würden, entstünden zunehmend Verluste. Mit anderen Worten, eine Beschäftigungserhöhung wäre bei diesen Ausgangsbedingungen nur mit einem der sinkenden Grenzproduktivität entsprechend fallenden Reallohn möglich. Aus diesen Überlegungen ergibt sich weiterhin, dass beispielsweise bei einer Reallohnerhöhung die Unternehmen ihre Nachfrage nach Arbeit solange reduzieren, bis die letzte noch eingesetzte Arbeitseinheit gerade wieder ihren Reallohn erwirtschaftet. Steigende Reallöhne

---

[107] Aus schreibtechnischen Gründen verwenden wir hier eine geringfügig andere Schreibweise für die Produktionsfunktion als in Kapitel IV.

führen also zu rückläufiger Arbeitsnachfrage – und umgekehrt.[108] Diese Überlegungen lassen sich leicht auf Arbeitszeitveränderungen übertragen. Wenn bei gleich bleibendem Monatseinkommen die Wochenarbeitszeit verkürzt wird, steigt der Reallohn und die Beschäftigung nimmt ab.

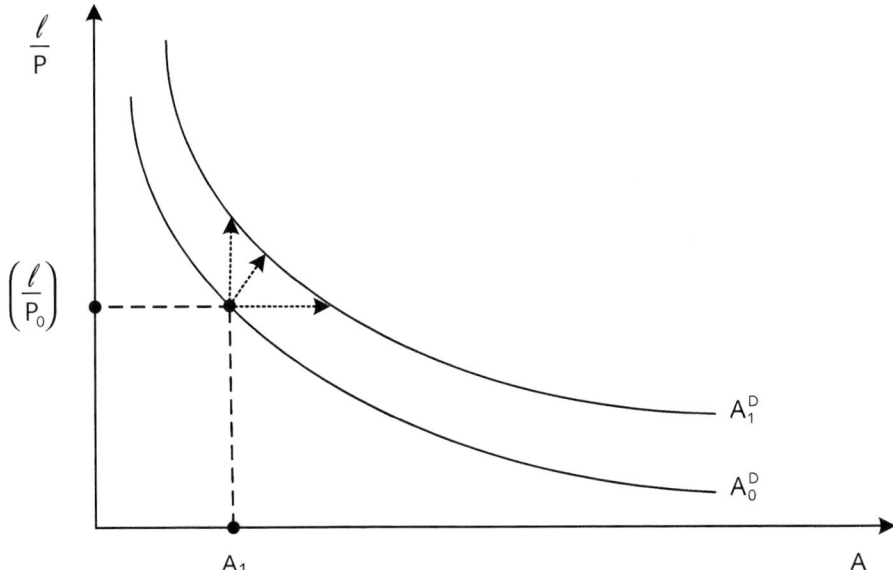

Abbildung IX.2

Selbstverständlich führen Reallohnerhöhungen nicht generell zu Beschäftigungsrückgängen. Dies widerspräche offenkundig der empirischen Erfahrung. Die Gründe hierfür bestehen darin, dass der Kapitalbestand und das technische Wissen auf längere Sicht nicht konstant sind. Verbesserte Kapitalausstattung und erweitertes technisches Wissen bewirken Erhöhungen der Arbeitsproduktivität und damit den notwendigen Spielraum für Reallohnsteigerungen. Der Verschiebung der Produktionsfunktion nach oben entspricht eine gleichgerichtete Verschiebung der Arbeitsnachfragefunktion (von A_0^D nach A_1^D).

Die Einbeziehung des Produktivitätsfortschritts macht auf wichtige Konsequenzen für den Arbeitsmarkt aufmerksam: Der Produktivitätsfortschritt kann zur Reallohnerhöhung, zur Beschäftigungserhöhung oder zu einer Kombination der beiden Möglichkeiten genutzt werden. Um den beschäftigungsneutralen Lohnerhöhungsspielraum zu ermitteln, ist aber zu bedenken, dass eine Produktivitätserhöhung auch Folge von erhöhter Arbeitslosigkeit sein kann. Wenn die Zahl der

---

[108] Mathematisch lässt sich die Nachfragefunktion nach Arbeit ermitteln, indem man $dY_r/dA = \ell/P$ setzt und nach A auflöst. Bei der Herleitung der Nachfragefunktion nach Arbeit wird unterstellt, dass die Unternehmen Gewinnmaximierung betreiben.

Beschäftigten abnimmt, steigt die Grenzproduktivität. Dieser Effekt ergibt sich insbesondere dann, wenn die Firmen bei Entlassungen selektiv vorgehen und – im Rahmen rechtlicher Möglichkeiten – vorzugsweise Arbeitskräfte entlassen, bei denen Produktivität und Lohn besonders auseinanderklaffen. Nicht zuletzt durch überdurchschnittliche Lohnanhebungen für Geringqualifizierte bzw. Abschaffung von Niedriglohngruppen, wie dies in Deutschland in der Vergangenheit geschah, steigt das Arbeitsplatzrisiko dieser Gruppe von Arbeitskräften besonders, wie der Arbeitslosenstatistik unschwer zu entnehmen ist.[109] Würden nun diese durch Entlassungen bedingten Produktivitätszuwächse in Lohnerhöhungen weitergegeben, würde die Arbeitslosigkeit hierdurch zementiert. In Worten des Sachverständigenrats (Gutachten 2003/04) ist die durch den Produktivitätsfortschritt markierte Obergrenze des Lohnerhöhungsspielraums um die „Entlassungsproduktivität" zu kürzen.

Dem Reallohn ist ebenfalls für das *Angebotsverhalten* der privaten Haushalte eine dominierende Bedeutung beizumessen. Ein Anstieg des Reallohnes verteuert die Opportunitätskosten der Freizeit, wodurch das Arbeitsangebot zulasten der Freizeit zunehmen dürfte.[110] Es ist zwar zu berücksichtigen, dass aufgrund tarifvertraglicher Arbeitszeitvereinbarungen die Flexibilität des Arbeitsangebots eingeschränkt ist. Zu bedenken ist jedoch zum einen, dass Selbständige solchen institutionell bedingten Beschränkungen des Arbeitsangebots nicht unterworfen sind. Zum anderen bestehen auch Flexibilitätsspielräume durch Überstunden und Änderungen der Erwerbsbeteiligung. Mit letzterem ist gemeint, dass es Personen gibt, die erst ab einem bestimmten, beispielsweise vom *Sozialeinkommen* geprägten Reallohnniveau (*Anspruchslohn*) als Arbeitsanbieter auftreten. Sind die Spielräume der Angebotsausdehnung erschöpft, verläuft die Angebotsfunktion vertikal.

In der folgenden Darstellung des Arbeitsmarktes sind „normale" Preis/Mengen-Zusammenhänge angenommen worden. Zur Vereinfachung werden lineare Verläufe unterstellt. Während nicht-reallohnbedingte Änderungen von Arbeitsnachfrage und Arbeitsangebot wie etwa Produktivitätsfortschritte und demographische Entwicklungen sich in Verlagerungen der Nachfrage- bzw. Angebotsfunktion niederschlagen, spiegeln Bewegungen auf den Kurven den Einfluss von Reallöhnen wider. Beim Reallohnsatz $(\ell/P)_0$ besteht Gleichgewicht, d. h. alle diejenigen, die zu diesem Reallohn arbeiten wollen, können auch arbeiten (*Arbeitsmarkt-*

---

[109] Unter den EU-15-Ländern nahm Deutschland im Jahre 2004 mit 20,5 % den Spitzenplatz bei den Arbeitslosenquoten der Geringqualifizierten ein. (Mit deutlichem Abstand folgte Frankreich mit 12,1 %). Die Arbeitslosenquote der Hochqualifizierten betrug hingegen lediglich 4,5 %. Personen mit mittlerer Qualifikation waren zu 7,5 % von Arbeitslosigkeit betroffen, was noch deutlich unter dem gesamtwirtschaftlichen Durchschnitt (9,5 %) liegt (vgl. Sachverständigenrat, Arbeitslosengeld II reformieren: Ein zielgerichtetes Kombilohnmodell, Wiesbaden 2006, S. 7–9).

[110] Eine einkommensbedingte Angebotsverringerung dürfte eher eine Ausnahme sein.

gleichgewicht)[111]. Würde hingegen ein staatlicher *Höchstlohn* von $(\ell/P)_1$ festgesetzt, käme nur ein Beschäftigungsniveau von A_1 zustande; die Unternehmen könnten ihren Arbeitskräftebedarf (A_3) nicht decken. Würden der Staat oder die Tarifparteien einen *Mindestlohn* von $(\ell/P)_2$ festlegen, ergäbe sich Arbeitslosigkeit $(A_4 \rightarrow A_2)$.

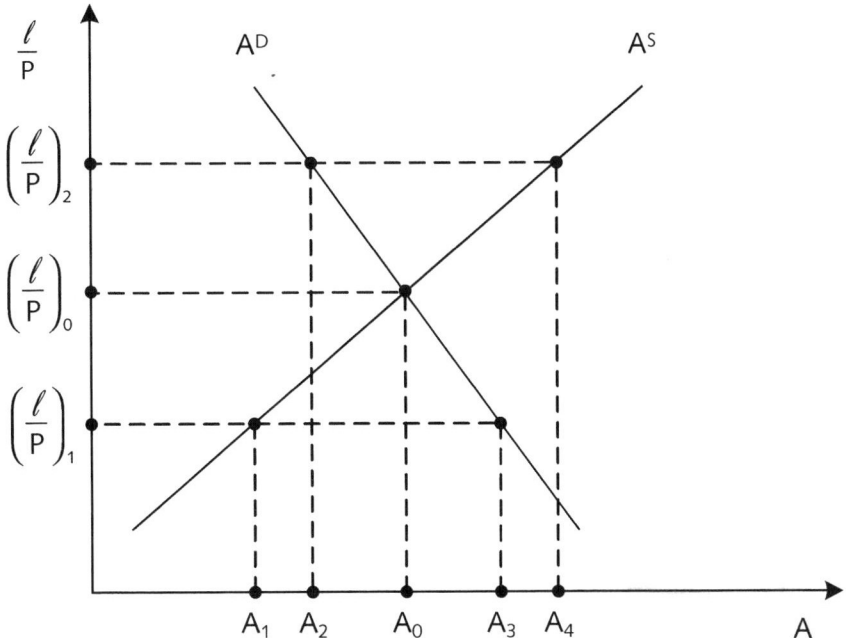

Abbildung IX.3

Das international gebräuchliche Maß zur Erfassung der Arbeitslosigkeit ist die *Arbeitslosenquote* (u). Sie ist definiert als Anteil der Arbeitslosen (AL) an den Erwerbspersonen (EP): u = AL/EP. Die Erwerbspersonen umfassen die Erwerbstätigen und die Arbeitslosen. Bei internationalen und zeitlichen Vergleichen ist jedoch zu kontrollieren, welche Messkonzepte zugrunde liegen. So bestehen erhebliche Unterschiede zwischen dem auf amtlicher Registrierung beruhenden Messverfahren der Bundesagentur für Arbeit, das den Abgrenzungen des *Sozialgesetzbuches (SGB)* folgt, und dem auf (telefonischer) Stichprobenerhebung beruhenden Messverfahren des Statistischen Bundesamtes, das das Konzept des *International Labour Office (ILO)* anwendet. Nach dem ILO-Konzept gilt eine Person mit einer Beschäftigung von weniger als einer Wochenstunde und die zugleich aktiv eine Beschäftigung von mindestens einer Wochenstunde sucht,

---

[111] Arbeitskräfte, die nur bei einem höheren Lohn arbeiten wollen, sind mithin arbeitslos. Die Gleichgewichtssituation A_0 darf daher nicht mit einer Arbeitslosigkeit von Null in der Arbeitsmarktstatistik gleichgesetzt werden.

als arbeitslos (erwerbslos). Nach dem SGB-Konzept liegt die Schwelle bei 15 Wochenstunden. Eine aktive Suche muss nicht unbedingt vorliegen. Welche Konsequenzen die unterschiedlichen Abgrenzungen für Deutschland haben, zeigt ein Vergleich beispielsweise für den Monat März 2006: Danach waren nach dem SGB-Konzept 4,98 Mio. arbeitslos (u = 12,0%), nach dem ILO-Konzept lediglich 3,72 Mio. (u = 8,4%).

Neben den definitionsbedingten Informationsbeschränkungen sollte auch immer beachtet werden, dass Arbeitslosenquoten keinen Aufschluss über die Ursachen der Arbeitslosigkeit geben können. Letztere sind Gegenstand der Arbeitsmarkttheorie. Sie lassen sich grob in globale Ursachen wie konjunkturelle Produktions- und davon abgeleitete Beschäftigungsschwankungen einerseits und Funktionsstörungen auf den vielfältigen Arbeitsmärkten andererseits unterteilen. Nur auf letztere, denen in Deutschland dominierende Bedeutung für die Massenarbeitslosigkeit zukommt, soll beispielhaft kurz eingegangen werden.

2. Funktionsprobleme des Arbeitsmarktes

Die markträumende Funktion von Arbeitsmärkten wird nicht nur ausgehebelt durch Reallohnfixierungen im Sinne von Höchst- und Mindestlöhnen, sondern sie kann – wie die neuere Arbeitsmarktheorie zeigt – zum einen auch durch die Interessenlage der Arbeitsmarktparteien (Arbeitgeber, Gewerkschaften) und zum anderen auch durch unzureichende Beweglichkeit auf und zwischen den Teilarbeitsmärkten beeinträchtigt sein.

2.1 Vollbeschäftigungsinkonforme Reallöhne

Nicht zuletzt die anhaltend hohe Arbeitslosigkeit in sehr vielen Ländern hat die Zweifel an der Erklärungskraft der im traditionellen Arbeitsmarktmodell enthaltenen Lohnsteuerungskapazität verstärkt. Es geht hierbei nicht um die – im Kern unumstrittene – Beschäftigungsrelevanz des Reallohns, sondern um die Fähigkeit des Arbeitsmarktes über Reallohnflexibilität Vollbeschäftigung im oben erwähnten Sinne zu gewährleisten. Von den vielfältigen Hypothesen sollen hier nur zwei kurz behandelt werden, die im Zentrum der Arbeitslosigkeitsdiskussion stehen: Effizienzlohntheorie und Insider-Outsider-Theorie.

Die *Effizienzlohntheorie* stellt Informations- und Anreizprobleme in den Vordergrund. Da die Unternehmer die Produktivität der Arbeitnehmer nur unzureichend kennen und überwachen können, werden sie als Anreiz- und Disziplinierungsinstrument über die mit Vollbeschäftigung zu vereinbarenden Reallöhne hinaus Zuschläge zahlen. Hierbei wird angenommen, dass die Lohnzuschläge überproportionale Produktivitätssteigerungen bewirken, so dass die Lohnstückkosten sinken und die Unternehmensgewinne steigen. Läge beispielsweise in der Ausgangssituation Vollbeschäftigung vor und würde nun eine neue Arbeitsmarktlage zur Aufrechterhaltung der Vollbeschäftigung Reallohnsenkungen erfordern, würden diese nach der Effizienzlohntheorie z. B. infolge von Bummelei zu überproportionalen Produktivitätseinbußen führen. Für die Unternehmen ist es deshalb günstiger an den „zu hohen" Löhnen festzuhalten. Arbeitslosigkeit ist die Folge. Neben dem Produktivitätsanreiz gibt es noch einen Disziplinierungseffekt, da bei Arbeitslosigkeit die Wiederbeschäftigungschancen der Personen sinken, deren Bummelei entdeckt wurde.

Die Effizienzlohntheorie vermag zwar plausibel zu machen, warum die Reallöhne über das vollbeschäftigungskonforme Niveau hinausgehen; da gewinnmaximierende Strategien der Unternehmen aber keine neuen Erscheinungen sind, ist der Erklärungswert für das Entstehen und die Zunahme der Massenarbeitslosigkeit seit Mitte der 70er Jahre nicht einsichtig. Zudem bleibt die Rolle von Gewerkschaften unklar, sind nach der Effizienzlohntheorie die Unternehmen doch an (für Vollbeschäftigung zu) hohen Reallöhnen interessiert. Sollen die Gewerkschaften niedrigere Reallöhne fordern?

Die *Insider-Outsider-Theorie* hebt den Interessenkonflikt zwischen Beschäftigten (Insider) und Arbeitslosen (Outsider) hervor. Die Insider brauchen die Lohnkonkurrenz der Outsider bis zur Höhe der Entlassungskosten (Abfindungszahlungen, Sozialplankosten, Kosten arbeitsgerichtlicher Auseinandersetzungen) nicht zu fürchten. Erst wenn die Outsider um mehr als diese Fluktuationskosten Lohnunterbietung betreiben, hätten sie Beschäftigungschancen. Gewerkschaften können den Schutz der Insider einmal dadurch verstärken, dass sie auf die Entlassungskosten (z. B. Kündigungsschutzregelungen) Einfluss nehmen; zum anderen können sie Allgemeinverbindlichkeit der tarifvertraglich vereinbarten Mindestlöhne durchzusetzen versuchen, um ein Eindringen der Outsider auszuschließen.

Die Insider-Outsider-Theorie ist recht gut geeignet, Dauerarbeitslosigkeit zu erklären. Da die Insider gegenüber den Outsidern in dem erwähnten Umfang Konkurrenzschutz genießen, können vollbeschäftigungsinkonforme Reallohnsteigerungen durchgesetzt werden, die die Interessen der Arbeitslosen praktisch ignorieren. Nimmt man noch betriebsspezifische Humankapitalverluste als Folge der Arbeitslosigkeit, Demotivierungserscheinungen vergeblicher Arbeitsplatzsuche und die aufgrund solcher Einflüsse oder einfach vorurteilsbedingte negative Einstufung von Langzeitarbeitslosen durch potentielle Arbeitgeber hinzu, wird Arbeitslosigkeit persistent. Der Arbeitsmarkt kehrt aus sich selbst heraus nicht mehr zur Vollbeschäftigung zurück.

2.2 Die Bedeutung von Teilarbeitsmärkten

Das traditionelle Arbeitsmarktmodell vernachlässigt die Existenz vielfältiger Teilarbeitsmärkte. Den *gesamtwirtschaftlichen Arbeitsmarkt*, auf dem ein standardisiertes Gut „Arbeit" zu einem bestimmten Reallohn angeboten und nachgefragt wird, gibt es jedoch nicht. Das Reallohnniveau ist vielmehr das statistische Aggregat von Einzellöhnen auf nach Branchen, Regionen und Qualifikationen unterscheidbaren Teilarbeitsmärkten. Die theoretische Erklärung der Funktionsweise von *Teilarbeitsmärkten* entspricht zwar im Prinzip der Funktionsweise des gesamtwirtschaftlichen Arbeitsmarktes, denn die makroökonomische Theorie beruht auf der Übertragung einer gleich lautenden mikroökonomischen Theorie auf gesamtwirtschaftliche Durchschnittsgrößen. Diese Übertragung ist jedoch nicht unproblematisch.

Angenommen, das vollbeschäftigungskonforme Reallohnniveau sei bekannt. Da die Marktbedingungen auf den einzelnen Teilmärkten nicht diesem gesamtwirtschaftlichen Durchschnitt entsprechen, müssten sich Mengen und/oder Preise auf den Teilmärkten so ändern, dass im gewogenen Durchschnitt das gesamtwirtschaftlich erwünschte Resultat entsteht. Dies setzt aber allgemeine Preisflexibilität und/oder Beweglichkeit der Produktionsfaktoren zwischen den Teil(arbeits)märkten voraus. Ist diese Voraussetzung nicht erfüllt, bestehen also auf einzelnen Teilmärkten Starrheiten, können trotz gesamtwirtschaftlich vollbeschäftigungskonformer Durchschnittsgrößen auf einigen Teilmärkten Angebotsüberschüsse und gleichzeitig auf anderen Nachfrageüberhänge vorliegen. Mit anderen Worten, Beschäftigungsprobleme können auch durch gegenüber den spezifischen Marktbedingungen inflexiblen Lohnrelationen zwischen Berufen, Branchen oder Regionen und/oder unzureichender Mobilität der Arbeitnehmer bedingt sein. Dieser Sachverhalt wird in der folgenden Abbildung anhand zweier fiktiver Teilarbeitsmärkte, die als Ausschnitt aus der Vielzahl von Teilarbeitsmärkten zu verstehen sind und sich auf Branchen, Regionen oder berufliche Qualifikationen beziehen können, illustriert. Zur Vereinfachung wird für die Teilarbeitsmärkte unterstellt, dass das Arbeitsangebot etwa aufgrund tarifvertraglicher Vereinbarungen nicht in Abhängigkeit vom Reallohn schwanken kann (vertikale Angebotsfunktion).

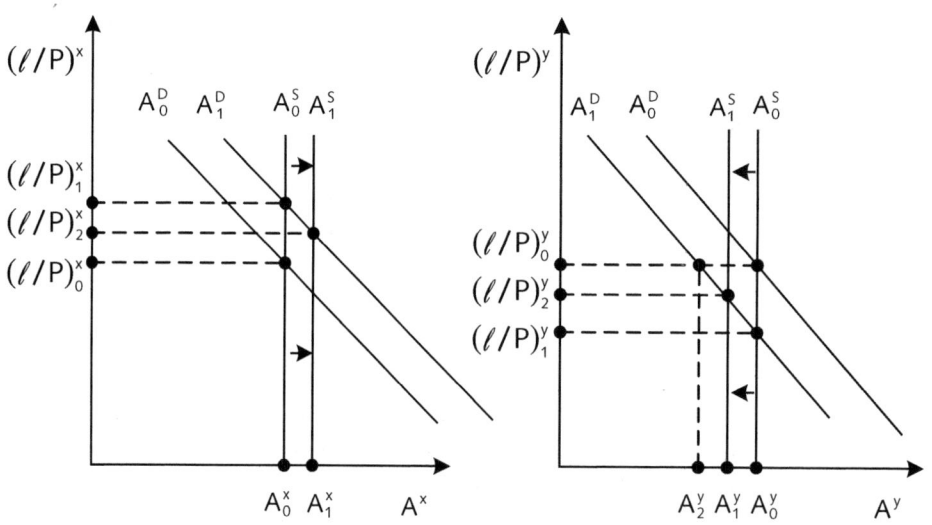

Abbildung IX.4

In der Ausgangssituation herrsche auf den beiden Teilarbeitsmärkten X und Y Gleichgewicht bei übereinstimmendem Reallohn $(\ell/P)_0$ und einer Beschäftigung von A_0^X bzw. A_0^Y. Auf dem Teilmarkt X führe eine gestiegene Güternachfrage zu einem erhöhten Arbeitskräftebedarf; die abgeleitete Arbeitskräftenachfrage steigt von A_0^D auf A_1^D. Für den Teilmarkt Y liegen gegenläufige Tendenzen vor, die sich in einer Linksverschiebung der Arbeitsnachfragekurve A_0^D nach A_1^D niederschlagen. Die Veränderungen der Arbeitsnachfrage lösen bei unterstelltem Angebotsverhalten entgegengerichtete Reallohnänderungen aus; auf dem Teilarbeitsmarkt X steigt der Reallohn auf $(\ell/P)_1$, auf dem Teilarbeitsmarkt Y sinkt er auf $(\ell/P)_1$. Ein gesamtwirtschaftlich gegebenes Arbeitsangebot kann durchaus mit Beschäftigungsverlagerungen zwischen Teilarbeitsmärkten einhergehen. Solche Verlagerungen können von Veränderungen der Lohnrelationen ausgelöst werden. So führt etwa die Reallohnsenkung auf Teilmarkt Y zu einer Erhöhung des Arbeitsangebots auf dem Teilmarkt X; analog bewirkt der Lohnanstieg auf dem Teilmarkt X eine Angebotsreduktion auf dem Teilmarkt Y. Diese Abhängigkeit des Arbeitsangebots von den relativen Lohnänderungen kommt in der Verschiebung der Angebotsfunktionen (von A_0^S nach A_1^S) zum Ausdruck.

Ob die Konstellation $(\ell/P)_2^X/A_1^X$ und $(\ell/P)_2^Y/A_1^Y$ ein endgültiges Gleichgewicht ist oder ob erneute Anpassungsprozesse stattfinden, soll nicht weiter verfolgt werden. Das Beispiel sollte nur die Reaktionen einzelner Arbeitsmärkte auf Änderungen der Marktbedingungen illustrieren und zugleich verdeutlichen, dass Verschiebungen der Lohnrelationen weitergehende Substitutionsprozesse zwischen den Teilarbeitsmärkten bewirken. An dem einfachen Beispiel lassen sich außerdem die Beschäftigungskonsequenzen von Lohninflexibilitäten leicht aufdecken. Sollten die Löhne trotz Nachfrageänderungen auf dem alten Niveau $(\ell/P)_0$ verharren, bliebe auf dem Teilarbeitsmarkt X das Beschäftigungsniveau gleich; die zusätzliche Arbeitskräftenachfrage wird nicht befriedigt. Auf dem Teilarbeitsmarkt Y käme es zu Entlassungen, weil oberhalb der Beschäftigungsmenge A_2^Y der Reallohn nicht mehr durch den Wertschöpfungsbeitrag der Arbeitskräfte gedeckt wäre. Während also auf dem Teilarbeitsmarkt X offene Stellen unbesetzt bleiben, herrscht auf dem anderen Arbeitslosigkeit. An diesem Ergebnis ändert sich im Prinzip auch dann nichts, wenn die Löhne nicht auf dem alten Niveau verharren, sondern auf beiden Teilarbeitsmärkten eine einheitliche, z. B. auf dem Niveau $(\ell/P)_2^X$ entsprechende Lohnerhöhung vorgenommen würde. Abgesehen von möglicherweise unterschiedlichen Größenordnungen, die Ursache des Beschäftigungsproblems ist in beiden Fällen (*Lohnstarrheit* oder einheitliche Lohnerhöhung) gleich, und zwar eine gegenüber geänderten Marktbedingungen inflexible *Lohnstruktur*. Ein gewisser Ausgleich zwischen den Teilarbeitsmärkten kann lediglich dadurch bewirkt werden, dass die in die Arbeitslosigkeit „abgeschobenen" Arbeitskräfte Ausschau nach offenen Stellen halten. Da die Information von Knappheitspreisen entfällt, ist dies jedoch nur ein sehr unvollkommener Ersatz.

Auch bei Veränderungen von Lohnrelationen, die wechselnde Knappheiten von

Arbeitskräften signalisieren, ist eine bedarfsgerechte Lenkung der Arbeitskräfte nicht sichergestellt. So ist hinreichend bekannt, dass die *Mobilität der Arbeitskräfte* begrenzt ist. Ursachen von Mobilitätsbeschränkungen sind sehr komplex und reichen von staatlichen oder berufsständischen Zugangsschranken (z. B. Befähigungsnachweise) über subjektive Hinderungsgründe (z. B. Familienbeziehungen, Möglichkeiten der Freizeitgestaltung) bis zu Mobilitätskosten in der Form des Verlustes bzw. der Notwendigkeit des Neuerwerbs unternehmensspezifischer Fähigkeiten (Humankapitalkosten), Informationskosten über alternative Beschäftigungsmöglichkeiten und Umzugskosten bei notwendigem Wohnortwechsel. Nicht übersehen werden dürfen auch zu hohe *Anspruchslöhne*, die aus Unterstützungsansprüchen gegenüber dem Sozialstaat (Arbeitslosengeld, Arbeitslosenhilfe, Arbeitslosengeld II) resultieren und die Übernahme geringer bezahlter Beschäftigungen behindern.[112] Wenn für die große Gruppe der Geringqualifizierten das Sozialeinkommen dem auf dem Markt erzielbaren Einkommen entspricht, bleiben die entsprechenden Arbeitsplätze unbesetzt, und die Unternehmen schaffen sie schließlich ab.

Aus der Existenz vielfältiger Mobilitätshemmnisse darf jedoch nicht der Schluss gezogen werden, flexible Lohnrelationen seien bedeutungslos, weil sie wegen der Mobilitätskosten keine Lenkungsfunktion ausüben könnten. Die Mobilitätskosten bilden eine Wanderungsbarriere, soweit sie den mit einem Arbeitsplatzwechsel verbundenen Einkommensgewinnen entsprechen oder diese sogar überschreiten. Zwischen verschiedenen Arbeitsmärkten sind also – abweichend zur angenommenen Ausgangssituation der obigen Abbildung – durchaus Lohndifferenzen zu erwarten. Jenseits der durch Mobilitätskosten markierten Grenzen behalten differenzierte Lohnrelationen aber ihre Steuerungsfunktion. Je höher die Mobilitätskosten sind, desto stärker müssen die Lohnsignale ausfallen.

Bedenkt man die sehr großen Unterschiede regionaler Beschäftigungsgrade etwa zwischen Baden-Württemberg und Mecklenburg-Vorpommern, die teilweise mit regional unterschiedlichen Branchenentwicklungen einhergehen oder berücksichtigt man, dass auch bei hoher gesamtwirtschaftlicher Arbeitslosenquote häufig über Facharbeitermangel geklagt wird, ist anzunehmen, dass das marktmäßige Kommunikationssystem zwischen den Teilarbeitsmärkten gestört

---

[112] Mit „Hartz IV" ist in Deutschland zum 1.1.2005 der Versuch unternommen worden, diesem Problem durch Zusammenlegung von (bisheriger) Arbeitslosenhilfe und Sozialhilfe zum Arbeitslosengeld II beizukommen. Betroffen sind erwerbsfähige hilfsbedürftige Personen. Es bleibt abzuwarten, ob die bezweckten Arbeitsangebotseffekte eintreten werden. Für Personen mit bislang relativ hoher Arbeitslosenhilfe (wegen hohen früheren Arbeitseinkommens) ist eine erhöhte Bereitschaft niedriger entlohnte Tätigkeiten auszuüben, anzunehmen. Für die besonders relevante Problemgruppe der Geringqualifizierten ist wenig Optimismus angebracht, da ihre finanzielle Situation sich praktisch nicht verändert und deshalb auch weiterhin der finanzielle Anreiz zum Wechsel von der Arbeitslosigkeit in die Erwerbstätigkeit gering bleibt. (Ob der rechtlich mögliche Druck zu einer Arbeitsübernahme durch die Bundesagentur für Arbeit greift, ist eine noch offene Frage).

ist. Die Vermutung liegt nahe, dass die Störung nicht nur in lohnunabhängigen Mobilitätshemmnissen begründet ist, sondern dass ebenfalls die Lohnstruktur die (geänderten) Knappheitsverhältnisse auf einzelnen Arbeitsmärkten unzureichend signalisiert und deshalb eine knappheitsorientierte Mobilität der Arbeitskräfte behindert wird.

Die Frage nach dem Ausmaß nicht marktgerechter Lohnstrukturen ist allerdings schwer zu klären, weil es in Marktwirtschaften nicht möglich ist, ex ante die Reallöhne für verschiedene Branchen, Regionen und Qualifikationen verlässlich zu bestimmen, die den Markt räumen. Die markträumenden Preise müssen in Marktprozessen, die auch Arbeitskräftewanderungen einschließen, herausgefunden werden. Aus einer Parallelität von Arbeitskräfteüberschuss auf einem Teilmarkt und Arbeitskräftedefizit auf einem anderen kann lediglich ex post vermutet werden, dass die Lohndifferenzierungen nicht ausreichten, um die Mobilitätshürden zu überwinden.

Als maßgebliche Ursache unzureichender *Lohndifferenzierungen* ist ein Durchschlagen distributiver gegenüber allokativen Zielsetzungen zu sehen. Von gewerkschaftlicher Seite wird eine sogenannte solidarische Lohnpolitik verfolgt, deren Ziel darin besteht, relative und absolute Lohnunterschiede abzubauen und eine „gerechte" Lohnstruktur zu verwirklichen. Bei allgemeiner Arbeitskräfteknappheit und dadurch relativ starker Verhandlungsposition der Gewerkschaften lassen sich solche Zielvorstellungen vergleichsweise leicht realisieren; bei hoher Arbeitslosigkeit geraten sie jedoch mit allokativen Zielsetzungen in Konflikt und verschärfen die Wachstums- und Beschäftigungsprobleme. Eine spezielle Ausprägung dieses Problems bilden Verteilungsänderungen insbesondere zugunsten unterer Lohngruppen; deren Marktwidrigkeit schlägt sich dann in überdurchschnittlicher Arbeitslosigkeit gerade dieser Gruppen nieder (sogenannte *Mindestlohnarbeitslosigkeit*). Haben sich solche Strukturalisierungen der Arbeitslosigkeit wie z.B. in Deutschland – erinnert sei an die weit überdurchschnittliche Langzeitarbeitslosigkeit unter den Geringqualifizierten – verfestigt, sind beschäftigungspolitische Versuche, die Arbeitslosigkeit mittels globaler geld- oder fiskalpolitischer Nachfragebelebung zu bekämpfen, weithin aussichtslos.

Die in den beiden letzten Abschnitten skizzierten Überlegungen dürften verdeutlichen, dass das Vorstellungsbild eines aggregierten Arbeitsmarktes mit ständiger Markträumung an Bedingungen geknüpft ist, die in der (heutigen) Realität nur begrenzt vorliegen. In der Realität haben wir es mit vielfältigen Regulierungen zu tun, die zwischen den Tarifparteien vereinbart oder vom Gesetzgeber erlassen wurden (z.B. Kündigungsschutzregelungen, Arbeitskosten in der Form von Sozialabgaben, zentralisierte Lohnfindungsprozesse) und für die seit Mitte der 70er Jahre anhaltend hohe Arbeitslosigkeit in Deutschland und vielen anderen europäischen Ländern mitverantwortlich sind. Die Tarifparteien sind offenbar nicht zu vollbeschäftigungskonformen Vereinbarungen über die Arbeitsbedingungen in der Lage.

Wenn im nachfolgenden Kap. X von einem globalen Arbeitsmarkt ausgegangen wird, so liegt dem die Annahme eines von Regulierungen weitgehend freien, wettbewerblichen Arbeitsmarktes zugrunde. Als tatsächliche oder wünschbare Voraussetzungen sind dies fundamentale Grundlagen in der klassischen ökonomischen Theorie. In Kapitel XI und insbesondere XII werden die hier kurz angesprochenen „Unvollkommenheiten" realer Arbeitsmärkte jedoch wieder aufgegriffen und in ihrer Bedeutung für Preisniveau, Produktion und Beschäftigung systematisch analysiert.

Kapitel X
Makroökonomische Totalanalyse I:
Das klassische Modell

1. Gleichgewicht bei Vollbeschäftigung in der klassischen Theorie

Die Aussagen der Klassiker gelten unter der Bedingung, dass auf allen Märkten Wettbewerb herrscht. In diesem Falle werden Störungen des Marktgleichgewichtes über Preisanpassungen behoben; es bilden sich somit immer Gleichgewichtssituationen heraus. Flexiblen Preisanpassungen kommt im klassischen Denken also entscheidende Bedeutung zu.[113]

Die markträumende Funktion flexibler Preise gilt auch auf dem Arbeitsmarkt. Die hieraus resultierenden Anpassungsprozesse seien im Folgenden kurz erläutert.

Beim Reallohn $(\ell/P)_0$ und dem Beschäftigungsvolumen A_0 besteht Gleichgewicht. Kommt es nun zu einem Anstieg des Reallohnes auf $(\ell/P)_1$, so herrscht zu diesem Reallohn zunächst ein Arbeitsangebotsüberhang, d. h. zu diesem Reallohn wird mehr Arbeit seitens der privaten Haushalte angeboten als von den Unternehmen nachgefragt. Unter Wettbewerbsbedingungen führt dies dazu, dass die Arbeitsanbieter sich gegenseitig mit ihren Nominallohnforderungen unterbieten, und zwar solange, bis wieder der Gleichgewichtsreallohn $(\ell/P)_0$ erreicht ist.

---

[113] Dies besagt nicht, dass die klassischen Ökonomen intensiven Wettbewerb auf allen Märkten als gegeben unterstellt hätten. Auch im 19. Jahrhundert entsprach dies nicht der Realität. Eine entscheidende Funktionsbedingung ist deshalb die Verhinderung von Wettbewerbsbeschränkungen durch Wettbewerbspolitik.

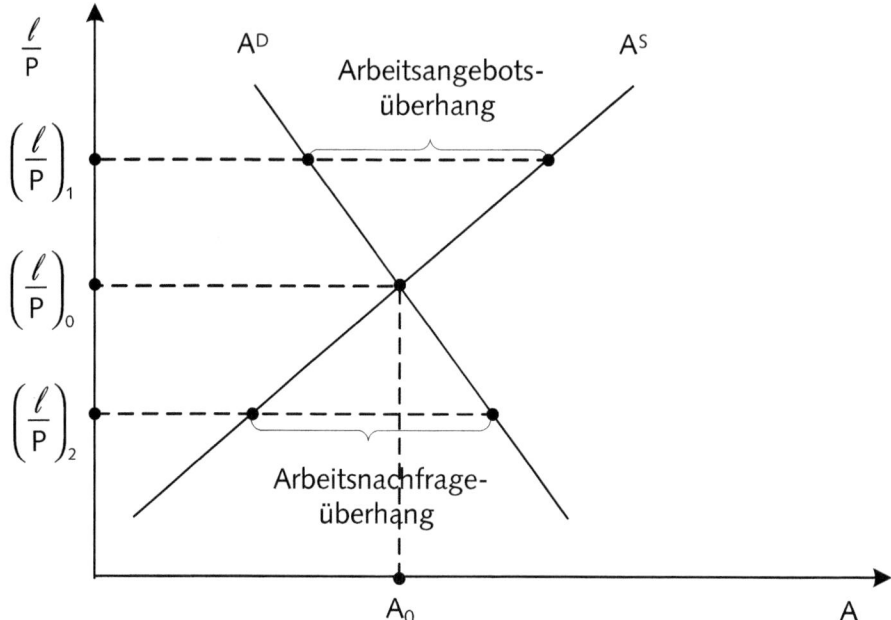

Abbildung X.1

Sinkt der Reallohn hingegen auf $(\ell/P)_2$ ab, so kommt es zu einem Arbeitsnachfrageüberhang; die Unternehmen fragen zu diesem Reallohn mehr Arbeit nach als angeboten wird. Die Arbeitsnachfrager werden sich deshalb mit ihren Nominallohnangeboten überbieten, und zwar solange, bis wieder der alte Gleichgewichtsreallohnsatz $(\ell/P)_0$ erreicht ist. Ungleichgewichte auf dem Arbeitsmarkt können also nur temporär auftreten. Der Wettbewerb sorgt dafür, dass Ungleichgewichte rasch abgebaut werden.

Das Arbeitsmarktgleichgewicht beim Gleichgewichtsreallohn sollte nicht so interpretiert werden, dass es überhaupt keine Arbeitslosigkeit in dieser Situation gäbe. Die Informationen über Bedingungen auf den vielfältigen Teilarbeitsmärkten sind nie perfekt. Arbeitnehmer, die kündigen und eine neue Stelle suchen, benötigen hierfür ebenso Zeit wie der Arbeitgeber für die Suche nach dem am besten geeigneten Bewerber (*Sucharbeitslosigkeit* bzw. *friktionelle Arbeitslosigkeit*). Zur eingehenden Diskussion siehe Kap. XII.

Mit der Bestimmung des Arbeitsvolumens auf dem Arbeitsmarkt wird bei gegebenem Kapitalstock und technischem Wissen (K,T) auch das Realeinkommen festgelegt.

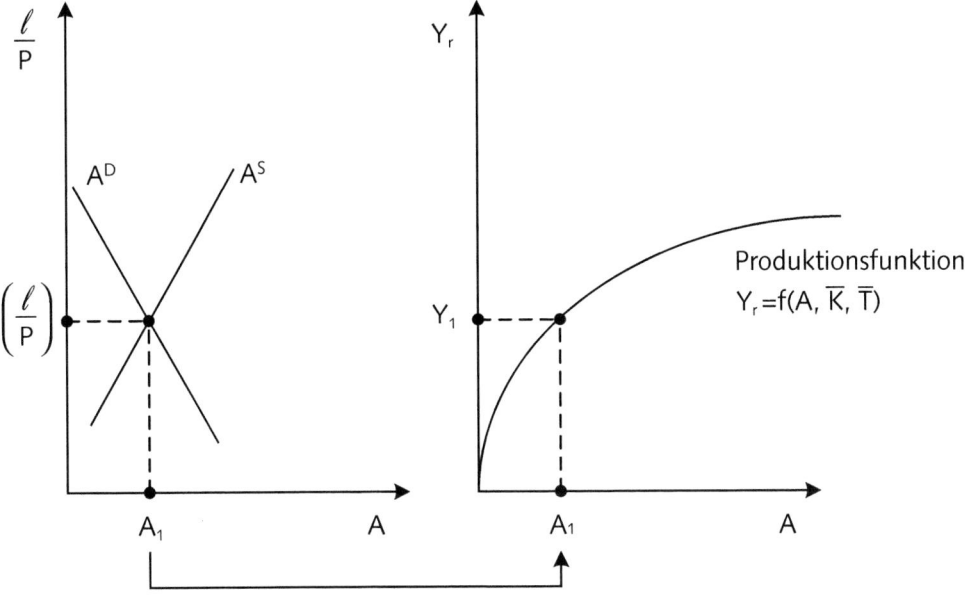

Abbildung X.2

Wie aus der Abb. X.2 ersichtlich, werden am Arbeitsmarkt das Arbeitsvolumen (hier: A_1) und über die Produktionsfunktion das angebotene Bruttoinlandsprodukt (hier: Y_1) bestimmt. Y_1 beschreibt hier die Produktionsmöglichkeiten und die tatsächliche Produktion unter den aktuellen Arbeitsmarktbedingungen, technischem Wissen und Kapitalausstattung. Im gesamtwirtschaftlichen Angebots-/Nachfragezusammenhang wäre das Angebot wie in Abb. VIII.2 als vertikale Angebotsfunktion Y_X^S darzustellen.

2. Wirkungen fiskal- und geldpolitischer Impulse

2.1 Fiskalpolitische Impulse

Wird z. B. eine expansive Fiskalpolitik in Form einer Erhöhung der investiven Staatsnachfrage betrieben, ist dies im klassischen System analog einer Erhöhung der privaten Investitionsgüternachfrage[114] zu behandeln.

---

[114] Würde auf Bruttoinvestitionen abgestellt, müsste S um die Abschreibungen erweitert werden.

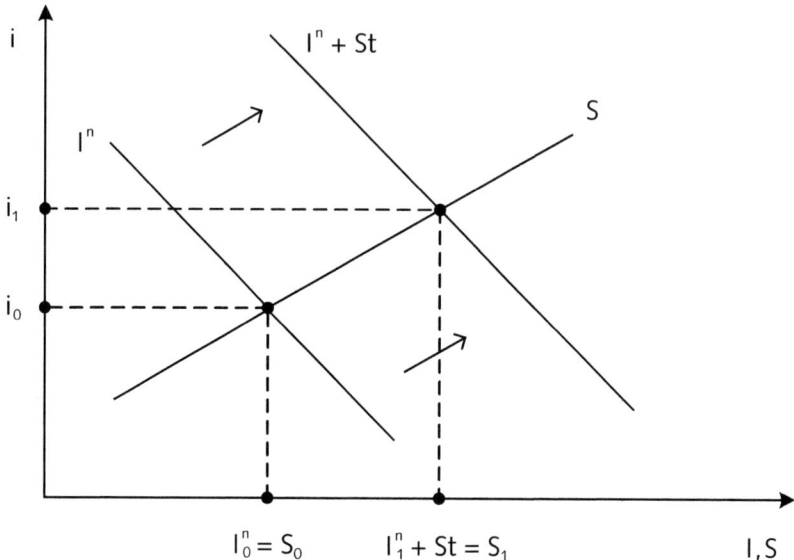

Abbildung X.3

Wie aus der Abb. X.3 hervorgeht, führt eine expansive Fiskalpolitik zunächst zu einer Erhöhung des Zinssatzes.[115] Der zusätzlichen Nachfrage, die vom Staat entfaltet wird, steht allerdings eine verminderte private Investitionsgüternachfrage (wegen der Zinssatzerhöhung) und eine verminderte private Konsumgüternachfrage (wegen der erhöhten Ersparnis aufgrund der Zinssatzerhöhung) gegenüber. Es kommt also zu einem 100 %igen *crowding-out*. Bei einer restriktiven Fiskalpolitik bleibt die Gesamtnachfrage ebenfalls unverändert. Die rückläufige Staatsnachfrage bewirkt allerdings über eine Zinssenkung eine Änderung der Nachfragestruktur zugunsten der privaten Investitions- und Konsumgüternachfrage.

2.2 Geldpolitische Impulse

Eine expansive Geldpolitik führt im Gegensatz zur expansiven Fiskalpolitik über eine Zunahme des nominalen Geldbestandes (bei Konstanz der Umlaufgeschwindigkeit) zu einer Ausweitung der nominalen Gesamtnachfrage (siehe Kapitel VII.8).

---

[115] Im obigen Fall wird unterstellt, dass der Staat Kredite aufnimmt, d. h. langfristiges Kapital nachfragt, um die zusätzlichen Investitionen durchführen zu können. Es kommt allerdings auch zu einem Zinsanstieg, wenn der Staat die zusätzlichen Investitionen über eine Steuererhöhung finanziert, da in diesem Fall das verfügbare Einkommen der Haushalte und damit die Ersparnis, d. h. das Mittelangebot am Kapitalmarkt sinkt (Linksverschiebung der S-Kurve (des Mittelangebots), anstelle einer Rechtsverschiebung der I-Kurve (der Mittelnachfrage)).

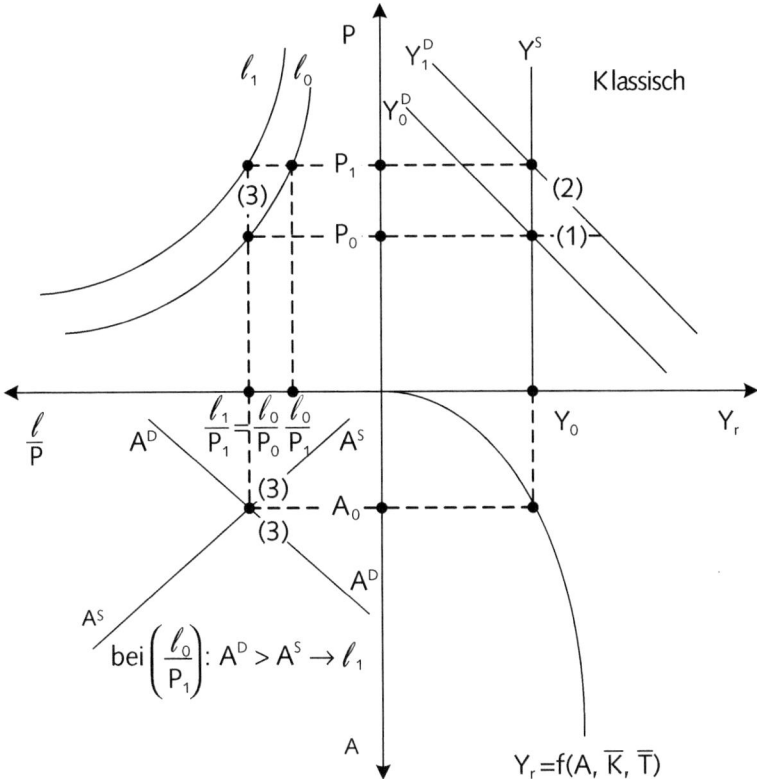

Abbildung X.4

Diese Zusammenhänge sollen nun unter Einschluss des Arbeitsmarktes vertieft werden.

Die Ausgangssituation sei durch ein allgemeines Gleichgewicht bei einem Beschäftigungsvolumen A_0, einem Reallohn ℓ_0/P_0, einem Realeinkommen Y_0 und einem Preisniveau P_0 charakterisiert.[116]

Eine Erhöhung der nominalen Geldmenge führt zu einer Erhöhung der Gesamtnachfrage. Es kommt zu einer Rechtsverschiebung der Y^D-Funktion (von Y_0^D nach Y_1^D). Beim Preisniveau P_0 bedeutet dies aber, dass die Gesamtnachfrage (Y_1^D) das Angebot (Y^S) übersteigt. Da das Angebot aufgrund der herrschenden Vollbeschäftigung nicht ausgedehnt werden kann, werden die Unternehmen mit Preissteigerungen reagieren, und zwar solange, bis die erhöhte nominale Gesamtnachfrage real derart entwertet ist, dass wieder gilt $Y^S = Y_1^D$. Im obigen Beispiel ist dies beim Preisniveau P_1 der Fall.

---

[116] Die Gesamtnachfragefunktion müsste eigentlich als Hyperbel, die Arbeitsnachfragefunktion entsprechend der Produktionsfunktion gekrümmt dargestellt werden. Die gezeichneten linearen Verläufe dienen nur der Vereinfachung.

Bei gegebenem Nominallohn (ℓ_0) ist im Wege dieses Prozesses der Reallohn aber aufgrund der Preisniveauerhöhung gesunken, und zwar auf (ℓ_0 / P_1). Dies bedeutet jedoch, dass eine Arbeitskräfteübernachfrage am Arbeitsmarkt herrscht. Dies führt nun dazu, dass die einzelnen Unternehmen sich in ihren Nominallohnangeboten überbieten werden, und zwar solange, bis sich am Arbeitsmarkt ein neues Gleichgewicht bei einem erhöhten Nominallohn (hier: ℓ_1) einspielt. Der Reallohn (ℓ_1 / P_1) entspricht nun wiederum dem der Ausgangssituation (ℓ_0 / P_0).

Zusammenfassend lässt sich festhalten, dass eine expansive Geldpolitik im klassischen System nur die nominalen Größen (Preisniveau, Nominallohn) erhöht; real hingegen kann damit nichts bewirkt werden. Entsprechendes gilt – nur mit umgekehrtem Vorzeichen – für eine restriktive Geldpolitik. Fiskalpolitische Maßnahmen hingegen ändern nicht einmal die Nominalgrößen, da sie nur die Zusammensetzung, nicht aber die Höhe der Gesamtnachfrage beeinflussen.

Bei der Analyse der Anpassungsprozesse an Nachfrageänderungen zu Beginn dieses Kapitels war bereits auf die Irrelevanz von wirtschaftspolitischen Maßnahmen zur Nachfragebeeinflussung für das Realeinkommen hingewiesen worden. Die Gründe hierfür sind nun klar: Die Produktionsmöglichkeiten einer Volkswirtschaft werden nach klassischer Theorie durch die Faktorausstattung und das technische Wissen bestimmt. Herrscht auf allen Märkten Wettbewerb, wird dieses *Produktionspotential* auch voll genutzt. Eines (wirtschaftspolitischen) Anstoßes von der Nachfrageseite zur Vollauslastung des Produktionspotentials bedarf es deshalb nicht. Produktion, Einkommen und Nachfrage werden von den Angebotsbedingungen bestimmt; die Produktion wird bei flexiblen Preisen auch stets abgesetzt (*Saysches Theorem*). Produktionsrückgänge aufgrund unzureichender Gesamtnachfrage kann es bei Vorliegen der in der klassischen Theorie zugrunde gelegten Bedingungen nicht geben. Gesamtwirtschaftlich kommt es lediglich temporär zu Ungleichgewichten, weil die Verarbeitung von Störungen Zeit benötigt. Wirtschaftspolitischer Handlungsbedarf zur Steuerung des Wirtschaftsablaufs besteht nicht. Die Keynesianische Theorie hingegen gelangt zu völlig konträren Schlussfolgerungen.

1. Preis- und Lohnrigiditäten

Im Rahmen keynesianischer Vorstellungen werden im Gegensatz zur klassischen Annahme vollkommener Preis- und Nominallohnflexibilität in der Realität beobachtbare Preis- und Nominallohnstarrheiten hervorgehoben. In einer strikten Version wird von einer vollkommenen Preis- und Nominallohnstarrheit nach unten ausgegangen; in der von Keynes selbst angenommenen Version wird zwar Preisflexibilität, allerdings bei Nominallohnstarrheit zugrunde gelegt.

Im Gegensatz zu klassischen Vorstellungen hat dies zur Folge, dass das marktwirtschaftliche System aus sich heraus bei Rückgängen der gesamtwirtschaftlichen Nachfrage nicht mehr zur Vollbeschäftigung findet; vielmehr kommt es zu sog. Unterbeschäftigungsgleichgewichten.

(1) Vollkommene Preis- und Nominallohnstarrheit nach unten

Ausgehend von einem Vollbeschäftigungsgleichgewicht soll es zu einem Rückgang der gesamtwirtschaftlichen Nachfrage kommen, beispielsweise aufgrund einer gesunkenen Investitionsbereitschaft wegen um sich greifender pessimistischer Zukunftserwartungen.

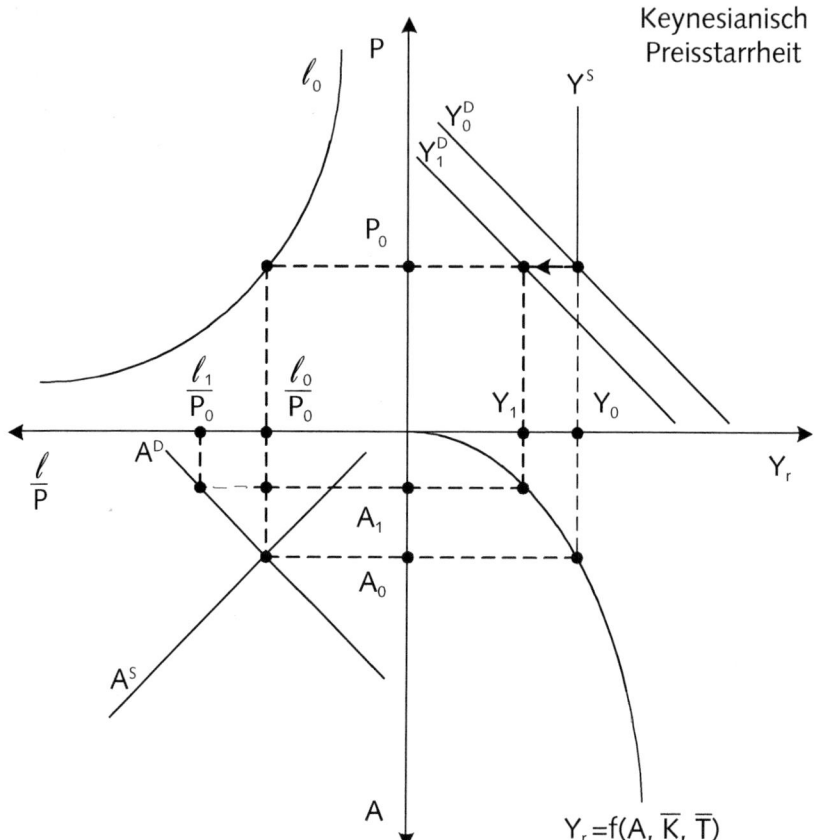

Abbildung XI.1

Dieser Rückgang der gesamtwirtschaftlichen Nachfrage drückt sich in einer Linksverschiebung der Y^D-Funktion (hier von Y_0^D auf Y_1^D) aus. Da annahmegemäß der Preis als Aktionsparameter ausfällt, bleibt den Unternehmen lediglich die Möglichkeit, ihre Produktion der geringeren Nachfrage anzupassen. Das angebotene reale Bruttoinlandsprodukt wird somit von Y_0 auf Y_1 reduziert.[117] Dies hat aber auch zur Folge, dass die Arbeitskräftenachfrage entsprechend der Produktionsfunktion vermindert wird. Statt eines Beschäftigungsvolumens von A_0 wird in der neuen Situation nur noch eine Beschäftigung in Höhe von A_1 realisiert. Der Reallohn hat sich aufgrund der hier unterstellten Preis- und Nominallohnstarrheit hingegen nicht verändert. Er beträgt nach wie vor ℓ_0 / P_0. In dieser Situation ($P_0;Y_1$) liegt ein sog. *Unterbeschäftigungsgleichgewicht* vor, weil der Güter-

---

[117] Da eine neoklassische Produktionsfunktion zugrunde gelegt wird, sinkende Produktion also mit steigenden Grenzproduktivitäten einhergeht, implizieren die Preis- und Reallohnkonstanz steigende (Gewinn-) Zuschläge auf die Kosten.

und der Geldmarkt sich zwar im Gleichgewicht befinden, dieses Gleichgewicht jedoch mit Unterbeschäftigung (Arbeitslosigkeit) einhergeht. Die Unterbeschäftigungssituation A_1 lässt sich nicht mit einem zu hohen Reallohn erklären. Vielmehr könnte der Reallohn noch auf (ℓ_1 / P_0) steigen, ohne dass die Unternehmer noch weniger Arbeit als A_1 nachfragten. Entscheidend ist das Nachfragedefizit. Ohne (nachfragebelebende) Anstöße von außen ist dieses Unterbeschäftigungsgleichgewicht deshalb nicht zu überwinden.

(2) Preisflexibilität, jedoch Nominallohnstarrheit nach unten

Der Fall völlig starrer Nominallöhne und Güterpreise nach unten ist als *spontane* „Angebotsreaktion" auf einen Nachfragerückgang durchaus plausibel. Zunächst können Tarifverträge noch eine längere Restlaufzeit haben. Lohnsenkungen würden zudem in verschiedenen Branchen in Abhängigkeit der jeweiligen wirtschaftlichen Situation unterschiedlich ausfallen. Die Beschäftigten in den am stärksten betroffenen Branchen werden die überdurchschnittlichen Einkommenseinbußen als ungerecht empfinden und – über ihre Gewerkschaft – Widerstand leisten.

Die Unternehmer werden mit Senkungen ihrer Güterpreise – etwa wegen Festpreisvereinbarungen mit ihren Abnehmern – zumindest zögern. Wenn Unternehmen Absatzeinbußen feststellen, wissen sie auf Anhieb nicht, ob es sich um einen allgemeinen Nachfragerückgang handelt oder nur um eine kurzfristige partielle Absatzflaute. Zu berücksichtigen sind auch Transaktionskosten von Preisänderungen, die sog. „*menu costs*". Hierzu zählen nicht nur direkte Kosten für neue Preisauszeichnungen, Preislisten und Kataloge, sondern auch der Zeitaufwand für die Festlegung neuer Preise, Verhandlungen mit Kunden und mögliche Nachteile durch Störungen von Kundenbeziehungen. Es kann deshalb durchaus rational sein, auf einen Absatzrückgang nicht sofort mit einer Preissenkung zu antworten, zumal spätere Preiserhöhungen am Markt eventuell schwer durchsetzbar sind. Solchen Verhaltensweisen wird in der sog. *Ungleichgewichtstheorie* bzw. *Neuen (keynesianischen) Makroökonomik* besondere Bedeutung beigemessen, indem auf Fernwirkungen von Mengenreaktionen hingewiesen wird, die möglichen Preisreaktionen zumindest deutlich vorangehen. In dem in der obigen Abbildung dargestellten Fall ist der Beschäftigungsrückgang nicht durch einen zu hohen Reallohn bedingt. Er ist vielmehr die Konsequenz der reinen Mengenreaktion auf einen Nachfragerückgang. Der Lohnanreiz für das Arbeitsangebot hat sich nicht geändert, aber dieses Angebot wird durch die Arbeitsnachfrage „rationiert".

Analog gilt dies auch für Gütermärkte, d. h. die Güterpreise signalisieren zwar (weiterhin) günstige Absatzmöglichkeiten, sie werden aber durch die geringere Nachfrage beschnitten. Da die Anbieter diese Nachfragebeschränkungen jedoch in ihren Produktionsplänen berücksichtigen werden, verringern sie ihrerseits die Nachfrage auf vorgelagerten Märkten – bis hin zum Arbeitsmarkt. Wir befinden uns schließlich in der oben abgebildeten Arbeitsmarktsituation: Der Reallohnsatz (ℓ_0 / P_0) signalisiert den Arbeitsanbietern ein Einkommen entsprechend dem Beschäftigungsniveau A_0; wegen der geringeren Arbeitsnachfrage (A_1) fällt das Einkommen jedoch insgesamt niedriger aus und ruft seinerseits Einschränkungen bei der Konsumgüternachfrage hervor. Kurzum: Die Dominanz der Mengenreaktion ruft Ungleichgewichte hervor, die sich bei Nachfragerückgängen wie kontraktive Kettenreaktionen multiplikativ fortpflanzen und in ein *„Rationierungsgleichgewicht"* einmünden.

Dieser Zweig des Keynesianismus soll hier nicht näher verfolgt werden. Zutreffend erscheint die Vorstellung, dass mangels Preisflexibilität in Teilbereichen der Volkswirtschaft entstandene Ungleichgewichte nicht auf diese Teilbereiche beschränkt bleiben, sondern auf andere Bereiche überspringen und damit kumulative Prozesse auslösen können. Für den Erklärungswert dieses Ansatzes ist freilich entscheidend, ob tatsächlich Mengenreaktionen durchschlagen oder ob nicht – wenn auch zeitverzögert – Preisreaktionen zu erwarten sind, die mögliche Depressionsspiralen verhindern.

Als ein Mittelweg zwischen völliger Preisflexibilität und Preisstarrheit kann der Fall partieller Preisflexibilität angesehen werden, der dem traditionellen Keynesianismus entspricht. Stellt sich ein allgemeiner Nachfragerückgang als dauerhaft heraus, sind Preisniveausenkungen wahrscheinlich. An der makroökonomischen Rigidität des Faktorpreises Nominallohn dürfte sich hingegen kaum etwas ändern. Neben den üblichen Starrheiten von Preiskartellen spielen hier auch für mehrere Perioden abgeschlossene Lohnkontrakte eine Rolle. Zu erinnern ist auch an Ergebnisse neuerer Arbeitsmarkttheorien wie etwa der *Insider-Outsider-Theorie*, die das Festhalten an hohen Nominallohnsätzen auf die Vermeidung von Fluktuationskosten zurückführt oder die *Effizienzlohntheorie*, die wahrscheinliche Produktivitätsverluste infolge von Lohnsenkungen unterstreicht.

Die Kombination von nach unten starren Nominallöhnen, aber flexiblen Güterpreisen ändert aus keynesianischer Sicht jedoch nichts an der wirtschaftspolitischen Reparaturbedürftigkeit der Marktwirtschaft. Zur Verdeutlichung soll auch hier zunächst von einem Rückgang der gesamtwirtschaftlichen Nachfrage ausgegangen werden (Abb. XI.2).

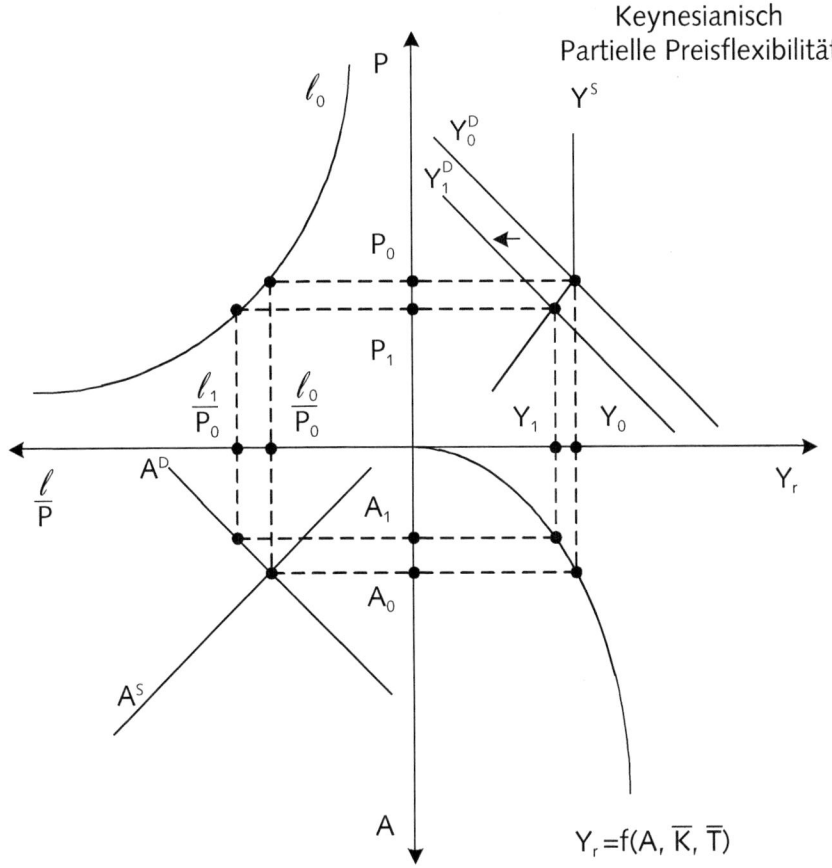

Abbildung XI.2

Ein Rückgang der gesamtwirtschaftlichen Nachfrage hat zunächst zur Folge, dass beim gegebenen Preisniveau P_0 das Angebot die Nachfrage übersteigt. Dies wird – wenn auch mit zeitlicher Verzögerung – die Unternehmen dazu bewegen, die Preise zu senken, um ihre Waren absetzen zu können. Diese Preissenkungstendenzen werden freilich von der Kostenseite her (starre Nominallöhne!) gebremst. Ein Rückgang des Preisniveaus jedoch führt zu einer Zunahme der realen Geldmenge, zu Zinssatzsenkungen und über eine steigende Investitionsgüternachfrage zu einem Anstieg der gesamtwirtschaftlichen Nachfrage. Andererseits bewirkt bei einem konstanten Nominallohn ein Rückgang des Preisniveaus eine Zunahme des Reallohnes, wodurch das Güterangebot zurückgeht.[118] Angebot

---

[118] Wenn der Reallohn steigt, fragen die Unternehmen weniger Arbeitskräfte nach, da die Nachfrage nach Arbeit reallohnabhängig ist. Wenn die Unternehmen weniger Arbeitskräfte einsetzen, sinkt das Güterangebot.

und Nachfrage bewegen sich somit bei sinkendem Preisniveau aufeinander zu. Beim Preisniveau P_1 entsprechen sich beide, so dass ein neues Gleichgewicht, – allerdings bei Unterbeschäftigung – erreicht ist. Der Reallohn ist auf (ℓ_1 / P_1) gestiegen, das Beschäftigungsvolumen von A_0 auf A_1 zurückgegangen.

Das gesamtwirtschaftliche Angebot reagiert nach der zweiten Variante also in gewissem Umfang preiselastisch. Bei einem (Wieder-) Anstieg könnte sich dementsprechend ein positiver Zusammenhang zwischen Produktions- und Preisentwicklung ergeben – allerdings nur bis zur vollen Kapazitätsauslastung. (Vgl. aber Abb. XI.9).

2. Anomale Verhaltensweisen auf dem Geldmarkt und dem Gütermarkt

Wie bereits dargelegt, führt Keynes das Fehlen marktwirtschaftlicher Selbstheilungskräfte insbesondere auf in der Realität beobachtbare Preis- und Nominallohnrigiditäten zurück. In einer mehr theoretischen Analyse weist er aber auch auf zwei Extremfälle hin, bei deren Vorliegen selbst bei einer völligen Preis- und Nominallohnflexibilität das System nicht mehr zur Vollbeschäftigung zurückfände.

2.1 Vollkommen zinselastische Geldnachfrage („Liquiditätsfalle")

Im Falle einer vollkommen zinselastischen Geldnachfrage wird eine durch Preisniveausenkungen bedingte Erhöhung der realen Geldmenge ohne Zinssatzsenkung in der Spekulationskasse aufgenommen (*„Liquiditätsfalle"*). Ökonomisch steht dahinter die Vorstellung, dass die Wirtschaftssubjekte Geld anstelle von Wertpapieren halten wollen, weil sie aufgrund des niedrigen Marktzinssatzes mit einem Zinsanstieg in der Zukunft rechnen; im Falle von Wertpapierkäufen befürchten sie deshalb Kursverluste. Bei der „Liquiditätsfalle" verläuft die Geldnachfragefunktion parallel zur Abszisse.

Wie aus der Abb. XI.3 ersichtlich, führt ein Rückgang des Preisniveaus von P_0 auf P_1 zu keiner Zinssenkung, da die erhöhte reale Geldmenge voll in die spekulative Geldhaltung fließt. Zinssatzsenkende Wertpapierkäufe werden nicht getätigt. Im Bereich der vollkommen zinselastischen Geldnachfrage verläuft die gesamtwirtschaftliche Nachfragefunktion somit vertikal, also parallel zur Ordinate, da eine Preisniveausenkung keine Erhöhung der gesamtwirtschaftlichen Nachfrage nach sich zieht.

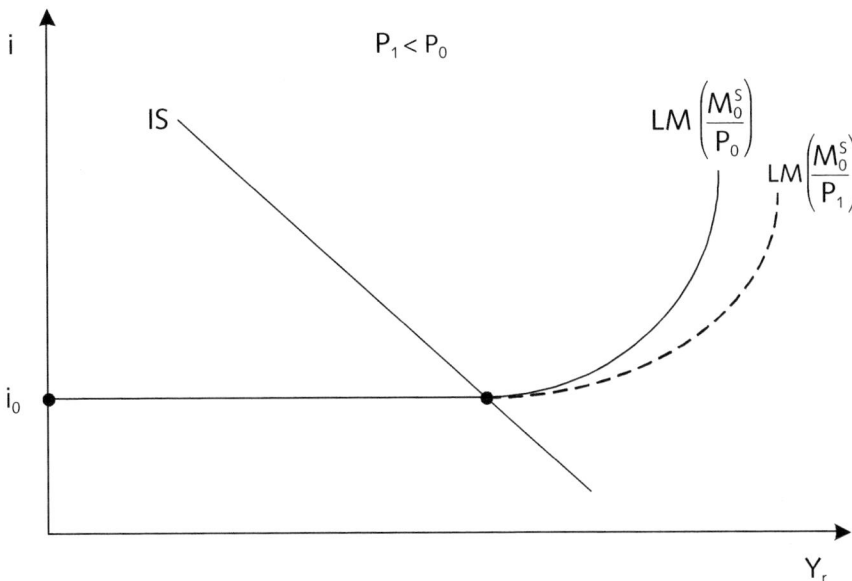

Abbildung XI.3

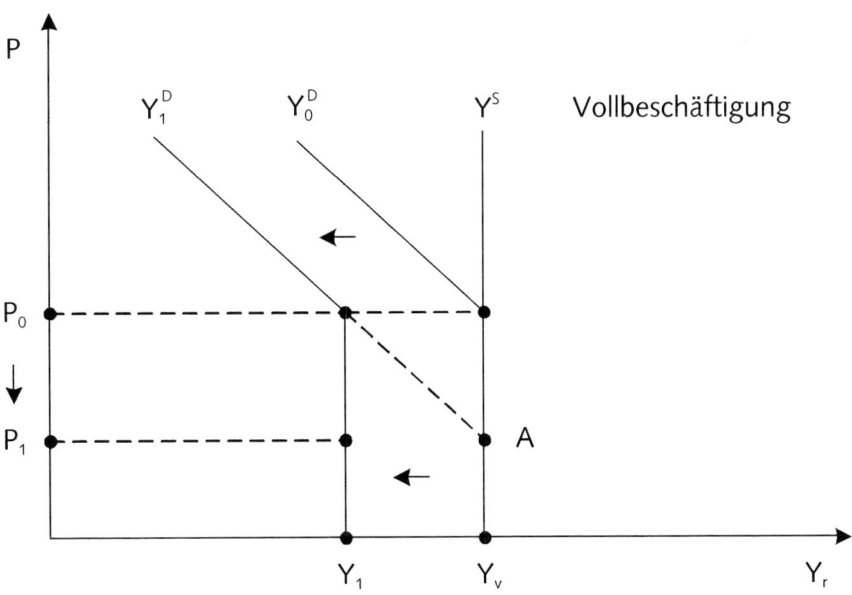

Abbildung XI.4

Kommt es nun – ausgehend von einem Vollbeschäftigungsgleichgewicht – zu einem Rückgang der gesamtwirtschaftlichen Nachfrage ($Y_0^D \to Y_1^D$), so führen Preisniveausenkungen, die von einem Rückgang des Nominallohnes flankiert werden, zwar zu einer Erhöhung der realen Geldmenge bei unverändertem Reallohn, jedoch wandert diese zusätzliche reale Geldmenge sofort in die Spekulationskasse, so dass ein Zins- und somit ein Nachfrageeffekt unterbleibt. Dies hat aber zur Folge, dass die Wirtschaft auch bei sinkenden Preisen und Nominallöhnen in der Unterbeschäftigungssituation (Y_1) verharrt. Wäre hingegen die Erhöhung der realen Geldmenge mit einer Zinssenkung und daher auch mit Nachfrageeffekten verknüpft gewesen, hätte sich das klassische Resultat eingestellt (Punkt A in Abb. XI.4).

2.2 Vollkommen zinsunelastische Investitionsgüternachfrage

Die Annahme einer vollkommen zinsunelastischen Investitionsgüternachfrage – unterhalb eines bestimmten Zinsniveaus – bedeutet, dass die Investitionsgüternachfrage nicht auf Zinssatzänderungen reagiert.

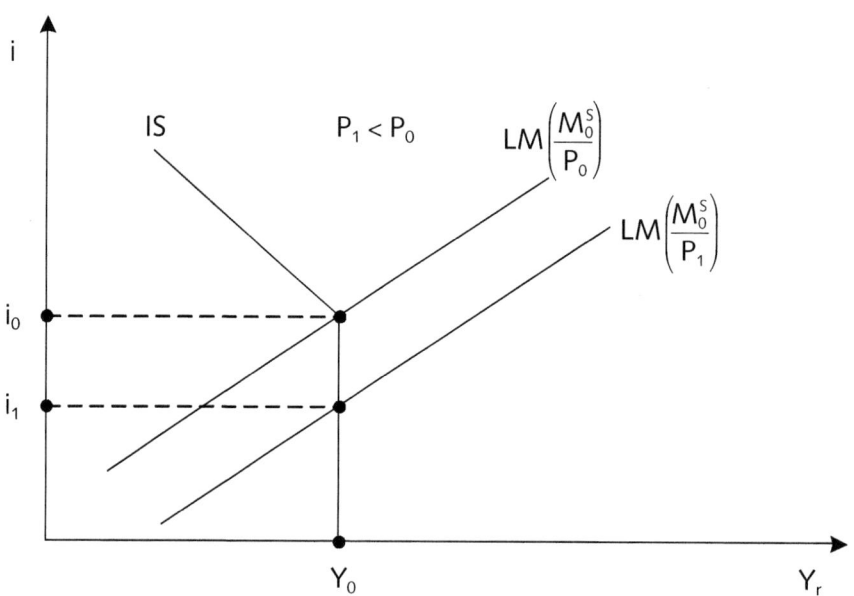

Abbildung XI.5

Wie aus obiger Abbildung ersichtlich, führt eine Verminderung des Zinssatzes von i_0 auf i_1 zu keiner Reaktion bei der Investitionsgüter- [$I(i_0) = I(i_1)$] und somit der gesamtwirtschaftlichen Nachfrage. Letztere verläuft folglich vertikal.

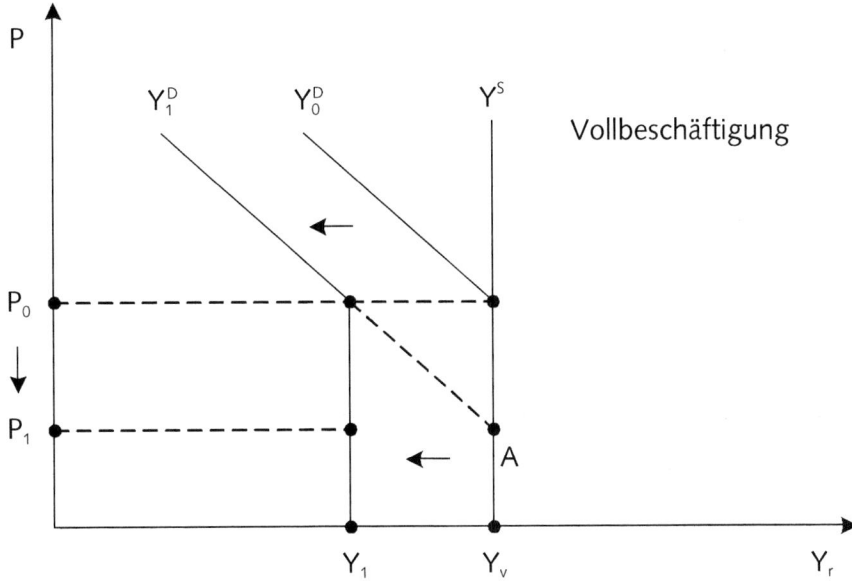

Abbildung XI.6

Kommt es – ausgehend von einer Vollbeschäftigungssituation – zu einem Rückgang der gesamtwirtschaftlichen Nachfrage ($Y_0^D \rightarrow Y_1^D$), so führen die Preisniveausenkungen zwar wiederum zu einer Erhöhung der realen Geldmenge und in diesem Fall auch zu Zinssatzsenkungen, jedoch haben diese wegen der vollkommen zinsunelastischen Investitionsgüternachfrage keinen Nachfrageeffekt. Auch hier verbleibt die Wirtschaft in einer Unterbeschäftigungssituation. Das klassische Resultat (Punkt A in Abb. XI.6) kommt nicht zustande.

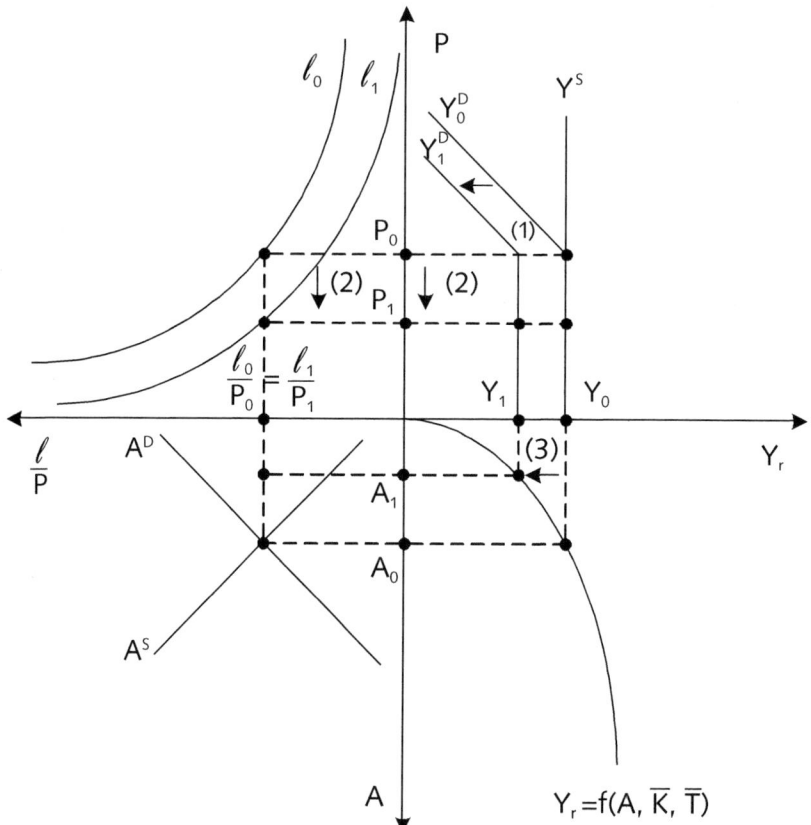

Abbildung XI.7

Wie aus dem Vier-Quadranten-Schema deutlich wird, führt ein Rückgang der gesamtwirtschaftlichen Nachfrage zunächst zu einer Linksverschiebung der gesamtwirtschaftlichen Nachfragefunktion [(1)]. Unterstellt man nun, dass die Unternehmen auf diesen Nachfragerückgang mit Preissenkungen reagieren, die von entsprechenden Nominallohnsenkungen begleitet werden [(2)], so führt dies zwar dazu, dass der Reallohn unverändert bleibt, so dass die Unternehmen nach wie vor ein Bruttoinlandsprodukt in Höhe von Y_0 anbieten wollen, jedoch bewirken die Preisniveausenkungen keine Erhöhung der gesamtwirtschaftlichen Nachfrage. Letztlich müssen die Unternehmen sich deshalb mit ihrer Produktion an die niedrige Nachfrage anpassen [(3)]. Dies bedeutet aber zugleich, dass die Nachfrage nach Arbeitskräften zurückgeht; es entsteht Unterbeschäftigung (A_1 in Abb. XI.7).

2.3 Zur Neoklassischen Kritik

An der These, bei Auftreten der keynesianischen Extremfälle komme es auch bei nach unten flexiblen Preisen und Nominallöhnen nicht mehr zu Vollbeschäftigung, setzt die Kritik *Pigous* an. Er geht davon aus, dass die private Konsumgüternachfrage nicht nur einkommens-, sondern auch vermögensabhängig ist. Wenn das Preisniveau sinkt, steigt der reale Wert der finanziellen Aktiva. Dieser Vermögenszuwachs macht das Sparen weniger „notwendig"; es sinkt. Die Preis- und Nominallohnsenkungen brauchen also nur lange genug anzuhalten, bis über steigendes Vermögen die Erhöhung der Konsumgüternachfrage (= sinkendes Sparen) wieder für Vollbeschäftigung sorgt (*Pigou-Effekt* bzw. *Realkasseneffekt*).

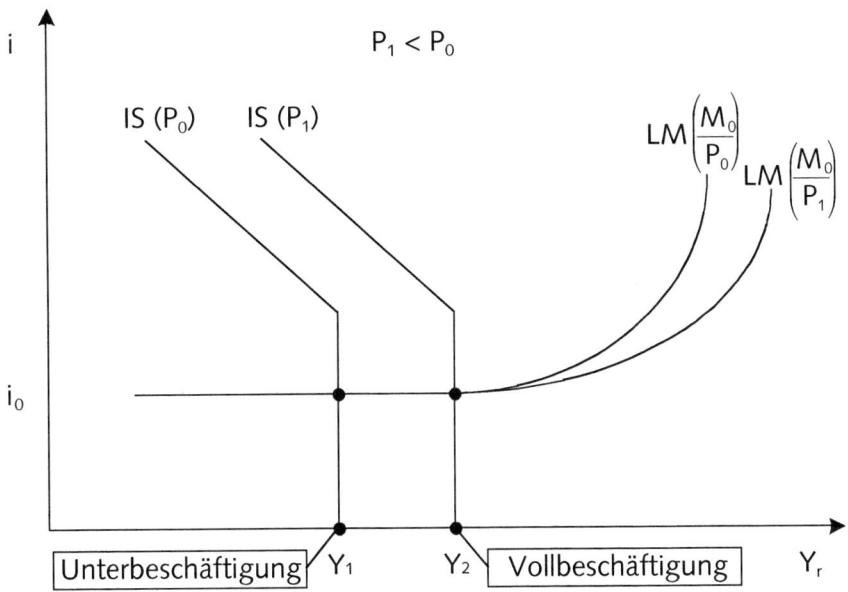

Abbildung XI.8

Obige Abbildung illustriert diesen Sachverhalt. Aufgrund der Preisniveausenkung verschiebt sich nach Pigou die LM-Kurve (Zunahme der realen Geldmenge) nach rechts, aber auch die IS-Kurve (Vermögensabhängigkeit des Konsums), und zwar solange, bis wieder Vollbeschäftigung erreicht ist.

Kritisch ist hierzu anzumerken, dass von Preisniveausenkungen zwar Gläubiger profitieren (der Realwert ihrer Forderung steigt), jedoch Schuldner die Verlierer sind. Gesamtwirtschaftlich kommt es somit nur dann zu den erwähnten Vermögenseffekten, wenn es Schuldner gibt, deren Ausgabenverhalten unabhängig von ihrer Schuldenlast ist. Zu denken wäre hier an die Gruppe der öffentlichen Haushalte. Der mögliche *Vermögenseffekt* wird durch die Beschränkung auf diese

Gruppe aber bereits beträchtlich reduziert. Ist zudem die Ausgabenneigung der Schuldner größer als die der Gläubiger, so kann per Saldo sogar ein negativer Effekt auf die Gesamtnachfrage ausgehen.

Ein anderer Kritikpunkt an Pigou ist darin zu sehen, dass die Wirtschaftssubjekte im Zuge eines anhaltenden Prozesses sinkender Güter- und Faktorpreise auf weitere Preissenkungen hoffen könnten und deshalb ihre Ausgaben zurückstellen (*„Attentismus"*), was negativ auf die Gesamtnachfrage wirkt. Dies sind aber gerade die Probleme, die mit einer *Deflation* und diese begründenden Deflationserwartungen in Verbindung gebracht werden. Alles in allem scheint es wirtschaftspolitisch also wenig ratsam, auf den Pigou-Effekt zu vertrauen.[119]

3. Wirtschaftspolitische Schlussfolgerungen zur Überwindung der Unterbeschäftigung

3.1 Vermeidung von Nominallohnsenkungen

Der Forderung, eine Unterbeschäftigungssituation mittels einer Senkung der Nominallöhne zu überwinden, tritt Keynes entgegen. Vielmehr befürchtet er sogar, dass in einer solchen Situation Nominallohnsenkungen depressionsverschärfend wirken könnten.[120] Dahinter steht die Überlegung, dass – ausgehend vom Unterbeschäftigungsgleichgewicht – ein Absinken des Nominallohnes zu einem Rückgang des Reallohnes führt, die Unternehmen aber auch bei einem niedrigeren Reallohn keine zusätzlichen Arbeitskräfte beschäftigen wollen, da sie befürchten, die Mehrproduktion nicht absetzen zu können. Bei unverändertem Arbeitsvolumen führt ein Rückgang des Reallohnes aber zu einer Verminderung der

---

[119] Das einschlägige wirtschaftspolitische Ziel lautet „Preisniveaustabilität". Dauerhafte Preisniveauerhöhungen, aber auch Preisniveausenkungen sollen vermieden werden.

[120] Aus der Ablehnung von Nominallohnsenkungen in der Rezession/Depression kann freilich nicht die von gewerkschaftlicher Seite häufig erhobene Forderung nach kräftigen Nominallohnerhöhungen hergeleitet werden (sog. *Kaufkrafttheorie des Lohnes*). Außer dem Einkommensabfluss an das Ausland für Importe und an den Staat für die erhöhte Abgaben- und Steuerschuld kann die Nachfragewirkung zusätzlich durch eine sinkende Konsumquote beschnitten werden. In einer Situation der Unterbeschäftigung dürften kräftige Lohnsteigerungen die Angst um den Arbeitsplatz und damit auch um die Einkommenssicherheit wachsen lassen. Das als permanent anzusehende Einkommen wäre nicht oder nur kaum gestiegen, so dass die Sparquote steigt. Fragwürdigen Nachfrage- und Beschäftigungserhöhungen stehen aber sicher auf betrieblicher Ebene Lohnkostensteigerungen gegenüber, die durch Personalabbau aufzufangen versucht werden. Bei Gleichschritt von Lohnsteigerungen und Produktivitätsfortschritt entspräche die Nachfragesteigerung (bestenfalls) gerade dem Produktionszuwachs je Arbeitskraft, würde also keine verstärkenden Impulse auf Produktion und Beschäftigung ausüben. Übersteigen die Lohn- bzw. Arbeitskosten den (verteilbaren) Produktivitätsfortschritt, ist (verstärkte) Arbeitslosigkeit die Folge – und die erhoffte Nachfragebelebung tritt auch deshalb nicht ein. Jedem Beschäftigungseinbruch ging in der Regel ein starker Anstieg der Löhne und der Lohnstückkosten voraus.

Reallohnsumme (ℓ/P $\cdot$ A), was eine verminderte Konsumgüternachfrage zur Folge haben kann. Zwar steigt – bei gegebenem Realeinkommen – andererseits das Gewinneinkommen; jedoch wird dies in einer Situation der Unterbeschäftigung (Arbeitslosigkeit und unausgelastete Kapazitäten) kaum zu einer verstärkten Investitionstätigkeit führen. Per Saldo kann daraus aber ein Rückgang der gesamtwirtschaftlichen Nachfrage resultieren, so dass Produktion und Beschäftigung weiter sinken.

3.2 Forderung nach einer expansiven Wirtschaftspolitik

Da aus keynesianischer Sicht marktwirtschaftliche Systeme aus sich selbst heraus keine Selbstheilungskräfte entwickeln, bleibt zur Überwindung der Arbeitslosigkeit nur der Rückgriff auf eine expansive Wirtschaftspolitik zur Erhöhung der gesamtwirtschaftlichen Nachfrage. Keynes und die Keynesianer präferieren hierbei die Fiskalpolitik, da sie von einer tendenziell zinselastischen Geldnachfrage bzw. zinsunelastischen Investitionsgüternachfrage ausgehen.

Eine expansive Geldpolitik führt unter diesen Umständen zu keiner Erhöhung der gesamtwirtschaftlichen Nachfrage und somit ebenfalls nicht zu einer Produktions- und Beschäftigungserhöhung. Nicht nur, dass wegen der von Keynesianern angenommenen hohen Zinselastizität der Geldnachfrage mit einer expansiven Geldpolitik nur eine geringe Zinssatzsenkung verbunden wäre, auch hätte diese Zinssatzsenkung aufgrund der zinsunelastischen Investitionsgüternachfrage kaum Nachfrageeffekte. Anders hingegen im Fall einer expansiven Fiskalpolitik. Hier kommt es unmittelbar und aufgrund der zinsunelastischen Investitionsgüternachfrage sogar zu einem nahezu ungebremsten Anstieg der volkswirtschaftlichen Gesamtnachfrage.

4. Probleme keynesianischer Nachfragesteuerung

Fraglich ist jedoch auch der Erfolg einer Nachfragebelebung durch expansive Wirtschaftspolitik. Löst diese über einen Anstieg des Preisniveaus Reallohnsenkungen aus, so wird diese Strategie zur Überwindung der Arbeitslosigkeit dann scheitern, wenn die bereits bislang Beschäftigten Reallohnsenkungen nicht hinzunehmen bereit sind.

Wie aus der Abb. XI.9 ersichtlich ist, führt – ausgehend von der Ausgangssituation P_0/Y_0 (Unterbeschäftigungsgleichgewicht) – eine expansive Geld- und Fiskalpolitik zwar zunächst zu einer Erhöhung der gesamtwirtschaftlichen Nachfrage ($Y_0^D \rightarrow Y_1^D$) und damit zu einem Preisniveauanstieg auf P_1, der über eine damit verbundene Senkung des Reallohnes wieder Vollbeschäftigung ermöglicht. Sind die bisher beschäftigten Arbeitnehmer jedoch nicht bereit, diese Reallohnsenkung hinzunehmen und gelingt es ihnen, über ihre Gewerkschaft eine Nominallohnerhöhung durchzusetzen, welche die Preisniveauerhöhung wieder ausgleicht ($\ell_0 \rightarrow \ell_1$), so werden die Unternehmen ihr Angebot wieder auf das Ausgangsniveau (Y_0) reduzieren. D.h., dass die Unternehmen beim Preisniveau P_1 nur Y_0 anbieten werden; graphisch findet dies Niederschlag in einer Verschiebung der gesamtwirtschaftlichen Angebotsfunktion nach oben. Wie man sieht, herrscht in der neuen Situation wieder ein Nachfrageüberhang am Gütermarkt vor (bei $\ell_1 / P_1 : Y^D > Y^S$), was Preisniveauerhöhungen auslöst, und zwar hier bis auf P_2. Im Zuge dieses Prozesses kommt es einerseits zu einem weiteren Rückgang der Nachfrage, andererseits aber wiederum zu einem Rückgang des Reallohnes. Nehmen dies die Arbeitnehmer wiederum nicht hin, so kommt es erneut zu Nominallohnerhöhungen ($\ell_1 \rightarrow \ell_2$), mit den oben bereits dargelegten Folgewirkungen. Es zeigt sich also, dass der ursprünglich expansive Nachfrageeffekt im Zuge dieses Prozesses über Preis- und Nominallohnerhöhungen wieder verpufft. Letztlich wird sich daher das gesamtwirtschaftliche Angebot wieder bei Y_0 einstellen; Unterbeschäftigung kann also nicht überwunden werden, wenn die Arbeitnehmer auf ihrem ursprünglichen Reallohnniveau (ℓ_0 / P_0) beharren und dies auch durchzusetzen vermögen.[121]

---

[121] Dass mit der Durchsetzung vollbeschäftigungswidriger Lohnerhöhungen zu rechnen ist, vermag die – oben bereits skizzierte – Insider-Outsider-Theorie zu erklären. Danach haben Insider (Beschäftigte) beispielsweise wegen ihrer betriebsspezifischen Kenntnisse oder auch wegen besonderer gewerkschaftlicher Unterstützung gegenüber den Outsidern (Arbeitslose) einen Machtvorsprung, der ihnen Lohnsteigerungen auf Kosten der Arbeitslosen ermöglicht.

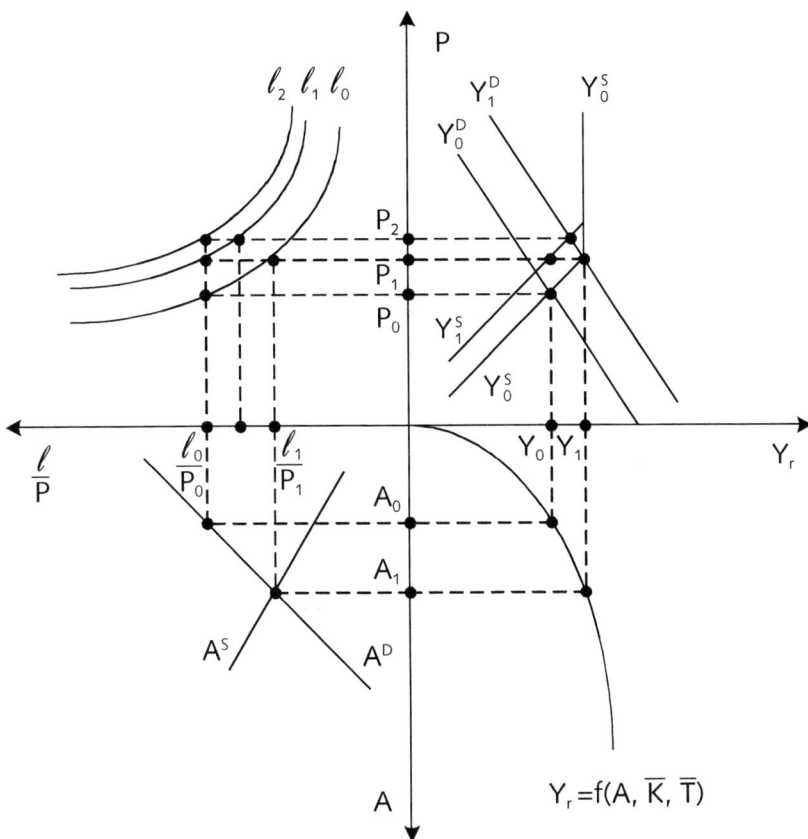

Abbildung XI.9

Die zuletzt angeschnittene Problematik enthält eine Fragestellung, die insbesondere seit den 70er und 80er Jahren des letzten Jahrhunderts Gegenstand umfangreicher wirtschaftstheoretischer und wirtschaftspolitischer Kontroversen ist, nämlich die Frage nach der Wirksamkeit der Wirtschaftspolitik überhaupt. Hier können nur ein paar knappe Hinweise auf diese Diskussion gegeben werden.

Wenn die Beschäftigten nicht zu Reallohnkonzessionen bereit sind, kann eine Verringerung der Arbeitslosigkeit nur durch ständige inflatorische Effekte expansiver Wirtschaftspolitik erzielt werden. Fraglich ist dann allerdings, ob eine derartige Strategie lange Zeit durchgehalten werden kann oder ob etwa aus Verteilungsrücksichten oder wegen außenwirtschaftlicher Probleme auf einen restriktiven Kurs umgeschaltet werden muss. Die zeitweilige Verringerung der Arbeitslosigkeit wird dann abgelöst durch eine *Stabilisierungskrise* mit einem Beschäftigungseinbruch, der nur allmählich überwunden werden kann. Auf diese Diskussion, die sich um die (modifizierte) Phillips-Kurve rankt, wird im Inflationskapitel (XIII) noch näher eingegangen.

Die sog. *Neue (klassische) Makroökonomik* geht noch einen deutlichen Schritt weiter, indem sie für den oben geschilderten Fall auch die temporäre Wirksamkeit der Wirtschaftspolitik bestreitet. Kernstück der Neuen (klassischen) Makroökonomik ist die Theorie der *rationalen Erwartungen*. Vertreter dieser Theorie üben Kritik an dem traditionellen Ansatz *adaptiver Erwartungsbildung*, wonach die Wirtschaftssubjekte bei ihren Plänen und Entscheidungen nur vergangenheitsbezogene Informationen berücksichtigen. In einer sich ständig ändernden Welt sei es irrational, in die Zukunft reichende Informationen zu ignorieren. Die Wirtschaftssubjekte würden vielmehr in ihrem ökonomischen Kalkül zukunftsorientierte Informationen einbeziehen. Wendet man diese Überlegungen auf die Frage nach der Wirksamkeit der oben geschilderten expansiven Wirtschaftspolitik an, so kommt man zu folgendem Ergebnis: Wenn Nominallohnerhöhungen zum wiederholten Male durch eine inflationär wirkende expansive Wirtschaftspolitik entwertet werden, lassen sich die Wirtschaftssubjekte nicht mehr täuschen. Anfängliche Prognosefehler bezüglich der inflationären Effekte einer expansiven Wirtschaftspolitik treten dann nicht mehr auf. Die Wirkungen dieser Politik werden antizipiert und schon zu Beginn der expansiven Wirtschaftspolitik in entsprechende Lohnforderungen umgesetzt. Die temporäre Reallohnsenkung unterbleibt und damit auch die entsprechende Verringerung der Arbeitslosigkeit.

5. Produktivitätswachstum und Beschäftigung im gesamtwirtschaftlichen Zusammenhang

Wenn Reallohnsenkungen, sei es durch Nominallohnsenkungen oder sei es durch inflatorisch wirkende Nachfragesteigerungen, kein Erfolg versprechender Weg zur Beschäftigungserhöhung sind, so besagt dies nicht, dass die Lohnpolitik keinen wichtigen Beschäftigungsbeitrag zu leisten in der Lage ist. Allerdings ist hierbei von einer dynamischen Wirtschaft auszugehen, die typischerweise durch Produktivitätsfortschritte gekennzeichnet ist. Positive Beschäftigungseffekte ergeben sich dann, wenn der Produktivitätsfortschritt nicht (voll) in Reallohnerhöhungen weitergegeben wird. Dieser Fall ist in der folgenden Abbildung illustriert.

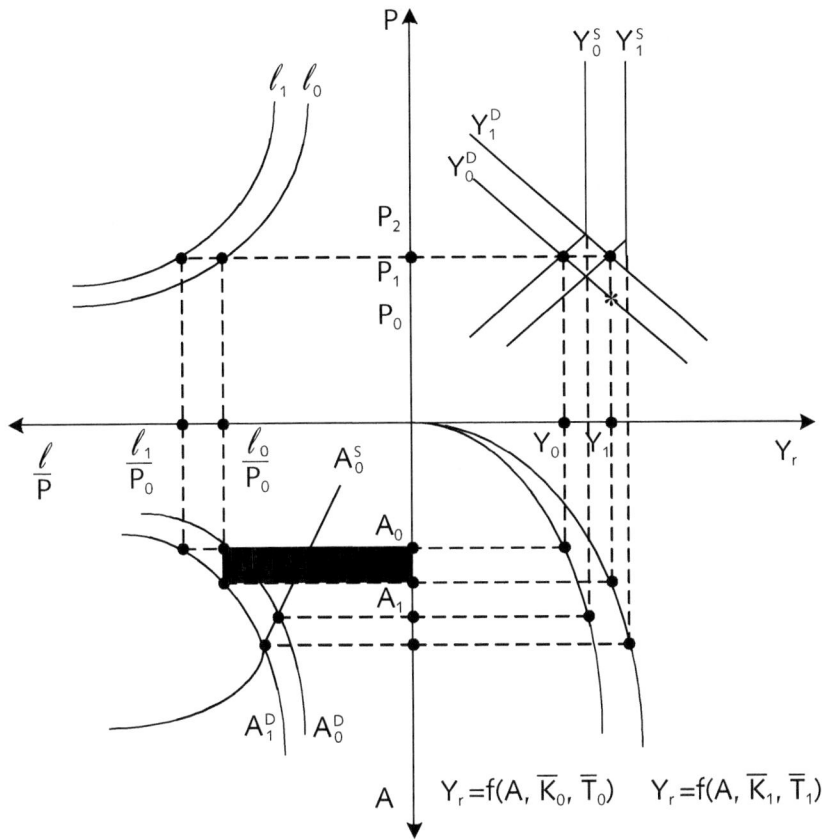

Abbildung XI.10

In der Ausgangssituation herrscht ein Unterbeschäftigungsgleichgewicht. Durch Erhöhung des Kapitalstocks ($K_0 \to K_1$) und/oder durch technischen Fortschritt ($T_0 \to T_1$) steigt die Arbeitsproduktivität. Dies schlägt sich in einer Verschiebung der Produktionsfunktion und der Arbeitsnachfragefunktion nieder. Beim alten Reallohn ℓ_0/P_0 erhöht sich die Arbeitsnachfrage auf A_1. Bei dieser Beschäftigung ergäbe sich eine Produktion von Y_1. Bei den alten Nachfragebedingungen (Y_0^D) müssten nun Preisniveau und Nominallohnniveau sinken bis über den Anstieg der realen Geldmenge die Beschäftigungserhöhung sichergestellt ist (siehe *).

Diese – wenig realistischen – Preisniveau- und Nominallohnsenkungen sind jedoch nicht erforderlich. Da die Geldpolitik etwa des Eurosystems keine Preisniveausenkungen, sondern Preisniveaustabilität anstrebt, kann davon ausgegangen werden, dass die monetäre Alimentierung der zur Realisierung von Y_1 erforderlichen Nachfrageerhöhung sichergestellt wird. Eine Nachfragesteigerung ist im vorliegenden Falle schon einfach deshalb zu erwarten, weil bei gleich bleibendem Reallohn (ℓ_0/P_0) und erhöhter Beschäftigung ($A_0 \rightarrow A_1$) die Reallohnsumme steigt (schwarze Fläche im 3. Quadranten), die zur Erhöhung der konsumtiven Nachfrage der Arbeitnehmerhaushalte führt. Hinzu kommt, dass die Gewinne der Unternehmen zunehmen, wodurch die Nachfrage der Unternehmen angeregt wird (Investitionen, Konsumgüternachfrage der Unternehmerhaushalte). Der Verzicht auf die Ausschöpfung der Produktivitätssteigerung durch Nominallohnerhöhungen verbessert zudem über sinkende Lohnstückkosten die internationale Wettbewerbsfähigkeit, so dass eine Stimulierung der Gesamtnachfrage auch in Form einer Erhöhung des Außenbeitrags erfolgen könnte.

In dem skizzierten Beispiel wurde der Reallohn konstant gehalten und der Produktivitätsfortschritt voll zur Beschäftigungserhöhung genutzt. Der andere Extremfall wäre, dass die Reallöhne dem Produktivitätswachstum entsprechend erhöht würden (ℓ_1/P_0); die Beschäftigungssituation bliebe unverändert. Hieraus wird ersichtlich, dass die Arbeitslosigkeit nur verringert werden kann, wenn die Reallohnentwicklung hinter der Produktivitätsentwicklung zurückbleibt.[122]

Mit der Erhöhung der Arbeitsnachfrage steigt der Gleichgewichtsreallohn und damit auch das Arbeitsangebot. Hierdurch wird vom Arbeitsmarkt her die Ausdehnung des Produktionspotentials ($Y_0^S \rightarrow Y_1^S$) ermöglicht. Die neue Beschäftigung ist zwar im Falle des hinter dem Produktivitätsforschritt zurückbleibenden Reallohnanstiegs gestiegen, sie liegt aber weiterhin unterhalb der Beschäftigung bei Gleichgewicht am Arbeitsmarkt. Es ist jedoch zu bedenken, dass das Arbeitsangebot nicht „uferlos" ansteigen kann. Mit zunehmender Erschöpfung von Möglichkeiten etwa der Arbeitszeitverlängerung oder der Erhöhung der Erwerbsbeteiligung geht der Verlauf der Arbeitsangebotskurve in horizontale Richtung. Doch auch für den Bereich des preiselastischen Arbeitsangebots ist zu berücksichtigen, dass „zurückhaltende" Lohnpolitik zur Beschäftigungserhöhung führt.

---

[122] Die zu berücksichtigende Produktivitätsentwicklung kann nur die sein, die sich unabhängig von der Lohnentwicklung einstellt. Wenn durch Lohnsteigerungen der Arbeitskräfteeinsatz im Produktionsprozess verringert wird und hierdurch die Arbeitsproduktivität rechnerisch steigt, kann - wenn Arbeitslosigkeit bekämpft werden soll - dieser (ex post) Produktivitätsfortschritt nicht nochmals lohnpolitisch verteilt werden.

Kapitel XII
Makroökonomische Totalanalyse III:
AS-AD-Modell mit nicht-klassischem Arbeitsmarkt

In den vorangegangenen Kapiteln haben wir schon verschiedentlich mit Blick auf die Realität Abstriche an der Gültigkeit des Wettbewerbsmodells des Arbeitsmarktes gemacht. Die in der Realität beobachtbaren „Unvollkommenheiten" haben dazu geführt, ein alternatives Arbeitsmarktmodell zu entwickeln, das der jeweiligen Verhandlungsmacht von Arbeitgebern und Arbeitnehmern und der Preissetzungsmacht von Unternehmen Rechnung trägt.[123] Darauf aufbauend und unter Berücksichtigung von Erwartungen wird schließlich ein gesamtwirtschaftliches Angebotsverhalten abgeleitet, das insbesondere kurzfristig erhebliche Unterschiede zu dem des klassischen Wettbewerbsmodells aufweist.

1. Preis- und Lohnsetzung am Güter- und Arbeitsmarkt

In der Realität haben wir nicht selten deutliche Abweichungen von den Modellvorstellungen wettbewerbsinduzierter perfekter Preisflexibilitäten und strenger Marginalkalküle bei vollkommener Konkurrenz. Einzelne Unternehmen als Arbeitsnachfrager oder Verbände der Arbeitgeber einerseits und der Arbeitnehmer (Gewerkschaften) andererseits sind nicht einfach Anpasser an wettbewerbliche Marktbedingungen, sondern üben mehr oder weniger Marktmacht aus. Die klassische Nachfragefunktion nach Arbeit, die wir in Kapitel IX hergeleitet haben, zeigt das Beschäftigungsniveau bei einem gegebenen Reallohn. Die Unternehmen passen sich mit ihrer Nachfrage nach Arbeit an diesen Reallohn an. Diese Nachfragefunktion nach Arbeit basiert also auf der Annahme, dass die Unternehmen auf wettbewerblichen Güter- und Arbeitsmärkten operieren und Nominallöhne und Preise, somit den Reallohn, als gegeben betrachten. Im Gegensatz dazu wird in den folgenden Ausführungen berücksichtigt, dass die Unternehmen auf vielen Märkten die Preise setzen,[124] was in der Preissetzungsgleichung zum Ausdruck kommt. Auseinandersetzungen zwischen den Arbeitnehmern und Ar-

---

[123] Grundlegend hierfür R. Layard, S. Nickell, R. Jackman, Unemployment. Macroeconomic Performance and the Labour Market, 2. Aufl., Oxford 2005, Kapitel 1. Siehe auch O. Blanchard, Macroeconomics, 4. Auflage, Upper Saddle River 2005, Kapitel 6 und 7 sowie G. Chamberlin, L. Yueh, Macroeconomics, London 2006, Kapitel 8.

[124] Zu empirischen Anhaltspunkten siehe Deutsche Bundesbank, Zum Preissetzungsverhalten in Deutschland, Monatsbericht Dezember 2005, 57. Jahrgang, Nr. 12, S. 15–28. Siehe auch EZB, Das Preissetzungsverhalten im Euro-Währungsgebiet, Monatsbericht November 2005, S. 67–80.

beitgebern oder deren Verbänden bzw. die Lohnsetzung durch die Unternehmen (Effizienzlohn) finden in der Lohnsetzungsgleichung ihren Niederschlag. Diese Änderungen bedeuten nicht nur, dass das oben erörterte *klassische Arbeitsmarktmodell* in wesentlichen Punkten zu modifizieren ist, sondern es ist – wie später noch zu zeigen sein wird – in der kurzen Frist mit einem anderen Angebotsverhalten als in der langen Frist zu rechnen.

Geht man anstatt von der wettbewerblichen Grenzkosten-Preisbildung von einer Aufschlagskalkulation aus, ergibt sich für das Preisniveau (P)

$$(1) \qquad P = \frac{\ell}{\Omega}(1 + \gamma)$$

ℓ ist der Nominallohn, Ω die durchschnittliche Arbeitsproduktivität (Output pro Arbeitseinheit) und ℓ/Ω stellen somit die Lohnstückkosten dar. γ ist ein bestimmter Aufschlagssatz auf die Lohnstückkosten, mit dem die Nicht-Lohnkosten und der Gewinn abgedeckt werden. Für den Reallohn ℓ/P gilt mithin

$$(2) \qquad \frac{\ell}{P} = \frac{\Omega}{1 + \gamma}$$

Der Aufschlagssatz γ ist – bei gegebenen Nicht-Lohnkosten – maßgeblich bestimmt durch das Ausmaß des Wettbewerbsdrucks auf den Produktmärkten. Je mehr Wettbewerb auf einem Markt herrscht, umso niedriger wird γ sein. Bei vollkommener Konkurrenz und Arbeit als einzigem variablen Faktor beträgt γ null, d. h. der Preis entspricht den Grenzkosten. Eine wichtige Bedeutung kommt der staatlichen Wettbewerbspolitik zu. Wenn die Unternehmen etwa infolge geringeren Wettbewerbsdrucks den Gewinnaufschlag erhöhen oder gestiegene Nicht-Lohnkosten (z. B. Rohstoffkosten, Mehrwertsteuer) in ihren Produktpreisen weitergeben, steigt das Preisniveau und der Reallohn sinkt. Aber auch wenn die Nominallöhne stärker als die Produktivität steigen, kommt es über steigende Lohnstückkosten zu steigenden Preisen.

Das Pendant zur obigen Preissetzungsgleichung ist die Lohnsetzungsgleichung.

$$(3) \qquad \ell = P^e f(u,z) \text{ bzw. } \frac{\ell}{P^e} = f(u,z) \text{ }^{125}$$

Der Nominallohn hängt demnach vom erwarteten Preisniveau (P^e), von der Arbeitslosenquote (u) und von sonstigen Variablen ab, die in z zusammengefasst werden.

Das erwartete Preisniveau ist entscheidend, weil Arbeitnehmer und Arbeitgeber sich am Reallohn orientieren und die Lohnvereinbarungen für einen bestimmten zukünftigen Zeitraum, z. B. ein Jahr, abgeschlossen werden. Für Arbeitnehmer ist

---

[125] Eine gesonderte Berücksichtigung der Arbeitsproduktivität ist nicht erforderlich, da sie nach Gleichung (1) in P eingeht und die Entwicklung von P wiederum P^e bestimmt.

nicht ausschlaggebend, wie viel Euro sie während dieser Zeit erhalten, sondern wie viele Güter sie dafür kaufen können. Für die Unternehmen zählt nicht der Nominallohn an sich, sondern das Verhältnis von Nominallohn zu den Preisen, die sie für ihre Produkte erhalten. Die Orientierung am erwarteten Preisniveau soll also einen bestimmten Reallohn sichern. Werden höhere Preise erwartet, so werden die Arbeitnehmer höhere Löhne fordern; die Unternehmen werden unter solchen Umständen aber auch bereit sein, höhere Löhne zu zahlen, da sie mit höheren Verkaufspreisen rechnen.

Die Arbeitslosenquote reflektiert hier die jeweilige Verhandlungsposition von Arbeitnehmern und Arbeitgebern. Bei niedriger Arbeitslosenquote können die Arbeitnehmer höhere Löhne durchsetzen als bei hoher Arbeitslosigkeit. Je niedriger die Arbeitslosigkeit ist, umso leichter ist es, eine neue Stelle zu finden, wodurch die Verhandlungsposition der Arbeitnehmer gestärkt wird. Aus Sicht der Unternehmen sollen Lohnanreize die Motivation und Produktivität der Arbeitnehmer erhöhen und auf einen Verbleib im Unternehmen hinwirken (siehe *Effizienzlohntheorie*). Um Kündigungen und damit verbundene Fluktuationskosten zu vermeiden, werden die Unternehmen daher bei geringer Arbeitslosigkeit von sich aus höhere Löhne zahlen als bei hoher Arbeitslosigkeit. Auf jeden Fall muss der Reallohn über dem *Reservationslohn* liegen, also dem Lohn, bei dem es aus Sicht der Arbeitnehmer keinen Unterschied macht, ob sie arbeiten oder nicht arbeiten, also arbeitslos sind. Der Reservationslohn der Arbeitnehmer wird dabei maßgeblich von den Lohnersatzleistungen bestimmt, also den Zahlungen, die der Staat bei Nicht-Arbeit leistet. Solche Zahlungen beeinflussen mithin die Opportunitätskosten der Arbeit und sind Bestandteil der Sammelvariablen z.

Mit z werden Faktoren erfasst, die neben P^e und u die Lohnforderungen beeinflussen. Es lassen sich hier zwei Gruppen unterscheiden:

- Faktoren, die die Verhandlungsmacht der Arbeitnehmer beeinflussen. Kollektive Lohnverhandlungen durch Gewerkschaften anstelle von Einzelverhandlungen von Arbeitnehmern bzw. Gesetze zum Schutz der Arbeitnehmer (z. B. Kündigungsschutzgesetze) können hier als Beispiel genannt werden. Kollektive Lohnverhandlungen erhöhen das Drohpotential (z. B. über gewerkschaftlich organisierte Streiks) der Arbeitnehmer und erhöhen so genauso wie etwa die Einführung von Mindestlöhnen die Verhandlungsmacht der Arbeitnehmer.

- Faktoren, die die Opportunitätskosten des Arbeitens verändern. Bei einer Anhebung bzw. Verlängerung der Bezugsdauer des Arbeitslosengeldes etwa steigen die Opportunitätskosten der Arbeit.

Steigende Opportunitätskosten der Arbeit bzw. eine Zunahme der Verhandlungsmacht der Arbeitnehmer führen zu einem Anstieg von z, d. h. zu höheren Lohnforderungen.

Gehen wir zunächst zur Vereinfachung davon aus, dass das aktuelle Preisniveau (P) dem erwarteten (P^e) entspricht. Dann folgt aus (3):

(4) $\ell = P f(u,z)$ bzw. $\dfrac{\ell}{P} = f(u,z)$

Aus den vorstehenden Überlegungen lässt sich eine Gleichgewichtssituation am Arbeitsmarkt bei einem bestimmten Reallohnniveau herleiten (Abb. XII.1).

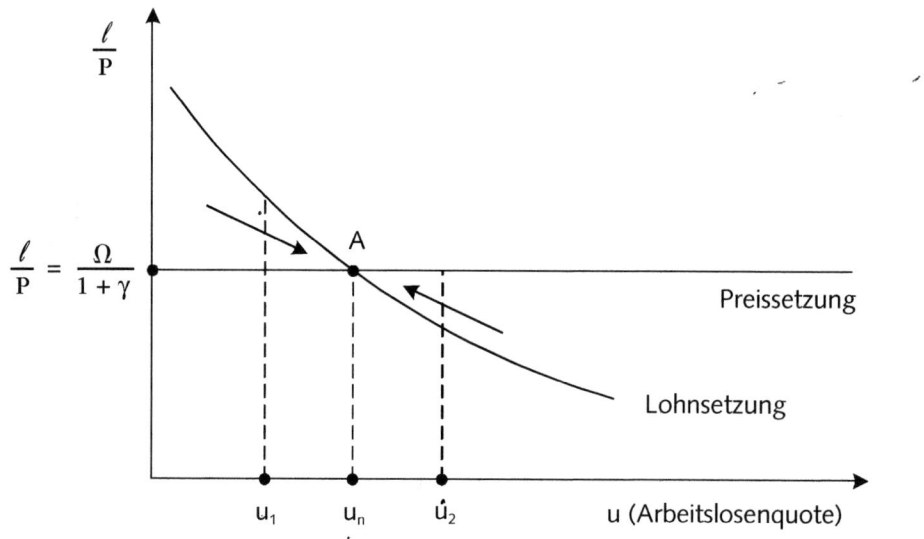

Abbildung XII.1

Der fallende Verlauf der Lohnsetzungskurve gibt die Vorstellung wieder, dass die Machtposition der Arbeitnehmer negativ von der Höhe der Arbeitslosenquote abhängt.

Die Preisbestimmung erfolgt nach dem oben erwähnten Aufschlagskalkül und ist von der Arbeitslosenquote unabhängig.[126] Je größer die Marktmacht auf den Gütermärkten ist und je höher deshalb der Aufschlagssatz γ ausfällt, desto höher ist das Preisniveau, so dass der Reallohn sinkt. Die Preissetzungsgerade würde nach unten verschoben.

Im Punkt A befindet sich der Arbeitsmarkt im Gleichgewicht. Hier entspricht der durch die Preisbestimmungsmacht der Unternehmen implizierte Reallohn dem

---

[126] Dem horizontalen Verlauf der Preissetzungskurve liegt die vereinfachende Annahme eines konstanten Grenzprodukts der Arbeit zugrunde. Würde man wie in der vorangegangenen Arbeitsmarktanalyse bei abnehmender Beschäftigung (= Zunahme der Arbeitslosigkeit) von steigender Grenzproduktivität der Arbeit ausgehen, würde die Preissetzungskurve einen steigenden Verlauf annehmen.

aufgrund der Lohnsetzungsmacht von den Arbeitnehmern geforderten Reallohn. Die sich im Gleichgewicht einstellende Arbeitslosenquote (u_n) wird auch als natürliche Arbeitslosenquote bezeichnet. Die *natürliche Arbeitslosenquote* ist dadurch gekennzeichnet, dass kein Druck besteht, die Nominallöhne zu ändern. Da die Preise wiederum mittels einer Aufschlagskalkulation ermittelt werden, besteht dann folglich auch kein Preisdruck. Nominallohn- und Preisdruck besteht hingegen, wenn die Arbeitslosenquote von der natürlichen Arbeitslosenquote abweicht.[127]

Bewegt sich die Arbeitslosenquote unter ihrem natürlichen Niveau ($u_1 < u_n$), so liegt der von den Arbeitnehmern gesetzte Reallohn über dem Reallohn, den die Unternehmen zu zahlen bereit bzw. in der Lage sind. Die Unternehmen werden die Beschäftigung verringern. Steigende Arbeitslosigkeit führt zu sinkenden Reallohnforderungen, so dass die geforderten Nominallöhne sinken.

Liegt die Arbeitslosenquote über ihrem natürlichen Niveau ($u_2 > u_n$), kommt es zu umgekehrten Reaktionen. Da Arbeit relativ billig ist, werden die Unternehmen mehr Arbeitskräfte nachfragen, so dass die Arbeitslosenquote sinkt bis $u = u_n$ gilt. Eine sinkende Arbeitslosenquote führt zu höheren Nominallöhnen, so dass der Reallohn steigt.

Die natürliche oder gleichgewichtige Arbeitslosenquote ist nicht im Sinne einer unabänderlichen naturgesetzlichen Konstante misszuverstehen, sondern ergibt sich – im Vergleich zur Modellwelt vollständiger Konkurrenz – aus den Marktunvollkommenheiten der realen Welt. Sie kann durch wirtschaftspolitische Maßnahmen beeinflusst werden. So führt etwa eine Erhöhung der Arbeitslosenunterstützung bzw. eine Verlängerung der Bezugsdauer der Arbeitslosenunterstützung zu steigenden Opportunitätskosten der Arbeit, und es kommt zu einer Verschiebung der Lohnsetzungskurve nach oben, d. h. die „natürliche Arbeitslosenquote" nimmt zu. Andererseits führt eine weniger strikte Wettbewerbspolitik zu einem Nachlassen des Wettbewerbs, wodurch der Aufschlagssatz γ steigt. Dadurch verschiebt sich die Preissetzungsgerade nach unten und es kommt ebenfalls zu einem Anstieg der „natürlichen Arbeitslosenquote". Dies heißt aber im Umkehrschluss auch, dass sie durch eine Wettbewerbsintensivierung auf den Gütermärkten und durch Flexibilität fördernde Institutionen auf den Arbeitsmärkten durchaus reduzierbar ist. Das Adjektiv „natürlich", welches suggeriert, etwas sei von Natur her gegeben, ist insofern also unglücklich gewählt, da es in der Hand der (wirtschafts-) politischen Akteure liegt, die „natürliche" Arbeitslosenquote zu verändern. Besser wäre es hier wohl von „struktureller Arbeitslosigkeit" zu sprechen.

Von der Produktionsfunktion ist der positive Zusammenhang zwischen Produktion und Beschäftigung bekannt. Wenn sich auf dem Arbeitsmarkt eine *„natürli-*

---

[127] Wir stellen hier auf Zusammenhänge zwischen Arbeitslosenquote und Preis**niveau** ab. Die (natürliche) Arbeitslosenquote, die die Inflations**rate** unverändert lässt, wird als *NAIRU (nonaccelerating inflation rate of unemployment)* bezeichnet.

che" (= gleichgewichtige) *Arbeitslosenquote* eingespielt hat, entspricht dieser ein *„natürliches"* (= gleichgewichtiges) *Produktionsniveau* (Y_n): Bleibt die tatsächliche Produktion hinter der gleichgewichtigen zurück – wie in einer Rezession –, besteht eine *Outputlücke*. Die Arbeitslosenquote steigt über ihr „natürliches" Niveau. Übersteigt die Produktion ihren gleichgewichtigen Wert, sinkt die Arbeitslosenquote unter die natürliche Rate. Bei der natürlichen Arbeitslosenquote gibt es keine Outputlücke.

Der vorstehende Zusammenhang lässt sich selbstverständlich auch durch die positive Beziehung zwischen Produktion und Beschäftigung beschreiben. Da die Zahl der Arbeitslosen (AL) als Differenz zwischen der Zahl der Erwerbspersonen (EP) und der der Beschäftigten (B) definiert ist, müssen sich die Arbeitslosenquote u (AL/EP) und die Beschäftigtenquote (B/EP) zu 1 addieren. Die Beschäftigtenquote beträgt mithin 1–u bzw. die *„natürliche" Beschäftigtenquote* $1-u_n$. Die Lohnsetzungskurve beschreibt dann einen positiven Zusammenhang zwischen Reallohn und Beschäftigtenquote (Abb. XII.2).

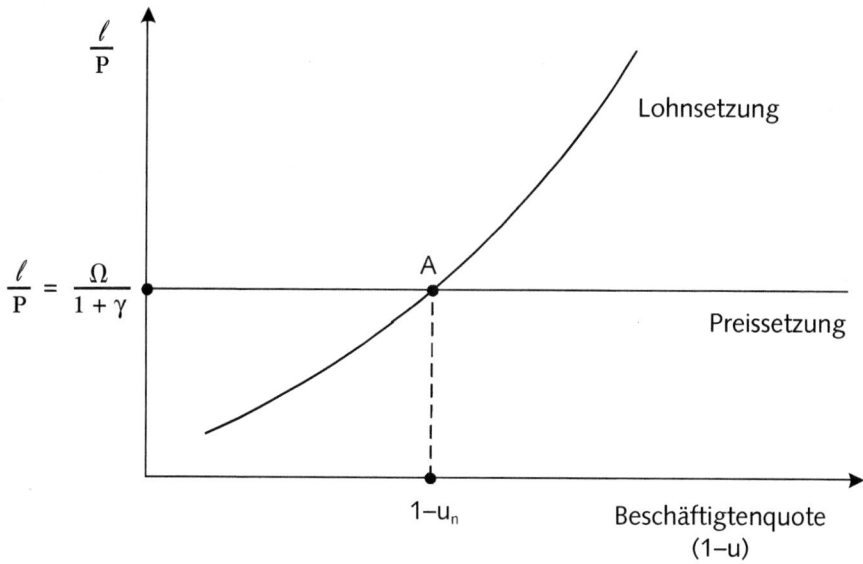

Abbildung XII.2

Würde man wie in der traditionellen Arbeitsmarkttheorie mit zunehmender Beschäftigung sinkende Grenzproduktivitäten der Arbeit unterstellen, hätte die Preissetzungskurve einen fallenden Verlauf. Dahinter steht die Idee, dass über sinkende Grenzproduktivitäten auch die durchschnittliche Arbeitsproduktivität sinkt. Dies führt zu steigenden Lohnstückkosten, die bei einem gegebenen Aufschlagsfaktor γ steigende Preise und damit sinkende Reallöhne bewirken.

Als Begründung für sinkende Grenzproduktivitäten finden sich im Wesentlichen zwei Argumente. Zum einen ist zu bedenken, dass die Arbeit nicht homogen ist, da die Ausstattung mit Humankapital unterschiedlich ist. Eine steigende Beschäftigung würde zur Einstellung von Arbeitskräften mit zunehmend geringerem Humankapital und damit sinkender Produktivität führen. Zum anderen lässt sich argumentieren, dass (zumindest kurzfristig) die Sachkapitalausstattung gegeben ist. Bei steigender Beschäftigung sinkt daher die Sachkapitalausstattung je Arbeitnehmer, wodurch die Arbeitsproduktivität sinkt. Aber auch wenn man dieser Argumentation folgt, gibt es gute Argumente für eine waagrechte Preissetzungsgerade. So können Unternehmen versuchen, häufige Preisveränderungen in Sinne des Aufbaus langfristiger Kundenbeziehungen und -bindungen zu vermeiden. Produktivitätsschwankungen schlagen sich dann in entsprechenden Änderungen des Aufschlagsfaktors nieder.

Ein Arbeitsmarktdiagramm mit steigender Lohnsetzungs- und fallender Preissetzungskurve würde äußerlich dem Verlauf von Arbeitsangebot und Arbeitsnachfrage in der traditionellen, klassischen Darstellung des Arbeitsmarktes entsprechen. Trotz dieser äußerlichen Verwandtschaft bestehen vom Verständnis her aber wesentliche Unterschiede. So ist die Lohnsetzungskurve Niederschlag von Auseinandersetzungen zwischen den Arbeitgebern und Arbeitnehmern bzw. der Lohnsetzung durch die Unternehmen und nicht von individuellen Arbeitszeit-Freizeit-Abwägungen. Ebenso beinhaltet die Preissetzungskurve Marktmachtelemente auf den Güter- und Dienstleistungsmärkten statt reiner Anpassung der Arbeitsnachfrage an die Arbeitskosten.

In beiden Arbeitsmarktmodellen haben wir es mit Gleichgewichten zu tun. Es bestehen jedoch Unterschiede in der Größenordnung der Arbeitslosigkeit bzw. der Beschäftigung. Auch in der Gleichgewichtssituation des „klassischen" Arbeitsmarktes wird es Arbeitslose geben, nämlich solche Erwerbspersonen, die zu den Marktbedingungen nicht arbeiten wollen – vielleicht weil sie über Vermögenseinkommen verfügen – sog. *freiwillige Arbeitslosigkeit*. Daran ändert sich auch in dem neuen Arbeitsmarktmodell nichts. Es kommt jedoch eine Arbeitslosigkeit bzw. geringere Beschäftigung hinzu, die aus der Lohnsetzungs- und Preissetzungsmacht resultiert und aus der Sicht der einzelnen Arbeitnehmer unfreiwillig ist. Im Arbeitsmarktgleichgewicht, das durch die natürliche Arbeitslosenquote gekennzeichnet ist, liegt also auch *unfreiwillige Arbeitslosigkeit* vor.[128]

2. Das gesamtwirtschaftliche Angebot

Bei der Herleitung der natürlichen Arbeitslosen- bzw. Beschäftigtenquote gingen wir zunächst davon aus, dass das aktuelle Preisniveau dem erwarteten entspricht ($P = P^e$). Diese Annahme soll nun aufgehoben werden. Da bei den Lohnverhand-

---

[128] Siehe hierzu auch Blanchard, O., Macroeconomics, 4. Auflage, Upper Saddle River 2005, S. 137 f.

lungen nicht das aktuelle, sondern das erwartete Preisniveau entscheidend ist, gilt für die Lohnsetzungsgleichung dann

(5) $\qquad \ell = P^e \, f(u,z)$

Fügt man die Gleichung (5) mit der Preisbestimmungsgleichung (1) zusammen, ergibt sich

(6) $\qquad P = P^e \dfrac{1+\gamma}{\Omega} \, f(u,z)$

Um zur gesamtwirtschaftlichen Angebotskurve zu gelangen, muss ein Preis-Produktions-Zusammenhang hergestellt werden. Dies lässt sich dadurch erreichen, dass zunächst die Arbeitslosenquote (u) durch die Beschäftigtenquote (B/EP bzw. 1–u bzw. u = 1–B/EP) ersetzt wird. Um den Produktions-Beschäftigungszusammenhang herzustellen, benötigen wir eine Produktionsfunktion, für die vereinfachend angenommen wird: Y = Ω·B. B ist die Zahl der Beschäftigten, Ω die Arbeitsproduktivität. Setzt man $\Omega = 1$[129] kann B durch Y ersetzt werden und die Arbeitslosenquote lautet dann u = 1–Y/EP. Aus Gleichung (6) wird dann

(7) $\qquad P = P^e \dfrac{1+\gamma}{\Omega} \, f(1 - Y/EP, z)$

Gleichung (7) stellt die gesamtwirtschaftliche Angebotsfunktion (AS-Funktion = Aggregate Supply) dar. Wie ist diese Gleichung ökonomisch zu interpretieren? Das Preisniveau hängt offensichtlich von einer Reihe von Variablen ab. Hierzu zählen neben dem erwarteten Preisniveau (P^e) der Output (Y), die Zahl der Erwerbspersonen (EP), der Aufschlagsfaktor γ und die Variable z. Nimmt man EP, γ und z zunächst kurzfristig als gegeben an, so hängt das Preisniveau von den Preiserwartungen P^e und vom Output Y ab.

Danach hat die AS-Funktion zwei wichtige Eigenschaften:

–   Ein steigender Output (Y_0) geht mit einer höheren Beschäftigung bzw. geringerer Arbeitslosigkeit einher; eine sinkende Arbeitslosenquote wiederum stärkt die Verhandlungsmacht der Arbeitnehmer, wodurch die Nominallöhne und schließlich via Aufschlagskalkulation das Preisniveau steigen. Es kommt zu einer Bewegung entlang (auf) der kurzfristigen AS-Kurve (etwa von Punkt B nach Punkt C in Schaublid XII.3).

–   Ein Anstieg der Preiserwartungen von P^e auf $P^{e'}$ schlägt sich eins zu eins in höheren Nominallöhnen nieder, um den angestrebten Reallohn zu sichern.

---

[129] Dies dient hier nur der Vereinfachung und soll nicht die Bedeutung der (Erhöhung der) Arbeitsproduktivität (Verlagerung der Preissetzungskurve nach oben) für Produktion und Beschäftigung in Frage stellen. Würden die Nominallöhne mit der gleichen Rate steigen wie die Arbeitsproduktivität („produktivitätsorientierte Lohnpolitik"), würden Lohnsetzungs- und Preissetzungskurve gleichermaßen nach oben verschoben. Der Reallohn wäre gestiegen bei Konstanz der Arbeitslosenquote.

Kostensteigerungen führen zu Preisanhebungen der Unternehmen und schließlich gesamtwirtschaftlich zu einem höheren Preisniveau. Es kommt zu einer Verschiebung der kurzfristigen AS-Kurve (etwa von AS auf AS' in Schaubild XII.3). Jede kurzfristige AS-Kurve basiert somit auf gegebenen Preiserwartungen (P^e).

Die AS-Kurve geht durch den Punkt B, bei dem die Produktion ihrem natürlichen Niveau entspricht und das aktuelle Preisniveau mit dem erwarteten übereinstimmt. Liegt – wie in einer wirtschaftlichen Boomphase – die Produktion über dem natürlichen Niveau, wird sich ein höheres Preisniveau als das erwartete einstellen (Punkt C in Abb. XII.3).

Der Punkt B korrespondiert mit dem Punkt A (Abb. XII.1) für die natürliche Arbeitslosenquote, dem Gleichgewicht am Arbeitsmarkt, in dem kein Preisanpassungsdruck besteht, d.h. bei dem das aktuelle Preisniveau dem erwarteten entspricht. Ausgehend vom *natürlichen Produktionsniveau* Y_n (und der natürlichen Arbeitslosenquote u_n) würden im Falle steigender Preiserwartungen die Nominallöhne und damit das Preisniveau anziehen, und zwar so lange, bis es den gestiegenen Preiserwartungen entspricht ($P_2 = P^{e'}$ in B').

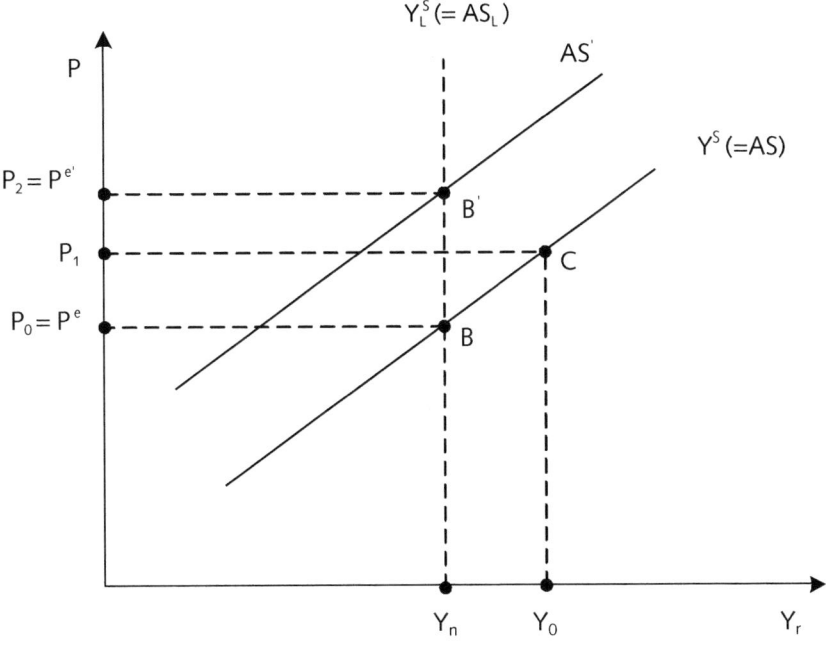

Abbildung XII.3

Die Bewegung von B nach B' bedeutet, dass nur Wechselwirkungen von steigenden Preiserwartungen und Preiserhöhungen stattfinden. Am gleichgewichtigen Produktionsniveau und der zugehörigen gleichgewichtigen („natürlichen") Beschäftigung ändert sich nichts. Man kann dies auch so ausdrücken: Die Vertikale über Y_n ist die reale Produktion (das reale Angebot), die (das) sich bei einer bestimmten Kapitalausstattung, technischem Wissen sowie dem Arbeitsmarktgleichgewicht u_n bzw. $1-u_n$ einstellt. Die Verbindung zwischen dem Arbeitsmarkt und dem realem Angebot (Y) erfolgt also über die makroökonomische Produktionsfunktion. Y_L^S (AS_L) entspricht auf den ersten Blick der oben behandelten klassischen (langfristigen) Angebotsfunktion. Auch hier liegt ein Gleichgewicht am Arbeitsmarkt vor. Die im Gleichgewicht vorliegende „natürliche Arbeitslosenquote" umfasst im Gegensatz zu klassischen Arbeitsmarktgleichgewicht aber auch die durch Marktunvollkommenheiten wie Rigiditäten und Machtpositionen bedingte Arbeitslosigkeit.

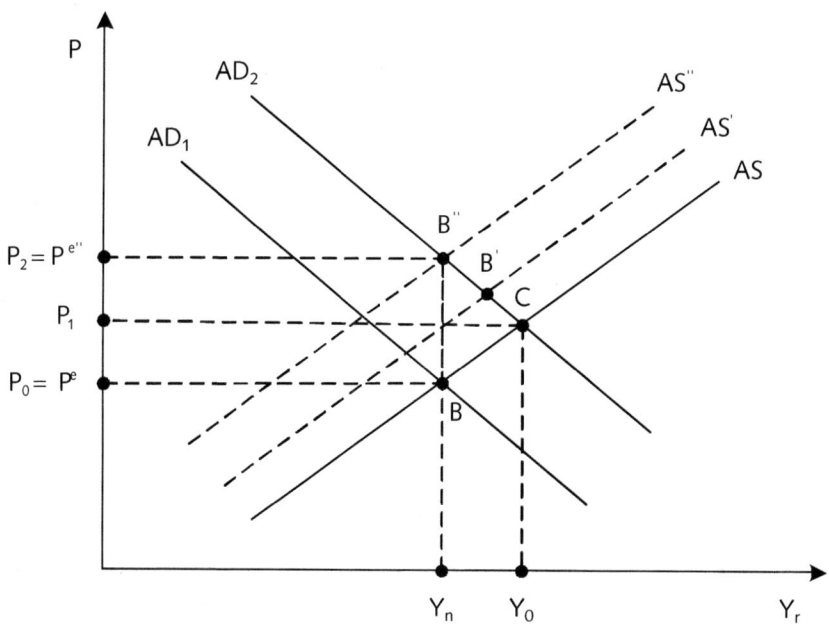

Abbildung XII.4

Es stellt sich allerdings die Frage, weshalb der Output kurzfristig von seinem natürlichen Niveau Y_n abweicht und es nicht zu einer sofortigen Preis- und Nominallohnanpassung hin zum neuen Gleichgewicht kommt.

3. Gesamtwirtschaftliche Anpassungsprozesse in kurz- und längerfristiger Sicht

Zur Bestimmung der kurz- und längerfristigen gesamtwirtschaftlichen Anpassungsprozesse führen wir in Abb. XII.4 AS- und AD-Kurve zusammen (zur Vereinfachung lineare Verläufe).

Im Ausgangsgleichgewicht befinden wir uns in Punkt B. Nun soll es zu einem Anstieg der gesamtwirtschaftlichen Nachfrage von AD_1 auf AD_2 kommen. Dieser Anstieg der Nachfrage führt zu einer höheren Produktion, wodurch die Arbeitslosenquote unter ihr natürliches Niveau fällt ($u_1 < u_n$ in Abb. XII.1). Dies löst wiederum Nominallohn- und Preissteigerungen (auf P_1) aus. In Punkt C liegt eine kurzfristige Gleichgewichtssituation vor. Da die AD-Kurve auf den simultanen Gleichgewichten von IS und LM beruht, befinden sich der Güter- und der Geldmarkt im Punkt C im Gleichgewicht. Allerdings zieht der Anstieg des Preisniveaus auf P_1 eine Anpassung des erwarteten Preisniveaus P^e und darüber eine weitere Erhöhung der Nominallöhne nach sich. Höhere Nominallöhne aber führen (bei gegebener Arbeitsproduktivität: $\Omega = 1$) gemäß Aufschlagskalkulation wieder zu einem erhöhten Preisniveau. Die AS-Kurve verschiebt sich durch diesen Prozess sukzessive von AS auf AS''. Durch den Nominallohn- bzw. Preisanstieg kommt es wegen der gesunkenen realen Geldmenge zu einem Rückgang der (realen) gesamtwirtschaftlichen Nachfrage und damit der Produktion, so dass die Arbeitslosenquote sich wieder auf ihr natürliches Niveau zubewegt (Bewegung von u_1 nach u_n in Abb. XII.1). Der Punkt B'' beschreibt wieder ein neues langfristiges Gleichgewicht. (Punkt B'' korrespondiert mit Punkt A in Abb. XII.1, wo sich Preis- und Lohnsetzungskurve schneiden).

Dass keine sofortige Anpassung hin zum neuen langfristigen Gleichgewicht $P_2 = P^{e''}$ in B'' in erfolgt, ist vor allem auf Rigiditäten bei Preis- und Nominallohnanpassungen sowie auf bestimmte Verhaltensweisen bei der Erwartungsbildung zurück zu führen.

Trägheiten bei Preis- und Nominallohnanpassungen werden zum einen durch die Laufzeit von Verträgen verursacht, während der keine Anpassungen möglich sind, zum anderen können auch die mit Preisänderungen verbundenen direkten und indirekten Kosten (z. B. Drucken von Preislisten, Störungen der Kundenbeziehungen) häufigen Preisänderungen entgegen stehen (sog. *menu costs*).

Über kurz oder lang kommt es allerdings zu Nominallohn- und darüber zu Preiserhöhungen, die wiederum die Preiserwartungen ansteigen lassen. Steigende Preiserwartungen führen zu weiter steigenden Nominallöhnen, was wiederum Preiserhöhungen auslöst. Es kommt zu einer Verschiebung der kurzfristigen AS-Kurve nach oben. Parallel dazu nimmt aufgrund des Preisniveauanstiegs die (reale) gesamtwirtschaftliche Nachfrage und damit die Produktion ab, wodurch die Arbeitslosenquote wieder steigt.

Für die Geschwindigkeit der Anpassungsprozesse ist wesentlich, wie die Preiserwartungen, die ursächlich für die Verschiebungen der kurzfristigen AS-Funktion
sind, gebildet werden. Zwei Arten der Erwartungsbildung lassen sich unterscheiden: die adaptive (vergangenheitsorientierte) und die rationale (zukunftsorientierte) Erwartungsbildung.

Im Rahmen der *adaptiven Erwartungsbildung* orientieren sich die Wirtschaftssubjekte an den Erfahrungen in der Vergangenheit. Das erwartete Preisniveau in
Periode t ist danach ein gewichteter Durchschnitt des tatsächlichen und des erwarteten Preisniveaus in der vergangenen Periode t-1. Wenn das tatsächliche
Preisniveau in Periode t-1 von dem erwarteten Preisniveau in Periode t-1 abweicht, wird das für die Periode t erwartete Preisniveau angepasst.

(8) $$P_t^e = \lambda P_{t-1}^e + (1 - \lambda)P_{t-1}, \text{ mit } 0 > \lambda < 1$$

Immer wenn das erwartete Preisniveau angepasst wird, verschiebt sich die kurzfristige AS-Kurve. Erst wenn das für die Periode t-1 erwartete mit dem tatsächlichen Preisniveau in t-1 übereinstimmt, kommt es zu keinen Erwartungsanpas-
sungen und somit auch zu keinen Verschiebungen der kurzfristigen AS-Kurven
mehr. Dies ist im Punkt B'' (Abb. XII.4) der Fall. Die Geschwindigkeit, mit der
diese Preisanpassung erfolgt, wird durch den Parameter λ bestimmt. Geht λ gegen null, so wird dem tatsächlichen Preisniveau der vergangenen Periode ein
höheres Gewicht eingeräumt, so dass die Preisanpassung schneller erfolgt. In
Schaubild XII.4 kommt es zu einer sukzessiven Verschiebung von AS über AS'
nach AS''. Dies ist der typische Anpassungsprozess, der sich bei adaptiver Erwartungsbildung ergibt.

Bei *rationalen Erwartungen* hingegen werden alle verfügbaren Informationen
zum Entscheidungszeitpunkt verwendet. Es werden keine systematischen Ent-
scheidungsfehler gemacht. Neue Informationen führen zu einer sofortigen Anpassung der Erwartungen. In Schaubild XII.4 käme es bei rationalen Erwartungen und vollkommener Preis- und Nominallohnflexibilität idealtypisch zu einer
sofortigen Verschiebung von AS auf AS''. Der ursprüngliche Anstieg der (realen)
gesamtwirtschaftlichen Nachfrage würde also sofort über steigende Nominallöhne und Preise entwertet. Es käme somit auch kurzfristig nicht zu einer erhöhten Produktion.

Die Frage ist nun, welche Art der Erwartungsbildung der Realität am nächsten
kommt. Der adaptiven Erwartungsbildung wird entgegen gehalten, dass sie wichtige Informationen vernachlässige. Dies trifft zwar zu, es wird aber ausgeblendet,
dass die zur Bildung rationaler Erwartung erforderliche Informationsbeschaffung
kostspielig ist. In der Realität ist es deshalb meist so, dass den Wirtschaftssubjekten nur unvollständige Informationen vorliegen und auch das Modell, das zur In-
formationsverarbeitung dient, strittig ist. Vor diesem Hintergrund macht es
durchaus Sinn, die Erwartungen in kleineren Schritten anzupassen, was für die
adaptive Erwartungsbildung spricht. Sie liegt deshalb auch der folgenden Analyse zugrunde.[130]

In dem in Abb.XII.4 gezeigten Anpassungsprozess sinkt die Produktion auf das natürliche Niveau, und auf dem Arbeitsmarkt kommt es zu einem Gleichgewicht, d.h. es spielt sich die natürliche Arbeitslosenquote ein, bei der kein Preis- und Lohndruck mehr vorliegt. Beim dann herrschenden Reallohn schneiden sich die Lohnsetzungs- und die Preissetzungsgerade. Die Wirkungszusammenhänge auf der Nachfrageseite sind von der Diskussion der AD-Kurve (bzw. Y^D-Kurve) bekannt: Der Preisniveauanstieg senkt die reale Geldmenge, der damit verbundene Zinsanstieg dämpft die zinsabhängige Nachfrage, so dass die Produktion sinkt.

4. Nachfrage- und angebotsseitige Impulse im AS-AD-Modell

Verfolgt die Zentralbank einen expansiven geldpolitischen Kurs, so wird sie über zinspolitische Maßnahmen die Kredit- und Geldnachfrage erhöhen, so dass die Geldmenge steigt. Grafisch äußert sich dies in einer Rechtsverschiebung der AD-Kurve (Abb. XII.5).

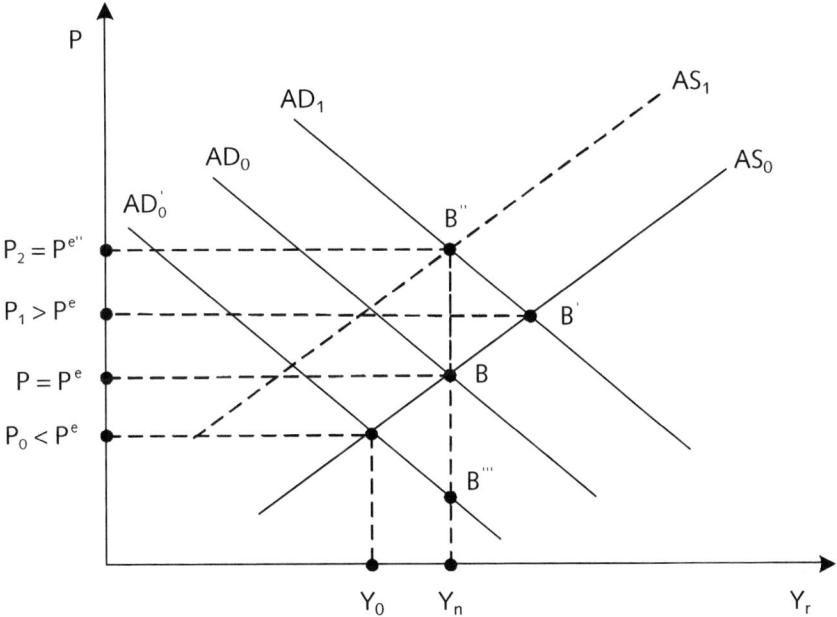

Abbildung XII.5

[130] „When analysing the effects of demand and supply shocks using the AD-AS-model, it is common practice to assume some price rigidities and adaptive expectations." Chamberlin, G., Yueh, L., Macroeconomics, London 2006, S. 256. Freilich wäre es irrational, im Einzelfall mögliche Informationen über zukünftige Entwicklungen bei der Erwartungsbildung zu unterdrücken.

Ausgehend von der Gleichgewichtssituation in B führt die expansive Geldpolitik zu Produktions- und Beschäftigungserhöhungen (Produktion in Punkt B' > Produktion in Punkt B, so dass $u < u_n$), wodurch Nominallohnerhöhungen und in deren Gefolge Preiserhöhungen ausgelöst werden. Da nun aber das tatsächliche Preisniveau das erwartete übersteigt, kommt es zu den im vorigen Abschnitt dargestellten Anpassungsprozessen bis B''. Auf längere Sicht ändert die Geldpolitik also nichts an den natürlichen Niveaus. Sie ist neutral, d. h. sie kann dauerhaft keine realen Wirkungen erzeugen. Anders wäre die expansive Geldpolitik zu beurteilen, wenn in der Ausgangssituation wegen AD'$_0$ die Produktion unter dem natürlichen Niveau läge. Zwar könnten auch hier die erwähnten Anpassungsprozesse (mit umgekehrten Vorzeichen) in Richtung B''' statt finden, aber – abgesehen von der Möglichkeit oder Wünschbarkeit von Preis- und Lohnsenkungsprozessen – eine expansive Politik (von AD'$_0$ auf AD$_0$) könnte das Einpendeln auf das natürliche Produktions- und Beschäftigungsniveau in B zumindest beschleunigen.

Für die Fiskalpolitik kann ähnlich argumentiert werden. Veränderungen der Staatsausgaben (bei gleich bleibenden Steuereinnahmen) schlagen sich als Verlagerungen der IS-Kurve ebenfalls in Verschiebungen der AD-Kurve nieder. Hierdurch kommt es zu temporären Abweichungen zwischen tatsächlichen und den natürlichen Produktions- und Beschäftigungsniveaus. Über die bekannten Wirkungsketten münden die kurzfristigen Reaktionen wieder in ihre natürlichen Niveaus. Allerdings kommt es zu einer Veränderung des Zinssatzes, wodurch die Zusammensetzung der gesamtwirtschaftlichen Nachfrage beeinflusst wird. So würde z. B. eine sinkende Staatsnachfrage über sinkende Zinsen zu steigenden privaten Investitionen führen.[131]

Während Änderungen der Gesamtnachfrage also keine dauerhaften realen Niveaueffekte haben, sind die Wirkungen angebotsseitiger Änderungen anders zu beurteilen. Zu denken ist etwa an Ölpreisschocks. Denkbar wären auch radikale Reformen der Arbeitsmarktinstitutionen wie etwa eine spürbare Absenkung des durch Sozialtransfers hohen Anspruchslohns Geringqualifizierter bei gleichzeitiger Erhöhung von anrechnungsfreien Arbeitseinkommen.[132] Derartige Änderungen wirken sich auf das natürliche Produktionsniveau aus, zumindest dann, wenn sie von den Wirtschaftssubjekten als dauerhaft angesehen werden. Dies soll an dem bereits erörterten Preissetzungs-Lohnsetzungs-Modell demonstriert werden (Abb. XII.6; zur Vereinfachung jeweils lineare Verläufe zugrunde gelegt).

[131] Nicht auszuschließen ist, dass mit rückläufiger staatlicher Aktivität zugunsten privater Investitionstätigkeit auf längere Sicht die Leistungsfähigkeit in der Volkswirtschaft steigt, was sich in einer Rechtsverschiebung von Y$_n$ niederschlagen würde.

[132] Zu einem derartigen Vorschlag siehe Sachverständigenrat, Arbeitslosengeld II reformieren: ein zielgerichtetes Kombilohnmodell, Wiesbaden 2006.

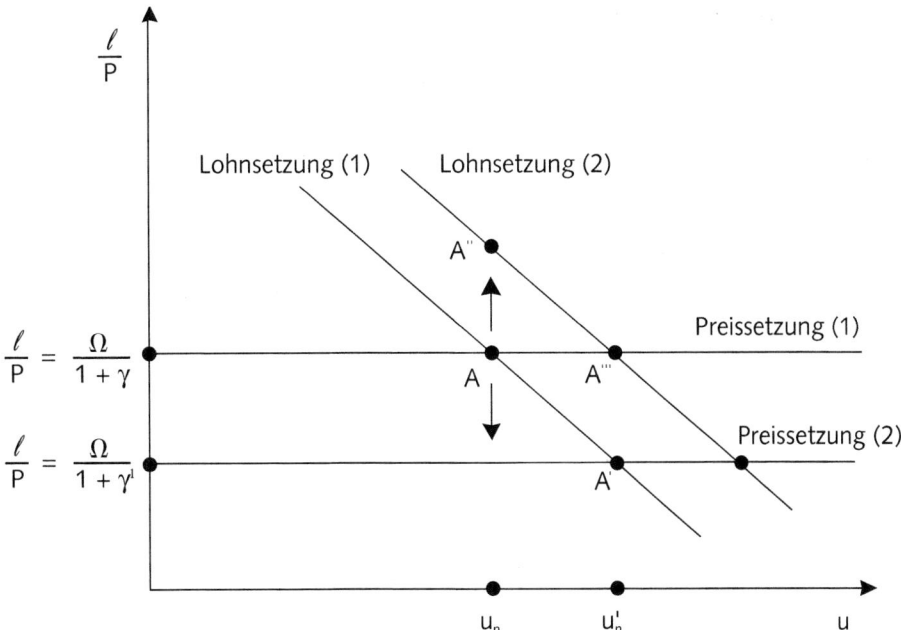

Abbildung XII.6

Eine Erhöhung des Ölpreises oder einer anderen wichtigen Kostengröße werden die Unternehmen durch eine Erhöhung des Aufschlagssatzes auf die Lohnstückkosten von γ auf γ' aufzufangen suchen. Die damit verbundene Preiserhöhung führt zu einer Reallohnsenkung (Preissetzungsgerade verschiebt sich von 1 auf 2 in Abb. XII.6). Wenn die Arbeitnehmer entsprechend der Lohnsetzung (1) den alten Reallohn in A aufrechterhalten wollen, reagieren die Unternehmen angesichts der mit dem gestiegenen Ölpreis erhöhten Kosten mit Entlassungen. Die zunehmende Arbeitslosigkeit schränkt sukzessive die Verhandlungsposition der Arbeitnehmer ein bis sich in A' ein neues Gleichgewicht einstellt, das nur bei einer höheren Arbeitslosenquote durchsetzbar ist. Die natürliche Arbeitslosenquote erhöht sich auf u'_n. In die gleiche Richtung wirkt beispielsweise eine Verschärfung des Kündigungsschutzes oder eine Erhöhung des Arbeitslosengeldes (z steigt), die die Lohnsetzungskurve nach oben verschiebt. Die verstärkte Lohnsetzungsmacht führt zu höheren Nominal- und Reallöhnen (A'). Da keine Kostenentlastungen vorliegen, die die Preissetzungskurve nach oben verschöben, führen die höheren Arbeitskosten zu Entlassungen (Abwärtsbewegung auf der Lohnsetzungskurve (2) von A'' nach A'''. Der quantitative Effekt auf die Arbeitslosenquote wurde zur Vereinfachung mit der der Veränderung des Aufschlagssatzes gleichgesetzt). Die höhere Arbeitslosenquote u'_n neutralisiert gewissermaßen die verstärkte Lohnsetzungsmacht. Ein höherer Reallohn wird sozusagen über einen Anstieg der Arbeitslosenquote verhindert. In beiden Fällen steigt die natürliche Arbeitslosenquote.

Die in Deutschland über lange Zeit aufgebaute und verfestigte Arbeitslosigkeit lässt sich durchaus als Folge eines Lohnsetzungs- und Preissetzungsverhaltens deuten, in dem Kostenschübe, institutionelle Bedingungen und Machtpositionen zusammenwirken und in eine erhöhte natürliche Arbeitslosigkeit einmünden. Dies ist freilich nicht unabwendbar. Neben den mehrfach erwähnten institutionellen Reformen ließe sich auch eine Erhöhung der Arbeitsproduktivität beschäftigungspolitisch nutzen. Im Falle einer Erhöhung der Arbeitsproduktivität würde die Preissetzungskurve nach oben verschoben (zur Vereinfachung: von (2) nach (1)) und damit die natürliche Arbeitslosenquote von u'_n auf u_n sinken.

Bei der Herleitung der AS-Kurve war auf die Verknüpfung von natürlicher Arbeitslosenquote bzw. natürlichem Beschäftigungsniveau und natürlichem Produktionsniveau eingegangen worden. Was bedeuten nun die vorstehenden Änderungen von u_n nach u'_n bzw. von u'_n nach u_n? Ausgegangen sei von der ursprünglichen längerfristigen Gleichgewichtssituation B (Abb. XII.7).

Y_n korrespondiert mit u_n, deren Erhöhung auf u'_n mit einer Verringerung des natürlichen Produktionsniveaus auf Y'_n verbunden ist. Die Verschlechterung der Angebotsbedingungen (Ölpreissteigerungen, verstärkter Kündigungsschutz oder Erhöhung des Arbeitslosengeldes) führt zu einer Verlagerung der kurzfristigen AS-Kurven (von AS_0 auf AS_1) und – falls die Verschlechterung der Angebotsbedingungen von Dauer ist – zu einer Verlagerung der langfristigen AS-Kurven (von AS_L auf AS'_L), so dass die Produktion von Y_n auf Y'_n sinkt. Die kurzfristige Angebotsfunktion AS_1 verläuft bei zunächst noch bestehender Übereinstimmung von aktuellem Preisniveau und Preiserwartungen durch den Punkt C. Bei gegebener Gesamtnachfrage AD ($AD > AS_1$) führt dies über einen Wiederanstieg der Produktion und einer dadurch sinkenden Arbeitslosenquote ($u > u'_n$) zu Nominallohn- und über die Aufschlagskalkulation zu Preiserhöhungen, die die ursprünglichen Preiserwartungen übersteigen (in D $P_1 > P^e$). Das Produktionsniveau in D kann das neue natürliche Produktionsniveau Y'_n daher nur kurzfristig übertreffen. Die Abweichungen zwischen tatsächlichem und erwartetem Preisniveau lösen die bereits oben besprochenen weiteren Anpassungen aus, bis in C' AS_2 und AD bei einem Preisniveau P_2, das den revidierten Preiserwartungen entspricht, übereinstimmen. Die Verschlechterung der Angebotsbedingungen führt auf längere Sicht schließlich zu einem höheren Preisniveau, einem geringeren natürlichen Produktionsniveau und gestiegener natürlicher Arbeitslosigkeit.

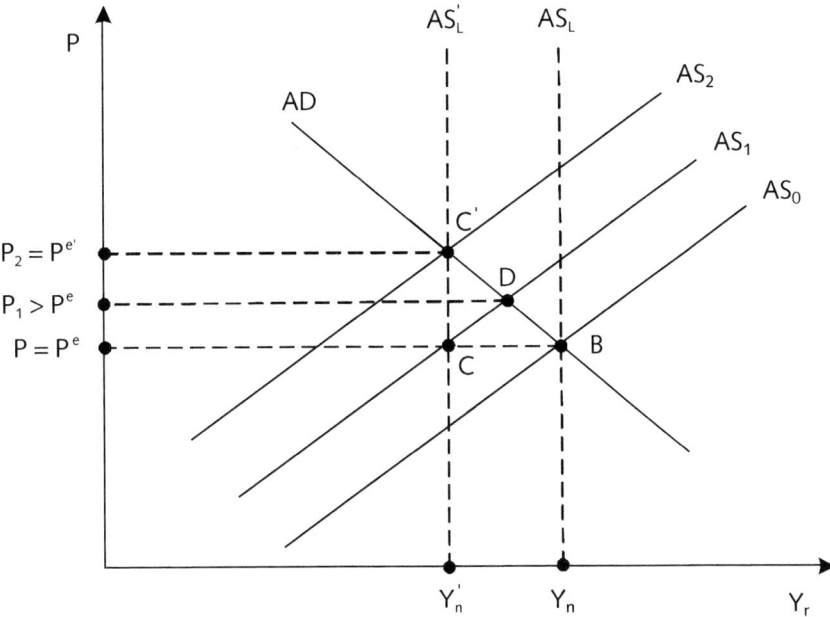

Abbildung XII.7

Dauerhafte Angebotsschocks verändern Produktion und Beschäftigung also nachhaltig. Die Angebotsbedingungen (AS_L), die man sich als vertikale Angebotsfunktion über Y_n vorzustellen hat, haben sich verschlechtert. Die vertikale Angebotsfunktion über Y_n hat sich nach links (Y'_n) verschoben (AS'_L). Bei einem positiven Angebotsschock in Form einer Erhöhung der Arbeitsproduktivität verlaufen die Anpassungsprozesse in die Gegenrichtung, also ausgehend von C' (u'_n, Y'_n) nach B (u_n, Y_n). Die langfristige Angebotsfunktion würde nach rechts verschoben ($AS'_L \rightarrow AS_L$). Das natürliche Produktions- und Beschäftigungsniveau ist gestiegen, das zugehörige Preisniveau gefallen. Nachfrageänderungen hingegen führen zu keiner Veränderung von Y_n. Kontrovers ist jedoch die Frage nach dem Zeithorizont von Anpassungsprozessen. Klassisch orientierte Ökonomen argumentieren, dass die Anpassung an die langfristigen Bedingungen sehr rasch erfolgt. Keynesianer halten es hingegen für möglich, dass das Einschwenken auf das längerfristige Gleichgewicht Jahre beanspruchen könnte.[133] Die Frage der Anpassungsgeschwindigkeit lässt sich schwerlich allgemein beantworten, doch wie bereits unter 3. angedeutet, dürften neben Erfahrungen und Erwartungen institutionelle Bedingungen auf den Güter- und Faktormärkten hierfür eine wichtige Rolle spielen.

---

[133] Siehe Abel, A. B./Bernanke, B. S., Macroeconomics, 5. Aufl. 2005, S. 340.

5. Grenzen preiselastischen Angebots

Der preiselastische Verlauf der (kurzfristigen) Angebotsfunktion lässt sich nach den bisherigen Überlegungen zusammenfassend folgendermaßen skizzieren: Ausgehend von einer längerfristigen Gleichgewichtssituation (Y_n, u_n, $P = P_e$) führen expansive geld- oder fiskalpolitische Maßnahmen kurzfristig zu steigender Produktion ($Y > Y_n$) und Beschäftigung ($u < u_n$), die geringere Arbeitslosigkeit zu steigenden Nominallöhnen und via Aufschlagskalkulation zu steigendem Preisniveau. Nun ist aber $P > P^e$, und die Preiserwartungen werden nach oben revidiert (Verschiebung der AS-Kurve nach oben), so dass wiederum Löhne und Preise steigen. Bei gegebener monetärer Ausstattung der Volkswirtschaft sinkt die reale Geldmenge, so dass via Zinsanstieg die Nachfrage und schließlich Produktion und Beschäftigung wieder auf ihre längerfristigen Gleichgewichtsniveaus sinken. Preise und Preiserwartungen stimmen auf höherem Niveau wieder überein. Nach dieser Theorie kann eine expansive Nachfragepolitik also temporär Produktion und Beschäftigung über ihre natürlichen Werte erhöhen.

Wovon hängt aber die Gültigkeit dieses Prozesses ab? Kann man (die Wirtschaftspolitik) darauf vertrauen? In der vorangegangenen Analyse sind durch Preisänderungskosten und Vertragslaufzeiten bedingte Preis- und Lohnrigiditäten sowie die nur schrittweisen Korrekturen bei adaptiver Erwartungsbildung als wesentliche Bedingungen einer kurzfristigen preiselastischen gesamtwirtschaftlichen Angebotsfunktion herausgestellt worden. Sehr ähnliche Begründungen, die von einem anderen analytischen Rahmen, d. h. von der klassischen Arbeitsmarktanalyse ausgehen, lassen sich hier unschwer einfügen. So das auf *Edmund Phelps* und *Milton Friedman* zurückgehende Argument, dass zeitweilige Produktions- und Beschäftigungseffekte auf Fehleinschätzungen beruhen könnten. So könnten Arbeitnehmer Nominallohnerhöhungen im Zuge des Expansionsprozesses als Reallohnsteigerung interpretieren, weil ihre Preiserwartungen noch vom früheren niedrigeren Preisniveau bestimmt waren.[134] Wenn sie nachträglich aber ihren Irrtum bemerken und zur Korrektur entsprechend höhere Lohnforderungen stellen, kommt es zur oben skizzierten Rückkehr nach Y_n und u_n bei allerdings höherem Preisniveau. Diese Zusammenhänge seien anhand der Abb. XII.8 und XII.9 illustriert:

---

[134] „The particular mechanism that Friedman suggested was money illusion on the part of workers. More important for the development of macroeconomics was that Friedman put expectations on center stage." Mankiw, N.G., The Macroeconomist as Scientist and Engineer, Journal of Economic Perspectives, Vol. 20 (2006), S. 33.

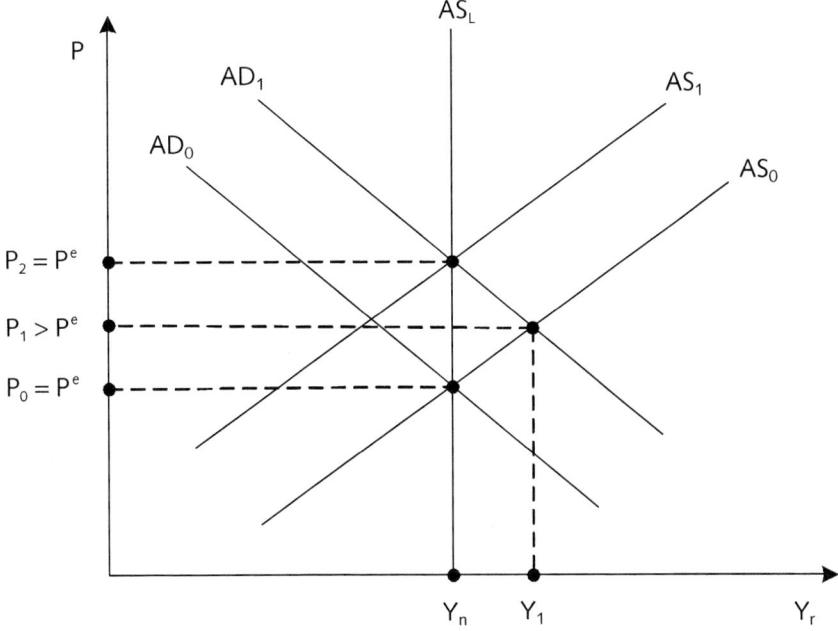

Abbildung XII.8

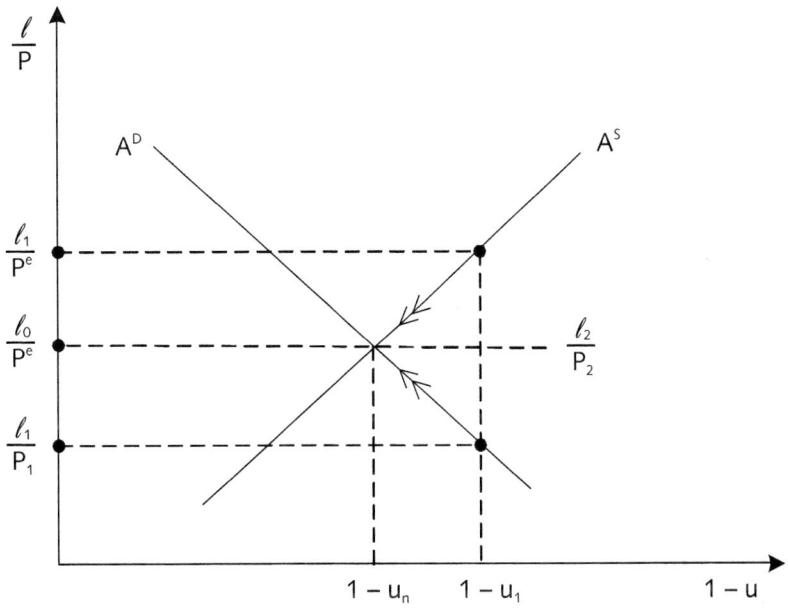

Abbildung XII.9

Abb. XII.8 ist von den vorangegangenen Ausführungen vertraut. Neu ist lediglich die Kombination mit dem traditionellen Arbeitsmarktmodell. Ausgehend vom natürlichen Produktionsniveau (Y_n) und Beschäftigungsniveau ($1-u_n$) erfolge eine expansive Geldpolitik ($AD_0 \rightarrow AD_1$), die zu Preis- und Nominallohnsteigerungen führt. Die Nominallohnsteigerung ($\ell_0 \rightarrow \ell_1$) sei geringer als die Preissteigerung ($P_0 \rightarrow P_1$), so dass der Reallohn sinkt und deshalb die Arbeitsnachfrage der Unternehmen steigt. Wenn die Nominallohnerhöhungen zugleich die von der vorangegangenen Preisentwicklung geprägten Preiserwartungen der Arbeitnehmer übertreffen, werden diese als Reallohnerhöhung interpretiert, so dass das Arbeitsangebot steigt. Sowohl Arbeitsangebot als auch Arbeitsnachfrage steigen, so dass die Beschäftigung zunimmt ($1-u_n$) $\rightarrow$ ($1-u_1$).

Dass die Reallöhne zugleich fallen und steigen, beruht im Beispiel natürlich auf der Fehleinschätzung der Arbeitnehmer. Sobald sie diese faktische Reallohnsenkung bemerken, werden sie Lohnanpassungen fordern, die zumindest ihre alte Reallohnposition wieder herstellt. Diese Kostensteigerung führt zu einer Verlagerung der kurzfristigen Angebotsfunktion ($AS_0 \rightarrow AS_1$). Beim Preisniveauanstieg von $P_0 \rightarrow P_2$ müssen die Nominallöhne gleichermaßen steigen, so dass ℓ_2/P_2 dem ursprünglichen Reallohn ℓ_0/P^e entspricht und sich wieder das natürliche Beschäftigungsniveau ($1-u_n$) ergibt.

Dieser auch als *Misperceptions Theory*[135] bezeichnete Ansatz ist durch *Robert Lucas* erweitert worden. Irrtümer und Informationsmängel sind danach in der Folge einer expansiven Geldpolitik für die zeitweilig positive Korrelation zwischen Preisen, Produktion und Beschäftigung verantwortlich. Wenn es infolge expansiver Geldpolitik zu Preissteigerungen kommt, können Unternehmen diese als Veränderung der relativen Preise zu ihren Gunsten interpretieren und deshalb mit einer Produktions- und Beschäftigungsänderung reagieren (*Lucas' Angebotsfunktion*). Stellt sich heraus, dass es sich tatsächlich um eine generell inflationäre Entwicklung handelt, dass also nicht nur die eigenen Produktpreise, sondern auch die für Vorprodukte, Löhne, Kapitalnutzungen etc. gestiegen sind (= Verschiebung der Angebotsfunktion), fällt der Produktions- und Beschäftigungsimpuls in sich zusammen.

Modelle, die mit starren Nominallöhnen wegen noch laufender Tarifverträge operieren, führen letztlich zum gleichen Ergebnis wie die vorstehende Analyse.[136] Tarifvereinbarungen sind zwar Nominallohnvereinbarungen, sie werden jedoch in Erwartung bestimmter Preisentwicklungen getroffen. Stellt sich als Folge expansiver Geldpolitik heraus, dass sie die Preisentwicklung unterschätzt haben, werden sie zwar die „erforderliche" Lohnkorrektur durchzusetzen versuchen,

---

[135] Siehe Abel, A. B./Bernanke, B. S., Macroeconomics, 5. Aufl. 2005, S. 376.
[136] Zu verschiedenen Ursachen von Nominallohn- und Preisinflexibilitäten nach unten siehe etwa: Blinder, A./Canetti, E. R./Lebow, D. E./Rudd, J. B., Asking About Prices – A New Approach to Unterstanding Price Stickiness, New York 1998.

sie können dies aber nur verzögert. Diese Modellvariante stellt also nicht auf Fehleinschätzungen von Nominal- und Reallöhnen ab, sondern auf institutionell bedingte Anpassungshemmnisse am Arbeitsmarkt.[137]

In allen skizzierten Fällen ergeben sich nur zeitweilige Produktions- und Beschäftigungsänderungen im Gefolge von nachfragestimulierenden Maßnahmen. Ob solche Effekte eintreten, ist bei häufigen Wiederholungen zweifelhaft. Wird eine derartige Wirtschaftspolitik oft wiederholt, ist nicht auszuschließen, dass die Wirtschaftssubjekte die Zusammenhänge durchschauen und mit der Geldpolitik der Notenbank eine bestimmte Inflationserwartung verbinden. Werden die Inflationserwartungen in den Lohnabschlüssen antizipiert und kalkulieren die Unternehmen diese Preissteigerungen wie auch die für Vorprodukte etc. in ihre Preise ein, entfällt ein temporärer positiver Produktions- und Beschäftigungseffekt. Die Politik wird ineffektiv.

Das Für und Wider der konkurrierenden Positionen – temporäre Effekte ja oder nein – kann hier nicht ausdiskutiert werden. Stichwortartig sei jedoch auf einige Punkte aufmerksam gemacht: In der Hypothese der *Politikineffektivität* steckt insoweit ein wahrer Kern, als der fortwährende Einsatz bestimmter wirtschaftspolitischer Instrumente Abnutzungserscheinungen und bestimmte Erwartungen über deren Wirkungsweise mit sich bringen kann. Andererseits sollte die Ineffektivitätsthese nicht zu sehr verallgemeinert werden. Wir haben es in der Realität mit unzulänglichen Informationen und auch mit unterschiedlichen Interpretationen bestimmter Informationen zu tun. Dies bedeutet noch nicht, rationales Verhalten zu leugnen; aber rational handeln kann man nur in Bezug auf einen bestimmten, möglicherweise subjektiv gefärbten Informationsstand. Schließlich können wir auch nicht völlig ausschließen, dass die Wirtschaftssubjekte durchaus häufig die gleichen Fehler machen.

---

[137] Zudem wird unterstellt, dass die Arbeitsnachfrage die Beschäftigungshöhe bestimmt, die Reallohnsenkung während der Vertragsdauer also keine Arbeitsangebotseinschränkung bewirkt.

In der vorangegangenen gesamtwirtschaftlichen Analyse sind verschiedentlich Preisniveauveränderungen angesprochen und hierbei verstreut auch einige Ursachen und Folgen aufgezeigt worden. Der Frage nach den Bestimmungsgründen und Konsequenzen von Preisniveauveränderungen soll in diesem Kapitel eingehender nachgegangen werden. Hierbei beschränken wir uns auf den Fall der Preisniveauerhöhungen, da diese vorzugsweise das praktisch relevante wirtschaftspolitische Problem darstellen. Anstatt von Preisniveauerhöhungen spricht man auch von *Inflation*.[138]

1. Inflationsmessung[139]

Gemessen wird die Inflation anhand von Indizes, wobei die Entwicklung des *Preisindex der Lebenshaltung* der privaten Haushalte der gebräuchlichste Maßstab ist.[140] Zwar lässt sich mit diesem Index nur ein Teil der gesamtwirtschaftlichen Preisentwicklung abbilden. Ein solches Vorgehen erscheint jedoch sinnvoll, da die private Bedürfnisbefriedigung als finaler Zweck des Wirtschaftens gilt.

Die Inflationsrate wird anhand der Veränderung des Verbraucherpreisindex berechnet, der einen gewogenen Mittelwert aus den Preisen vieler verschiedener Waren und Dienstleistungen, welche ein Haushalt typischerweise benötigt, darstellt. Alle fünf Jahre wird der Warenkorb angepasst, d. h. es wird neu ermittelt, welches Gewicht die einzelnen Güter des Warenkorbs haben, wie hoch also der Anteil der Ausgaben eines typischen Haushalts für die jeweiligen Güter an seinem Budget ist. Das sog. *Wägungsschema* (Gewichte der einzelnen Güter) wird also alle fünf Jahre aktualisiert. Dies geschieht anhand von Stichproben. Dabei handelt es sich um eine zufällige Auswahl von Personen, die über einen bestimmten Zeitraum genau festhalten, wofür sie ihr Geld ausgeben. Derzeit werden vom Statistischen Bundesamt die Preise von 750 unterschiedlichen Güterarten regional in fast 200 Gemeinden in 40.000 Verkaufsstellen und für bestimmte Güterarten (z. B. Bücher, Versicherungen) zentral beim Statistischen Bundesamt erhoben. Insgesamt liegen monatlich 350.000 Preisbeobachtungen vor. Die *Ele-*

---

[138] Das Gegenstück ist die *Deflation*. Hierunter werden absolute Preisniveausenkungen, nicht etwa sinkende Inflationsraten verstanden.

[139] Im Einzelnen siehe hierzu Statistisches Bundesamt, Preise in Deutschland, Wiesbaden 2005.

[140] Auf eine alternative Art der Inflationsmessung, den BIP–Deflator, sei hier nur verwiesen (siehe Kapitel II.2.4).

mentarindices werden auf der Ebene der einzelnen Bundesländer erhoben und – gewichtet mit dem Anteil, den ein Bundesland am gesamten privaten Verbrauch in Deutschland hat –, zu 750 gesamtdeutschen *Teilindices* zusammengefasst. In den allgemeinen Verbraucherpreisindex für Deutschland fließen die einzelnen Teilindices gemäß ihrem Anteil an den Verbrauchsausgaben eines repräsentativen Haushalts ein.

Die jährliche Inflationsrate lässt sich errechnen, indem der aktuelle Wert des Verbraucherpreisindex mit dem Vorjahreswert verglichen wird. Basis ist also ein sog. *Laspeyres-Preisindex* mit festem Wägungsschema. Bei diesem Berechnungsverfahren wird insbesondere unterstellt, dass sich die Verbrauchsgewohnheiten der Konsumenten, also das Wägungsschema, über einen mehr oder weniger langen Zeitraum nicht verändern. Ein Warenkorb ist bei seiner Einführung normalerweise bereits vier Jahre, bei seiner Ablösung neun Jahre alt (derzeit wird ein Warenkorb aus dem Jahre 2000 als Basis verwendet). Dieses lange Festhalten an einem Warenkorb impliziert eine Reihe von möglichen Fehlerquellen bei der Inflationsmessung:

– Relativ teurer gewordene Güter werden von den Haushalten weniger nachgefragt. Dieser Effekt kann mit einem festen Wägungsschema nicht erfasst werden („*Product Substitution Bias*").

– Qualitätsverbesserungen werden nur unzureichend aus den Preiserhöhungen herausgerechnet („*Quality Change Bias*"). Gerade bei Dienstleistungen sind Qualitätsänderungen oft äußerst schwer auszumachen. Aber auch bei Waren, bei denen normalerweise einmal pro Jahr ein Modellwechsel stattfindet, wird eine oft schwierige Verknüpfung der Preisreihen für alte und neue Modelle erforderlich.

– Neue Produkte, deren Preise nach Markteinführung häufig fallen, werden erst mit einer Verzögerung von mehreren Jahren in die Preisbeobachtung einbezogen („*New Product Bias*"). Die Nichtberücksichtigung dieser Preissenkungen führt dazu, dass die Teuerung mit einem Warenkorb ohne die neuen Produkte überzeichnet wird.

– Wenn der Preisindex auf einer festen Auswahl von Berichtsstellen basiert, kommt hinzu, dass Strukturänderungen im Handel, die zu preisgünstigeren Einkaufsmöglichkeiten führen, unzureichend berücksichtigt werden („*Outlet Substitution Bias*").

Insgesamt kommt es in der amtlichen Statistik eher zu einer systematischen Überschätzung der tatsächlichen Inflationsrate. Untersuchungen für Großbritannien, die USA und Kanada kommen hier auf eine Spanne zwischen einem halben und eineinhalb Prozentpunkten pro Jahr. In Westdeutschland wird der durchschnittliche Fehler bei maximal drei Viertel Prozentpunkten pro Jahr gesehen. Vor allem Qualitätsänderungen der Produkte und neue Güter bereiten Probleme. Wird aber die Teuerung tendenziell zu hoch ausgewiesen, so hat dies zur Konsequenz, dass das reale Wachstum der Volkswirtschaft insgesamt, aber auch etwa die reale Zunahme der verfügbaren Haushaltseinkommen sowie der Arbeits-produktivität unterschätzt werden. Auch Leistungen, die an den Preisindex der Lebenshaltung gekoppelt sind, fallen „zu großzügig" aus.

Im Eurosystem konzentriert sich das Interesse vor allem auf den *Harmonisier-ten Verbraucherpreisindex* (HVPI), der vom Statistischen Amt der EU (*Eurostat*) berechnet wird. Grundlage dafür sind die auf harmonisierter Basis von den je-weiligen nationalen statistischen Ämtern erhobenen nationalen Preisindices. Allerdings unterscheidet sich wegen der unterschiedlichen Verbrauchsgewohn-heiten das Wägungsschema von Land zu Land. Die nationalen Indices gehen mit den entsprechenden Gewichten der einzelnen Mitgliedsstaaten der Europäi-schen Währungsunion am gesamten Privaten Verbrauch in der Währungsunion in den Gesamtindex ein. Bei der Konstruktion des HVPI hat Eurostat versucht, die Messfehler zu verringern bzw. zu beseitigen. Die Messfehler beim HVPI fallen deshalb möglicherweise geringer aus als bei den nationalen Verbraucherpreisin-dices.

Die *offizielle Inflationsrate* ist das Eine, die wahrgenommene oder *gefühlte In-flationsrate* das Andere. Die „gefühlte" Teuerungsrate bekommen die Menschen vor Ort beim Einkauf zu spüren. Sie berechnet ein Haushalt nicht im Rahmen einer umfassenden Bilanz am Ende des Monats, wie dies bei der „offiziellen" In-flationsrate der Fall ist, deren Warenkorb auf repräsentativen Einkommens- und Verbrauchsstichproben basiert. Es handelt sich also eher um die Wahrnehmung von Preisänderungen bei einzelnen, häufig gekauften Gütern. Wissenschaftliche Untersuchungen haben auch gezeigt, dass Verluste in der Wahrnehmung von Menschen stärker gewichtet werden als Gewinne. Wollte man die „gefühlte" Teuerungsrate messen, so dürfte man Kaufkraftverluste aufgrund von Preiser-höhungen nicht direkt mit Kaufkraftgewinnen aufgrund von Preissenkungen verrechnen.

2. Inflationserklärungen

Zunächst stellt sich die Frage, welche Ursachen Inflation hervorrufen können. In der Literatur findet sich hier eine Reihe unterschiedlicher Ansätze. In der folgen-den Übersicht wird zwischen den zwei Hauptausprägungen: Nachfragesog- und Angebotsdrucktheorien sowie deren Spezifikationen unterschieden. Eine Son-derstellung nimmt die sogenannte erwartungsinduzierte Inflation ein.[141]

---

[141] Soweit die Inflationsursache im Ausland ihren Ursprung hat, spricht man von importierter In-flation.

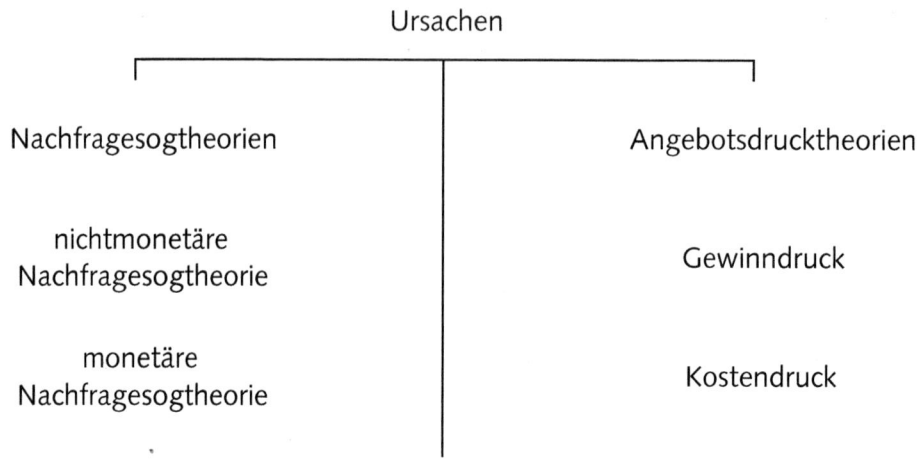

Abbildung XIII.1

2.1 Angebotsdrucktheorien

Den *Angebotsdrucktheorien* ist gemeinsam, dass die Anbieter die Preise heraufsetzen, ohne dass die Nachfrage diese Preiserhöhung gestatten müsste; die Anbieter nehmen also letztlich auch Absatzrückgänge in Kauf. Prinzipiell lassen sich in
diesem Zusammenhang drei Ansatzpunkte ausmachen: Gewinndruck, Kostendruck und erhöhte Steuer- und Abgabenbelastungen (administrierte Preise).

Die These eines *autonomen Gewinndrucks* beruht auf der Preissetzungsmacht
der Unternehmen. Für das Preisniveau (P) gilt also

$$(1) \qquad P = \frac{\ell}{\Omega}(1 + \gamma)$$

wobei ℓ der Nominallohn, Ω die Arbeitsproduktivität (Output pro Arbeitseinheit) ist und ℓ/Ω somit die Lohnstückkosten darstellen. γ ist ein bestimmter
Aufschlagssatz auf die Lohnstückkosten, mit dem die Nicht-Lohnkosten und
der Gewinn abgedeckt werden. Erhöhen die Unternehmen den Gewinnzu-
schlag, so steigt γ und damit das Preisniveau. Hieran zeigt sich, wie wichtig eine
Wettbewerbspolitik ist: Zum einen begrenzt intensiver Wettbewerb generell die
Preiserhöhungsmöglichkeiten auf Güter- und Faktormärkten. Zum anderen
zwingt er die Marktbeteiligten zu ständiger Leistungsverbesserung wie auch zu
flexibler Reaktion auf geänderte Angebots- und Nachfragebedingungen. Dies
wirkt produktivitätssteigernd (Ω steigt) und dämpft die Inflation.

Die These eines *Kostendrucks* fußt auf der Überlegung, dass Erhöhungen der
Faktorpreise für Kapital, Arbeit, etc., die von den Unternehmen nicht durch ent-

sprechende Produktivitätssteigerungen aufgefangen werden können, zu Stückkostenerhöhungen führen, die die Unternehmen in der Form von Preiserhöhungen an ihre Kunden weitergeben.

An erster Stelle ist der sog. Lohnkostendruck zu erwähnen.

$$(2) \qquad\qquad \ell = P^e\, f(u,z)$$

Der Nominallohn hängt vom erwarteten Preisniveau (P^e), von der Arbeitslosenquote (u) und von sonstigen Variablen ab, die in z zusammengefasst werden.

Wenn es den Gewerkschaften aufgrund ihrer Machtposition gelingt, Nominallohnsteigerungen durchzusetzen, die über den Produktivitätssteigerungen liegen, d. h. wenn die Lohnstückkosten (ℓ/Ω) steigen,[142] kommt es zu einem Anstieg des Preisniveaus (siehe Gleichung 1).

Eine zweite Quelle des Kostendrucks ist in steigenden Importpreisen zu sehen. Steigende Importpreise können auf zwei Ursachen zurückgehen: auf steigende Weltmarktpreise für die fraglichen Importgüter und auf die Entwicklung des Wechselkurses. Aufgrund der internationalen Arbeitsteilung kann vielfach, zumindest kurzfristig, auf bestimmte Importe (z. B. Rohstoffe) nicht verzichtet werden. Mangels Substitutionsmöglichkeiten schlagen Preiserhöhungen bei solchen Gütern dann auf das Inland durch. Generell stellt sich dieses Problem, wenn bei festen Wechselkursen die ausländische Inflationsrate die inländische übersteigt. Neben unmittelbar steigenden Importpreisen kann ein Überspringen der Preissteigerungen auf das Inland auch dadurch zustande kommen, dass die Exporteure die Preiserhöhungsmöglichkeiten auf ausländischen Märkten zum Anlass nehmen, auch im Inland die Preise zu erhöhen. In Gleichung 1 lässt sich der Anstieg der Nicht-Lohnkosten und/oder des Gewinnzuschlags über eine Erhöhung des Aufschlagsatzes γ erfassen.

Bei Wechselkursen, für die keine Absprachen existieren, die sich also am Markt frei herausbilden können („flexible Wechselkurse"), kommt die Wechselkursentwicklung als eigenständige Inflationsursache hinzu, wobei hier häufig zu beobachtende, starke Schwankungen der Wechselkurse das eigentliche Problem darstellen. Zur Analyse der Auswirkungen derartiger Wechselkursschwankungen auf das Preisniveau ist ein Maßstab erforderlich, um prüfen zu können, ob mit den Wechselkursbewegungen eine Über- bzw. Unterbewertung der jeweiligen Währungen verbunden ist. Hierzu wird weithin auf die *Kaufkraftparitätentheorie* zurückgegriffen, wonach Wechselkursänderungen auf die unterschiedlichen Inflationsraten zurückgehen. Wenn Wechselkursschwankungen nur zu einem

---

[142] Zur Ermittlung der Lohnstückkosten für die Gesamtwirtschaft ist es gebräuchlich, den Index der Bruttoeinkommen aus unselbständiger Arbeit je Beschäftigten mit dem Index des realen Bruttoinlandsprodukts je Erwerbstätigen in Beziehung zu setzen. Zu den Lohnkosten zählen auch die Lohnnebenkosten wie etwa Arbeitgeberanteile zur Renten- oder Krankenversicherung, für deren Höhe allerdings weithin der Staat und nicht die Tarifparteien verantwortlich sind.

Ausgleich unterschiedlicher Inflationsraten führen, bleibt der *reale Wechselkurs* unverändert. Sie ermöglichen eine Abkoppelung von der Inflationsentwicklung im Ausland, ohne dass durch die Wechselkursentwicklung selbst die internationale Wettbewerbsfähigkeit des jeweiligen Landes beeinflusst wird. Die in der Realität auftretenden starken Wechselkursschwankungen kommen aber keineswegs diesem Idealbild nahe. Vielmehr gehen sie weitgehend mit entsprechenden Veränderungen der realen Wechselkurse einher.

Kommt es beispielsweise zu einer realen Aufwertung, so hat dies eine Verbilligung der Einfuhrpreise zur Folge. Ob und mit welcher zeitlichen Verzögerung diese Preissenkungen an den Endverbraucher weitergegeben werden – also γ sinkt –, hängt zum einen von der Wettbewerbsintensität auf den einzelnen Märkten und zum anderen von der Art der importierten Produkte ab. Bei Fertigprodukten wird dies tendenziell schneller gehen als bei Vorleistungen, die erst im Inland weiterbearbeitet werden. Reale Abwertungen hingegen führen zu einer Verteuerung der Einfuhrpreise. Zu zusätzlichem Preisauftrieb kommt es, wenn die Exporteure ihre abwertungsbedingten Preiserhöhungsspielräume im Ausland zum Anlass nehmen, ihre Produkte auch im Inland zu verteuern.

Wie rasch reale Auf- und Abwertungen auf die inländischen Preise durchschlagen, hängt von der Wettbewerblichkeit der einzelnen Märkte sowie von der (erwarteten) Dauerhaftigkeit einer bestimmten Wechselkursbewegung ab. Eher unwahrscheinlich ist, dass sich aufeinander folgende Auf- und Abwertungsphasen in ihrer Gesamtwirkung auf das Ziel der Preisniveaustabilität ausgleichen, da die Preis- und Lohnflexibilitäten asymmetrisch sind, d. h. nach oben größer sind als nach unten. So werden Unternehmen eher dazu tendieren, die Preise nach wechselkursbedingten Einfuhrpreisverteuerungen zu erhöhen als sie infolge von Verbilligungen zu senken. Im letzten Fall steigt der Gewinn, da γ unverändert bleibt. Nahezu ausgeschlossen ist es, dass Importverbilligungen zu Nominallohnsenkungen führen, wohingegen Lohnzuschläge bei importpreisbedingten Preisniveauerhöhungen durchaus üblich sind, um Reallohneinbußen zu vermeiden (P^e und damit ℓ steigen in Gleichung 1). Starke Wechselkursschwankungen dürften also insgesamt zu einem Mehr an Inflation führen.

Schließlich kann außer von Kapitalkostensteigerungen (Zinserhöhungen) auch von einer Erhöhung der „*administrierten Preise*", also von staatlichen Preissetzungen, ein inflationärer Druck ausgehen (γ steigt infolge einer Erhöhung der Nicht-Lohnkosten). Zu denken ist bei letzteren an Erhöhungen von indirekten Steuern (z. B. Mineralölsteuer, Mehrwertsteuer) und an Gebühren und Preise, die von den Kommunen festgesetzt werden (z. B. für Wasser, Strom, Gas, öffentlichen Nahverkehr).

2.2 Erwartungsinduzierte Inflation

Mit *Inflationserwartungen* als eigenständiger Inflationserklärung ist gemeint, dass es genügt, Inflation zu erwarten, um sie entstehen zu lassen. Zwei Ansatzpunkte lassen sich hierbei unterscheiden. Einmal kann ein erwartungsinduzierter Nachfragedruck entstehen. Vermindern nämlich die Wirtschaftssubjekte ihre Kassenhaltung, um sie der Geldentwertung zu entziehen (Ökonomisierung der Kassenbestände), so kommt es über ein Ansteigen der Umlaufsgeschwindigkeit zu einer erhöhten monetären Nachfrage, was inflationsauslösend wirken kann. Andererseits ist aber auch ein erwartungsinduzierter Kostendruck nicht auszuschließen. In Erwartung einer bestimmten Inflationsrate kann es dann zu entsprechenden Preisanhebungen kommen, die die erwartete Inflationsrate durch ihre Antizipation auch eintreten lassen. Die Erwartung bestätigt sich selbst. Im Einzelnen sind hier insbesondere folgende Übertragungskanäle auszumachen:

- Lohnfindung

Kommt es (nachfragebedingt) zu höheren Inflationserwartungen, so schlagen diese sich auch in höheren Nominallohnforderungen der Gewerkschaften (Reallohnsicherung) nieder. Andererseits sind in einem solchen Fall aber auch die Arbeitgeber eher zu höheren Abschlüssen bereit, da diese dann annehmen, höhere Nominallöhne auch über höhere Preise überwälzen zu können (P^e und somit ℓ steigen in Gleichung 2, was über einen Anstieg der Lohnstückkosten (ℓ / Ω) gemäß Gleichung 1 zu einem steigenden Preisniveau (P) führt).

- Zinsbildung

Höhere Inflationserwartungen finden auch ihren Niederschlag in den langfristigen Zinsen, da die Anleger eine bestimmte Realverzinsung (Nominalverzinsung abzüglich erwarteter Inflationsrate) ihres Kapitals anstreben. Wird eine Beschleunigung der Inflation erwartet, so werden die Anleger bei gegebenem Kapitalmarktzinssatz nicht mehr bereit sein, ihre Mittel langfristig anzulegen. Durch diese Verknappung des Kapitalangebots steigt der Zinssatz und so die im Kapitalmarktzins enthaltene Inflationsprämie. Steigende Finanzierungskosten aber wirken preistreibend (aufgrund des Anstiegs der Nicht-Lohnkosten nimmt γ in Gleichung 1 zu, weshalb P steigt).

- Bewertung des Außenwerts

Höhere Inflationserwartungen können wegen befürchteter inflationsbedingter Exporteinbußen Abwertungserwartungen auslösen und so zur Vermeidung von Kursverlusten Kapitalabflüsse bewirken. Die Kapitalabflüsse wiederum verstärken den Abwertungsdruck. Eine Abwertung der Währung führt zu steigenden Importpreisen. Wiederum steigt P infolge der Erhöhung von γ.

Diese Preissteigerungen können wiederum über höhere Lohnforderungen zum Ausgleich der abwertungsbedingten Kaufkraftverluste weitere Kosten- und Preiserhöhungen nach sich ziehen usw. (P^e und somit ℓ steigen in Gleichung 2, was über einen Anstieg der Lohnstückkosten (ℓ/Ω) gemäß Gleichung 1 zu einem steigenden Preisniveau (P) führt).

2.3 Nachfragesogtheorien

Den *Nachfragesogtheorien* ist gemein, dass hier die gesamtwirtschaftliche Nachfrage über das Angebot hinausgeht, wodurch inflationärer Druck entsteht. Im Hinblick auf die Ursache, die dem Nachfragesog zugrunde liegt, ist jedoch zwischen einer monetären und einer nicht-monetären Nachfragesogtheorie zu unterscheiden. Während die eine das Geldangebot in den Mittelpunkt rückt, stehen bei der anderen die einzelnen gesamtwirtschaftlichen Nachfrageaggregate im Zentrum der Ursachenanalyse.

Während bei der monetären Nachfragesogtheorie der inflationäre Impuls beim nominalen Geldangebot M^s seinen Ausgang nimmt und auf die gesamtwirtschaftliche Nachfrage durchwirkt, setzt die nichtmonetäre Nachfragesogtheorie bei den einzelnen gesamtwirtschaftlichen Nachfrageaggregaten an, wobei eine monetäre Alimentierung ($M^s \cdot v$) als gegeben angesehen wird.

Die *monetäre Nachfragesogtheorie* („monetaristischer Ansatz") macht eine Erhöhung des nominalen Geldangebotes, welche über die Wachstumsrate der realen Produktionsmöglichkeiten hinausgeht, für Erhöhungen des Preisniveaus und, bei anhaltend überhöhtem Geldmengenwachstum, für Inflation verantwortlich. Wird das Geldangebot erhöht, so kommt es zu einem Geldmarktungleichgewicht ($M^S > M^D$), wodurch eine Störung des bisherigen Vermögensgleichgewichtes hervorgerufen wird; dieses Ungleichgewicht löst Anpassungsprozesse aus, die über den Mechanismus der *relativen Preise* auf die Nachfrage nach Konsum- und Investitionsgütern durchschlagen: Da bei der Erhöhung des Geldangebots der tatsächliche Kassenbestand den gewünschten übersteigt, werden die Wirtschaftssubjekte zunächst festverzinsliche Wertpapiere nachfragen. Hierdurch steigt deren Kurs und zugleich sinkt ihre Ertragsrate (Zins). Dies hat zur Folge, dass vorhandenes Sachkapital (z. B. Gebrauchtimmobilien) bei unveränderter Ertragsrate (interner Zinsfuß) relativ attraktiver und deshalb verstärkt nachgefragt wird; die nachfragebedingten Preissteigerungen dieser Aktiva lassen (bei gleich bleibenden Mieteinnahmen) deren Ertragsrate sinken. Schließlich verbleiben neu produzierte Konsum- und Investitionsgüter (z. B. Neubauten), deren Preis bisher noch unverändert und deren Ertragsrate somit noch relativ hoch ist. Mit verstärkter Nachfrage nach neu zu produzierenden Konsum- und Investitionsgütern steigt schließlich die gesamtwirtschaftliche Nachfrage und – bei begrenzten Produktionsmöglichkeiten – das Preisniveau.

Die Gültigkeit dieser Theorie ist vor allem an zwei Bedingungen geknüpft, die nach monetaristischer Überzeugung in der Realität vorliegen:

- Zumindest bei flexiblen Wechselkursen kann das nominale Geldangebot von den geldpolitischen Autoritäten (Regierung, Notenbank) bestimmt werden.

– Zum zweiten wird davon ausgegangen, dass die reale (nominale) Geldnachfrage in stabiler Beziehung zum realen (nominalen) Bruttoinlandsprodukt
  steht.

Der monetaristische Ansatz geht also von der Exogenität des nominalen Geldangebots – etwa gemessen anhand von M3 – aus. Ein exogen – von den währungspolitischen Instanzen – vorgegebenes Geldangebot trifft danach auf eine von den
Nichtbanken gewünschte, als stabil angesehene Geldnachfrage und löst, soweit es
davon abweicht, Anpassungsprozesse aus. M.a.W. Geldangebot und Geldnachfrage
werden unabhängig voneinander von unterschiedlichen Akteuren bestimmt. Falls
das Geldangebot von der real gewünschten Geldnachfrage abweicht, kommt es
über Veränderungen des Preisniveaus zu einer Anpassung des realen Geldangebots an die gewünschte Geldnachfrage. Konfrontiert man diese Argumentation
mit den tatsächlichen Abläufen im monetären Sektor, so zeigt sich, dass das (nominale) Geldangebot aber keineswegs von den währungspolitischen Instanzen
vorgegeben wird. Das Geldangebot resultiert vielmehr aus dem Zusammenspiel
zwischen Geschäfts- und Nichtbanken. Es ist also von der Geldnachfrage her
determiniert. Dies heißt aber auch, dass vom Geldangebot keine selbständigen
inflationären Impulse ausgehen können, da das Geldangebot Reflex der gewünschten Geldhaltung ist. Formal wirkt das Verhalten der Nichtbanken, also
die Geldnachfrage, und das der Geschäftsbanken über die Höhe der Geldbasis
und des Geldschöpfungsmultiplikators auf das Geldangebot (die Geldmenge)
ein. Dies bedeutet freilich nicht, dass die geldpolitischen Instanzen keine Verantwortung für inflationäre Prozesse trügen. Über die Festlegung der Konditionen,
zu denen sich die Geschäftsbanken bei der Notenbank refinanzieren können,
vermögen sie Einfluss auf die Ausgabeentscheidungen der Nichtbanken und damit auch auf die Höhe der Geldnachfrage der Nichtbanken zu nehmen. Drohen
beispielsweise die Ausgabenentscheidungen der privaten Wirtschaftssubjekte
und die hierzu erforderliche Geldmenge das Wachstum des realen Produktionspotentials zu überschreiten, kann die Zentralbank diesem sich abzeichnenden
inflationären Druck durch Anhebung der Notenbanksätze entgegenwirken. Auf
der anderen Seite kann die Notenbank einen monetären Nachfragesog erzeugen,
indem sie einen bewusst expansiven Kurs fährt, also reichlich Zentralbankgeld
zu niedrigen Zinssätzen anbietet, um die Ausgabeentscheidungen der Nichtbanken zu beflügeln.

Anders hingegen argumentiert die *nichtmonetäre Nachfragesogtheorie*. Im Mittelpunkt der Analyse stehen hier die einzelnen Nachfrageaggregate. Natürlich
stellt sich sofort die Frage, warum denn einzelne Komponenten der Gesamtnachfrage steigen sollen, ohne dass etwa Einkommensänderungen oder monetäre Anreize diese Erhöhungen ausgelöst haben. Folgende Plausibilitätsüberle-
gungen sprechen für solche Möglichkeiten:

– Wahlgeschenke und Aufblähungen des Staatsapparats führen zu inflationär
  wirkenden Ausgabenschüben.

– Die private Konsumgüternachfrage könnte steigen aufgrund von Veränderungen der Konsumneigung, der Einkommens- und Vermögensverteilung sowie der Bevölkerungsentwicklung.

– Technische Neuerungen, Konkurrenzdruck sowie verbesserte Zukunftserwartungen können zu inflationären Ausgabenschüben bei der privaten Investitionsgüternachfrage führen.

– Schließlich ist die Nettoauslandsnachfrage als Inflationsverursacher ins Kalkül zu ziehen. Etwa dann, wenn bei festen Wechselkursen das Ausland stärker als das Inland inflationiert oder dort die Einkommen schneller zunehmen und dadurch die Exporte steigen, die Nachfrage nach inländischen Produkten somit zunimmt. Inflationäre Effekte können auch entstehen, wenn bei flexiblen Wechselkursen kapitalbilanzinduzierte Wechselkursabwertungen einen Nachfrageschub aus dem Ausland auslösen. Der Fall einer nachfrageseitig verursachten Inflation lässt sich in Schaubild XIII.2 verdeutlichen.

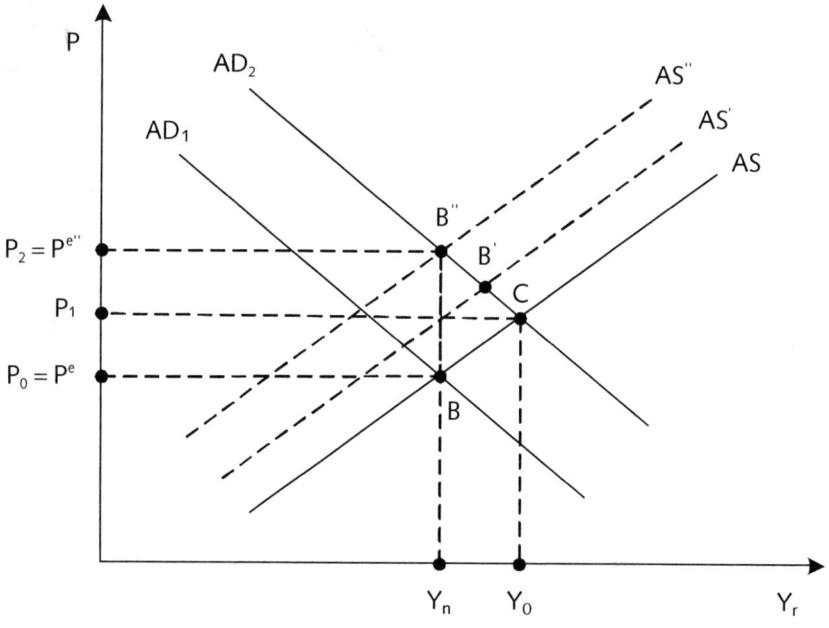

Abb. XIII.2

Im Ausgangsgleichgewicht befinden wir uns in Punkt B. Nun soll es zu einem Anstieg der gesamtwirtschaftlichen Nachfrage von AD_1 auf AD_2 kommen. Wie bereits im vorigen Kapitel (XII.3.) erläutert wurde, führt dieser Nachfrageanstieg im Wechselspiel mit dem Arbeitsmarkt zu temporären Produktions- und Beschäftigungserhöhungen (B → C). Änderungen des Preisniveaus (P_0 → P_1) und daraus resultierende Erhöhungen der Preiserwartungen und der Nominallöhne münden aber schließlich in B" wieder in die natürlichen Niveaus von Produktion und Beschäftigung (bzw. Arbeitslosigkeit).

Zur Klärung inflationärer Prozesse können obige Ansätze jedoch nur dann herangezogen werden, wenn sie nicht nur eine einmalige, sondern eine anhaltende Nachfrageänderung bewirken, da es nur in diesem Fall zu fortwährenden Preiserhöhungen kommt. Zum anderen muss eine monetäre Alimentierung gewährleistet sein. Eine monetäre Alimentierung kann sich dabei aus zwei Quellen speisen: zum einen aus einer Ausweitung der Geldmenge, zum anderen durch eine steigende Umlaufgeschwindigkeit, wobei – bei gegebener Technik im Zahlungsverkehr – letzteres allerdings nur in engen Grenzen möglich ist. Eine Ausweitung der Geldmenge wiederum stößt dann an ihre Grenzen, wenn die Notenbank dies nicht mehr toleriert und mit zinspolitischen Maßnahmen gegenhält.

Im Hinblick auf die Realität ist hier aber auch auf das Zusammenwirken der bisher geschilderten Inflationsursachen zu verweisen. Ursprünglich nachfrage- oder angebotsinduzierte Preisniveauerhöhungen können über einen entsprechenden Einfluss auf die Inflationserwartungen zu einem sich selbsterhaltenden inflationären Prozess führen. Lehrreich für ein solches Zusammenspiel verschiedener Inflationsursachen sind die Erfahrungen, die nach der deutschen Wiedervereinigung gemacht wurden, wobei der inflationäre Anstoß im Wesentlichen von einer stark steigenden Staatsverschuldung ausgelöst wurde:[143]

Die Staatsverschuldung erhöhte sich von 990 Mrd. DM im Juni 1990 auf 1900 Mrd. DM zum Jahresende 1994. Die Nettokreditaufnahme stieg sprunghaft an, und zwar von 10 Mrd. DM im Jahre 1989 (nur Westdeutschland) über 135 Mrd. DM im Jahre 1991 auf den Spitzenwert von 180 Mrd. DM im Jahre 1993 (jeweils für Gesamtdeutschland). Hinzu kam die Schuldübernahme im Rahmen der Währungsunion, die eine wesentliche Voraussetzung für die Entfaltung kaufkräftiger Nachfrage in den neuen Bundesländern war. All dies führte zu einer merklichen Belebung der gesamtwirtschaftlichen Nachfrage, die auf eine gegen Ende der 80er Jahre bereits stark gestiegene Kapazitätsauslastung in Westdeutschland stieß. Die angesichts der guten Ertragslage der Unternehmen hohen Lohnabschlüsse führten in den Jahren 1991 und 1992 zu einem sprunghaften Anstieg der Lohnstückkosten. Inflationstreibend wirkten ferner Anhebungen indirekter Steuern. Die Folge von Nachfrage- und Kostenentwicklung war eine deutliche Beschleunigung der Inflationsrate von 2,8 % im Jahre 1989 auf 4,2 % im Jahre 1993. Zwar hätten von der Finanzierungsseite durch Kreditfinanzierung und Emission von Staatsanleihen zinsbedingte *crowding-out-Effekte* ausgehen können, doch durch die monetäre Alimentierung blieben diese Bremswirkungen aus. Dieser Sachverhalt wird einmal dadurch charakterisiert, dass bei der staatlichen Inanspruchnahme des Kapitalmarktes in Höhe von 850 Mrd. DM (1990–1993) zur gleichen Zeit vom Ausland 450 Mrd. DM zuflossen. Zum anderen wird

---

[143] Vgl. hierzu auch Ruckriegel, K., Staatsverschuldung als Auslöser inflationärer Prozesse, in: WISU, 24. Jg. (1995), S. 578–581.

die monetäre Alimentierung von der Geldmengenentwicklung unterstrichen. Bewegte sich diese 1989 noch im von der Bundesbank anvisierten Korridor, erreichte sie in den Jahren 1990 und 1991 jeweils den oberen Rand, um in den beiden folgenden Jahren in deutlichen Zielüberschreitungen einzumünden. Insbesondere 1992 wurde die Zielgröße von 3,5% bis 5,5% mit 9% drastisch überschritten. Vermutlich haben das – historisch nicht ungerechtfertigte – Vertrauen auf einen gleichwohl stabilitätsorientierten geldpolitischen Kurs der Bundesbank, möglicherweise aber auch investitionsdämpfende Wirkungen befürchteter zukünftiger Steuererhöhungen dafür gesorgt, dass die tatsächliche Inflationsentwicklung sich nicht in entsprechenden Inflationserwartungen verfestigte.

Es ist ein wichtiges Ziel moderner Notenbankpolitik, Einfluss auf die Inflationserwartungen zu nehmen und sie auf einem niedrigen Niveau zu stabilisieren. Das Eurosystem gibt daher im Rahmen seiner Strategie auch eine bestimmte Inflationsrate (eine Preisnorm) vor, die bei einem Anstieg des HVPI (Harmonisierter Verbraucherpreisindex) knapp unter 2% liegt. Für die Erwartungsstabilisierung unverzichtbar ist allerdings, dass die Notenbank ein hohes Maß an Glaubwürdigkeit genießt. Dies setzt voraus, dass sie glaubhaft Ankündigungen auch Taten folgen lassen kann. Hierfür spielt das „institutionelle Design", d.h. die Frage der Unabhängigkeit der Zentralbank eine wesentliche Rolle.[144]

3. Inflationswirkungen

Bei den Inflationswirkungen kann zwischen binnenwirtschaftlichen Beschäftigungs-, Verteilungs- und Wachstumswirkungen einerseits und außenwirtschaftlichen Wirkungen andererseits unterschieden werden. Die Wirkungen sind jedoch interdependent.

3.1 Beschäftigungswirkungen

Im Rahmen der Beschäftigungswirkungen konzentriert sich die Diskussion auf den Verlauf der sog. *Phillips-Kurve* und damit auf die Frage, inwieweit sich mit Hilfe inflationärer Prozesse die Arbeitslosigkeit vermindern lässt. Die Phillips-Kurve hatte in ihrer ursprünglichen Gestalt keinen unmittelbaren Bezug zur Inflation. A.W. Phillips hatte die Entwicklung von Nominallöhnen und Arbeitslosigkeit gegenübergestellt und dabei einen inversen Zusammenhang gefunden. Dies heißt freilich nicht, dass die Arbeitslosigkeit durch sehr niedrige Nominallohnsteigerungen vergrößert bzw. durch kräftige Erhöhungen verringert werden könnte. Vielmehr spiegelt der inverse Zusammenhang die unterschiedliche Verhandlungsstärke von Gewerkschaften in Abhängigkeit der Arbeitsmarktsituation

---

[144] Zum „institutionellen Design" des Eurosystems und zu seiner Bedeutung für die Geldpolitik vgl. Görgens, E., Ruckriegel, K., Brauchen wir eine Zentralbank – und was braucht eine Zentralbank? WiSt, Heft 4/2006, S. 194–199.

wider: Bei niedriger Arbeitslosenquote können höhere Lohnsteigerungen durchgesetzt werden als bei hoher Arbeitslosenquote (siehe Kap. XII). Für das Ausmaß der Arbeitslosigkeit und damit auch für die Verhandlungsstärke der Gewerkschaften kommt wiederum der Gesamtnachfrageentwicklung maßgebliche Bedeutung zu.

Der Inflationsbezug wurde erst mit der *modifizierten Phillips-Kurve* hergestellt. Sie unterscheidet sich von der *ursprünglichen Phillips-Kurve* dadurch, dass der Arbeitslosenquote anstatt der Nominallohnzuwachsrate die Inflationsrate gegenübergestellt wird. Dieser Änderung liegt der einfache Sachverhalt zugrunde, dass bei Nominallohnerhöhungen, die den Arbeitsproduktivitätsfortschritt überschreiten, die Lohnstückkosten steigen. Von den Lohnstückkostenerhöhungen wird wiederum angenommen, dass sie mittels Aufschlagskalkulation die Inflation entsprechend beschleunigen.

Die inverse Beziehung zwischen Inflationsrate und Arbeitslosenquote in der modifizierten Phillips-Kurve legte eine wirtschaftspolitische Wahlmöglichkeit zwischen Preisniveaustabilität und Vollbeschäftigung nahe: Eine geld- und fiskalpolitische Erhöhung der Gesamtnachfrage wird zwar die Inflation beschleunigen, jedoch zugleich einen Beitrag zum Abbau der Arbeitslosigkeit leisten. Umgekehrt ist eine erfolgreiche Inflationsbekämpfung mit erhöhter Arbeitslosigkeit zu bezahlen.

Empirische Untersuchungen zeigten jedoch, dass es eine im Zeitablauf stabile (modifizierte) Phillips-Kurve und mithin den trade-off zwischen Preisniveaustabilität und Vollbeschäftigung nicht gibt. Dies ist allerdings auch nicht erstaunlich, wenn man von der im Rahmen des klassischen Arbeitsmarktmodells üblichen Überlegung ausgeht, dass das Arbeitsangebot positiv und die Arbeitsnachfrage negativ mit der Reallohnentwicklung korrelieren. So sind die die Arbeitsnachfrage stimulierenden Reallohnsenkungen im Theoriezusammenhang der modifizierten Phillips-Kurve schwer konstruierbar, da sich hier die Inflation als Differenz zwischen Nominallohn- und Arbeitsproduktivitätsentwicklung ergibt, Reallohnsenkungen also nur im seltenen Fall absoluter Arbeitsproduktivitätsrückschritte zustande kommen. Hinter der Arbeitsproduktivitätsentwicklung herhinkende Nominallohnerhöhungen helfen auch nicht weiter, weil die Differenz sich nun in Preissenkungen niederschlagen müsste. Aber selbst wenn man sich von der engen Verknüpfung von Lohnstückkosten und Inflation löst, weil der Aufschlagssatz auf die Lohnstückkosten in Abhängigkeit von der Marktmachtposition und der Nachfrageentwicklung schwanken dürfte, ist allenfalls ein temporärer Beschäftigungseffekt zu erwarten. Diese auf *Milton Friedman* und *Edmund Phelps* zurückgehende Kritik soll an einem einfachen Beispiel erläutert werden (Abb. XIII.3).[145]

---

[145] Vgl. zum Folgenden auch die Ausführungen zur kurzfristigen (preiselastischen) und langfristigen (preisunelastischen/vertikalen) AS-Kurve in Kap. XII – wo allerdings anstatt auf Änderungen der Inflationsrate vereinfachend auf Veränderungen des Preisniveaus abgestellt wurde.

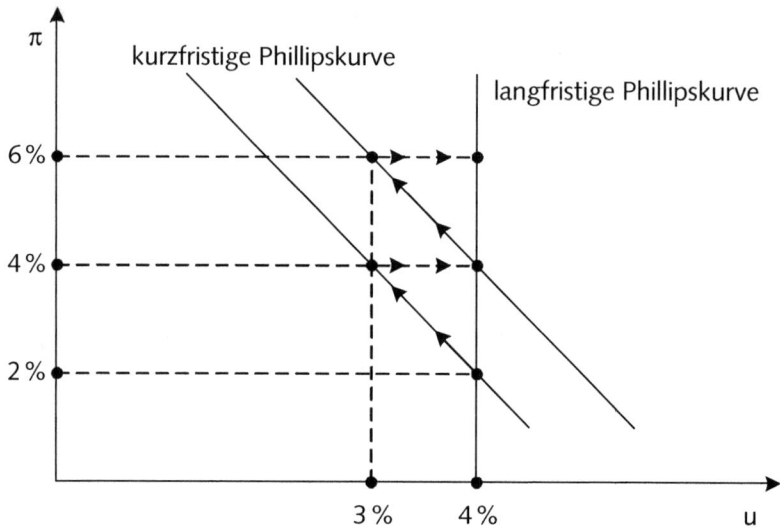

Abbildung XIII.3

In der Ausgangssituation sei eine Inflationsrate (π) von 2% und eine Arbeitslosenquote (u) von 4% gegeben. Diese Arbeitslosenquote von 4% soll der sog. *„natürlichen Arbeitslosenquote"* entsprechen. Die Steigerung des Nominallohnes sei in dieser Ausgangssituation ebenfalls 2%; sie gleicht somit gerade den Inflationsverlust aus. Von Produktivitätssteigerungen soll hier vereinfachend abgesehen werden. Expansive wirtschaftspolitische Maßnahmen mögen nun Spielräume für Preis- und Nominallohnerhöhungen eröffnen. Für mögliche Beschäftigungswirkungen ist entscheidend, dass die Erwartungen der Unternehmen von denen der Arbeitnehmer abweichen. Angenommen die Nominallöhne steigen als Folge der Nachfragebelebung um 3% und die Unternehmen erhöhen angesichts der guten Absatzlage den Aufschlagssatz auf die Lohnstückkosten so, dass sich letztlich eine Inflationsrate von 4% ergibt. In diesem Fall sinkt der Reallohn und die Unternehmen dehnen die Beschäftigung aus. Bilden die Arbeitnehmer hingegen ihre Inflationserwartungen aufgrund der Vergangenheit (*adaptive Erwartungsbildung*) und gehen sie weiterhin von einer Inflationsrate von 2% aus, so ist aus ihrer Sicht der Reallohn angestiegen; sie erhöhen ihr Arbeitsangebot. Beides führt also dahin, dass die Beschäftigung steigt und die Arbeitslosenquote sinkt.

Gleichwohl sind die möglichen Beschäftigungswirkungen nur vorübergehender Natur. Wenn die Arbeitnehmer bemerken, dass der tatsächliche Preisniveauanstieg über dem erwarteten liegt und tatsächlich keine Reallohnerhöhung, sondern sogar eine Reallohnsenkung stattfand, werden sie die Erhöhung des Arbeitsangebots wieder rückgängig machen. Dies führt bei der durch die expansive Wirtschaftspolitik erhöhten Arbeitskräftenachfrage zu Nominallohnerhöhungen, die die erhöhte Inflationsrate ausgleichen. Am Ende des Prozesses ist die Arbeitslosenquote wieder auf das alte „natürliche" Niveau gestiegen bei einer Beschleunigung der Inflationsrate von 2 % auf 4 %. Lediglich durch eine weitere Beschleunigung der Inflation lässt sich in Zukunft wieder ein temporärer Beschäftigungseffekt erzielen. Die Beschleunigung (bezogen auf das Beispiel: über 4 %) ist deshalb erforderlich, weil die „alte" Inflationsrate von 4 % die aktuellen Erwartungen bestimmt (*Akzelerationshypothese*). Gehen die Arbeitnehmer hingegen von ihrer vergangenheitsbezogenen, d. h. adaptiven Erwartungsbildung ab und gelingt es ihnen, die tatsächlich eintretende Inflationsrate richtig abzuschätzen und diese Preiserwartungen in den Lohnverhandlungen erfolgreich geltend zu machen, so kann nicht einmal kurzfristig ein Beschäftigungseffekt auftreten, weil Reallohnsenkungen demgemäß unterbleiben. Es ergibt sich nur noch eine Bewegung auf der langfristigen Phillips-Kurve.[146] Lediglich eine nicht antizipierbare Überraschungsinflation könnte hier eine (temporäre) Beschäftigungserhöhung bewirken.

Die Zusammenhänge seien nochmals in anderer Form verdeutlicht, in der die Inflationsrate (π) zur Änderung der Arbeitslosenquote in Beziehung gesetzt wird:

$$\pi_t = - \alpha \, (u_t - u_n).$$

Die Senkung der aktuellen Arbeitslosenquote (u_t) unter die natürliche (u_n) etwa infolge expansiver Geldpolitik erhöht via höherer Lohnforderungen die Inflationsrate. Dies ist die im obigen Zahlenbeispiel dargestellte – und allenfalls als vorübergehendes Phänomen gültige – kurzfristige Phillips-Kurve. Geht man jedoch davon aus, dass ein inflationäres Umfeld Inflationserwartungen erzeugt, die von der aktuellen Inflation abweichen, wird die Inflationsrate nicht nur von der Veränderung der Arbeitsmarktsituation, sondern – von exogenen Schocks sei abgesehen – auch von den Inflationserwartungen, die die Lohnforderungen mit bestimmen, abhängen. Es ergibt sich die um Inflationserwartungen (π^{erw}) erweiterte Phillips-Kurve.

$$\pi_t = \pi^{erw} - \alpha \, (u_t - u_n).$$

Geht man vereinfachend davon aus, dass die Inflationserwartungen der vorangegangenen Inflation entsprechen ($\pi^{erw} = \pi_{t-1}$), lautet die Beziehung

---

[146] Der – zumindest langfristig – vertikale Verlauf der Phillips-Kurve wird von einigen Autoren (Tobin, Akerlof u. a.) für den Bereich sehr niedriger Inflationsraten in Zweifel gezogen. Niedrige Inflationsraten würden als Schmiermittel zur Senkung der Reallöhne dienen, um die negativen Beschäftigungseffekte nach unten starrer Nominallöhne abzumildern. Das Herunterdrücken einer Inflationsrate von drei oder zwei Prozent auf ein noch niedrigeres Niveau würde danach zu deutlichen Beschäftigungseinbußen führen. Die Phillips-Kurve würde – bildlich gesprochen – im Bereich niedriger Inflationsraten nach rechts abknicken. Diese Argumentation krankt vor allem daran, dass bei steigender Arbeitsproduktivität auch bei nach unten starren Nominallöhnen die Lohnstückkosten sinken. Da auf längere Sicht von steigender Arbeitsproduktivität ausgegangen werden kann, entstehen auch bei absolut starren Nominallöhnen Spielräume zur Beschäftigungserhöhung. (Zu einer theoretischen und empirischen Kritik siehe Issing, O., Why price stability?, in: Herrero, A.G./Gaspar, V./Hoogduin, L./Morgan, J./Winkler, B. (Ed.), First ECB Central Banking Conference, Frankfurt 2001, S. 190 f.).

$$\pi_t - \pi_{t-1} = - \alpha \, (u_t - u_n).$$

Eine Veränderung der Arbeitslosenquote bestimmt jetzt nicht die Inflationsrate, sondern die Veränderung der Inflationsrate. Bei einem Wert von 2,0 für α und 4 % für u_n würde eine expansive Wirtschaftspolitik, die die Arbeitslosenquote auf 3 % drückt, die Inflationsrate um zwei Prozentpunkte erhöhen. Wenn u_t und u_n übereinstimmen, bliebe die Inflationsrate stabil. Die *natürliche Arbeitslosenquote* wird zur *NAIRU* (Non Accelerating Inflation Rate of Unemployment) bzw. zur *inflationsstabilen Arbeitslosenquote*. Eine über der „natürlichen Arbeitslosenquote" liegende Arbeitslosigkeit dämpft die Inflation; im anderen Fall wird die Inflation beschleunigt. Die Arbeitslosenquote könnte also als Maßgröße möglicher Inflationsgefahren dienen. Der Informationswert der NAIRU darf jedoch nicht überbewertet werden. Zum einen lassen sich nur Schätzungen der „natürlichen Arbeitslosenquote" vornehmen, die naturgemäß mit Unsicherheiten behaftet sind. Zum anderen kann nicht von einer zeitlich stabilen „natürlichen Arbeitslosenquote" ausgegangen werden.

Selbst wenn eine inflatorische Nachfrageexpansion zutreffend antizipiert wird und sie daher letztlich ungeeignet ist, die „natürliche Arbeitslosigkeit" zu verringern, so bedeutet dies nicht, dass diese Arbeitslosigkeit kampflos hingenommen werden müsste. Die beschäftigungspolitischen Maßnahmen müssen jedoch bei den Ursachen ansetzen, und zwar durch verbesserte Information über die Arbeitsmarktbedingungen, Förderung der Arbeitskräftemobilität und flexiblere Arbeitsmarktinstitutionen.

3.2 Verteilungswirkungen

Im Rahmen der Verteilungswirkungen werden insbesondere drei Thesen diskutiert: die Benachteiligung der Arbeitnehmer (Lohn-Lag-Hypothese), die Umverteilung zu Lasten der Transfereinkommensbezieher sowie die Benachteiligung von Gläubigern (Gläubiger-Schuldner-Hypothese).

Der *Lohn-Lag-Hypothese* liegt die Überlegung zugrunde, dass Nominallohnerhöhungen hinter Preisniveauerhöhungen herhinken würden, so dass die abhängig Beschäftigten zumindest temporäre Inflationsverlierer, die Unternehmen entsprechende Inflationsgewinner seien. Dies setzt jedoch zum einen voraus, dass bei den Lohnverhandlungen die zukünftige Inflationsrate nicht zutreffend antizipiert wird, zum anderen darf nicht der Inflationstypus einer lohnkosteninduzierten Angebotsdruckinflation vorliegen, da hier ja quasi automatisch die Nominallohnerhöhungen mit den Preisniveauerhöhungen einhergehen, wenn nicht gar zeitlich vorgelagert sind. Insgesamt dürfte die Einkommensverteilung zu Lasten der Arbeitnehmer durch Inflation unter den heutigen institutionellen Bedingungen und Informationsmöglichkeiten nicht von durchschlagendem Gewicht sein.

Eine durch Inflation bedingte Benachteiligung der Transfereinkommensbezieher (insbesondere der Rentner) liegt dann vor, wenn deren Bezüge allenfalls verzögert an die Inflation angepasst werden. Insbesondere vor dem Hintergrund, dass die Entscheidung hierüber weitgehend im politischen Raum getroffen wird und dass sich ein Einsetzen für diese Gruppe als äußerst stimmenwirksam niederschlagen kann, ist diese These auf längere Sicht nicht aufrechtzuerhalten. Erstmals in den letzten Jahren lassen sich in Deutschland Realeinkommenseinbußen bei den Rentenbeziehern konstatieren. Wenn bei Betriebsrenten die Inflationsanpassung nur zögerlich erfolgt, sind die behaupteten Verteilungswirkungen nicht von der Hand zu weisen.

Ausgangspunkt der sog. *Gläubiger-Schuldner-Hypothese* bildet die Überlegung, dass durch Inflation der Realwert von Forderungen und Verbindlichkeiten sinkt. Der Schuldner scheint also begünstigt zu werden. Dies setzt aber voraus, dass die zukünftige Inflationsrate sich nicht zutreffend in der Höhe des Nominalzinssatzes widerspiegelt bzw. keine Zinsanpassung während der Laufzeit des Kontraktes vorgesehen ist. Da in einem inflationären Umfeld exakte Prognosen der Inflationsrate über Jahre hinweg kaum möglich sind, werden die Kapitalgeber entweder hohe Risikozuschläge für langfristiges Kapital fordern oder nur noch kurzfristige Mittel bereitstellen bzw. auf Zinsgleitklauseln drängen. Während im ersten Fall viele Investitionsvorhaben bereits am hohen Marktzinssatz scheitern, wird im zweiten Fall die Investitionskalkulation mit zusätzlichen Unsicherheitselementen belastet. Beides aber wirkt tendenziell investitions- und wachstumshemmend. In dieselbe Richtung geht, dass die Angst vor inflationsbedingten Vermögenseinbußen insgesamt die Ersparnisbildung beeinträchtigen kann.

3.3 Wachstumswirkungen

In der Diskussion möglicher Wachstumswirkungen der Inflation finden sich empirisch fundierte Hinweise, dass inflationäre Prozesse mit Verzerrungen der Preise einhergehen, die nicht nur eine Zunahme der allgemeinen Investitionsrisiken bedeuten, sondern zugleich strukturelle Verzerrungen bei der Investitionstätigkeit hervorrufen können. So kann das Bemühen der Wirtschaftssubjekte, ihr Kapital in möglichst inflationsgeschützten Bereichen anzulegen, Fehlinvestitionen verursachen. Dies trifft etwa zu, wenn im Vertrauen auf überdurchschnittliche Preissteigerungen in den Neubau von Wohnungen investiert wurde, die spekulativen Preiserwartungen von der tatsächlichen Nachfrage aber nicht honoriert werden. Nach Abebben der Inflation wird die Fehlinvestition offenkundig.

Die Zunahme der Unsicherheit bei Investitionsentscheidungen beruht auf der Überlegung, dass inflationäre Prozesse sich nicht im selben Ausmaß auf alle Güter- und Faktorleistungen auswirken. Die Inflation bewirkt eine Verzerrung der Preisstruktur im marktwirtschaftlichen System. Beobachtbare Veränderungen der Preise sind dann nicht mehr ohne weiteres auf realwirtschaftlich bedingte Knappheitsveränderungen zurückzuführen, sondern können genauso gut inflationsbedingt sein; in diesem Falle signalisieren Veränderungen der relativen Preise nicht mehr Informationen über realwirtschaftlich bedingte Knappheitsänderungen, was zu Fehlentscheidungen im marktwirtschaftlichen System und somit zur Fehlallokation führt. Deutlich zutage treten diese Strukturverzerrungen selbstverständlich erst nach Überwindung der Inflation.

Die Inflation kann noch aus einem weiteren Grund wachstumshemmend sein. Wird eine inflatorisch wirkende Politik der Nachfrageexpansion betrieben, haben die meisten Unternehmen keine Absatzprobleme. Die Sorgfalt bei der Kontrolle der Investitionsentscheidung wird beeinträchtigt, und zwar sowohl bei den investierenden Unternehmen als auch bei den Kredit gewährenden Banken. Die inflatorische Politik begünstigt mithin Kapitalverschwendung; die Kapitalproduktivität sinkt und drückt auf das Wirtschaftswachstum.

Wachstumsschädlich wirken auch der Ressourcenverbrauch zur Absicherung gegen Inflation (*Schuhsohlen-Kosten*: Ressourcenverbrauch aufgrund einer inflationsbedingten Verringerung der Kassenhaltung und Suche nach möglichst inflationsfreien Anlagen; *Speisekarten-Kosten*: Ressourcenverbrauch durch häufige Änderungen von Preislisten) sowie anreizschädliche Verzerrungseffekte durch das Steuer- und Sozialsystem (Progression).[147]

Empirische Untersuchungen legen die Vermutung nahe, dass die negativen Wachstumsfolgen der Inflation sich kaum bemerkbar machen, wenn die Inflationsraten sich auf dem niedrigen Niveau von etwa 3 % bis 4 % bewegen („schleichende Inflation"). Bei deutlich höheren Inflationsraten schlagen die negativen Folgen jedoch durch. Da Inflationen erfahrungsgemäß den Keim der Selbstbeschleunigung in sich tragen, erscheint eine frühzeitige Bremsung inflatorischer Prozesse erforderlich.

3.4 Beeinträchtigung der internationalen Wettbewerbsfähigkeit

Bisher wurden nur binnenwirtschaftliche Auswirkungen der Inflation betrachtet. Bezieht man das Ausland ein, so tritt eine weitere negative Auswirkung von Preisniveausteigerungen in Erscheinung. Infolge der steigenden inländischen Güterpreise sinkt nämlich die internationale Wettbewerbsfähigkeit der Volkswirtschaft. Das ist jedenfalls dann der Fall, wenn die Preise im Inland schneller als im Ausland steigen und die Wechselkurse stabil gehalten werden. Die Ausländer müssen dann bei den gegebenen Umtauschkursen mehr für inländische Waren und Dienstleistungen bezahlen.

Im Falle flexibler Wechselkurse wird die inflationsbedingte Beeinträchtigung des Exports durch Abwertung der eigenen Währung gebremst. Der Leistungsbilanzausgleich – vom Kapitalverkehr sei vereinfachend abgesehen – erfolgt partiell aber auch über die Importseite, weil zu importierende Konsumgüter oder Vorprodukte der Unternehmen durch die Abwertung teurer werden. Diese höheren Konsumgüterpreise und Produktionskosten belasten aber die einheimische Wirtschaft.

---

[147] Neuere empirische Untersuchungen hierzu finden sich in Feldstein, M. (Hrsg.), The Costs and Benefits of Price Stability, Chicago u. a. 1999.

Kapitel XIV
Konjunkturschwankungen und Wirtschaftswachstum

Mit der Erörterung von Inflationsursachen und -folgen im vorangegangenen Kapitel und den dort aufgezeigten möglichen Beschleunigungseffekten durch Wechselwirkungen von Nachfragesog- und Kostendruckelementen im Zeitablauf wurde zugleich beispielhaft die zeitliche Dimension ökonomischer Prozesse angesprochen. Diese dynamische Perspektive ist konstitutiv für die Analyse zweier wirtschaftstheoretisch wie wirtschaftspolitisch sehr wichtiger Problemfelder, auf die noch kurz eingegangen werden soll: Konjunkturschwankungen und Wirtschaftswachstum.

Konjunktur und Wachstum sind miteinander verknüpfte Phänomene, was schon daraus hervorgeht, dass zur empirischen Erfassung gesamtwirtschaftliche Produktions- und Einkommensgrößen herangezogen werden und jeweils deren Veränderung im Zeitablauf interessieren. Der entscheidende Unterschied liegt im zeitlichen Horizont theoretischer Erklärung wie auch wirtschaftspolitischer Orientierung. Die (kurzfristigen) Schwankungen wirtschaftlicher Aktivität innerhalb eines Zeitraums von etwa vier bis fünf Jahren sind Objekt der Konjunkturtheorie und -politik. Die (langfristigen) Entwicklungen über mehrere Konjunkturzyklen hinweg sind Gegenstand der Wachstumstheorie und -politik.

1. Konjunkturschwankungen

Das Konjunkturphänomen lässt sich am einfachsten durch ein idealtypisches Schema des Konjunkturverlaufs verdeutlichen.

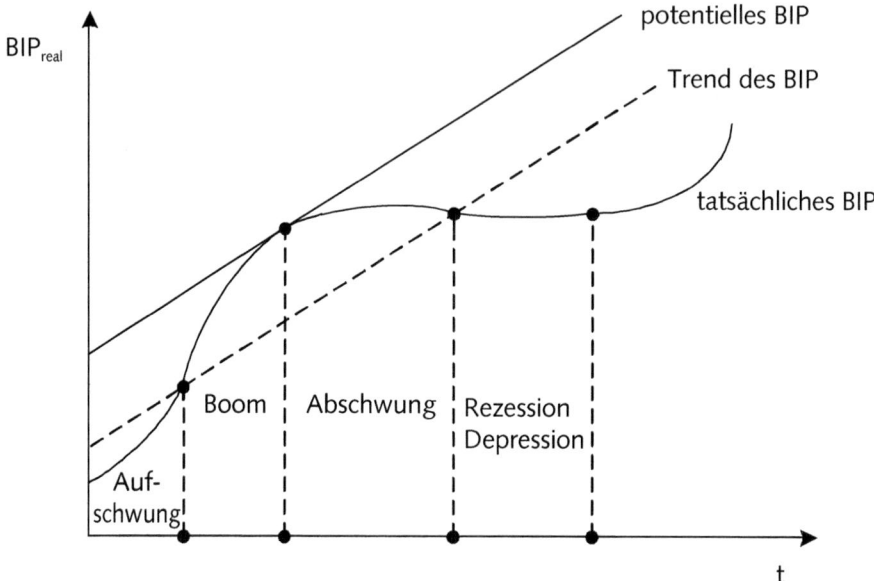

Abbildung XIV.1

In der Realität sind weder ein derartiger linearer Anstieg des Produktionspotentials noch solch gleichförmige Schwankungen des tatsächlichen Bruttoinlandsprodukts anzutreffen. Die typisierende Darstellung erlaubt jedoch durchaus die Erfassung der Charakteristika von Konjunkturzyklen. Wie aus der Abbildung hervorgeht, lassen sich *Konjunkturschwankungen* als Schwankungen der Auslastung des Produktionspotentials oder auch als Schwankungen der tatsächlichen Produktion um den langfristigen Produktionstrend erfassen. Ein weiteres, wegen seiner leichten Verfügbarkeit sehr verbreitetes, Messverfahren hebt auf die prozentualen (jährlichen) Veränderungsraten des realen Bruttoinlandsprodukts ab.

Bei der Unterteilung des gesamten Konjunkturzyklus sind die wiedergegebene Vierteilung und die Phasenbezeichnungen vorherrschend. Die Richtungsänderungen konjunktureller Entwicklung vom Boom zum Abschwung und von der Rezession zum Aufschwung werden – mathematisch nicht korrekt – als *Wendepunkte* bezeichnet. Als Bezugsgröße zur Beschreibung des Konjunkturverlaufs dient vornehmlich die Entwicklung des Bruttoinlandsprodukts, und zwar des realen, um mögliche Verzerrungen durch inflatorische Prozesse auszuschalten. So wird üblicherweise in der Boomphase, wo die Grenzen der *Kapazitätsauslastung* erreicht sind, auch eine Inflationsbeschleunigung beobachtbar sein. Eine Beschleunigung der Inflation muss jedoch nicht wie im Boom auf eine die Produktionsmöglichkeiten übersteigende Nachfrage zurückgehen, sie könnte auch die Folge eines Kostenschubs bei möglicherweise unausgelasteten Kapazitäten sein.

1.1 Konjunkturtheorien

Das Ausmaß der Konjunkturschwankungen und ihre regelmäßige Wiederkehr[148] sind Erklärungsgegenstand der Konjunkturtheorie. Die allgemeine und zugleich empirisch fundierte Konjunkturtheorie gibt es bislang nicht. Vielmehr existiert eine schier unübersehbare Fülle von Hypothesen und Modellen, auf die hier nur grob charakterisierend eingegangen werden kann. Eine geläufige, dem schwerpunktmäßigen Erklärungsansatz folgende Unterscheidung ist die zwischen *realen* und *monetären Konjunkturtheorien*. Konjunkturschwankungen können primär durch realwirtschaftliche Faktoren wie beispielsweise Innovationen, Strukturänderungen, verteilungsbedingte Änderungen der Konsumgüternachfrage oder primär durch monetäre Faktoren wie z. B. außenwirtschaftlich verursachte Liquiditätsänderungen und geldpolitische Maßnahmen ausgelöst werden. In der Regel wird man jedoch im ersten Fall von monetär, im zweiten Fall von realwirtschaftlich abgestützten, sich aber wechselseitig beschleunigenden Auf- und Abschwungsprozessen auszugehen haben.

Auf eine formale Darstellung von Konjunkturmodellen soll hier verzichtet werden. Kurz erläutert sei das einfache keynesianische Grundmodell, das in den meisten Einführungstexten zur Volkswirtschaftslehre nachgelesen werden kann. Dieses Modell wurde von *Samuelson* Ende der 30er Jahre entwickelt und baut auf der Kombination von Multiplikator und Akzelerator auf (*Multiplikator-Akzelerator-Modell*). Diese beiden Bausteine sind aus dem IV. Kapitel bekannt. Intuitiv ist bereits klar, dass das Ausmaß von Aufschwungs- und Abschwungsprozessen von der Höhe der Akzelerator- und Multiplikatorkoeffizienten abhängt. Mathematisch lassen sich nun bestimmte Parameterkonstellationen ermitteln, die die Abbildung von Konjunkturzyklen entsprechenden Schwingungen erlauben. Mit der Identifikation bestimmter Werte für Akzelerator und Multiplikator sind jedoch Annahmen verknüpft (Konstanz der Parameter im Konjunkturverlauf), die in realen Konjunkturzyklen gerade nicht gegeben sind, so dass der konjunkturpolitische Ertrag der auf diesen Elementen aufbauenden Modelle gering ist.

Neben den Preisrigiditäten betonenden Modellen keynesianischer Tradition (*Neue Keynesianische Makroökonomik*) und monetäre Impulse ins Zentrum stellende Modelle monetaristischer Tradition werden in jüngerer Zeit insbesondere Hypothesen des *politischen Konjunkturzyklus* und der *Neuen Klassischen Makroökonomik* intensiv diskutiert. Zur letzten Gruppe zählten die vor allem mit R. E. Lucas verbundene *Theorie rationaler Erwartungen* und die *Real Business Cycle Theory* (RBC-Modelle), zu deren prominenten Vertretern Kydland und Prescott zählen.

---

[148] Wählt man zur Erfassung der konjunkturellen Entwicklung die Wachstumsrate des realen Bruttoinlandsprodukts, so betrug nach dem zweiten Weltkrieg in der Bundesrepublik Deutschland bis zur Mitte der 80er Jahre des letzten Jahrhunderts (Ausnahme: Mitte der 70er Jahre) die Zykluslänge regelmäßig 4–5 Jahre. Danach ist dieses Muster nicht mehr erkennbar.

Den Modellen politischer Konjunkturzyklen ist die (realistische) Annahme Wählerstimmen maximierender Politiker gemeinsam. Um die Wiederwahlaussichten zu erhöhen, wird eine Regierung eher zu expansiven wirtschaftspolitischen Maßnahmen greifen, um am Wahltag Erfolge bei Produktion und Beschäftigung vorweisen zu können (konjktureller Aufschwung). Mit zeitlicher Verzögerung wird infolge der expansiven Politik die Inflationsrate anziehen, der die Regierung mit restriktiven Maßnahmen begegnet und damit – etwa in der Mitte der Legislaturperiode – einen konjunkturellen Abschwung erzeugt. Kurz vor dem folgenden Wahltermin wird wiederum eine expansive Wirtschaftspolitik betrieben, um die Wiederwahlchancen zu verbessern – in der nicht unbegründeten Erwartung, dass die Wähler den zwischenzeitlichen Abschwung vergessen haben.

Die Hypothesen politischer Konjunkturzyklen beschreiben durchaus zutreffend in der wirtschaftlichen Realität beobachtbare Verhaltensweisen von Regierungen. Gleichwohl bestehen nicht unerhebliche Bedenken, ob tatsächlich derartige Konjunkturzyklen termingerecht (!) wirtschaftspolitisch produziert werden können. Dieses grundsätzliche Problem wird noch verschärft, wenn rationale Erwartungen vorliegen und etwa die Tarifparteien diese Strategie durchschauen und den durch eine expansive Wirtschaftspolitik erweiterten Spielraum für sich auszunutzen versuchen. Auf die konjunkturelle Bedeutung rationaler Erwartungen soll hier jedoch nicht für Modellvarianten politischer Konjunkturzyklen, sondern nur kurz im Rahmen zweier Modellgruppen der Neuen Klassischen Makroökonomik eingegangen werden.

Bei rationalen Erwartungen können konjunkturelle Schwankungen nur durch unerwartete Änderungen etwa der Preise oder der Nachfrage ausgelöst werden. So würde beispielsweise eine überraschende expansive Geldpolitik zu Preissteigerungen und diese bei (zunächst) gleich bleibenden Nominallöhnen via sinkende Reallöhne zu Produktions- und Beschäftigungserhöhungen führen. Analoges gilt für unerwartete Nachfragerückgänge. Wäre die Nachfrageänderung erwartet worden, hätten sich die Nominallohnvereinbarungen daran orientiert. Bei gleich bleibenden Reallöhnen wären expansive oder restriktive Effekte ausgeblieben.

In die Argumentationsweise rationaler Erwartungen fügen sich auch die *RBC-Modelle* ein. Hier sind mit sog. Technologieschocks einhergehende Produktivitätsänderungen Auslöser konjunktureller Schwankungen. Gemeint ist hier nicht ein eher gleich bleibender Strom von Produktivitätserhöhungen, sondern technologische „Überraschungen", welche sich stark auf die Nachfrage nach Investitionsgütern und Arbeitskräften auswirken und zu einer Unstetigkeit der gesamtwirtschaftlichen Entwicklung führen. Sind Aufschwungsprozesse als Ergebnisse technologischer Verbesserungen leicht nachvollziehbar, so bereitet die Erklärung von Abschwungsprozessen Schwierigkeiten, da zwar Verlangsamungen des technischen Fortschritts, schwerlich aber technologische Verschlechterungen auszumachen sein dürften. Deshalb wird von manchen Vertretern der RBC-Theorie auch eine weite Definition im Sinne realwirtschaftlicher Schocks gewählt, die nicht nur technologische Änderungen, sondern z. B. auch kräftige Rohölpreissteigerungen einschließen.

Konjunkturschwankungen sind jedenfalls nicht wie in (neu-)keynesianischen Modellen durch unzulängliche Preisanpassungen und institutionell bedingte Mobilitätshemmnisse auf Arbeitsmärkten etwa bei geld- und fiskalpolitischen Impulsen bedingt. Produktions- und Beschäftigungsschwankungen sind nach der RBC-Theorie „normale" flexible Angebots- und Nachfragereaktionen auf reale Schocks. Die Märkte sind bei flexiblen Preisen stets geräumt.

Eine kritische Auseinandersetzung mit den skizzierten Modellen kann hier nicht erfolgen. Es mag der Hinweis genügen, dass die Modelle der Neuen Klassischen Makroökonomik mit sehr restriktiven Annahmen wie ständige Markträumung und vollständige Konkurrenz operieren. Auch die Exogenität konjunktureller Impulse vermag nicht zu befriedigen. Es nimmt daher nicht wunder, dass diese Erklärungsansätze aus theoretischer und empirischer Sicht umstritten sind und ihr Wert für die praktische Konjunkturpolitik zurückhaltend einzuschätzen ist.

1.2 Stilisierter Konjunkturverlauf

Ein stilisiertes Bild konjunktureller Schwankungen könnte – ohne dass hiermit *der* typische Konjunkturzyklus suggeriert werden soll – folgendermaßen aussehen: Im Tiefpunkt der Rezession[149] mögen die Kreditzinsen infolge geringer Kreditnachfrage und/oder expansiver geldpolitischer Maßnahmen so weit gefallen sein, dass in Teilbereichen der Wirtschaft Investitionen wieder als lohnend angesehen werden. Es mag aber auch sein, dass die Unternehmen den inländischen Nachfragerückgang durch verstärkte Exportbemühungen auszugleichen trachten. Solche monetären und realen Änderungen beleben die Investitionsgüternachfrage, wodurch vorgelagerte Wirtschaftsbereiche zusätzliche Nachfrageimpulse erhalten, die ihrerseits weitergehende Gewinn- und (häufig verzögert) Lohneinkommenssteigerungen, Konsumerhöhungen usw. nach sich ziehen. Mit zunehmender Kapazitätsauslastung versuchen die Unternehmen ihre Produktionsmöglichkeiten weiter auszudehnen, wobei die aktuelle günstige Wirtschaftslage (Absatz- und Gewinnsteigerungen) optimistische Zukunftserwartungen begünstigt, die ihrerseits die Investitionstätigkeit beflügeln. Der Aufschwung verläuft vorläufig ungebremst, da auf den Faktormärkten noch keine Engpässe

---

[149] Mit *Rezession* wurde früher üblicherweise – und diese Definition liegt auch obiger Aussage über die Zykluslänge zu Grunde – eine Situation rückläufiger, aber noch positiver Wachstumsraten des (realen) Bruttoinlandsprodukts bezeichnet. *Depression* meinte hingegen eine Situation absoluten Rückgangs des Bruttoinlandsprodukts. Heute sind „weichere" Definitionen gebräuchlich: Von Rezession wird überwiegend gesprochen, wenn in mindestens zwei aufeinander folgenden Quartalen die Wachstumsrate des realen Bruttoinlandsproduktes negativ war. Als Depression hingegen gelten nur länger anhaltende, besonders starke Einbrüche wie die Weltwirtschaftskrise 1929-1933.

wirksam werden, die durch Lohnstückkosten- und Kreditzinserhöhungen die Entwicklung abbremsen.

Selbstverständlich kann diese Aufwärtsentwicklung nicht unbegrenzt anhalten. Mit sich beschleunigender Nachfrageexpansion werden in immer mehr Teilbereichen der Wirtschaft Kapazitätsschranken deutlich, ohne dass gesamtwirtschaftlich bereits Vollauslastung vorliegen müsste. In diesen Teilbereichen wird es zu Preissteigerungen kommen und damit ein allgemeiner Inflationsprozess in Gang gesetzt. Dieser Inflationsprozess kann während der Boomphase noch Selbstverstärkungseffekte dadurch entwickeln, dass die Wirtschaftssubjekte nun bei ihren Plänen und Entscheidungen steigende Inflationsraten antizipieren. Den höheren zukünftigen Inflationsraten versucht man durch Ausdehnung der aktuellen Nachfrage zu den noch niedrigeren Preisen zu entgehen. Hierdurch wird der Inflationsprozess angeheizt.

Diese mehr oder weniger inflationär aufgeblähte Entwicklung trägt jedoch den Keim des Umkippens in die Abwärtsentwicklung bereits in sich. Neben den Grenzen des Produktionspotentials werden monetäre Restriktionen zunehmend spürbar, die teils Folge der hohen Kreditnachfrage, insbesondere aber auch Folge eines restriktiven Kurses der Notenbank sein können, der zur Verfolgung des Ziels der Preisniveaustabilität erforderlich wird. Die Belastung der Unternehmen durch diese Nachfragedämpfung wird am Höhepunkt des Booms vielfach noch verschärft durch steigende Kostenbelastungen in der Form nachhinkender Lohnsteigerungen, deren Höhe an der günstigeren früheren Wirtschaftslage orientiert ist. Die Unternehmen geraten in die Schere rückläufiger Nachfrage und steigender Kostenbelastungen; der Abschwung ist programmiert. Nachfrageausfall bei Konsumgütern und Investitionsrückgänge verstärken sich gegenseitig und führen, gepaart mit pessimistischen Erwartungen, in eine *Rezession* oder gar *Depression* hinein. In der Rezession bilden sich wieder die Bedingungen für einen neuen Aufschwung heraus.

1.3 Konjunkturindikatoren

Für die *Konjunkturpolitik* von elementarer Bedeutung sind Informationen über die aktuelle und insbesondere zukünftige konjunkturelle Situation, auf die sich die wirtschaftspolitischen Maßnahmen beziehen. Ziel der Konjunkturpolitik ist, das Ausmaß der Schwankungen durch antizyklisches Gegensteuern (*Stabilisierungspolitik*) zu dämpfen. Hierfür sind insbesondere zwei Gründe maßgebend. Einmal sind prozyklische Begleiterscheinungen in der Form von Arbeitslosigkeit einerseits und Inflation andererseits wirtschaftspolitisch unerwünscht. Zum anderen wird befürchtet, dass ungedämpfte Schwankungen die längerfristige Entwicklung beeinträchtigen. Je länger eine Boomphase mit zunehmender Inflation wirtschaftspolitisch geduldet wird, umso gravierender werden die Inflationswirkungen. Diese müssen schließlich doch bekämpft werden; allerdings ist die erforderliche Eingriffsintensität mit zunehmender Handlungsverzögerung höher, so dass das Risiko einer wirtschaftspolitisch erzeugten *Stabilisierungskrise* mit Produktions- und Beschäftigungszusammenbrüchen wächst.

Bei der Wahl geeigneter *Konjunkturindikatoren* ist weiterhin zu beachten, dass jede wirtschaftspolitische Maßnahme Zeit erfordert, bis sie die erwünschte Wirkung erzielt. Eine erfolgversprechende Konjunktur- bzw. Stabilisierungspolitik müsste also idealerweise zum Maßnahmezeitpunkt Informationen über die konjunkturelle Situation zum Zeitpunkt der Wirkung der Maßnahme besitzen. Diesem Erfordernis sollen sog. Frühindikatoren dienen.

Die wichtigsten *Frühindikatoren* sind auf Umfragen beruhende Einschätzungen der Unternehmen, Baugenehmigungen und Auftragseingänge. In der Praxis der Konjunkturbeobachtung liegt dabei das Hauptaugenmerk beim Verarbeitenden Gewerbe und beim Bauhauptgewerbe, da diese beiden Sektoren, die zusammen mit der Elektrizitäts- und Gasversorgung das Produzierende Gewerbe bilden, das Zentrum konjunktureller Schwankungen ausmachen. So führt etwa das Ifo-Institut monatlich eine Umfrage zum Geschäftsklima und zu den Exporterwartungen der Unternehmen durch; sie ergeben ein recht zutreffendes Bild über die „Stimmungslage" bei den Unternehmen und lassen so gewisse Rückschlüsse auf die Investitionsbereitschaft in den nächsten Monaten zu. Aufgrund der Baugenehmigungen können mit großer Sicherheit die Bauausführungen in den kommenden zwei Jahren vorausgesagt werden. Die Auftragseingangsstatistik liefert Informationen über die Auftragslage, also mit welchem Absatz in den folgenden Monaten gerechnet werden kann. Als *Präsensindikatoren*, die den aktuellen Stand der Konjunktur beschreiben, dienen die Entwicklung der Produktion bzw. der Kapazitätsauslastung.[150] *Spätindikatoren* sind solche, die hinter der Konjunktur herhinken. Hierzu zählen insbesondere die Preis- und die Beschäftigungsentwicklung. Die verzögerte Preisentwicklung ergibt sich, weil in der konjunkturellen Aufwärtsentwicklung erst bei Erreichen der Kapazitätsgrenzen die Preise deutlich anziehen. Ähnlich verhält es sich bei der Beschäftigungsentwicklung. In der Rezession baut sich wegen Kündigungsschutzregelungen und Vermeidung von Entlassungs- bzw. Einstellungskosten in gewissem Umfang eine versteckte Arbeitslosigkeit auf. Diese wird in der Aufschwungsphase zunächst abgebaut, so dass der Abbau offener Arbeitslosigkeit verzögert erfolgt.

Der empirische Sachverhalt, dass Preis- und Beschäftigungsentwicklung Spätindikatoren sind, ist deshalb besonders wichtig, weil die wirtschaftspolitischen Instanzen sich häufig an diesen Indikatoren orientieren, also erst dann gegen-

---

[150] Zahlen zu den Auftragseingängen und zur Produktion werden monatlich erhoben und liegen etwa mit einer vierwöchigen Verzögerung vor. Umfrageergebnisse des Ifo Instituts über die Kapazitätsauslastung im Verarbeitenden Gewerbe liegen vierteljährlich, über die Geräteauslastung im Bauhauptgewerbe monatlich vor. Um den Trend der konjunkturellen Bewegung herauszufiltern, vor allem also witterungs- und ferienbedingte Ausschläge auszuschalten, werden die Zahlen i.d.R. saisonbereinigt.

steuernde Maßnahmen ergreifen, wenn die Arbeitslosigkeit oder die Inflation bereits ein politisch nicht mehr tolerierbares Maß überschritten hat. Da aber Arbeitslosenquoten und Inflationsraten erst nachträglich Konjunkturprobleme belegen, kommen die stabilisierungspolitischen Maßnahmen zu spät, müssen stärker dosiert werden und/oder werden erst zu einem Zeitpunkt wirksam, wo aufgrund des zyklischen Verlaufs der Konjunktur die gegenteilige Maßnahme angebracht wäre. Einer der Kritikpunkte von *M. Friedman* an der praktizierten Stabilisierungspolitik betont gerade diesen verzögerungsbedingten Destabilisierungseffekt.

2. Wirtschaftswachstum

2.1 Wirtschaftswachstum als Ziel?

Wirtschaftliches Wachstum wird in der Regel durch die Wachstumsrate des realen Bruttoinlandsprodukts gemessen. Insbesondere für internationale Vergleiche ist die Formulierung als Wachstumsrate pro Kopf gebräuchlich. Wirtschaftswachstum ist nicht Selbstzweck, sondern Mittel zur Erhöhung des Lebensstandards der Bevölkerung. Es stellt sich aber die grundsätzliche Frage, warum Wirtschaftswachstum als wirtschaftspolitisches Ziel verfolgt werden soll, legen doch Erkenntnisse der Glücksforschung, die vermuten lassen, dass „Wachstum allein nicht unbedingt Schlüssel zum Glück (ist)"[151], eine zumindest differenzierte Betrachtungsweise nahe.

Ausgangspunkt für die *Glücksforschung* ist die Erkenntnis, dass Menschen nach Glück streben und dass das oberste Ziel des Menschen Glück (oder Zufriedenheit, also weit mehr als bloße Einkommenserzielung) ist. „Glück ist, wenn wir uns gut fühlen, und Elend bedeutet, dass wir uns schlecht fühlen."[152] Layard[153] nennt sieben Glücksfaktoren (familiäre Beziehungen, finanzielle Lage (Einkommen), befriedigende Arbeit, soziales Umfeld, Gesundheit, persönliche Freiheit und Lebensphilosophie) und verweist auf Befragungsergebnisse, die nahe legen, dass trotz einzigartigen Wirtschaftswachstums in der zweiten Hälfte des letzten Jahrhunderts in dieser Zeit keine Zunahme der Lebenszufriedenheit (des Glücksempfindens) zu verzeichnen war. Der in Abb. XIV.2 wiedergegebene Befund für die USA gilt nach Layard (für einen kürzeren Untersuchungszeitraum) auch für die meisten europäischen Länder und Japan.[154]

---

[151] Blanchard, O., Illing, G., Makroökonomie, 4. Auflage, München 2006, S. 304

[152] Layard, R., Die glückliche Gesellschaft, Frankfurt/New York 2005, S. 17.

[153] Vgl. ebenda, S. 78.

[154] Layard, R., Happiness and Public Policy: A Challenge to the Profession, The Economic Journal, Vol. 116 (2006), S. 24-33.

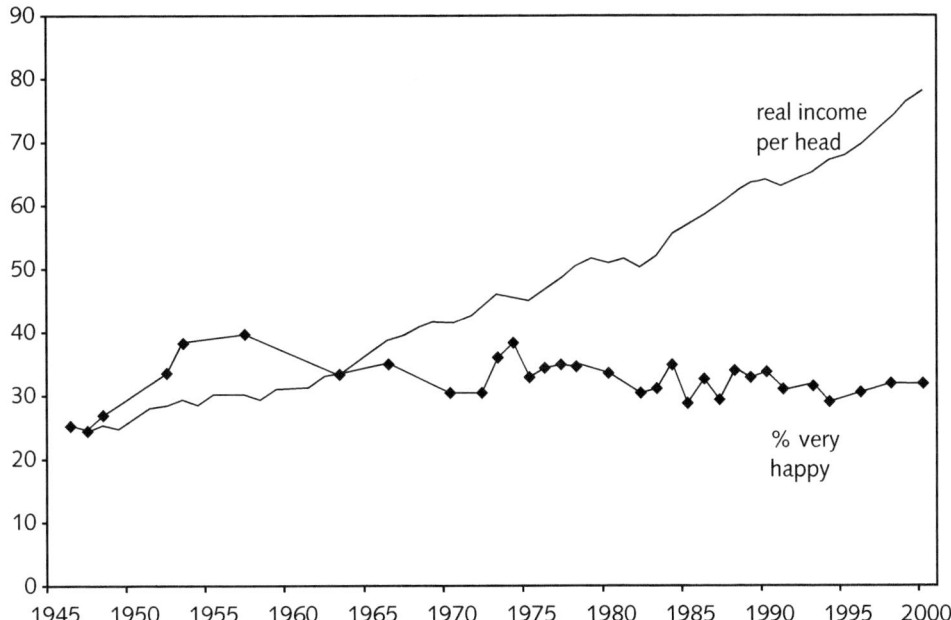

Abbildung XIV.2   Pro-Kopf-Einkommen und Glück in den USA
Quelle: Layard, R. Happiness and Public Policy: A Challenge to the Profession,
The Economic Journal, Vol. 116 (2006), S. C25

Ein Grund hierfür mag darin liegen, dass – sofern die materielle Existenz gesichert ist –, weniger das absolute Einkommen, sondern vielmehr das relative Einkommen für den Einzelnen entscheidend ist. Die Summe der Rangplätze in einer Volkswirtschaft ist aber fix: steigt einer auf, muss ein anderer absteigen – ein Nullsummenspiel. Ein anderer Grund dürfte sein, dass sich die Ansprüche und Ziele an die tatsächliche Entwicklung anpassen, d.h. mit steigendem Einkommen steigen auch die Ansprüche, so dass daraus keine größere Zufriedenheit erwächst.

2.2 Was sind die Bestimmungsgründe für Wirtschaftswachstum?

Der größte Teil der Weltbevölkerung dürfte jedoch noch weit entfernt sein von einem Pro-Kopf-Einkommen, bei dem eine weitere Zunahme nicht mehr zu einer höheren Lebenszufriedenheit beiträgt. Die Frage nach den Wachstumsursachen und den wachstumspolitischen Möglichkeiten bleibt also weiterhin dringlich. Bei der Erörterung der Bestimmungsgründe des Produktions- und Einkommensniveaus wurde darauf hingewiesen, dass *Keynes* die Nachfrageseite in den Vordergrund stellte, weil er von einer Unterauslastung der Kapazitäten ausging. Die Investitionstätigkeit interessiert bei Keynes deshalb auch nur als (multiplikativ wirkende) Nachfragekomponente. Diese sog. kurzfristige Analyse klammert jedoch den wichtigen Sachverhalt aus, dass Nettoinvestitionen zusätzliche Kapazitäten schaffen (*Kapazitätseffekt*), Investitionen also die Nachfragebedingungen (heute) und die Angebotsbedingungen (morgen) verändern.[155]

2.2.1 Die neoklassischen Wachstumstheorien: Vom Solow-Modell zur endogenen Wachstumstheorie

Der die heutige Wachstumsdiskussion dominierende Ast der Wachstumstheorie ist die auf *R. M. Solow* zurückgehende *neoklassische Wachstumstheorie* und die daran anknüpfende *endogene Wachstumstheorie*. Ihr Kernstück ist die makroökonomische Produktionsfunktion (siehe auch Kap. IV), mit deren Hilfe das Produktionsniveau in Abhängigkeit vom mengenmäßigen Einsatz der Produktionsfaktoren bestimmt werden kann.

$$Y_r = T \cdot f(A, K)$$

Üblicherweise werden für die Produktionsfunktion *konstante Skalenerträge* angenommen. Danach führt z. B. eine Verdoppelung des Arbeits- und Kapitaleinsatzes zu einer Verdoppelung des Produktionsniveaus. Wird hingegen nur ein Faktor verstärkt eingesetzt, steigt zwar ebenfalls die Produktion, die Produktionszuwächse nehmen jedoch sukzessive ab. Dies entspricht den geläufigen ertragsgesetzlichen Zusammenhängen, die abnehmende Grenzerträge (bzw. Grenzproduktivitäten) unterstellen.

Die obige Produktionsfunktion lässt sich auch als Abhängigkeit des Produktionsniveaus je Beschäftigten vom Kapitaleinsatz je eingesetzten Beschäftigten (*Kapitalintensität*) formulieren.

$$\frac{Y_r}{A} = T \cdot f\left(\frac{K}{A}, 1\right)$$

Bei gegebener Technologie (T) führt eine Erhöhung der Kapitalintensität zu einer steigenden Produktion je Arbeitskraft (bzw. Arbeitsstunden), jedoch bei sinkender Grenzproduktivität (Abb. XIV.3).

---

[155] Diese Problemstellung wurde von *E. D. Domar* und *R. F. Harrod* aufgegriffen. Sie fragten nach der Wachstumsrate, bei der Kapazitäts- bzw. Produktionsentwicklung einerseits und Einkommens- bzw. Nachfrageentwicklung andererseits stets im Gleichgewicht sind. Aus dieser Problemformulierung wird bereits deutlich, dass die sog. *postkeynesianische Wachstumstheorie* nach den Bedingungen für gleichgewichtiges Wachstum fragt, aber keine Theorie ist, die Wachstum zu erklären versucht. Deshalb soll sie hier nicht näher verfolgt werden.

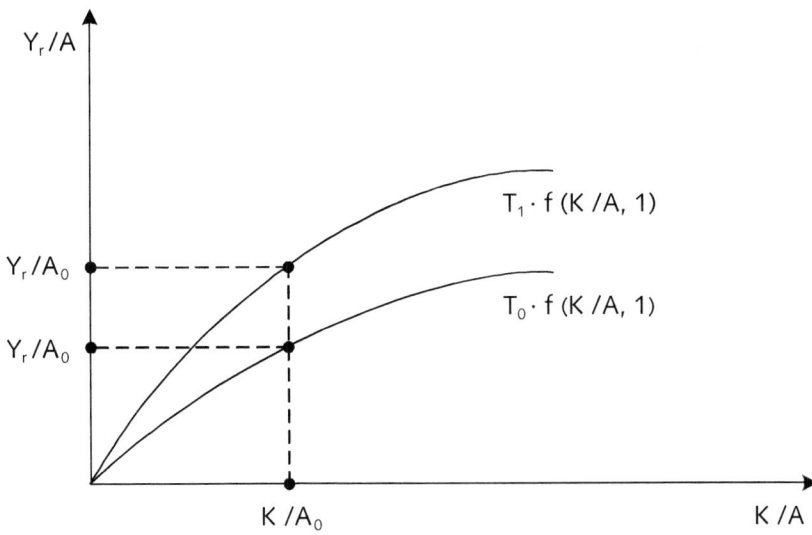

Abbildung XIV.3

Verstärkte Sachkapitalbildung allein kann danach auf lange Sicht die Produktion je Beschäftigten und damit letztlich das Pro-Kopf-Einkommen nicht erhöhen. Wirkliche Abhilfe schafft auf Dauer nur der technische Fortschritt ($T_0 \rightarrow T_1$).

Um den Zusammenhang zwischen Sach- bzw. Realkapitalbildung und Produktion genauer zu bestimmen, sei vorläufig von technischem Fortschritt abgesehen. Die Beschäftigung sei mit A_0 als konstant angenommen, so dass die Kapitalintensivierung allein auf verstärkten Kapitaleinsatz je Beschäftigten zurückgeht.[156] Gemäß der Produktionsfunktion in Abb. XIV.3 führt der erhöhte Kapitaleinsatz zu steigender Produktion, wenn auch mit abnehmenden Zuwächsen (Grenzerträgen). Die Sachkapitalbildung erfolgt durch Netto-Investitionen, denen (im einfachen Modell einer geschlossenen Volkswirtschaft) eine entsprechende inländische Ersparnis gegenüberstehen muss. Geht man von einer gleich bleibenden Sparquote $s = S/Y_r$ aus, ergibt sich bei Übereinstimmung von Sparen und Investieren ($S = I^n$) für die Investitionen je Beschäftigten ($I^n/A = S/A$) ein Verlauf in Abhängigkeit der Kapitalintensität ($s_0\, f\,(K/A)$), der dem der Produktion ($f\,(K/A)$) entspricht. Da die Sparquote kleiner als Eins ist, verläuft die Spar- bzw. Netto-Investitionskurve jedoch unterhalb der Produktionskurve (Abb. XIV.4).

---

[156] Bezieht man die Beschäftigtenentwicklung mit ein, so kommt es zu einer Veränderung der Kapitalintensität je Beschäftigten, wenn die Wachstumsrate des Kapitalbestands nicht der der Beschäftigten entspricht.

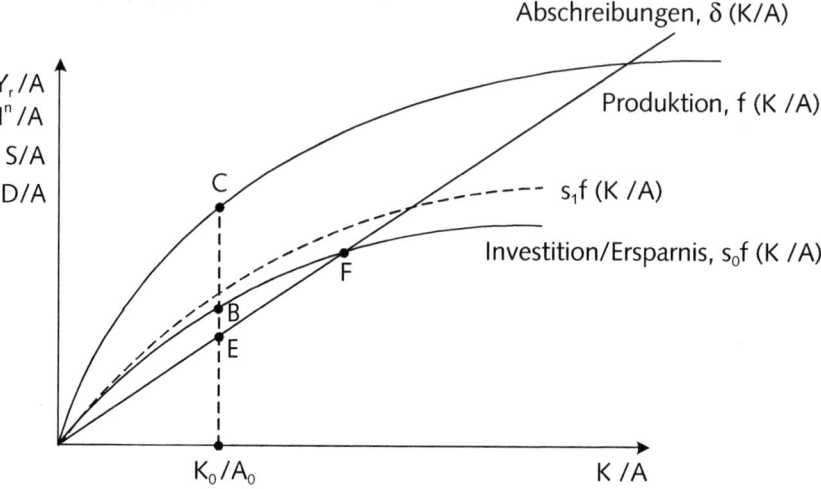

Abbildung XIV.4

Bei der Kapitalintensität K_0/A_0 wird eine Produktion je Beschäftigten in Höhe von C realisiert. Diese Produktion (dieses Einkommen) bestimmt bei gegebener Sparquote s die Ersparnis (S) und die Netto-Investition (I^n) je Beschäftigten. Liegt die Sparquote bei s_0, wird in Höhe von B gespart und investiert. Solange es Netto-Investitionen gibt, steigt der Kapitalbestand je Beschäftigten. Nimmt man eine gegebene Sparquote s_0 an, so gibt es – wegen $I^n = S$ – immer (!) Netto-Investitionen, d. h. die Kapitalintensität je Beschäftigten nimmt sukzessive zu. Allerdings sinkt der Grenzertrag, der gegen Null konvergiert. Bei einem Grenzertrag von Null wird kein höherer Kapitalstock mehr benötigt, so dass $I^n = S = 0$.[157] Steigt die Spar-

---

[157] Eine steigende Kapitalintensität, d. h. ein steigender Kapitalbestand pro Beschäftigten, ist zwar bei einer gegebenen Abschreibungsrate (δ) auch mit steigenden Abschreibungen ($\delta \cdot K/A$) je Beschäftigten (D/A) verbunden. Höhere Abschreibungen erhöhen aber nur die Brutto-Investitionen entsprechend ($I^n + D = S + D$), die Netto-Investitionen bleiben davon unberührt, da $I^n = S$ gilt. Gängige Lehrbuchdarstellungen zur neoklassischen Wachstumstheorie lassen diese aus der Ex-post-Betrachtung der VGR bekannten Zusammenhänge außer Acht. Es wird nicht zwischen Brutto- und Nettoinvestitionen unterschieden. Auf der einen Seite wird ins Feld geführt, dass bei einer gegebenen Abschreibungsrate (δ) bei steigender Kapitalintensität (steigendem Kapitalbestand je Beschäftigten) die Abschreibungen je Beschäftigten absolut zunehmen ($\delta \cdot K/A$), was unter den getroffenen Annahmen natürlich stimmt. Auf der anderen Seite – so die Argumentation – zieht eine steigende Kapitalintensität aufgrund abnehmender Grenzerträge aber immer geringere Produktions- bzw. Einkommenserhöhungen und damit immer geringere Erhöhungen bei den Ersparnissen und Investitionen nach sich. Nun wird daraus aber der Schluss gezogen, dass die Wirtschaft auf einen Punkt zuläuft, bei dem die Abschreibungen den Investitionen entsprächen, also I = D gilt. In diesem Punkt sei dann ein Gleichgewichtsniveau bei der Kapitalintensität, der sog. Steady State, erreicht (Punkt F in Abb. XIV.4). Diese Folgerung aber ist unzutreffend, weil sie Netto-Investitionen und Abschreibungen miteinander in Bezug setzt. Lt. VGR gilt in diesem Punkt (F) lediglich $D = I^n = S$, was allerdings

quote (etwa auf s_1 in Abb. XIV.4), so verschiebt sich die Spar- bzw. Investitionsfunktion und – nicht eingezeichnet – die Produktionsfunktion nach oben.

Langfristig kommt dem technischen Fortschritt die entscheidende Bedeutung
für die Erhöhung des Pro-Kopf-Einkommens in einer Volkswirtschaft zu. Um die
Wachstumsbeiträge von Arbeit, Kapital und technischem Fortschritt zu isolieren
wird im Folgenden eine sog. *Cobb-Douglas-Produktionsfunktion* unterstellt.

$$Y^r = T\,A^a\,K^b$$

Die Exponenten a und b stellen die Produktionselastizitäten der beiden Produktionsfaktoren dar, wobei a + b = 1 ist.[158] Darin kommt die Annahme einer konstanten Skalenelastizität von 1 zum Ausdruck, d. h. wenn beide Faktoren z. B. um
1 % erhöht werden, steigt auch der Output um 1 %. Für die Wachstumsrate von Y
($\Delta Y/Y$) ergibt sich dann

$$\frac{\Delta Y}{A} = a\,\frac{\Delta A}{A} + b\,\frac{\Delta K}{A} + \frac{\Delta T}{T}$$

Die Wachstumsrate der Produktion (bzw. des BIP) wird auf die mit den Produktionselastizitäten a und b gewichteten prozentualen Änderungen von Arbeit
und Kapital sowie auf die Veränderungsrate des technisch-ökonomischen Wis-
sens zurückgeführt. Die Werte der Produktionselastizitäten addieren sich bei
der gebräuchlichen *Cobb-Douglas-Produktionsfunktion* zu Eins und können
näherungsweise der Verteilungsstatistik (Lohn- bzw. Gewinnquote) entnommen
werden.[159] Sieht man zunächst einmal vom technischen Fortschritt ab, betrüge
bei einer Zuwachsrate für Arbeit und Kapital von jeweils 5 % die gesamtwirtschaftliche Wachstumsrate ebenfalls 5 % (konstante Skalenerträge). Bei Produktionselastizitäten von a = 0,7 und b = 0,3 ergäben sich rechnerisch folgende
Wachstumsbeiträge:

$$\frac{\Delta Y}{A}\,(= 5\%) = 0,7 \cdot 5\%(= 3,5\%) + 0,3 \cdot 5\%(= 1,5\%)$$

nichts mit einem Gleichgewicht zu tun hat, sondern ohne weitere Bedeutung ist. Solange es
nämlich eine Ersparnis (S) gibt, gibt es auch Netto-Investitionen (I^n). Steigende Abschreibungen erhöhen lediglich die Brutto-Investitionen ($I^b = I^n + D$), da gilt $I^n + D = S + D$. Die Netto-Investitionen bleiben davon unberührt, da sie durch die Ersparnis (S) bestimmt werden. Steigende Netto-Investitionen führen aber zu einer weiter steigenden Kapitalintensität, allerdings
bei abnehmenden Grenzerträgen, die annahmegemäß gegen Null konvergieren.

[158] Die Produktionselastizitäten messen, um wie viel Prozent sich der Output erhöht, wenn nur
der Einsatz eines Produktionsfaktors erhöht wird (sog. partielle Faktorvariation). Bei der
Cobb-Douglas-Produktionsfunktion gilt, dass die Summe der Produktionselastizitäten Eins ist,
d. h. dass die Produktionselastizitäten von A und K jeweils < 1 sind. Wird z. B. K unter Konstanthaltung von A verändert, so lässt sich anhand der Produktionselastizität von K ermitteln,
wie sich der Output verändert. Steigt z. B. der Einsatz von K um 1 % und beträgt die Produktionselastizität 0,3, so steigt der Output um 0,3 %.

[159] Dies folgt aus der Annahme, dass die Produktionsfaktoren nach ihrer Grenzproduktivität ent-
lohnt werden. Der Anteil der Löhne am Volkseinkommen (Lohnquote) entspricht dann dem
produktiven Beitrag des Faktors Arbeit.

Die Fortschrittskomponente umschließt in den neoklassischen Wachstumstheorien alle die Wachstumsursachen, die nicht mit den Beiträgen von Arbeit und Kapital erfasst werden. Die Fortschrittskomponente ist deshalb von elementarer Bedeutung, weil – wie oben gezeigt wurde – ohne technischen Fortschritt langfristig kein Wachstum des Pro-Kopf-Einkommens möglich ist. Während mit der Beeinflussung des Arbeitsangebots und der Investitionstätigkeit die wachstumspolitischen Ansatzpunkte relativ leicht aufzudecken sind, ist dies bei der Produktivitäts- bzw. Fortschrittskomponente erheblich schwieriger. Hierzu müssten deren Ursachen und Beeinflussungsmöglichkeiten bekannt sein. Die herkömmliche neoklassische Wachstumstheorie hilft hier nicht weiter, da die Wachstumsbedeutung des technischen Fortschritts zwar nachdrücklich betont wird, der technische Fortschritt selbst aber als exogene Größe angesehen wird und damit unerklärt bleibt. Dieser Mangel ist deshalb so gravierend, weil empirische Untersuchungen zu dem Ergebnis kamen, dass internationale und intertemporale Wachstumsunterschiede in wesentlich größerem Umfang auf die in der Fortschrittskomponente enthaltenen qualitativen Größen als auf die Quantitäten der Faktoren Arbeit und Kapital zurückgehen. Die rechnerische Ermittlung des technischen Fortschritts erfolgt durch einfache Subtraktion. Angenommen im obigen Beispiel betrüge das tatsächliche gesamtwirtschaftliche Wachstum nicht 5 %, sondern 10 %, dann würde mithin nur die Hälfte davon auf die Wachstumsbeiträge von Arbeit und Kapital entfallen. Die andere Hälfte, der Rest, ist dem technischen Fortschritt zuzuschreiben – was freilich keine Erklärung ist.

Neben dem grundlegenden Defizit eines unerklärten technischen Fortschritts gerät die traditionelle neoklassische Wachstumstheorie auch mit der Empirie in Konflikt. Wie bereits erwähnt, bildet der technische Fortschritt die zentrale Wachstumsdeterminante. Geht man jedoch – wie in der neueren Wachstumstheorie – davon aus, dass das technische Wissen den Charakter eines öffentlichen Gutes hat, müssten die Pro-Kopf-Einkommen international konvergieren. Formuliert man die abhängige Variable in der vorstehenden Wachstumsgleichung als Zuwachsrate des Pro-Kopf-Einkommens, bleiben als Bestimmungsgrößen die Kapitalintensität und der technische Fortschritt. Wenn aber einerseits technisches Wissen ein öffentliches Gut ist, also allgemein zugänglich ist und damit keine Wachstumsdifferenzierung bewirken kann, der Kapitaleinsatz andererseits mit sinkender Grenzproduktivität verbunden ist, müsste Kapital von den kapitalreichen zu den kapital-armen Ländern wandern und für eine Angleichung der Pro-Kopf-Einkommen sorgen. Es müsste deshalb beobachtbar sein, dass Länder mit relativ niedrigem Pro-Kopf-Einkommen und damit hoher Grenzproduktivität des Kapitals höhere Zuwachsraten haben als die reicheren Länder mit (schon) niedriger marginaler Kapitalproduktivität (Grenzproduktivität). In dieser einfachen Form ist dieser Zusammenhang allerdings nicht auffindbar.

Unerklärter technischer Fortschritt und fehlende weltweite Konvergenz sind die beiden wesentlichen Mängel der traditionellen neoklassischen Wachstumstheorie, die durch Erweiterungen um bildungsbezogene Sachverhalte, vor allem aber seit Ende der 80er Jahre des letzten Jahrhunderts mit der *endogenen Wachstumstheorie* zu überwinden versucht werden. In traditionellen Bahnen bewegen sich Ansätze, die die Produktionsfunktion um eine Humankapital-Variable ergänzen:

$$Y_1 = T \cdot f\,(A,H,K)$$

wobei H für das durch Ausbildung und Berufserfahrung erworbene Humankapital steht. Mit Humankapital werden das Wissen und die Fertigkeiten der Arbeitskräfte erfasst. Mit technischem Wissen sind dagegen die Kenntnisse über Produktionsverfahren zur Herstellung von Gütern gemeint. Der Unterschied zwischen technischem Wissen und Humankapital besteht darin, dass mit ersterem das Verstehen der Gesellschaft um die besten Wege zur Produktion von Gütern gemeint ist, mit zweiterem der Aufwand an Ressourcen, um dieses Wissen auf die Arbeitskräfte zu übertragen. Beim ersten handelt es sich – um eine Analogie zu verwenden – um die Qualität der Lehrbücher, beim zweiten um das Wissen, das Studenten beim Durcharbeiten der Lehrbücher erwerben.

In der endogenen Wachstumstheorie werden Prozesse und Effekte der Wissensverbreitung näher analysiert. Im Humankapital ist neues Wissen enthalten, das nicht nur von seinem Erfinder, sondern von vielen Anwendern genutzt werden kann und im Sinne positiver *externer Effekte* sinkenden Grenzproduktivitäten der Produktionsfaktoren entgegenwirkt. Als Verstärker wirken Lerneffekte im Zuge der Anwendungen und Nutzungen von Neuerungen (*Learning by Doing*). Darüber hinaus bleiben neue Erkenntnisse nicht auf den Entstehungsbereich beschränkt, sondern werden auch in anderen Bereichen genutzt und wirken dort ebenfalls produktivitätssteigernd (*Spill-Over-Effekte*). Wissen und Fortschritt wirken so gleichermaßen als eingebautes Schwungrad der Wachstumsbeschleunigung. Wachstum erzeugt Wachstum. Die Folge ist, dass entgegen der nach der traditionellen neoklassischen Wachstumstheorie zu erwartenden Wachstumskonvergenz eher mit weltweiter Wachstumsdivergenz zu rechnen ist. Von einer internationalen Einkommensangleichung kann in der Tat (bislang) nicht die Rede sein.[160]

Grundlegend neue wachstumspolitische Implikationen ergeben sich aus der endogenen Wachstumstheorie nicht. Bildungspolitische Maßnahmen zur Hebung des Ausbildungsniveaus der Bevölkerung erscheinen ebenso angebracht wie die Begünstigung von Forschung und Entwicklung. Problematisch erscheinen hingegen gelegentlich gezogene wachstumspolitische Schlussfolgerungen, die auf Wettbewerbsbeschränkungen hinauslaufen: Da das neue Wissen nicht exklusiv von den Erfindern, sondern auch von anderen als Trittbrettfahrer genutzt werden könne (technisches Wissen als öffentliches Gut), bliebe die Wis-

---

[160] Konvergierende Entwicklungen sind jedoch beobachtbar innerhalb sogenannter Konvergenz-Clubs. Damit sind relativ homogene Ländergruppen wie z. B. die OECD-Länder gemeint.

sensproduktion unter ihrem Optimalwert. Staatliche Hilfs- und Schutzmaßnahmen wären deshalb neuerungs- und wachstumsgünstig. Solche Forderungen sind jedoch unvereinbar mit Ergebnissen empirischer Untersuchungen, die stark die Vermutung unterstreichen, dass Produktivitätsfortschritte nachhaltig von bestimmten ordnungspolitischen Bedingungen abhängen. Maßnahmen zur Schaffung und Sicherung der für die Marktwirtschaft elementaren Wettbewerbsordnung kommt danach ein hoher Stellenwert zu.

2.1.2 Institutionen und Kultur – die Rückkehr des Altbekannten

Die Bedeutung von Institutionen für das wirtschaftliche Wachstum lässt sich beispielhaft anhand der von *Walter Eucken* konzipierten *Ordnungspolitik* und darin enthaltenen *„konstituierenden Prinzipien"* einer Wettbewerbsordnung verdeutlichen. Vorrangig ist danach ein stabiler Geldwert. Inflation verzerrt die Preissignale. Sie führt deshalb infolge von Fehlsteuerungen der Investitionen zu Produktivitätseinbußen und – bei hohen Inflationsraten – schließlich auch zur Erlahmung der Investitionstätigkeit selbst. Die Produktivitätskomponente wird ebenfalls unmittelbar durch die Forderung nach Offenhaltung der Märkte angesprochen. Wird durch wettbewerbsbeschränkende Praktiken oder staatliche Privilegierungen der Marktzugang für inländische oder ausländische Konkurrenten versperrt, wird der wettbewerbliche Ausleseprozess ausgehöhlt. Produktivitätsbeeinträchtigend wirkt auch die Aufhebung des Privateigentums (an den Produktionsmitteln) bzw. die Einschränkung diesbezüglicher Verfügungsrechte, da hierdurch die Verbindung zwischen ökonomischer Entscheidung und den Folgen dieser Entscheidung in der Form von Gewinnen und Verlusten gelöst wird. Ähnliche Beeinträchtigungen sind anzunehmen, wenn einerseits die Suche nach der ökonomisch zweckmäßigsten Lösung durch staatliche Beschneidungen der Vertragsfreiheit eingeengt wird oder wenn andererseits die für Pläne und Entscheidungen Verantwortlichen sich der Haftung entziehen können. Schließlich gehört zur Sicherung der Wettbewerbsordnung die Konstanz der Wirtschaftspolitik. In einer Marktwirtschaft ist es selbstverständlich, dass die Wirtschaftssubjekte die auf Unsicherheit beruhenden Risiken ihrer Entscheidungen zu tragen haben. Werden diese Risiken jedoch künstlich erhöht, indem der Staat die Unternehmen beispielsweise einem Wechselbad von Privatisierungen und Verstaatlichungen oder von expansiver und restriktiver Wirtschaftspolitik (stop-and-go-policy) oder von ständig neuen steuerlichen Rahmenbedingungen aussetzt, sind Wachstumsbeeinträchtigungen die Folge.

Diese aus der Euckenschen Ordnungstheorie abzuleitenden Wachstumskonsequenzen wurden zwar in einem Teil der (deutschsprachigen) Wachstumsforschung – vor allem unter dem Einfluss von *Ernst Dürr* – weiter verfolgt, es dominierten jedoch von Ordnungsüberlegungen „freie" keynesianische und neoklassische Sichtweisen. Mit der *„Neuen Institutionenökonomik"* hat sich aber ein bemerkenswerter Wandel auch in der Wachstumsforschung vollzogen, der inhaltlich eine enge Verbindung mit der Ordnungstheorie und Ordnungspolitik aufweist. Zunehmend kristallisiert sich – empirisch gestützt – heraus, dass institutionelle Faktoren, also die Regeln, die die Anreizstrukturen für das politische, wirtschaftliche und gesellschaftliche Zusammenspiel festlegen, als tiefere Ursachen für wachstumsrelevante Investitionstätigkeiten und Neuerungsaktivitäten anzusehen sind.[161] In einem durch staatliche Regulierungen (z. B. der Gen- und Biotechnologie) und bürokratische Kontrollen (z. B. für die Genehmigung von Neu- und Erweiterungsinvestitionen) geprägten Umfeld, oder wenn der Staat die Wahl- und Entscheidungsfreiheiten seiner Bürger willkürlich beschneidet und er unwillig oder unfähig ist, Korruption zu unterbinden, werden inländische und ausländische Unternehmer abgeschreckt. Wachstumsschwäche ist die Folge. Positiv gewendet: Es besteht im weltweiten Querschnittsvergleich ein signifikanter positiver Zusammenhang zwischen dem Pro-Kopf-Einkommen und der „sozialen Infrastruktur" (gemessen durch den Grad der Rechtssicherheit, der Qualität der Bürokratie, der Korruptionsanfälligkeit, dem Enteignungsrisiko und dem Offenheitsgrad der Volkswirtschaften).[162]

Eine andere durchaus komplementäre Richtung der Wachstumsforschung versucht, die Wachstumsbedeutung internationaler und intertemporaler Kulturunterschiede zu ergründen.[163] Ein quantitatives Maß für „Kultur" gibt es zwar nicht, aber immerhin sind Annäherungen durch die Analyse einzelner Elemente, für die (mittlerweile) quantitative Anhaltspunkte vorliegen, möglich. Nach diesen Analysen scheinen beispielsweise systematische Einkommensunterschiede zwischen Gesellschaften/Ländern zu bestehen, deren (teilweise religiös geprägte) Wertvorstellungen durch mehr oder weniger Leistungsorientierung gekennzeichnet sind. Ob im gesellschaftlichen Zusammenleben gegenseitiges Vertrauen oder Misstrauen vorherrscht, kann als eine Bestimmungsgröße für die – langfristig ausgerichtete – Sachkapitalbildung angesehen werden. Die relative Offenheit gegenüber dem Import von Ideen und der Nutzung von (neuen) Technologien bietet eine sehr einleuchtende Erklärung für die vergleichsweise rapide wirtschaftliche Entwicklung in Westeuropa im letzten Jahrtausend gegenüber der weitgehenden Stagnation in asiatischen und islamischen Ländern. Dieser Befund wird nachhaltig unterstrichen durch die enormen Wachstumsgewinne im Gefolge von „Öffnungen". So setzte die gewaltige wirtschaftliche Expansion Japans nach der internationalen Öffnung in den 60er Jahren des 19. Jahrhunderts und China in den 80er Jahren des zwanzigsten Jahrhunderts ein.

---

[161] So neuerdings auch Blanchard, O.: „ Institutions matter very much for growth" (Macroeconomics, 4. Auflage, 2005, S. 263).

[162] Zur Wachstumsbedeutung der „sozialen Infrastruktur" siehe insbesondere Jones, C.I., Economic Growth, 2nd Ed., New York 2002, Kapitel 7.

[163] Siehe hierzu Weil, D.N., Economic Growth, Boston etc. 2005, Kapitel 14 sowie die beiden Beiträge von Guisi, L./Sapienza, P./Zingales, L. (Does Culture Affect Economic Outcomes?) und McCleary, R.M./Barro, R.J. (Religion and Economy), Journal of Economic Perspectives, Vol. 20, No 2, 2006, S. 23-48 und S. 49-72.

I. VGR

Für Deutschland liegen gesamtwirtschaftlich folgende Daten vor :

Bruttoinvestitionen (I^b) darunter: I^b des Staates 25	100	Sozialbeiträge (Sozb.)	50
Abschreibungen darunter: D des Staates 10	25	Konsum (C) darunter: C des Staates 90	255
Indirekte Steuern(T^i)	40	Exporte(Ex)	125
Subventionen (Z)	10	Transferzahlungen des Staates an die privaten Haushalte (Tr_{St}^{Hh}) an das Ausland (Tr_{St}^{A})	25 10
Faktoreinkommen des Inlands vom Ausland (FE_A^I)	10	Faktoreinkommen des Auslands vom Inland (FE_I^A)	5
Faktoreinkommen des Inlands vom Inland (FE_I^I)	340	Direkte Steuern von den Unternehmen (T^d_U) von den privaten Haushalten (T^d_{Hh})	15 35

Anmerkungen: Weitere Transferzahlungen existieren nicht. Der Staat bezieht keine Faktoreinkommen und nimmt keine Verkäufe vor. Weder zahlt die Europäische Union Subventionen an Deutschland, noch erhält die Europäische Union Produktions- und Importabgaben von Deutschland.

a) Erstellen Sie das gesamtwirtschaftliche Produktionskonto, das gesamtwirtschaftliche Einkommenskonto, das gesamtwirtschaftliche Vermögensänderungskonto sowie das Auslandskonto. Schließen Sie diese Konten ab und bezeichnen Sie evtl. Salden.

b) Ermitteln Sie das Bruttonationaleinkommen.

c) Ermitteln Sie anhand der sektoralen Konten das Sparen des Staates (Sektor „Öffentliche Haushalte") sowie den Finanzierungssaldo des Staates.

d) Berechnen Sie die Defizitquote des Staates (Hinweis: Finanzierungsdefizite weisen ein negatives, Finanzierungsüberschüsse ein positives Vorzeichen auf).

~~e)~~ Ermitteln Sie die Ex-post-Identität.

II. Zahlungsbilanz

Zur Erstellung der deutschen Zahlungsbilanz liegen folgende Informationen vor:

1. Die AUDI AG, Ingolstadt, lieferte Fahrzeuge ins Ausland im Wert von 10 Mio. Euro auf Ziel.

2. Ein deutscher Importeur bezog Waren aus dem Ausland im Wert von 5 Mio. Euro auf Ziel.

3. Gebietsansässige Nichtbanken erzielten im Ausland Zinseinnahmen (Erwerbs- und Vermögenseinkommen) im Wert von 10 Mio. Euro, die auf ihren Konten bei Banken im Ausland gutgeschrieben wurden.

4. Die Bundesregierung (der Bund) leistete an die Europäische Union (EU) Beiträge in Höhe von 5 Mio. Euro (laufende Übertragungen). Sie wurden auf einem Konto der EU bei einer Geschäftsbank im Inland gutgeschrieben.

5. Ein Gebietsansässiger (Nichtbank) vererbte einem Gebietsfremden 5 Mio. Euro (Vermögensübertragung). Die Summe wurde auf einem Konto des Erben bei einer Geschäftsbank im Inland gutgeschrieben.

6. Ein in Deutschland ansässiges Unternehmen (Nichtbank) erwarb im Ausland eine Beteiligung (Direktinvestition) im Wert von 5 Mio. Euro. Der Kaufpreis wurde durch einen Abbau von Bankguthaben im Ausland beglichen.

7. Die Deutsche Bundesbank erwarb von einer gebietsansässigen Geschäftsbank Devisen (Währungsreserven) im Wert von 10 Mio. Euro. Der Kaufpreis wurde auf dem Konto dieser Bank bei der Deutschen Bundesbank gutgeschrieben.

8. Ein Gebietsansässiger (Nichtbank) legte bei einer in Luxemburg ansässigen Bank (Euromarkt) 10 Mio. Euro an. Den Gegenwert überwies er zugunsten eines Kontos der Luxemburger Bank bei einer Geschäftsbank im Inland.

9. Eine gebietsansässige Geschäftsbank gewährte einem Gebietsfremden einen Kredit in Höhe von 10 Mio. Euro. Der Gegenwert wurde zugunsten eines Kontos des Gebietsfremden bei dieser Bank gutgeschrieben.

Erfassen Sie die einzelnen Vorgänge in der Zahlungsbilanz und beantworten Sie folgende Fragen:

a) Ermitteln Sie den Leistungsbilanzsaldo. Handelt es sich um einen Überschuss oder um ein Defizit?

b) Kam es in der Berichtsperiode zu Nettokapitalimporten oder zu Nettokapital-exporten? In welcher Höhe?

c) Kam es aufgrund der vorliegenden Informationen in der Berichtsperiode zu einer Veränderung der Nettoposition des Inlands gegenüber dem Ausland? In welcher Höhe (Zunahme/Abnahme)?

III. Konsumgüternachfrage

In einer Volkswirtschaft fließt den privaten Haushalten pro Periode ein Einkommen (Y_t) von 1000 vor Steuern zu. Der (marginale) Steuersatz beträgt t.

Es gilt:

$$C_t = 80 + 0{,}5\,Y_{t\,\text{verf.}}, \text{ wobei } Y_{t\,\text{verf.}} = Y_t - tY_t$$

a) Zeichnen Sie die Konsumfunktion maßstabsgetreu in ein Koordinatenkreuz. Gehen Sie hierbei davon aus, dass t = 0,5 beträgt. Wie hoch sind die Konsumgüternachfrage, die marginale und die durchschnittliche Konsumquote in Periode 1?

b) Um die Konvergenzkriterien von Maastricht zu erfüllen, soll nun der (marginale) Steuersatz in der Periode 2 auf t = 0,6 erhöht werden. Dies ist mit der Ankündigung verbunden, den (marginalen) Steuersatz zum Ausgleich in Periode 3 auf t = 0,4 zu senken, bevor er in Periode 4 wieder auf t = 0,5 angehoben werden soll. Wie hoch sind jeweils die Konsumgüternachfrage, die marginale und die durchschnittliche Konsumquote (bezogen auf das verfügbare Einkommen) in Periode 2, 3 und 4?

c) Wie hoch wäre die Konsumgüternachfrage in den Perioden 1, 2, 3 und 4, wenn sich die Wirtschaftssubjekte nicht an ihrem aktuellen Einkommen ($Y_{t\,\text{verf.}}$), sondern an ihrem permanenten Einkommen (Y^P) orientieren würden. Gehen Sie hierbei davon aus, dass die Wirtschaftssubjekte pro Periode von einem permanenten Einkommen von 500 ausgehen und die Konsumfunktion $C_t = 0{,}7\,Y^P$ lautet.

d) Worin besteht der Unterschied zwischen der permanenten und der absoluten Einkommenshypothese?

IV. Devisenmarkt und Wechselkurs

Auf dem Devisenmarkt, auf dem Euro gegen US-Dollar gehandelt werden, ergeben sich die Euro-Nachfrage ($Euro^D$) und das Euro-Angebot ($Euro^S$) aus folgenden Funktionen:

$$Euro^D = 4000 - 200\ e$$

$$Euro^S = 4000 - 800/e$$

Der nominale Wechselkurs (e) ist definiert durch e = x US-\$ / Euro (x US-Dollar je Euro).

a) Berechnen Sie – ausgehend von flexiblen Wechselkursen – den nominalen Wechselkurs (e) und die gehandelte Euro-Menge im Marktgleichgewicht (e_0; x_0).

b) Ausgehend von der Ausgangssituation soll es nun zu einer Erhöhung des Angebots an Euro kommen. Die neue Angebotsfunktion lautet: $Euro^S_{neu} = 4600 - 800/e$. Berechnen Sie – ausgehend von flexiblen Wechselkursen – den nominalen Wechselkurs (e) und die gehandelte Euro-Menge (e_1; x_1).

c) Gehen Sie nun davon aus, dass der Euro und der US-Dollar in einem System fester Wechselkurse eingebunden sind. Der Leitkurs (Mittelkurs) betrage $e_L = 2$ US-\$/Euro. Der nominale Wechselkurs (e) kann in einer Bandbreite von ±25 % um den Leitkurs schwanken. Ausgehend von der Ausgangssituation soll es nun zu einer Erhöhung des Angebots an Euro kommen. Die neue Angebotsfunktion lautet: $Euro^S_{neu} = 4600 - 800/e$. Muss die Zentralbank intervenieren, wenn ja, wie viel Euro muss die Zentralbank kaufen bzw. verkaufen?

Hinweis: Die Lösung der quadratischen Gleichung $ax^2 + bx + c$ mit $a \neq 0$ lautet:

$$x_{1,2} = \frac{-b \pm \sqrt{b^2 - 4ac}}{2a}$$

V. Einkommensmultiplikator und Gleichgewichtseinkommen

In einer offenen Volkswirtschaft mit staatlicher Aktivität gelten folgende Annahmen:

$C = 20 + 0,8\,Y_{\text{verf.}}$ (Komsumnachfrage)

$I^b = 100$ (Investitionsnachfrage)

$Ex = 100$ (Exportnachfrage)

$Im = 10 + 0,2\,Y$ (Importnachfrage)

$Tr = 100$ (Transferzahlungen an private Haushalte)

$t = 0,25$ (marginaler Steuersatz)

$St = 40$ (Staatsnachfrage)

$T_a = 100$ (direkte einkommensunabhängige Steuer – „Kopfsteuer")

a) Ermitteln Sie die gesamtwirtschaftliche Nachfragefunktion (Y^D).

b) Berechnen Sie den Einkommensmultiplikator.

c) Berechnen Sie das Gleichgewichtseinkommen.

d) Die Exportnachfrage soll nun um 100 steigen. Wie hoch ist das neue Gleichgewichtseinkommen?

Anmerkung: Gehen Sie von unausgelasteten Kapazitäten aus. Geldmarktseitige Restriktionen liegen nicht vor.

VI. Geschäftsbanken- und Zentralbankgeld

Beantworten Sie unter Bezug auf die „Konsolidierte Bilanz der Geschäftsbanken" (im Eurowährungsgebiet) und den „Konsolidierten Ausweis des Eurosystems" folgende Fragen:

a) Wie entsteht Geschäftsbankengeld?

b) Welche Rolle spielt die Zentralbank bei der Entstehung von Geschäftsbankengeld?

c) Warum zwingt die Zentralbank die Geschäftsbanken über die Mindestreserve, Guthaben bei ihr zu halten?

Aktiva	Konsolidierte Bilanz der Geschäftsbanken	Passiva
Kassenbestand und Einlagen bei der Zentralbank	Kurzfristige Verbindlichkeiten gegenüber Nichtbanken (Geschäftsbankengeld)	
Forderungen (Kredite) an Nichtbanken - Wertpapiere - Buchforderungen	Längerfristige Verbindlichkeiten gegenüber Nichtbanken (Geldkapital)	
	Verbindlichkeiten gegenüber der Zentralbank	
	Eigenkapital	

Konsolidierter Ausweis des Eurosystems – vereinfachte Darstellung –
zum 1.12.2006 (in Mrd. €)

Aktiva		Passiva	
A.1: Währungsreserven	321,7	P.1: Banknotenumlauf	601,8
- Gold	174,5		
- Fremdwährungsforderungen	147,2		
A.2: Forderungen in € an Kreditinstitute im Euro-Währungsgebiet darunter:	428,2	P.2: Verbindlichkeiten in € gegenüber Kreditinstituten im Euro-Währungsgebiet darunter:	184,0
- Hauptrefinanzierungsgeschäfte	308,0		
- Längerfr. Refinanzierungsgeschäfte	120,0	Einlagen auf Girokonten (Bankenliquidität)	184,0
A.3: Sonstiges	376,2	P.3: Sonstiges	340,3
Bilanzsumme	1.126,1		1.126,1

VII. Nachfrage nach Spekulationskasse

Wir gehen von drei Wirtschaftssubjekten (WS) aus, die jeweils 100 Euro zu Anlagezwecken zur Verfügung haben sollen. Es stehen zwei Anlageformen zur Verfügung: Zinslose Geldhaltung (Sichteinlagen) oder festverzinsliche Wertpapiere mit unendlicher Laufzeit.

Das WS_1 habe eine Normalzinsvorstellung von 10 %, das WS_2 von 8 % und das WS_3 eine solche von 6 %. Die WS erwarten, dass sich im Verlaufe eines Jahres der Marktzinssatz an ihre Normalzinsvorstellungen anpassen wird. Angenommen wird, dass der Festzins in der Ausgangslage jeweils dem Marktzins entspricht, so dass der Marktkurs 100 % beträgt.

Welche Nachfrage nach Spekulationskasse ergibt sich bei Marktzinssätzen (i_M) von 11 %, 9 %, 7 % bzw. 5 %?

i_M	WS_1 M_{SP}^D	WS_2 M_{SP}^D	WS_3 M_{SP}^D	WS_4 M_{SP}^D
11 %				
9 %				
7 %				
5 %				

VIII. Geldpolitische Instrumente: Hauptrefinanzierungsgeschäfte

Die EZB beschließt, dem Markt Liquidität über Hauptrefinanzierungsgeschäfte in Form eines Zinstenders zuzuführen. Der Mindestbietungssatz beträgt 3,00 %. Die EZB beschließt, 94 Millionen € zuzuteilen.

Drei Geschäftspartner geben folgende Gebote ab:

Beiträge in Mio					
Zinssatz (%)	Bank 1	Bank 2	Bank 3	Gebote insgesamt (je Zinssatz)	Kumulative Gebote
3,15				0	0
3,10		5	5	10	10
3,09		5	5	10	20
3,08		5	5	10	30
3,07	5	5	10	20	50
3,06	5	10	15	30	80
3,05	10	10	15	35	115
3,04	5	5	5	15	130
3,03	5		10	15	145
Insgesamt	30	45	70	145	

a) Wie hoch ist der marginale Zinssatz?

b) Wie hoch ist der Zuteilungs- bzw. Repartierungssatz?

c) Wie hoch ist die Zuteilung bei den einzelnen Banken?

d) Worin besteht der Unterschied zwischen dem „holländischen" und dem „amerikanischen" Zuteilungsverfahren?

IX. IS-LM-Modell

Eine geschlossene Volkswirtschaft mit staatlicher Aktivität ist durch folgende Gleichungen beschrieben:

$C = 100 + 0,8\,Y_{\text{verf.}}$ (Konsum der privaten Haushalte)

$I^b = 200 - 1000i$ (Investitionsgüternachfrage der privaten Unternehmen)

$T = 0,25\,Y$ (Steuereinnahmen = Staatseinnahmen)

$St = 200$ (Nachfrage des Staates = Staatsausgaben)

$M^D_{T,V} = 0,1\,Y$ (Nachfrage nach Transaktions- und Vorsichtskasse)

$M^D_{SP} = 150 - 500i$ (Nachfrage nach Spekulationskasse)

$M^S = 200$ (nominales Geldangebot)

$P = 1$ (Preisniveau)

a) Ermitteln Sie die IS-Kurve für den Gütermarkt und die LM-Kurve für den Geldmarkt.

b) Errechnen Sie den Zinssatz (i) und das Einkommen (Y) bei dem ein simultanes Gleichgewicht auf dem Güter- und dem Geldmarkt vorliegt.

c) Ermitteln Sie den Finanzierungssaldo des Staates im simultanen Gleichgewicht auf dem Güter- und dem Geldmarkt.

d) Der Staat soll seine Nachfrage (St) nun um 90 auf 290 erhöhen.

1) Berechnen Sie den Zinssatz, das Einkommen sowie den Finanzierungssaldo des Staates im neuen simultanen Gleichgewicht auf dem Güter- und dem Geldmarkt, wenn die Zentralbank das Geldangebot unverändert lässt.

2) Berechnen Sie den Zinssatz, das Einkommen sowie den Finanzierungssaldo des Staates im neuen simultanen Gleichgewicht, wenn die Erhöhung der Staatsnachfrage (um 90) durch eine Ausweitung des Geldangebots (von 200 auf 290) finanziert wird.

Anmerkung: Gehen Sie von unausgelasteten Kapazitäten aus. Der Staat investiert nicht, Abschreibungen fallen nicht an.

X. Arbeitsmarkt

Die gesamtwirtschaftliche Produktionsfunktion lautet:

$$Y_r = 0,1\,A^{0,5} \cdot K^{0,5},$$

wobei A den Arbeitseinsatz, K den Kapitalbestand bezeichnet. In der Ausgangssituation beträgt K = 100.

a) Leiten Sie – ausgehend vom Gewinnmaximierungsprinzip – die Nachfragefunktion nach Arbeit (A^D) ab.

b) Die Angebotsfunktion am Arbeitsmarkt sei $A^S = 128\,\ell/P$. Wie hoch sind Reallohn und Beschäftigungsvolumen im Arbeitsmarktgleichgewicht?

c) Der Kapitalbestand soll nun auf K = 400 gestiegen sein. Wie lautet – ausgehend vom Gewinnmaximierungsprinzip – jetzt die Nachfragefunktion nach Arbeit?

XI. Klassik und Totalanalyse

Gegeben sei eine Volkswirtschaft nach klassischem Muster (vollkommene Preis- und Nominallohnflexibilität), für die folgende Angaben vorliegen:

$$Y_r = A^{1/2} \qquad \text{(Produktionsfunktion)}$$

$$A^S = 128\,\ell/P \qquad \text{(Arbeitsangebot)}$$

$$M^S = 10 \qquad \text{(nominales Geldangebot)}$$

$$v = 4 \qquad \text{(Umlaufsgeschwindigkeit des Geldes)}$$

a) Ermitteln Sie die Gleichgewichtswerte für den Reallohn, den Arbeitseinsatz, das Realeinkommen, das Preisniveau und den Nominallohn.

b) Ermitteln Sie die Gleichgewichtswerte für den Reallohn, den Arbeitseinsatz, das Realeinkommen, das Preisniveau und den Nominallohn, wenn die Zentralbank eine expansive Geldpolitik betreibt und das nominale Geldangebot auf $M^S = 20$ erhöht.

XII. Das AS-AD-Modell bei Nicht-Klassischem Arbeitsmarkt

In der Realität haben wir nicht selten deutliche Abweichungen von den Modellvorstellungen wettbewerbsinduzierter perfekter Preisflexibilitäten und strenger
Marginalkalküle bei vollkommener Konkurrenz. Verhandlungsmacht von Arbeitgebern und Arbeitnehmern sowie Preissetzungsmacht von Unternehmen beeinflussen maßgeblich das Geschehen auf Güter- und Arbeitsmärkten.

a) Worin kommt die Preissetzungsfähigkeit zum Ausdruck?

b) Welche Faktoren gehen in die Lohnsetzung ein?

c) Wie lässt sich die „natürliche Arbeitslosenquote" verringern?

d) Worin unterscheidet sich die Arbeitslosigkeit im klassischen von der im nicht-
klassischen Arbeitsmarktmodell?

e) Was versteht man unter adaptiven Erwartungen und was spricht für deren
Praxisrelevanz?

f) Welche kurz- und langfristigen Produktions-, Beschäftigungs- und Preiswir-
kungen gehen von geld- und fiskalpolitischen Maßnahmen aus?

g) Welche Produktions- und Beschäftigungsfolgen bewirken nachhaltige Angebotsschocks?

h) Wie lassen sich Veränderungen der natürlichen Arbeitslosigkeit und des natürlichen Produktionsniveaus mit Hilfe der Misperceptions-Theorie erklären?

XIII. Inflationsursachen

a) Systematisieren Sie mögliche Inflationsursachen.

b) Erläutern Sie anhand der Preis- und Lohnsetzungsgleichungen wie es ange-
botsseitig zu Inflation (Preiserhöhungen) kommt.

c) Erläutern Sie anhand von Preis- und Lohnsetzungsgleichungen wie es erwar-
tungsbedingt zu Inflation (Preiserhöhungen) kommt.

d) Erläutern Sie anhand des AS-AD-Modells wie es nachfrageseitig zu Inflation
(Preiserhöhungen) kommt.

Lösung zu I. VGR

a)

S	Produktionskonto		H
D	25	I^b	100
$T \overset{i}{-} Z$	30	C	255
FE_I^I	340	Ex 125	
			45
FE_I^A	5	- $Im^{1)}$ 80	
	400		400

S	Einkommenskonto		H
C	255	$T \overset{i}{-} Z$	30
Tr_{St}^A	10	FE_A^I	10
$S^{2)}$	115	FE_I^I	340
	380		380

S	Vermögensänderungskonto		H
I^b	100	D	25
$FÜ^{3)}$	40	S	115
	140		140

S	Auslandskonto		H
FE_A^I	10	Tr_{St}^A	10
Ex	125	FE_I^A	5
		Im	80
		$\Delta N^{4)}$	40
	135		135

Lösungshinweise:

[1] Die Angaben für das Produktionskonto sind unvollständig. Die Importe müssen als Restgröße ermittelt werden.

[2] Das Sparen ergibt sich als Saldo.

[3] Der Finanzierungssaldo (hier: Finanzierungsüberschuss = FÜ) ergibt sich als Saldo.

[4] Die Veränderung der Nettoposition (ΔN) ergibt sich als Saldo. Die Nettoposition gegenüber dem Ausland hat um 40 zugenommen.

b) Es gilt:
$$BNE = BIP + FE_A^I + Z_{EU}^I - FE_I^A - T_I^{iEU}$$

da annahmegemäß Z_{EU}^I und T_I^{iEU} jeweils Null sind, kann auch geschrieben werden:
$$BNE = BIP + FE_A^I - FE_I^A$$
$$oder$$
$$BNE = D + T^i - Z + FE_I^I + FE_I^A + FE_A^I - FE_I^A$$
$$= D + T^i - Z + FE_I^I + FE_A^I$$
$$= 25 + (40 - 10) + 340 + 10$$
$$= 405$$

Hinter dem Übergang von BIP_M zum BNE steht also ein Übergang vom Inlandskonzept (Produktionskonto) zum Inländerkonzept (Einkommenskonto).

c)

S	Einkommenskonto Staat	H	
C_{St}	90	$T^i - Z$	30
Tr_{St}^{Hh}	25	Sozb.	50
Tr_{St}^A	10	T_U^d	15
$S^{1)}$	5	T_{Hh}^d	35
	130		130

S	Vermögensänderungskonto	H	
I_{St}	25	D_{St}	10
$FD^{2)}$	-10	S	5
	15		15

Lösungshinweise:

1) Sparen ergibt sich als Saldo.

2) Finanzierungsdefizit ergibt sich als Saldo.

d) Die Defizitquote errechnet sich:

$$\frac{\text{Finanzierungssaldo}}{\text{BIP}_M}$$

Das BIP_M kann aus dem gesamtwirtschaftlichen Produktionskonto entnommen werden. Es beträgt 400. Der staatliche Finanzierungssaldo ergibt sich aus dem Vermögensänderungskonto des Staates. In obigem Fall handelt es sich um ein Finanzierungsdefizit in Höhe von –10. Die Defizitquote beträgt demzufolge

$$\frac{-10}{400} \; = \; -2{,}5\%$$

e) In einer offenen Volkswirtschaft gilt ex post:

$$S + D \; = \; I^b + (X - M) + (Tr_A^I - Tr_I^A)$$

bzw. nach Kürzung um die Abschreibungen (D)

$$S \; = \; I^n + (X - M) + (Tr_A^I - Tr_I^A)$$

im konkreten Fall also

$$115 \; = \; 75 + (125 + 10 - 80 - 5) + (0 - 10)$$
$$115 \; = \; 75 + 50 - 10$$
$$115 \; = \; 115$$

Lösung zu II. Zahlungsbilanz

	Einn. + KIm		Zahlungsbilanz	Ausgaben + KEx	
LB	1. WA	10	2. WE		5
	3. E. u. VE	10	4. Lfd. Ü.		5
			LB-Überschuss		**10**
VÜB			5. VÜ		5
KB	2.	5	1.		10
	4.	5	3.		10
	5.	5	6.[1]		5
	6.[1]	5	7.[2]		10
	7.[2]	10	8.		10
	8.	10	9.		10
	9.	10			

Mit geschweifter Klammer: $50 = $ KIm und $55 = $ KEx.

Lösungshinweise:

Jede Transaktion wurde doppelt erfasst.

[1] Der Erwerb der Beteiligung im Ausland stellt einen Kapitalexport (Forderungszuwachs), die Bezahlung des Kaufpreises durch einen Abbau von Bankguthaben im Ausland einen Kapitalimport (Abnahme von Forderungen gegenüber dem Ausland) dar.

[2] Bei dieser Transaktion handelt es sich um einen atypischen Fall, da hier eine Transaktion zwischen Gebietsansässigen zahlungsbilanzrelevant ist. Eine Zunahme der Währungsreserven der Deutschen Bundesbank führt nämlich zugleich zu einer Abnahme der Forderungen der restlichen Gebietsansässigen gegenüber dem Ausland. Konkret steht dahinter etwa ein Verkauf von US-$ Guthaben, die die inländische Geschäftsbank bei einer US-Bank unterhält, an die Deutsche Bundesbank. Nach Abschluss dieser Transaktion sind die US-$-Guthaben der Deutschen Bundesbank bei der US-Bank gestiegen, die US-$-Guthaben der inländischen Geschäftsbank bei der US-Bank gesunken.

a) Es liegt ein Leistungsbilanzüberschuss in Höhe von 10 vor.

b) In der Berichtsperiode kam es zu Kapitalimporten in Höhe von 50 und zu Kapitalexporten in Höhe von 55. Da die Kapitalexporte die Kapitalimporte überstiegen, kam es per Saldo also zu Nettokapitalexport in Höhe von 5.

c) Die Nettoposition gegenüber dem Ausland errechnet sich als Saldo aus Forderungen – Verbindlichkeiten. Die Kapitalbilanz weist Nettokapitalexporte in Höhe von 5 aus, d.h. die Nettoposition gegenüber dem Ausland ist transaktionsbedingt um 5 gestiegen. Zu diesem Ergebnis kommt man auch, wenn man von der Leistungs- und Vermögensübertragungsbilanz her argumentiert. In der Berichtsperiode stellte Deutschland dem Ausland realwirtschaftlich (Waren, Faktorleistungen) Leistungen in Höhe von 20 zur Verfügung. Als realwirtschaftliche Gegenleistung erbrachte das Ausland 5 (Waren). Realwirtschaftlich verbleibt also ein Saldo von 15 (20 - 5). Davon hat das Inland 5 in Form von laufenden Übertragungen und 5 in Form von Vermögensübertragungen ans Ausland verschenkt. Der verbleibende Überschuss von 5 (20 - 5 - 10) führte zu einer Zunahme der Forderungen, d.h. zu einer entsprechenden Erhöhung der Nettoposition um 5.

Lösung zu III. Konsumgüternachfrage

a) Die Nachfragefunktion nach Konsumgütern lautet:

$$C_t = 80 + 0,5\, Y_{t\,verf.}$$

Um das verfügbare Einkommen zu ermitteln, müssen vom zufließenden Einkommen ($Y_t = 1000$) die Steuern abgezogen werden.

$$Y_{t\,verf.} = Y_t - t \cdot Y_t, \text{ wobei } t = 0,5 \text{ ist.}$$

Ausgehend von einem Einkommen vor Steuern in Periode 1 von $Y_t = 1000$ er

$$Y_{t\,verf.} = 1000 - 0,5 \cdot 1000$$

$$= 1000 - 500 = 500.$$

Eingesetzt in die Konsumfunktion folgt daraus eine Konsumgüternachfrage in Periode 1 in Höhe von:

$$C_t = 80 + 0,5\, Y_{t\,verf.}$$

$$= 80 + 0,5 \cdot 500$$

$$= 80 + 250$$

$$= 330,$$

wobei die marginale Konsumquote (-neigung) c = 0,5 ist $\dfrac{dC_t}{dY_{t\,verf.}} = 0,5$.

Die durchschnittliche Konsumquote $\dfrac{C_t}{Y_{t\,verf.}}$ beträgt $\dfrac{330}{500} = 0{,}66$.

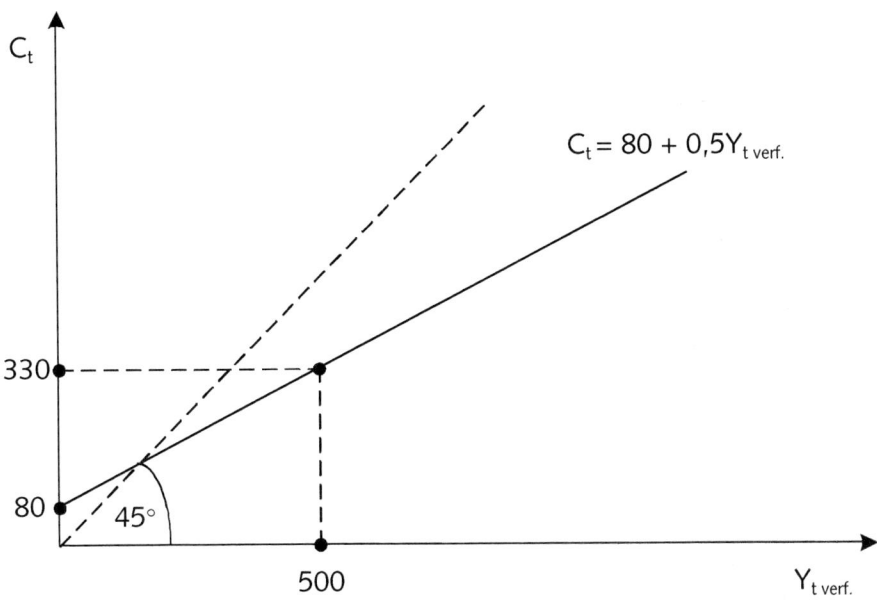

$$C_t = 80 + 0{,}5 Y_{t\,verf.}$$

Abbildung Ü.1

b) Periode 2

Das verfügbare Einkommen beträgt:

$$Y_{2\,verf.} = 1000 - 0{,}6 \cdot 1000$$
$$= 400$$

Die Konsumnachfrage liegt bei:

$$C_2 = 80 + 0{,}5 \cdot 400$$
$$= 280$$

Die durchschnittliche Konsumquote beträgt:

$$\frac{C_2}{Y_{2\,verf.}} = \frac{280}{400} = 0{,}70$$

Die marginale Konsumquote (-neigung) beträgt:

$$\frac{dC_t}{dY_{t\,verf.}} = 0{,}5$$

Periode 3

verfügbares Einkommen ($Y_{t\,verf.}$):

$$Y_{3\,verf.} = 1000 - 0,4 \cdot 1000$$
$$= 600$$

Konsumnachfrage:

$$C_3 = 80 + 0,5 \cdot 600$$
$$= 380$$

durchschnittliche Konsumquote:

$$\frac{C_3}{Y_{3\,verf.}} = \frac{380}{600} = 0,63...$$

marginale Konsumquote (-neigung):

$$\frac{dC_t}{dY_{t\,verf.}} = 0,5$$

Periode 4

verfügbares Einkommen ($Y_{t\,verf.}$):

$$Y_{4\,verf.} = 1000 - 0,5 \cdot 1000$$
$$= 500$$

Konsumnachfrage:

$$C_4 = 80 + 0,5 \cdot 500$$
$$= 330$$

durchschnittliche Konsumquote:

$$\frac{C_4}{Y_{4\,verf.}} = \frac{330}{500} = 0,66$$

marginale Konsumquote (-neigung):

$$\frac{dC_t}{dY_{t\,verf.}} = 0,5$$

c) Wenn sich die Wirtschaftssubjekte nicht an ihrem aktuellen Einkommen ($Y_{t\,verf.}$), sondern an ihrem als dauerhaft erwarteten Einkommen ($Y^P = 500^{1)}$) orientieren, dann beträgt die Konsumnachfrage pro Periode:

$$C_t = 0{,}7 \cdot Y^P$$
$$C_t = 0{,}7 \cdot 500$$
$$ = 350.$$

[1] Über die vier Perioden hinweg beträgt das verfügbare Einkommen im Durchschnitt 500

$$(\frac{500 + 400 + 600 + 500}{4} = 500).$$

d) Während die absolute Einkommenshypothese unterstellt, dass die Haushalte sich bei ihrer Konsumgüternachfrage nur am aktuellen Einkommen orientieren, stellt die permanente Einkommenshypothese auf einen längeren Zeithorizont, d. h. auf das dauerhaft zu erzielende Einkommen, ab. Dies führt zum einen zu einer Glättung der Konsumnachfrage, zum anderen aber auch dazu, dass unabhängig vom aktuellen Einkommen Erwartungsänderungen über das zukünftige Einkommen (z. B. Verunsicherungen im Hinblick auf das künftige Rentenniveau) über eine Veränderung des permanenten Einkommens (bereits heute) Niederschlag in der Konsumnachfrage finden.

Lösung zu IV. Devisenmarkt und Wechselkurs

a)

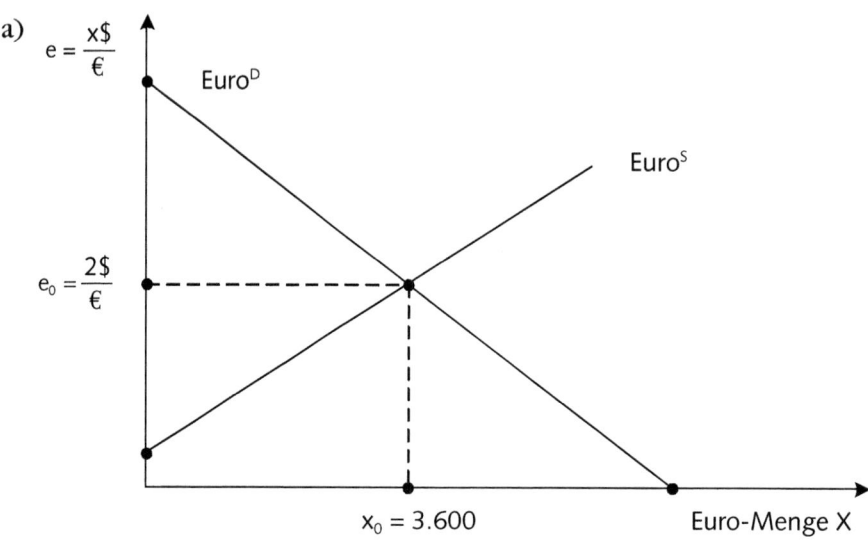

Abbildung Ü.2

Hinweise: Zeichnung ist nicht maßstabsgetreu. Das Euro^S ist vereinfachend als Gerade gezeichnet.

Im Marktgleichgewicht gilt:

Nachfrage nach Euro (D) = Angebot an Euro (S)

oder

$$
\begin{aligned}
4000 - 200e &= 4000 - 800 / e \\
- 200e &= - 800 / e \\
200e^2 &= - 800 \\
e^2 &= 4 \\
e &= 2
\end{aligned}
$$

(Hinweis: es gibt keinen negativen Wechselkurs)

Im Gleichgewicht beträgt der Wechselkurs $e_0 = \dfrac{x\$}{\epsilon} = 2$.

Die im Gleichgewicht gehandelte Euromenge beträgt $X_0 = 3.600$.

$$\text{Euro}^S = 4000 - 800 / 2 = 3.600$$

bzw.

$$\text{Euro}^D = 4000 - 200 \cdot 2 = 3.600$$

b)

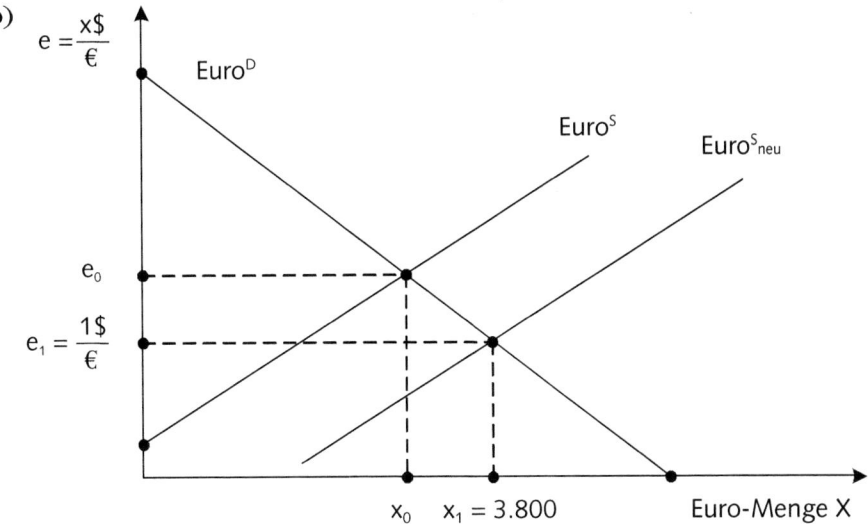

Abbildung Ü.3

Hinweis: Siehe Ü.2

Im Marktgleichgewicht gilt:

$$\text{Euro}^D = \text{Euro}^S_{neu}$$
$$4000 - 200e = 4600 - 800 / e$$
$$-600 - 200e = -800 / e$$
$$200e^2 + 600e = +800$$
$$e^2 + 3e = 4$$

oder

$$e^2 + 3e - 4 = 0$$

Die Lösung der quadratischen Gleichung $a\,x^2 + bx + c = 0 (a \neq 0)$ lautet:

$$x_{1,2} = \frac{-b \pm \sqrt{b^2 - 4ac}}{2a}$$

wobei hier gilt: $a = 1, b = 3$ und $c = -4$.

Also:

$$x_{1,2} = \frac{-3 \pm \sqrt{3^2 - (4 \cdot 1 \cdot -4)}}{2 \cdot 1}$$
$$= \frac{-3 \pm \sqrt{25}}{2}$$
$$= \frac{-3 \pm 5}{2} = \frac{2}{2} = 1$$

(Hinweis: es gibt keinen negativen Wechselkurs)

Im Gleichgewicht beträgt der Wechselkurs $e_1 = 1$.

Die im Gleichgewicht gehandelte Euro-Menge x_1 beträgt 3.800.

$$\text{Euro}^S_{neu} = 4600 - 800 / 1 = 3.800$$
$$\text{Euro}^D = 4000 - 200 \cdot 1 = 3.800$$

c)

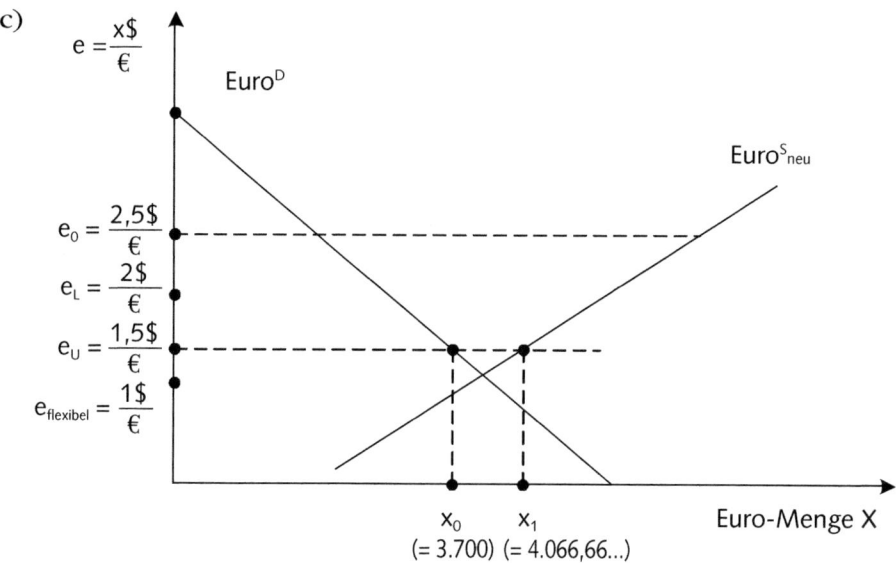

Abbildung Ü.4

Hinweis: Siehe Ü.2

Als Folge der Verschiebung des Angebots an Euro am Devisenmarkt (auf Euro$_{neu}$) würde sich bei flexiblen Wechselkursen ein Wechselkurs von $e_{flexibel} = \frac{1\$}{€}$ am Markt herausbilden (siehe Aufgabe b). Da nun aber die Zentralbank gezwungen ist, den Wechselkurs innerhalb der Bandbreite von $\pm 25\%$ um den Leitkurs von $e_L = \frac{2\$}{€}$ zu halten ($e_{obere\ Grenze} = \frac{2,5\$}{€}$; $e_{untere\ Grenze} = \frac{1,5\$}{€}$), muss die Zentralbank intervenieren. Bei einem Wechselkurs von $e = \frac{1,5\$}{€}$ (untere Grenze) werden am Markt

$$\text{Euro}^S_{neu} (1,5) = 4600 - 800 / 1,5$$
$$= 4600 - 533\ ^1\!/_3 = 4066\ ^2\!/_3\ €$$

angeboten

und

$$\text{Euro}^D (1,5) = 4000 - 200 \cdot 1,5$$
$$= 4000 - 300 = 3.700\ \text{€}$$

nachgefragt.

Die Zentralbank muss also das Überangebot an € in Höhe von 366 2/3 € (4.066 2/3 – 3.700) ankaufen und dafür US-\$ verkaufen.

Lösung zu V. Einkommensmultiplikator und Gleichgewichtseinkommen

a) Für die gesamtwirtschaftliche Nachfrage gilt:

$$Y_D = C_{Hh} + I_b + St + Ex - Im$$

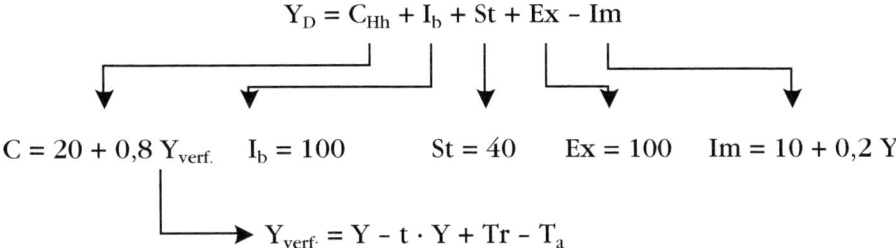

$$C = 20 + 0,8\ Y_{verf.} \qquad I_b = 100 \qquad St = 40 \qquad Ex = 100 \qquad Im = 10 + 0,2\ Y$$

$$Y_{verf.} = Y - t \cdot Y + Tr - T_a$$

Das verfügbare Einkommen der privaten Haushalte errechnet sich, indem vom zugeflossenen Einkommen (Y) die einkommensabhängige Steuer (t·Y) und die „Kopfsteuer" (T_a) abgezogen und die Transferzahlungen (Tr) hinzugezählt werden.

Eingesetzt in die Nachfragefunktion kann also geschrieben werden:

$$Y_D = 20 + 0,8\ (Y - 0,25\ Y + 100 - 100) + 100 + 40 + 100 - (10 + 0,2\ Y)$$

$$\underbrace{\qquad\qquad\qquad\qquad\qquad}_{C_{Hh}} \quad \underbrace{\;}_{I^b} \ \underbrace{\;}_{St} \ \underbrace{\;}_{Ex} \quad \underbrace{\qquad}_{Im}$$

$$= 0,8\ Y - 0,8 \cdot 0,25\ Y - 0,2\ Y + 250$$

$$= 0,4\ Y + 250$$

Die gesamtwirtschaftliche Nachfragefunktion lautet $Y^D = 0,4 + 250$.

b) und c)

Im Gleichgewicht gilt:

$$Y^S = Y^D$$
$$oder$$
$$Y = Y^D$$
$$= 0,4Y + 250$$
$$Y - 0,4Y = 250$$
$$Y(1 - 0,4) = 250$$
$$Y = \frac{1}{0,6} \cdot 250$$
$$= 1,666 .... \cdot 250$$
$$= 416,66....$$

Der Einkommensmultiplikator beträgt also 1,666..., das Gleichgewichtseinkommen 416,66... .

d) Wenn die Exportnachfrage um 100 (von 100 auf 200) steigt, beträgt die Summe der autonomen Nachfragekomponenten 350 (250 + 100). Somit ergibt sich ein neues Gleichgewichtseinkommen in Höhe von

$$Y_{neu} = 1,66... \cdot 350$$
$$= 583,33...$$

Lösung zu VI. Geschäftsbanken- und Zentralbankgeld

a) Geschäftsbankengeld entsteht, indem die Geschäftsbanken (Kreditinstitute) Forderungen an Nichtbanken erwerben – oder anders ausgedrückt, indem die Geschäftsbanken Kredite an die Nichtbanken vergeben – und diese mit Einlagen (Verbindlichkeiten gegenüber Nichtbanken) „bezahlen". Deutlich werden diese Zusammenhänge, wenn man die Konsolidierte Bilanz des Geschäftsbankensystems (Kreditinstitute ohne Zentralbank) heranzieht. Im Bilanzzusammenhang resultiert die Depositen- oder Einlagenkomponente der Geldmenge – also das Geschäftsbankengeld – als eine der bilanziellen Gegenpositionen zum Kreditvolumen.

Aktiva	Konsolidierte Bilanz der Geschäftsbanken	Passiva
Kassenbestand und Einlagen (Guthaben) bei der Zentralbank	**Kurzfristige Verbindlichkeiten gegenüber** (Guthaben, Einlagen von) **Nichtbanken (Geschäftsbankengeld)**	
Forderungen (Kredite) an Nichtbanken – Wertpapiere – Buchforderungen	Längerfristige Verbindlichkeiten gegenüber (Guthaben, Einlagen von) Nichtbanken (Geldkapital)	
	Verbindlichkeiten gegenüber (Kreditaufnahme bei) der Zentralbank	
	Eigenkapital	

b) Da die Nichtbanken nicht nur Geschäftsbankengeld, sondern auch Bargeld[164], und zwar i. d. R. in einem bestimmten Verhältnis zum Geschäftsbankengeld halten wollen, müssen sich die Geschäftsbanken als Folge der Kreditvergabe auch Bargeld bei der Zentralbank – die Zentralbank hat das Banknotenmonopol – besorgen, damit die Nichtbanken Barabhebungen vornehmen können (die Zunahme des Banknotenumlaufs wird unter P.1 erfasst). Zum anderen müssen die Geschäftsbanken aber auch Guthaben bei der Zentralbank halten, um die Mindestreserve zu erfüllen (die mindestreservebedingten Guthaben der Geschäftsbanken beim Eurosystem werden unter P.2 erfasst). Sowohl das Banknotenmonopol als auch die Mindestreserve machen eine Mitwirkung der Zentralbank bei der Schaffung von Geschäftsbankengeld notwendig.

---

[164] Zur Vereinfachung sei hier von Münzen abgesehen, so dass der Bargeldumlauf dem Banknotenumlauf entspricht.

Konsolidierter Ausweis des Eurosystems – vereinfachte Darstellung –
zum 1.12.2006 (in Mrd. €)

Aktiva		Passiva	
A.1: Währungsreserven	321,7	P.1: **Banknotenumlauf**	601,8
– Gold	174,5		
– Fremdwährungs-forderungen	147,2		
A.2: **Forderungen in € an Kreditinstitute** im Euro-Währungsgebiet darunter:	428,2	P.2: **Verbindlichkeiten** in € **gegenüber** (Guthaben bzw. Einlagen von) **Kreditinstituten** im Euro-Währungsgebiet darunter:	184,0
– Hauptrefinanzierungs-geschäfte	308,0		
– Längerfr. Refinan-zierungsgeschäfte	120,0	Einlagen auf Girokonten (Bankenliquidität)	184,0
A.3: Sonstige	376,2	P.3: Sonstige	340,3
Bilanzsumme	1.126,1		1.126,1

Aktiva	Konsolidierte Bilanz der Geschäftsbanken	Passiva
Kassenbestand und Einlagen (Guthaben)bei der Zentralbank	Kurzfristige Verbindlichkeiten gegen-über(Einlagen von) Nichtbanken (Geschäftsbankengeld)	
Forderungen (Kredite) an Nichtbanken	Längerfristige Verbindlichkeiten gegen-über Nichtbanken (Geldkapital)	
– Wertpapiere		
– Buchforderungen	**Verbindlichkeiten gegenüber (Kreditaufnahme bei) der Zentralbank**	
	Eigenkapital	

Allerdings wird die Zentralbank in einem ersten Schritt immer den bereits durch die endogene Geldschöpfung eingetretenen Bedarf an Zentralbankgeld befriedigen. Täte sie dies nicht, würde das Instrument der Mindestreserve ad absurdum geführt, da die Zentralbank die Geschäftsbanken einerseits nicht zwingen kann, Mindestreserve zu halten, andererseits aber den Zugang zu Zentralbankgeld verweigert. Dies heißt aber, dass nicht nur die Geldmenge (M), sondern auch die Geldbasis (B) endogen ist. In einem zweiten Schritt kann sie aber die Konditionen, zu denen sie Kredite an die Geschäftsbanken gewährt, verändern.

c) Der Zwang, Guthaben bei der Zentralbank zu halten, zwingt die Geschäftsbanken, Kredite bei der Zentralbank aufzunehmen. Über die Festsetzung der
Konditionen für diese Kredite, insbesondere über den Zinssatz für das
Hauptrefinanzierungsgeschäft, nimmt die Zentralbank Einfluss auf die Zinsen
unter Kreditinstituten und darüber auf die Zinsen, die Nichtbanken zahlen
müssen. Dies strahlt letztlich auf die einzelnen Komponenten der gesamtwirtschaftlichen Nachfrage aus, und zwar direkt über die Zinsen bzw. indirekt
über Vermögens- und Wechselkurseffekte.

Konsolidierter Ausweis des Eurosystems – vereinfachte Darstellung – zum 1.12.2006 (in Mrd. €)			
Aktiva		**Passiva**	
A.1: Währungsreserven	321,7	P.1: Banknotenumlauf	601,8
– Gold	174,5		
– Fremdwährungs- forderungen	147,2		
A.2: Forderungen in € **(Kredite) an Kreditinstitute im Euro- Währungsgebiet** darunter:	428,2	P.2: Verbindlichkeiten in gegen- über Kreditinstituten im Euro- Währungsgebiet darunter:	184,0
– **Hauptrefinanzierungs- geschäfte**	308,0		
– Längerfr. Refinan- zierungsgeschäfte	120,0	– Einlagen auf Girokonten (Bankenliquidität)	184,0
A.3: Sonstige	376,2	P.3: Sonstige	340,3
Bilanzsumme	1.126,1		1.126,1

Banken, Mindestreserve und Zentralbankguthaben – der grundlegende Zusammenhang nochmals anhand eines Zahlenbeispiels

Aktiva	Bilanz der Geschäftsbanken - vereinfacht -		Passiva
1. Kredite an Nichtbanken	1.000.000	1. Verbindlichkeiten gegenüber Nichtbanken (Gutschrift auf Kundenkonto)	1.000.000
2. Einlagen bei der Zentralbank	20.000	2. Verbindlichkeiten gegenüber der Zentralbank	20.000

Aktiva	Bilanz der Zentralbank - vereinfacht -		Passiva
2. Kredite an Kreditinstitute	20.000	2. Verbindlichkeiten gegenüber Kreditinstituten	20.000

1. Die Geschäftsbanken räumen Kunden Kredite in Höhe von 1.000.000 ein, wodurch die Forderungen der Banken (Aktivseite) und zugleich ihre Verbindlichkeiten bzw. Kundeneinlagen – Gutschrift des Kreditbetrags auf den Girokonten der Kunden – (Passivseite) steigen.

2. Die Mindestreserve zwingt die Kreditinstitute, sich in Höhe von 2 % ihrer Kundeneinlagen Guthaben beim Eurosystem zu besorgen. Sie müssen daher Kredite in Höhe von 20.000 beim Eurosystem aufnehmen.

3. Über die Festlegung des Zinssatzes für diese Kredite beeinflusst das Eurosystem den Zinssatz unter Banken und zwischen Banken und Nichtbanken und darüber die Nachfrage in der Volkswirtschaft.

Lösung zu VII. Nachfrage nach Spekulationskasse

i_M	WS_1 M_{SP}^D	WS_2 M_{SP}^D	WS_3 $M_{SP}^{\overline{}}$	WS_4 M_{SP}^D
11%	0	0	0	0
9%	100	0	0	100
7%	100	100	0	200
5%	100	100	100	300

Um zu entscheiden, ob ein WS die 100 Euro als Spekulationskasse hält oder in Wertpapieren anlegt, muss sowohl der Zinsertrag des Wertpapieres als auch der erwartete Kursverlust bzw. der erwartete Kursgewinn berücksichtigt werden. Falls beides per Saldo zu einem Nettoverlust führt, wird das WS Spekulationskasse, also zinslose Sichteinlagen halten. Falls beides per Saldo zu einem Nettogewinn führt, wird das WS das Wertpapier kaufen. Falls der Nettogewinn bei Null liegt, ist das WS indifferent, d. h. es macht aus Sicht des WS keinen Unterschied, ob es Wertpapiere oder Sichteinlagen hält.

Ermittlung des erwarteten Kursverlustes:

100 %[165] – erwarteter Marktkurs

erwarteter Marktkurs = Festzins / erwarteter Marktzins (Nominalzinsvorstellung)

1. Marktzinssatz = 11 %

WS_1 hat eine Normalzinsvorstellung von 10 %, d. h. es rechnet damit, dass im Verlaufe eines Jahres der Marktzins von 11 % auf 10 % sinkt.

Daraus ergibt sich ein erwarteter Marktkurs von 11 %/10 % = 110 %, d. h. das WS_1 rechnet mit einem Kursgewinn von 10 %.

Da die Wertpapieranlage also nicht nur einen Zinsertrag von 11 % erbringt, sondern WS_1 auch noch Kursgewinne in Höhe von 10 % erwartet, ist es klar, dass WS_1 die 100 Euro in Wertpapieren anlegt. Genauso verhalten sich die anderen WS, die aufgrund ihrer im Vergleich zu WS_1 noch niedrigeren Normalzinsvorstellungen mit noch höheren Kursgewinnen als WS_1 rechnen.

2. Marktzinssatz = 9 %

WS_1 hat eine Normalzinsvorstellung von 10 %, d. h. es rechnet damit, dass im Verlaufe eines Jahres der Marktzins von 9 % auf 10 % steigt.

---

[165] In der Aufgabenstellung war angenommen worden, dass der Festzins in der Ausgangslage jeweils dem Marktzins entspricht, so dass der Marktkurs 100 % beträgt.

Daraus ergibt sich ein erwarteter Marktkurs von 9%/10% = 90%, d.h. das WS_1 rechnet mit einem Kursverlust von 10%.

Um zu ermitteln, ob WS_1 Spekulationskasse hält oder die 100 Euro in Wertpapieren anlegt, muss noch der Zinsertrag berücksichtigt werden. Unter Berücksichtigung des Zinsertrags von 9% ergibt sich ein Nettoverlust von 1% (9% – 10%). Daraus ergibt sich, dass WS_1 es vorzieht Spekulationskasse zu halten.

Anders hingegen wird sich WS_2 verhalten. WS_2 hat eine Normalzinsvorstellung von 8%, d.h. es rechnet damit, dass im Verlaufe eines Jahres der Marktzins von 9% auf 8% sinkt.

Daraus ergibt sich ein erwarteter Marktkurs von 9%/8% = 112,5%, d.h. das WS_1 rechnet mit einem Kursgewinn von 12,5%. Hinzu kommt der Zinsertrag von 9%. WS_2 wird also die 100 Euro in Wertpieren anlegen. Genauso verhält sich WS_3, das aufgrund seiner im Vergleich zu WS_2 noch niedrigeren Normalzinsvorstellungen mit noch höheren Kursgewinnen als WS_2 rechnet.

3. Marktzinssatz = 7%

Da WS_1 bereits bei einem Marktzinssatz von 9% Spekulationskasse hält, wird es natürlich auch bei einem Marktzinssatz von 7% aufgrund der erwarteten Kursverluste Spekulationskasse halten. Bei einem Marktzinssatz von 7% rechnet aber auch WS_2 mit sinkenden Marktkursen (7%/8% = 87,5%) und somit mit Kursverlusten (100% – 87,5% = 12,5%). Da die Kursverluste den Zinsertrag übersteigen (12,5% > 7%) wird nun auch WS_2 die 100 Euro in unverzinsten Sichteinlagen (Spekulationskasse) halten.

WS_3 hat eine Normalzinsvorstellung von 6%, d.h. es rechnet damit, dass im Verlaufe eines Jahres der Marktzins von 7% auf 6% sinkt.

Daraus ergibt sich ein erwarteter Marktkurs von 7%/6% = 116,7%, d.h. das WS_1 rechnet mit einem Kursgewinn von 16,7%. Hinzu kommt der Zinsertrag von 7%. WS_2 wird also die 100 Euro in Wertpieren anlegen.

4. Markzinssatz = 5%

Bei einem Marktzinssatz von 5% rechnen alle WS mit Kursverlusten, die den Zinsertrag übersteigen, so dass alle WS die 100 Euro in Form von Spekulationskasse halten.

Lösung zu VIII. Geldpolitische Instrumente: Hauptrefinanzierungsgeschäfte

a) Der marginale Zinssatz ist der Zinssatz, bei dem Gebote gerade noch berücksichtigt werden. Er beträgt 3,05 %.

b) Alle Gebote über 3,05 % (bis zu einem kumulativen Betrag von 80 Millionen €) werden voll zugeteilt. Bei 3,05 % ergibt sich folgende prozentuale Zuteilung (*Zuteilungs*- oder *Repartierungssatz*):

$$\frac{94 - 80}{115 - 80} = 40\%$$

c) Die Zuteilung an Bank 1 zum marginalen Zinssatz beträgt z. B.:

$$0,4 \cdot 10 = 4$$

Insgesamt ergibt sich für Bank 1 folgende Zuteilung:

$$5 + 5 + 4 = 14$$

Die Zuteilungsergebnisse lassen sich wie folgt zusammenfassen;

Beträge in Mio. €			
Geschäftspartner	Bank 1	Bank 2	Bank 3	Insgesamt
Gebote insgesamt	30,0	45,0	70,0	145
Zuteilung insgesamt	14,0	34,0	46,0	94

d) Beim „holländischen" Zuteilungsverfahren erfolgt die Abrechnung zu einem einheitlichen Zinssatz, und zwar zum marginalen Zinssatz, beim „amerikanischen" Zuteilungsverfahren wird nach den individuellen Bietungssätzen abgerechnet.

Wenn die Zuteilung nach dem holländischen Zuteilungsverfahren erfolgt, beträgt der Zinssatz für die den Geschäftspartnern zugeteilten Beträge 3,05 %.

Erfolgt die Zuteilung nach dem amerikanischen Zuteilungsverfahren, wird gemäß den individuellen Bietungssätzen abgerechnet: Bank 1 erhält z. B. 5 Millionen € zu 3,07 %, 5 Millionen € zu 3,06 % und 4 Millionen € zu 3,05 %.

Lösung zu IX. IS-LM-Modell

a) Die IS-Kurve beschreibt das Gütermarktgleichgewicht

$$Y^S = Y^D$$
$$Y = C + I^b + St$$
$$Y = 100 + 0,8Y_{verf.} + 200 - 1000i + 200$$
$$Y_{verf.} = Y - 0,25Y$$
$$= 100 + 0,8(Y - 0,25Y) + 200 - 1000i + 200$$
$$= 100 + 0,8Y - 0,8 \cdot 0,25Y + 200 - 1000i + 200$$
$$= 500 + 0,6Y - 1000i$$
$$Y - 0,6Y = 500 - 1000i$$
$$0,4Y = 500 - 1000i \; / :0,4$$
$$Y = 1250 - 2500i$$

Die LM-Kurve beschreibt das Geldmarktgleichgewicht

$$M^D = M^S$$
$$M^D_{T,V} + M^D_{Sp} = M^S$$
$$0,1Y + 150 - 500i = 200$$
$$0,1Y = 50 + 500i$$
$$Y = 500 + 5000i$$

b) Im simultanen Gleichgewicht auf dem Güter- und Geldmarkt gilt:

$$IS = LM$$
$$1250 - 2500i = 500 + 5000i$$
$$750 = 7500i$$
$$i = 0,1 = 10\%$$
$$Y = 1000$$

c)
$$F - Saldo_{St} = T - St$$
$$= 0,25Y - 200$$
$$0,25 \cdot 1000 - 200 = 50$$

Es handelt sich beim Finanzierungssaldo um einen Finanzierungsüberschuss.

d) 1) IS-Kurve ändert sich
$$Y = 100 + 0,8Y_{verf.} + 200 - 1000i + 290$$
$$.....$$
$$Y = 590 + 0,6Y - 1000i$$
$$..... \text{ (vgl. Berechnung zu a))}$$
$$IS_{neu} : Y = 1475 - 2500i$$

LM-Kurve bleibt unverändert

$$\begin{aligned} \text{IS}_{\text{neu}} &= \text{LM} \\ 1475 - 2500i &= 500 + 5000i \\ 7500i &= 975 \\ i &= 0,13 = 13\% \\ Y &= 1150 \end{aligned}$$

$$\begin{aligned} \text{F} - \text{Saldo}_{\text{St}} &= T - St \\ &= 0,25Y - 290 \\ &= 0,25 \cdot 1150 - 290 \\ &= 287,5 - 290 \\ &= -2,5 \end{aligned}$$

Es handelt sich bei dem Finanzierungssaldo um ein Finanzierungsdefizit.

2) IS_{neu} bleibt

LM-Kurve verändert sich

$$\begin{aligned} \text{LM}_{\text{neu}} : 0,1Y + 150 - 500i &= 290 \\ 0,1Y &= 140 + 500i \\ Y &= 1400 + 5000i \end{aligned}$$

Im neuen simultanen Gleichgewicht gilt:

$$\begin{aligned} \text{IS}_{\text{neu}} &= \text{LM}_{\text{neu}} \\ 1475 - 2500i &= 1400 + 5000i \\ 75 &= 7500i \\ i &= 0,01 = 1\% \\ Y &= 1450 \end{aligned}$$

$$\begin{aligned} \text{F} - \text{Saldo}_{\text{St}} &= T - St \\ &= 0,25Y - 290 \\ &= 362,5 - 290 \\ &= 72,5 \end{aligned}$$

Es handelt sich bei dem Finanzierungssaldo um einen Finanzierungsüberschuss.

Lösung zu X. Arbeitsmarkt

a) Bei Gewinnmaximierung gilt:

$$\frac{\ell}{P} = \frac{dY_r}{dA}$$

Das Grenzprodukt der Arbeit $\dfrac{dY_r}{dA}$ enthält man, indem die Produktionsfunktion

$$Y_r = 0,1\, A^{0,5} \cdot K^{0,5}$$
$$\text{oder bei } K = 100$$
$$Y_r = 0,1\, A^{0,5} \cdot 100^{0,5}$$
$$Y_r = A^{0,5}$$

nach A abgeleitet wird.

$$\frac{dY_r}{dA} = 0,5 \cdot A^{-0,5} = 0,5 \cdot \frac{1}{A^{1/2}}$$

Bei Gewinnmaximierung gilt also

$$\frac{\ell}{P} = 0,5 \cdot \frac{1}{A^{1/2}}$$

Die Nachfragefunktion nach Arbeit ergibt sich, indem diese Gleichung nach A aufgelöst wird:

$$\frac{1}{2 \cdot A^{1/2}} = \frac{\ell}{P}$$
$$\text{bzw.}$$
$$\frac{1}{A^{1/2}} = 2\,\frac{\ell}{P}$$
$$\text{bzw.}$$
$$A^{1/2} = \frac{1}{2\ell/P}$$
$$\text{bzw.}$$
$$A = \frac{1}{(2\,\ell/P)^2}$$

Die Nachfragefunktion nach Arbeit lautet also:

$$A^D = \frac{1}{(\ell/P)^2}$$

b) Im Arbeitsmarktgleichgewicht gilt:

$$A^D = A^S$$

also:

$$\frac{1}{(2\,\ell/P)^2} = 128\,\ell/P$$

bzw.

$$\frac{1}{2^2(\ell/P)^2} = 128\,\ell/P$$

bzw.

$$1 = 128 \cdot 4 \cdot \ell/P \cdot (\ell/P)^2$$

bzw.

$$1 = 512 \cdot (\ell/P)^3$$

$$\frac{1}{512} = (\ell/P)^3$$

bzw.

$$\ell/P = \sqrt[3]{\frac{1}{512}}$$

$$\ell/P = \frac{1}{8}$$

Im Marktgleichgewicht beträgt der Reallohn 1/8.

Bei einem Reallohn von 1/8 liegt das Beschäftigungsvolumen bei 16:

$$A^D = \frac{1}{(2 \cdot \frac{1}{8})^2} = \frac{1}{(\frac{1}{4})^2} = \frac{1}{0{,}0625} = 16$$

$$A^S = 128 \cdot \frac{1}{8} = 16$$

c) Bei einem Kapitalbestand von K = 400 gilt für die Produktionsfunktion:

$$\begin{aligned} Y_r &= 0{,}1\,A^{0,5} \cdot 400^{0,5} \\ &= 0{,}1 \cdot A^{0,5} \cdot 20 \\ &= 2 \cdot A^{0,5} \end{aligned}$$

bzw. für die Ableitung nach A:

$$\frac{dY_r}{dA} = 0{,}5 \cdot 2 \cdot A^{-0,5} = \frac{1}{A^{0,5}}$$

Bei Gewinnmaximierung ergibt sich daher eine Nachfragefunktion nach Arbeit von

$$A^D = \frac{1}{(\ell/P)^2}$$

(Die Herleitung erfolgt analog zu a).

Vergleicht man beide Nachfragefunktionen nach Arbeit [Fall a) und Fall c)], so zeigt sicht, dass aufgrund des höheren Kapitalbestandes (400 gegenüber 100) die Arbeitsproduktivität nun gestiegen ist, so dass bei jedem Reallohn mehr Arbeitskräfte nachgefragt werden.

Lösung zu XI. Klassik und Totalanalyse

a) Ausgangspunkt ist in der Klassik der Arbeitsmarkt.

Bei Gewinnmaximierung gilt:

$$\frac{\ell}{P} = \frac{dY_r}{dA}$$

Das Grenzprodukt der Arbeit $\dfrac{dY_r}{dA}$ erhält man, indem die Produktionsfunktion

$$Y_r = A^{1/2}$$

nach A abgeleitet wird.

$$\frac{dY_r}{dA} = 0,5 \frac{1}{A^{1/2}}$$

Bei Gewinnmaximierung gilt also

$$\frac{\ell}{P} = 0,5 \cdot \frac{1}{A^{1/2}}$$

Daraus folgt für die Nachfragefunktion der Arbeit:

$$A^D = \frac{1}{(2\,\ell/P)^2}$$

Im Arbeitsmarktgleichgewicht gilt:

$$A^D = A^S$$

also

$$\frac{1}{(2\,\ell/P)^2} = 128\,\frac{\ell}{P}$$

daraus folgt:

$$\ell/P = \frac{1}{8}$$

$$A = 16$$

Aus der Produktionsfunktion folgt für das Realeinkommen

$$Y_r = \sqrt{A} = 4$$

Da das nominale Geldangebot dem tatsächlich vorhandenen nominalen Geldbestand (Geldmenge) entspricht, gilt:

$$M^S = M$$

Aus der Quantitätsgleichung folgt für das Preisniveau:

$$M \cdot v = Y_r \cdot P$$

$$P = \frac{M \cdot v}{Y_r}$$

$$= \frac{10 \cdot 4}{4}$$

$$= 10$$

Daraus folgt für den Nominallohn

$$\ell = \frac{\ell}{P} \cdot P$$

$$= \frac{1}{8} \cdot 10$$

$$= 1{,}25$$

b) Im klassischen System wirkt eine expansive Geldpolitik (Erhöhung des Geldangebots von $M^S = 10$ auf $M^S = 20$) nur auf nominale Größen (Preisniveau, Nominallohn).

Eine Verdoppelung des Geldangebots auf $M^S = 20$ führt daher gemäß Quantitätsgleichung nur zu einer Verdoppelung des Preisniveaus auf 20. Der Nominallohn steigt auf 2,50.

Lösung zu XII. Das AS-AD-Modell bei Nicht-Klassischem Arbeitsmarkt

a) Auf vielen Märkten üben die Unternehmen mehr oder weniger Marktmacht aus, die es ihnen erlaubt, von der wettbewerblichen Grenzkosten-Preisbildung abzuweichen. Dieses Preissetzungsverhalten kommt darin zum Ausdruck, dass die Unternehmen durch einen Aufschlagssatz auf ihre Lohnstückkosten die Nicht-Lohnkosten und den Gewinn abdecken. Je geringer der Wettbewerb ist, desto leichter können gestiegene Nicht-Lohnkosten und höhere Gewinnziele über eine Anhebung des Aufschlagssatzes in den Produktpreisen weiter gegeben werden.

b) Welche Nominallöhne die Arbeitnehmer bzw. ihre Verbände durchzusetzen vermögen, hängt zum einen von den jeweiligen Preiserwartungen der Arbeitsmarktparteien und zum anderen von der relativen Verhandlungsmacht ab. Bei übereinstimmenden Preiserwartungen kann seitens der Untenehmen Konzessionsbereitschaft erwartet werden, da sie damit rechnen, eventuelle Lohnstückkostensteigerungen in den Güterpreisen weitergeben zu können. Für die relative Verhandlungsmacht sind die Arbeitsmarktsituationen (mehr oder weniger Arbeitslosigkeit) und institutionelle Bedingungen wie Höhe und Dauer von Lohnersatzleistungen, Kündigungsschutzregelungen und Drohpotentiale von Gewerkschaften maßgeblich.

c) Die „natürliche Arbeitslosenquote" ist die gleichgewichtige Arbeitslosenquote, die sich unter dem Einfluss der „Marktunvollkommenheiten" der Realität einspielt. Ihre Verringerung hat konsequenterweise an den „Marktunvollkommenheiten" anzusetzen. Dies erfordert einmal eine konsequente Wettbewerbspolitik, die den monopolistischen Preissetzungsspielraum der Unternehmen auf den Gütermärkten einschränkt. Dies erfordert aber ebenso eine Flexibilisierung auf den Arbeitsmärkten, die von der Dezentralisierung der Lohnfindungsprozesse bis zur Senkung der Anspruchslöhne durch Verringerung etwa des Kündigungsschutzes, der Lohnersatzleistungen und der Sozialtransfers sowie Vermeidung von Mindestlöhnen reicht.

d) Auch im klassischen Wettbewerbsmodell des Arbeitsmarktes gibt es Arbeitslosigkeit, da es immer Erwerbspersonen geben wird, die zu den unter Wettbewerbsbedingungen zustande gekommenen Marktlöhnen nicht zu arbeiten bereit sind, weil sie beispielsweise auf (Einkommen aus) Vermögen zurückgreifen können. Die „natürliche Arbeitslosigkeit" geht jedoch über diese „freiwillige Arbeitslosigkeit" insoweit hinaus, als sie zusätzlich noch die durch Preis- und Lohnsetzungsmacht bedingte Arbeitslosigkeit („unfreiwillige Arbeitslosigkeit") enthält.

e) Bei adaptiver Erwartungsbildung orientieren sich die Wirtschaftssubjekte an Erfahrungen der Vergangenheit. Preiserwartungen werden danach von der tatsächlichen Preisentwicklung und eventuellen Erwartungsfehlern der Vergangenheit geprägt. Unterschätzungen in der Vergangenheit führen zu Anpassungen der Preiserwartungen nach oben. Angesichts der Unsicherheit über zukünftige Entwicklungen sind erfahrungsgestützte schrittweise Korrekturen durchaus rational. Freilich wäre es nicht rational, im Einzelfall mögliche Informationen über zukünftige Entwicklungen bei der Erwartungsbildung zu unterdrücken.

f) Sowohl geld- als auch fiskalpolitisch ausgelöste Nachfrageerhöhungen werden kurzfristig zu Preis-, Produktions- und Beschäftigungserhöhungen führen. Hierdurch wird jedoch eine Wechselwirkung von Nominallohnsteigerungen und Preiserhöhungen ausgelöst, die durch Korrekturen von Preiserwartungen nach oben verstärkt werden. Da die Preissteigerungen zu einer Kontraktion der realen Geldmenge führen, die die ursprüngliche Nachfrageexpansion abbremst, mündet der Prozess schließlich wieder in das natürliche Produktions- und Beschäftigungsniveau ein – allerdings bei höherem Preisniveau. Die Wirkungen geld- und fiskalpolitischer Maßnahmen dürften sich jedoch in allokativer Hinsicht unterscheiden, da eine expansive Fiskalpolitik über Zinserhöhungen private Investitionen verdrängen kann.

g) Im Unterschied zu Nachfrageimpulsen können nachhaltige Angebotsschocks das gleichgewichtige Produktions- und Beschäftigungsniveau verändern. Als Transmissionsriemen dienen die Preis- und Lohnsetzungsfähigkeiten der Akteure auf Güter- und Arbeitsmärkten. Nachhaltige Kostensteigerungen wie etwa die Erhöhung der Rohölpreise, denen weder Entlastungen bei anderen Kosten noch Produktivitätszuwächse gegenüberstehen, bewirken über eine Verlagerung der Preissetzungskurve nach unten eine höhere natürliche Arbeitslosenquote und ein niedrigeres natürliches Produktionsniveau. Verstärkte Lohnsetzungsmacht wie beispielsweise infolge von Kompetenzerweiterungen der Gewerkschaften, Ausdehnung des Kündigungsschutzes, Anhebung des Anspruchslohns führt über eine Verschiebung der Lohnsetzungskurve nach oben ebenfalls zu dauerhaften Produktions- und Beschäftigungseinbußen.

h) Die Misperceptions Theorie rückt Irrtümer und Informationsmängel in den Vordergrund, um zu erklären, dass expansive Geldpolitik kurzfristig nicht neutral ist, sondern positive Produktions- und Beschäftigungseffekte bewirken kann. Fehleinschätzungen können in der Form vorliegen, dass allgemeine Preisniveauerhöhungen unterschätzt und deshalb Nominallohnsteigerungen vermeintlich als Reallohnsteigerungen interpretiert werden. Ebenso können individuelle Preissteigerungen als relative Preisänderungen missverstanden werden, weil übersehen wird, dass sich die individuellen Preise im Gleichschritt mit der allgemeinen Preisentwicklung bewegen.

Lösung zu XIII. Inflationsursachen

a)

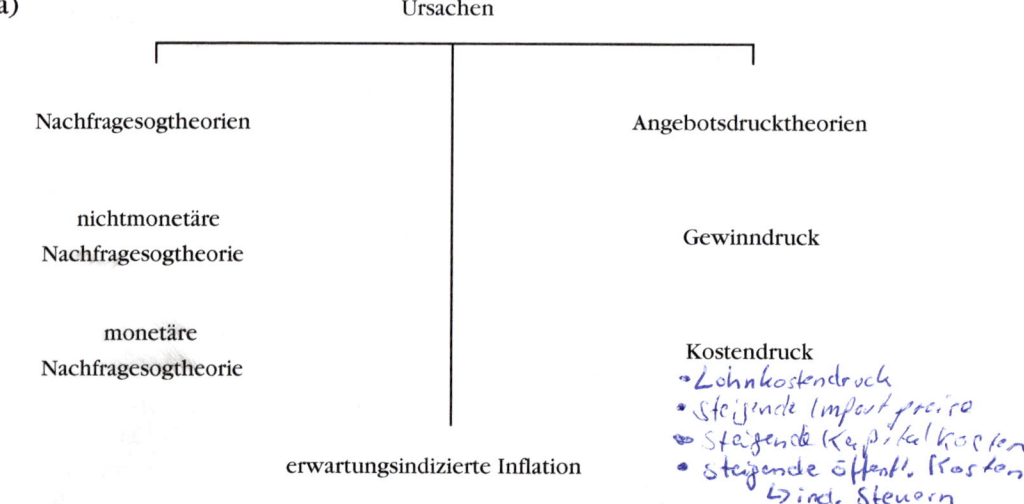

b) Den *Angebotsdrucktheorien* ist gemeinsam, dass die Anbieter die Preise heraufsetzen, ohne dass die Nachfrage diese Preiserhöhung gestatten müsste; die Anbieter nehmen also letztlich auch Absatzrückgänge in Kauf. Prinzipiell lassen sich in diesem Zusammenhang drei Ansatzpunkte ausmachen: Gewinndruck, Kostendruck und erhöhte Steuer- und Abgabenbelastungen (administrierte Preise).

Die These eines *autonomen Gewinndrucks* beruht auf der Preissetzungsmacht der Unternehmen. Für das Preisniveau (P) gilt also

$$(1) \qquad P = \frac{\ell}{\Omega}(1 + \gamma)$$

wobei ℓ der Nominallohn, Ω die Arbeitsproduktivität (Output pro Arbeitseinheit) bezeichnen und ℓ/Ω somit die Lohnstückkosten darstellen. γ ist ein bestimmter Aufschlagssatz auf die Lohnstückkosten, mit dem die Nicht-Lohnkosten und der Gewinn abgedeckt werden. Erhöhen die Unternehmen den Gewinnzuschlag, so steigt γ und damit das Preisniveau.

Die These eines *Kostendrucks* fußt auf der Überlegung, dass Erhöhungen der Faktorpreise für Kapital, Arbeit etc., die von den Unternehmen nicht durch entsprechende Produktivitätssteigerungen aufgefangen werden können, zu Stückkostenerhöhungen führen, die die Unternehmen in der Form von Preiserhöhungen an ihre Kunden weitergeben.

An erster Stelle ist der sog. Lohnkostendruck zu erwähnen.

$$(2) \qquad \ell = P^e\, f(u,z)$$

Der Nominallohn hängt vom erwarteten Preisniveau (P^e), von der Arbeitslosenquote (u) und von sonstigen Variablen ab, die in z zusammengefasst werden. Wenn es den Gewerkschaften aufgrund ihrer Machtposition gelingt, Nominallohnsteigerungen durchzusetzen, die über den Produktivitätssteigerungen liegen, d. h. wenn die Lohnstückkosten (ℓ/Ω) steigen, kommt es zu einem Anstieg des Preisniveaus (siehe Gleichung 1).

Eine zweite Quelle des Kostendrucks ist in steigenden Importpreisen zu sehen. Steigende Importpreise können auf zwei Ursachen zurückgehen: auf steigende Weltmarktpreise für die fraglichen Importgüter und auf die Entwicklung des Wechselkurses. In Gleichung 1 lässt sich der Anstieg der Nicht-Lohnkosten über eine Erhöhung des Aufschlagsatzes γ erfassen.

Schließlich kann außer von Kapitalkostensteigerungen (Zinserhöhungen) auch von einer Erhöhung der öffentlich „administrierten Preise", also von staatlichen Preissetzungen, ein inflationärer Druck ausgehen (γ steigt infolge einer Erhöhung der Nicht-Lohnkosten). Zu denken ist bei letzteren an Erhöhungen von indirekten Steuern (z. B. Mineralölsteuer, Mehrwertsteuer) und an Gebühren und Preise, die von den Kommunen festgesetzt werden (z. B. für Wasser, Strom, Gas, öffentlichen Nahverkehr).

c) Mit Inflationserwartungen als eigenständiger Inflationserklärung ist gemeint, dass es genügt, Inflation zu erwarten, um sie entstehen zu lassen. In Erwartung einer bestimmten Inflationsrate kann es dann zu entsprechenden Preisanhebungen kommen, die die erwartete Inflationsrate durch ihre Antizipation auch eintreten lassen. Die Erwartung bestätigt sich selbst. Im Einzelnen sind hier insbesondere folgende Übertragungskanäle auszumachen:

– Lohnfindung
Kommt es (nachfragebedingt) zu höheren Inflationserwartungen, so schlagen diese sich in höheren Nominallohnforderungen der Gewerkschaften (Reallohnsicherung) nieder. Andererseits sind in einem solchen Fall aber auch die Arbeitgeber eher zu höheren Abschlüssen bereit, da diese dann annehmen, höhere Nominallöhne auch über höhere Preise überwälzen zu können (P^e und somit ℓ steigen in Gleichung 2, was über einen Anstieg der Lohnstückkosten (ℓ/Ω) gemäß Gleichung 1 zu einem steigenden Preisniveau (P) führt).

– Zinsbildung
Höhere Inflationserwartungen finden auch ihren Niederschlag in den langfristigen Zinsen, da die Anleger eine bestimmte Realverzinsung (Nominalverzinsung abzüglich erwarteter Inflationsrate) ihres Kapitals anstreben. Wird eine Beschleunigung der Inflation erwartet, so werden die Anleger bei gegebenem Kapitalmarktzinssatz nicht mehr bereit sein, ihre Mittel langfristig anzulegen. Durch diese Verknappung des Kapitalangebots steigt der Zinssatz und so die im Kapitalmarktzins enthaltene Inflationsprämie. Steigende Finanzierungskosten aber wirken preistreibend (aufgrund des Anstiegs der Nicht-Lohnkosten nimmt γ in Gleichung 1 zu, weshalb P steigt).

- Bewertung des Außenwerts
  Höhere Inflationserwartungen können wegen befürchteter inflationsbedingter Exporteinbußen Abwertungserwartungen auslösen und so zur Vermeidung von Kursverlusten Kapitalabflüsse bewirken. Die Kapitalabflüsse wiederum verstärken den Abwertungsdruck. Eine Abwertung der Währung führt zu steigenden Importpreisen. Wiederum steigt P infolge der Erhöhung von γ.

d) Den *Nachfragesogtheorien* ist gemein, dass hier die gesamtwirtschaftliche Nachfrage über das Angebot hinausgeht, wodurch inflationärer Druck entsteht.

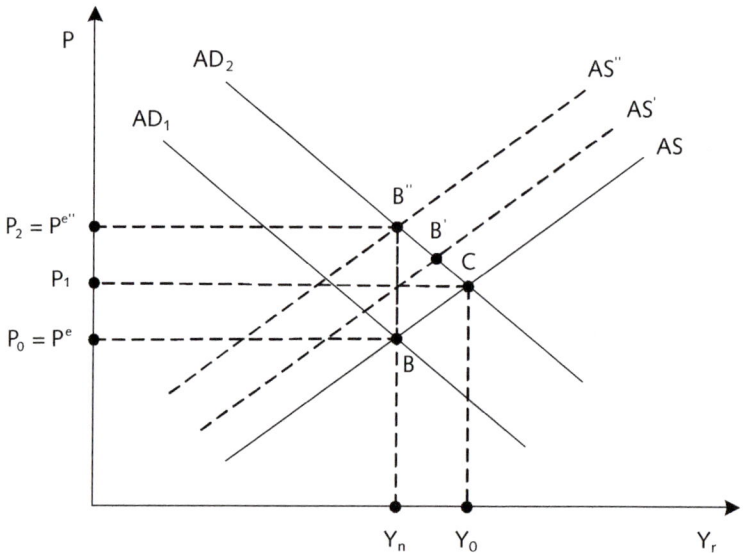

Im Ausgangsgleichgewicht befinden wir uns in Punkt B. Nun soll es zu einem Anstieg der gesamtwirtschaftlichen Nachfrage von AD_1 auf AD_2 kommen. Dieser Anstieg der Nachfrage führt zu einer höheren Produktion, wodurch die Arbeitslosenquote unter ihr natürliches Niveau fällt. Dies löst wiederum Nominallohn- und Preissteigerungen (auf P_1) aus. In Punkt C liegt eine kurzfristige Gleichgewichtssituation vor. Da die AD-Kurve auf den simultanen Gleichgewichten von IS und LM beruht, befinden sich der Güter- und der Geldmarkt im Punkt C im Gleichgewicht. Allerdings zieht der Anstieg des Preisniveaus auf P_1 eine Anpassung des erwarteten Preisniveaus und darüber eine weitere Erhöhung der Nominallöhne nach sich. Höhere Nominallöhne aber führen gemäß Aufschlagskalkulation wieder zu einem erhöhten Preisniveau. Die AS-Kurve verschiebt sich durch diesen Prozess sukzessive von AS auf AS''. Durch den Nominallohn- bzw. Preisanstieg kommt es wegen der gesunkenen realen Geldmenge zu einem Rückgang der (realen) gesamtwirtschaftlichen Nachfrage und damit der Produktion, so dass die Arbeitslosenquote sich wieder auf ihr natürliches Niveau zu bewegt. Der Punkt B'' beschreibt wieder ein neues langfristiges Gleichgewicht.

Stichwortverzeichnis

 **in der UTB-Reihe**

Lehrbücher für den Wirtschaftsstudenten

Betriebswirtschaft

Koppelmann
Marketing
Einführung in die
Entscheidungsprobleme
des Absatzes
und der Beschaffung
8. Aufl. 2006
212 S., kt. 19,90 €
ISBN 978-3-8252-8320-9

Sieben/Schildbach
**Betriebswirtschaftliche
Entscheidungstheorie**
4. Aufl. 1994
248 S., kt. 19,90 €
ISBN 978-3-8282-4656-7

v. Wysocki/Wohlgemuth
**Konzernrechnungs-
legung**
5. Aufl. 2007
in Vorbereitung

Grob
**Fallstudien zur
Betriebswirtschaftslehre**
1993
384 S., kt. 28,- €
ISBN 978-3-8282-4651-6

Kloock/Kuhner
**Bilanz- und
Erfolgsrechnung**
4. Aufl. 2007
in Vorbereitung

Kloock/Sieben/
Schildbach/Homburg
**Kosten- und
Leistungsrechnung**
9. Aufl. 2005
340 S., kt. 32,90 €
ISBN 978-3-8252-8312-4

Nicolai
Personalmanagement
2006
325 S., kt. 25,90 €
ISBN 978-3-8252-8323-0

Volkswirtschaft

Görgens/Ruckriegel/Seitz
Europäische Geldpolitik
4. Aufl. 2004
559 S., Ln. 36,90 €
ISBN 978-3-8252-8285-1

Görgens/Ruckriegel
Makroökonomik
10. Aufl. 2007
325 S., kt. 24,90 €
ISBN 978-3-8252-8350-6

Hoyer/Rettig/Rothe
**Grundlagen der mikro-
ökonomischen Theorie**
3. Aufl. 1993
348 S., kt. 21,- €
ISBN 978-3-8282-4655-9

Kirsch
**Neue Politische
Ökonomie**
5. Aufl. 2004
446 S., kt. 32,90 €
ISBN 978-3-8252-8272-1

Rettig/Funk/
Voggenreiter
**Grundlagen der
Makroökonomik**
8. Aufl. 2007
in Vorbereitung

Koch/Czogalla
**Grundlagen der
Wirtschaftspolitik**
2. Aufl. 2004
447 S., kt. 26,90 €
ISBN 978-3-8252-8265-3

Streit
**Theorie der
Wirtschaftspolitik**
6. Aufl. 2005
457 S., kt. 34,90 €
ISBN 978-3-8252-8298-1

Wagner/Jahn
**Neue Arbeitsmarkt-
theorien**
2. Aufl. 2004
432 S., kt. 29,90 €
ISBN 978-3-8252-8258-5

Zerche/Gründger
Sozialpolitik
Einführung in
die ökonomische Theorie
der Sozialpolitik
2. Aufl. 1996
172 S., kt. 21,- €
ISBN 978-3-8282-4661-3

Rechtswissenschaft

Weimar/Schimikowski
Bürgerliches Recht (I-III)
5. Aufl. 2007
in Vorbereitung

Diederichsen/Tietze
**Grundkurs im BGB
in Fällen und Fragen**
5. Aufl. 2007
130 S., kt. 15,90 €
ISBN 978-3-8252-8322-3

L U C I U S
L U C I U S *Stuttgart*

Juergen B. Donges / Andreas Freytag

Allgemeine Wirtschaftspolitik

2004. XXII/401 S., 46 Abb., 2 Tab. kt. € 19,90. UTB 8148. ISBN 978-3-8252-2191-1

Dieses Lehrbuch behandelt in moderner Weise und aktualitätsbezogen die Möglichkeiten und Probleme wirtschaftspolitischer Entscheidungsträger, angesichts fortschreitender Globalisierung wichtige gesamtwirtschaftliche Ziele erreichen zu können. Die Autoren verzichten bewusst auf eine enzyklopädische Behandlung sämtlicher Teilbereiche der Wirtschaftspolitik. Statt dessen wird anhand zahlreicher Beispiele ein ganzheitlicher Ansatz vorgestellt.

Das Lehrbuch richtet sich primär an Studierende wirtschaftswissenschaftlicher Fächer im Hauptstudium, bietet aber auch Interessierten in Wirtschaft und Politik einen Überblick über Grundfragen der Wirtschaftspolitik.

Steffen J. Roth

VWL für Einsteiger
Eine anwendungsorientierte Einführung

2006. XXII/255 S., kt. € 18,90. UTB 2742. ISBN 978-3-8252-2742-5

Was ist der Markt? Was regelt der Markt? Wie würde es der Weihnachtsmann machen? Was bleibt, wenn der Markt versagt? Und wie steht es mit der Gerechtigkeit und dem Primat der Politik?
Eine fundierte Einführung in das theoretische Instrumentarium ist zum Verständnis des ökonomischen Gedankengerüsts unumgänglich. In diesem Buch wird allerdings die Modelltheorie soweit wie möglich einfach und beispielreich gestaltet. Die verwendete Mathematik bleibt auf die Grundrechenarten beschränkt.
Die Volkswirtschaftslehre kann Wesentliches und Wertvolles zur Analyse, Erklärung und Lösung der Probleme unserer Gesellschaft beitragen. Mit den hier vermittelten Methoden und Denkanstößen werden die Leser in die Lage versetzt, wirtschaftliche Zusammenhänge leichter zu erkennen und eigene Positionen vor diesem Hintergrund zu überprüfen. Sie werden den Ausführungen der Experten, Journalisten und Politiker zu vielen gesellschaftlich wichtigen Fragen besser folgen und ihnen kritisch begegnen können.

Horst Siebert

Weltwirtschaft

1997. XII/252 S., 88 Abb., 19 Tab. kt. € 24,90. UTB 8148. ISBN 978-3-8252-8148-9

In diesem Lehrbuch geht es um globale wirtschaftliche Prozesse und wirtschaftliche Strukturen. Es wird ein Paradigma zugrunde gelegt, in dem die Welt als Ganzes betrachtet und interpretiert wird. Das gilt für makro- wie auch für die mikroökonomischen Fragestellungen. Unterstützt werden diese anwendungsorientierten, globalen Fragestellungen durch anschauliche Beispiele und grafische Darstellungen.

 *Stuttgart*